Helga Gotschlich
Das Bild in mir

Helga Gotschlich

Das Bild in mir

Ein Kriegskind folgt den Spuren seines Vaters

HALAND
& WIRTH
IM PSYCHOSOZIAL-VERLAG

Bibliografische Information der Deutschen Nationalbibliothek
Die Deutsche Nationalbibliothek verzeichnet diese Publikation in der Deutschen Nationalbibliografie; detaillierte bibliografische Daten sind im Internet über http://dnb.d-nb.de abrufbar.

Originalausgabe
© 2012 Haland & Wirth im Psychosozial-Verlag
Walltorstr. 10, D-35390 Gießen
Fon: 0641-969978-18; Fax: 0641-969978-19
E-Mail: info@psychosozial-verlag.de
www.psychosozial-verlag.de
Umschlagabbildung: Paul als Soldat, 1942/43
Umschlaggestaltung & Satz: Hanspeter Ludwig, Wetzlar
www.imaginary-world.de
Druck: CPI books GmbH, Leck
Printed in Germany
ISBN 978-3-8379-2177-9

Inhalt

Für den Lockenkopf Mirko,
der gern einen Großvater gehabt hätte

Prolog

Wenn du nicht da bist,
hab ich noch immer,
was du gesagt hast
und dein Gesicht.
Heinz Kahlau
Der Fluß der Dinge, Gedichte

Es ist Frühling 1942. Der Vater sitzt in seinem Sessel. Ihm zu Füßen hockt atemlos gespannt das vierjährige Mädchen und weiß: Nichts darf die Stille des magischen Moments unterbrechen, damit es mit dem Vater – den es Papa Paul nennt – ins Märchenland »Irgendwo« reisen kann. Um dorthin zu gelangen, schließen beide für Sekunden die Augen … bis sie in der Stille die »wahre Melodie des Lebens« hören. Erst dann beginnt Papa Paul mit seiner Geschichte. Das Kind wird den Worten lauschen und an seinen Lippen hängen, wenn er vom »Irrwisch mit den blankgeputzten Augen« und anderen Bewohnern aus dem Lande »Irgendwo« erzählt.

Heldentaten werden im Lande »Irgendwo« nicht von schwer bewaffneten Kriegern vollbracht, sondern wie in diesem Frühlingsmonat Mai von einer leise summenden Biene, die Blütenkelche bestäubt und dafür sorgt, dass daraus lautlos Früchte wachsen und reifen können. Diese Biene ist eine Heldin, weil sie dazu beiträgt, das Leben im Lande »Irgendwo« zu erhalten.

Seine Geschichten beendet Papa Paul mit den Worten: »Als Irrwisch und die Bewohner des Landes ›Irgendwo‹ ihr Tagwerk vollbracht hatten, begaben sie sich zur Ruhe, beschützt und getragen von der Hoffnung auf einen neuen Tag.«

Das Kind bestaunt die wundersame andere Welt, zu der es nur mit dem Vater in kostbaren Augenblicken einen Zugang finden kann. Und in der sich beide immer wieder neu begegnen.

Papa Paul (1942)

Als der Vater zwei Monate später als uniformierter Soldat der deutschen Wehrmacht, einem Gestellungsbefehl folgend, an die Front »gerufen« wird und aus dem Leben des Kindes zuerst zeitweise, dann länger und immer länger verschwindet, spürt es die fremde Macht, die über den Vater verfügt und stärker ist als seine Anhänglichkeit und Liebe zu ihm. Die zurückbleibende Tochter unterdrückt dann ihre Tränen, weil »tapfere Mädchen beim Abschied vom Vater nicht weinen dürfen«. Wie Millionen andere Kriegskinder verbleibt es allein in der mütterlichen Obhut …

Am Ende des Krieges war das Mädchen sieben Jahre alt und sein Papa Paul galt als »vermisst«. Sein Platz am Familientisch blieb auch in den Nachkriegsjahren leer. Eine tiefe Sehnsucht und Erinnerungen an eine viel zu kurze gemeinsame Wegstrecke waren dem Kind geblieben. Es konnte nicht vergessen, dass Papa Paul, der Panzerfahrer auf Urlaub, am 13./14. Februar 1945 zu Hause war, als der Krieg plötzlich über das heimatliche Dresden hinwegwalzte, als zu später Stunde Sirenen gellten, die Luft vibrierte und alliierte Bombengeschwader nach ausgeklügeltem Plan ihre Vernichtungsorgie bisher unvergleichlichen Ausmaßes realisierten. Als an jener Stelle im Garten, an der Papa Paul für die Kinder des Hauses die Buddelkiste angelegt hatte, plötzlich ein Bombentrichter klaffte. Papa Paul hatte damals seine Tochter mit festem Griff aus der Finsternis eines einsturzgefährdeten Kellergewölbes ins Freie befördert. Er war den Hausbewohnern in jener Nacht wie ein Retter aus höchster Not erschienen und dem Kind wie ein die Familie beschützender Riese.

Szenen, in denen das Kind den väterlichen Schutz verspürt hatte, rief es sich auch ins Gedächtnis, als bei Kriegsausgang die Welt ringsum zerbrach und das Recht des Stärkeren galt. Auf ihre »Inseln der Erinnerung« platzierte die Tochter später als Jugendliche dazufabulierte Papa-Paul-Bilder, mit denen sie sich traumverloren arrangierte und an denen sie sich zu orientieren suchte. Sie glaubte noch an den »Heimkehrer«, als Realisten diese Hoffnung auf ein Wiedersehen mit dem Vater wie eine Dummheit erschien. Erst als der Erwartete 1956 auch nicht zu einem allerletzten Heimkehrertransport und damit zu den spät aus der sowjetischen Kriegsgefangenschaft entlassenen Deutschen gehört hatte, verbannte die inzwischen 18-Jährige ihre Erinnerungen an Papa Paul und ihre Sehnsucht ins tiefe Unterbewusstsein – dahin, wo man nicht

ständig schmerzhaft auf sie treffen musste. Schon, weil ja das Leben
weiter ging!

Diese vom Alltag abgespaltene und verschlossen gehaltene Sehnsucht
nach Papa Paul hatte so sechs Jahrzehnte überdauert, als ein winziger
Anlass ausreichte, um vernarbte Wunden aufbrechen zu lassen. Erinnerungen bedurften plötzlich der schriftlichen Ausdrucksform. Aber darüber hinaus begann eine aufwendige Spurensuche nach Papa Paul. Denn
die inzwischen schon betagte Tochter wollte herausfinden, wer dieser
Vater, der sie wie ein Schatten durchs Leben begleitet hatte, eigentlich
gewesen war. Nie zuvor gestellte Fragen nach seiner Persönlichkeit, in
der sich die Tochter wiederfinden und von der sie sich abgrenzen wollte,
standen plötzlich zwingend im Raum.

Erwartungsgemäß gestaltete sich die biografische Recherche vor dem
zeithistorischen Hintergrund zweier Weltkriege aufwendig. Die sich
abzeichnenden individuellen Verhaltensmuster des Vaters schienen widersprüchlich, so wie das Leben selbst. Es gab für die Autorin Momente,
in denen sie sich angesichts einer Fülle schockierender Informationen
zweifelnd befragte, ob sie der Herausforderung weiterer Nachforschungen noch gewachsen sei. In diesen Momenten der inneren Not half ihr
der Gedanke daran, dass der Vater, wie die Bewohner in seinem Märchenland »Irgendwo«, beschützt und getragen von der Hoffnung seinem
unverwechselbarem eigenem Weg gefolgt ist.

Sie wusste zugleich, dass Lebensspuren eines Menschen mit unterschiedlicher Lesart reflektiert werden und es nie nur eine Geschichte
geben kann, sondern viele. Zu Papier brachte sie ihre.

Das Lächeln des Papa Paul

Melodien klingen leise, dann wieder anschwellend oder beschwingt aufbrausend durch den Raum. Das vierjährige Mädchen steht im roten, weißgepunkteten Kleid am Stutzflügel des Musikzimmers und wiegt sich im wechselnden Rhythmus der Töne, die Papa Paul, mit flinken Fingern über die Klaviertasten gleitend, hervorzaubert. Gebannt beobachtet es dabei im aufgeklappten Saiteninstrument die kleinen auf- und abspringenden Dämpfer. Papa Paul nennt sie spaßhaft Wuppdiche. Sie bewegen sich scheinbar ganz von allein, willkürlich, wild durcheinander.

»Psst! Doch nicht Mendelssohn bei offenem Fenster!«, flüstert die herbeieilende Mama kopfschüttelnd. Sie schließt geräuschvoll die doppelte Balkontür des Nebenraumes und das zur Straße führende Erkerfenster. Dann erst lauscht auch sie den *Liedern ohne Worte*. Mendelssohn scheint dem Kind ein Sammelbegriff für besonders wohlklingende Musikstücke zu sein, die Papa Paul nur daheim spielen soll. Die Familie hütet diese melodischen Klänge vor Fremden wie ein Geheimnis. Dem Kind gefällt das.

Erst viel später erfuhr es, dass seine Eltern mit Mendelssohn nicht nur besonders melodische Kompositionen bezeichneten, sondern einen Musiker jüdischer Herkunft, Felix Mendelssohn-Bartholdy, dessen Werke in Hitlerdeutschland »unerwünscht« waren.

Diese und andere Episoden meiner frühen Kindertage geistern mir durchs Gedächtnis. Wir lebten damals in Dresden, der schönen Stadt am Elbfluss.

Unser Familienalltag verlief in den ersten Kriegsjahren harmonisch – kaum beeinträchtigt von den Erschütterungen in Deutschland und in der Welt. Zumindest erinnere ich mich so meiner kindlichen Wahrnehmung: In aller Frühe beliefert uns der Bäcker mit Brötchen, das Molkereigeschäft mit frischer Milch. An der Stirnseite des Esstisches sitzt unser Familienoberhaupt, mein Papa Paul. Er arbeitet als Spezialist für Elektrotechnik bei der Technischen Nothilfe (TENO) und trägt eine Dienstkluft, die er daheim ablegt.

Manchmal ziehen die Eltern abends ihre schicke Garderobe an. »Wir gehen zum Schwof«, sagt dann Papa Paul scherzhaft, während sich Mama über dieses »gewöhnliche« Wort kopfschüttelnd amüsiert.

Wenn beide ins Kino wollen, drängt Mama den trödelnden Papa Paul zur Eile, weil er die vorverlegten Anfangszeiten des Kinos anscheinend wieder einmal nicht bedacht hat, sodass man die ausgedehnte Wochenschau zum *Kriegsgeschehen aus aller Welt* verpassen und »unnötig auf sich aufmerksam machen wird«. Papa Paul lacht dann, wenn Mama ihn »Bummelfritze« nennt und umarmt sein »braves Kätchen«. Ich mag es, wenn die beiden so miteinander schäkern und winke am Fenster, wenn Papa Paul und Mama einträchtig miteinander tuschelnd und scherzend losziehen.

Das zurückbleibende Kindermädchen Gerda trägt ein Maidenkleid mit Brosche und betont vor meiner Schwester und mir bedeutsam, dass es in unserem Haushalt sein »Pflichtjahr« ableistet. Gerda liest mir abends aus meinem Lieblingsbuch *Heidi im Zoo* vor. Sie darf nicht schummeln, keine Seite und keine Zeile überspringen. Denn ich kenne alle Texte auswendig!

Meine kleine Welt ist das Kinderzimmer und ein weiter Hausgarten, in dem meine große, um vier Jahre ältere Schwester Helen und ich unsere Spielecken wissen.

Aber an den Wochenenden landstreichern wir – Papa Paul in seinen in Pfeffer und Salz gemusterten Knickerbockern, Mama, Helen und ich in leichten Sommerkleidern – oft in der schönen Umgebung und haben unseren Heidenspaß miteinander.

In meinen ersten vier Lebensjahren war also der Krieg nur ein Wort, das ich nachplapperte. Dann und wann entstanden mir aus Redewendungen Erwachsener und alltäglich benutzten Wörtern, die offenbar dem

Krieg zuzuordnen waren, gewisse Fantasien, die mir gelegentlich Unbehagen und diffuse Angst machten, obwohl die »Schlachten« irgendwo da draußen tobten. Mein Papa Paul wies einmal mit weit ausholender Armbewegung in östliche und westliche Himmelsrichtungen, um mir zu zeigen, wie weit von unserer Stadt Dresden entfernt der Krieg tobe und die Front verlief. Ich vermochte mir damals ohnehin kein »Schlachtfeld« vorzustellen, auf dem Soldaten fielen und nie mehr aufstanden, um zu ihren Familien heimzukehren. Aber der Gedanke, dass alles weit weg von uns passierte, beruhigte und tröstete mich.

Am besten gefiel mir, wenn die Großmutter brummelnd und kopfschüttelnd den Krieg ein einziges »Tschingderassabum« nannte und dabei auf Siegesmeldungen anspielte, die der Rundfunk übertrug. Ich fand dieses Wort lustig. Frau Dölling aus dem Erdgeschoss unseres Hauses öffnete die Fenster und drehte den Volksempfänger laut auf, wenn helle Fanfaren das reguläre Rundfunkprogramm für eine Sondermeldung unterbrachen und, wie sie dann sagte, ein Land von den Deutschen »bezwungen« war. Oder unsere deutsche Luftflotte eine Stadt in einem fernen Land mit »schwerer Wirkung« bombardiert hatte. Einmal rief sie wieder und wieder: »Die deutsche Fahne weht auf dem Kaukasus! Die deutsche Fahne ...« Aus späteren Erzählungen meiner Großmutter weiß ich, dass damals zu den Siegesmeldungen der deutschen Wehrmacht in Dresden ab und zu die Kirchenglocken läuteten. Daran kann ich mich aber nicht erinnern.

Papa Paul schien sich nicht zu freuen, als ich ihm erzählte, dass die Deutschen unbesiegbar seien, wie ich es von Frau Dölling aufgeschnappt hatte. Er lächelte nicht wie sonst verschmitzt, sondern eher traurig. Wahrscheinlich erzählte er mir gerade an diesem Abend eine besonders spannende Geschichte vom »Irrwisch mit den blankgeputzten Augen«. Das könnte gut sein.

Ganz fest hoffte ich damals, dass der ferne Krieg unserer Familie nichts anhaben könnte, da ja mein Papa Paul nichts von diesem »Völkergemetzel« hielt und drohendes Unheil, von dem die Leute im Laden der Bäckerei getuschelt hatten, abwenden würde – was immer das auch sein mochte.

Eines Tages empörte sich Papa Paul vor der Großmutter über die im Souterrain unseres Hauses lebenden Ballians, unsere Portiersfrau und den Hausmeister, die ihrem Sohn Roland eingeredet hatten, ein Herrenmensch zu sein und zu den Siegern dieser Welt zu gehören. Roland war, nach Abschluss seiner Gesellenprüfung als Elektriker, freiwillig an die Front gezogen. Das wussten alle im Haus. Denn Ballians redeten oft darüber.

Nun sprach Papa Paul von einer »feindlichen Granate«, die den Jungen »zerfetzt« habe, noch bevor der »verhinderte Heldensohn« zum Leidwesen seiner Eltern einen »Abschuss« und einen »Volltreffer« vorzuweisen hatte. Weil eben »die auf der anderen Seite schneller waren«. Ich verstand damals längst nicht jedes Wort. Aber ich spürte, wie die Großmutter, mit der ich mich viele Jahre danach einmal an diese Szene erinnerte, aus der Ironie Papa Pauls, wie sehr er um diesen begabten Jungen, den er geschätzt hatte, trauerte und dass er die Haltung der Ballians missbilligte.

Wenige Tage nach Papa Pauls aufgebrachter Rede beobachtete ich die Portiersfrau durch das niedrige Fenster ihrer winzigen Souterrainwohnung, obwohl mir die Mama untersagt hatte, neugierig umherzuschleichen und ins Wohnzimmer der »armen Leute« zu schauen. »So etwas tut man nicht!«, sagte sie immer. Aber verstohlen sah ich dann eben doch Frau Ballian gerade mit dem Staubwedel über das Foto ihres Sohnes Roland streichen. Ich erkannte sogar das entschlossene Gesicht des jungen Soldaten auf dem Bild. Es lugte unter einem Stahlhelm hervor. Ihr Roland sei, wie Frau Ballian allen Leuten bei jeder Gelegenheit zu erklären suchte, zum »unaufhaltsamen Vorstoß gegen den Feind« angetreten, deshalb als ein Held und auf dem »Feld der Ehre« gefallen. Aber ich empfand hinter den bedeutsam klingenden Worten den belegten Tonfall und ihr Herzeleid. Seither hatte meine Wahrnehmung des Krieges auch etwas mit der nach Bohnerwachs riechenden guten Stube der Familie Ballian im Souterrain und mit den heimlichen Tränen einer Mutter zu tun, die das im Goldton gerahmte Heldenfoto an der Blümchentapete putzte. Auch die unterschiedliche Art und Weise, mit der Erwachsene den Tod des Jungen aus unserem Hause zur Kenntnis nahmen und die ich mir nicht zu erklären wusste, beschäftigte mich irgendwie.

Zutiefst beunruhigte mich allerdings Tante Sophia, die eines Tages völlig außer sich bei uns auftauchte. Sie trug wie stets einen ihrer ausladenden Hüte. Ich erinnere mich noch, wie eine daran befestigte Feder hin und her wippte, als sie erregt davon sprach, dass Onkel Maximilian einberufen wurde, »wo er doch schon vor Verdun im Dreck lag«, also Bescheid wisse und nun gehofft habe, dieses Mal »drumrum zu kommen«. Obwohl ich mir nicht erklären konnte, in welchem besonderen Dreck der Onkel gelegen haben mochte, begann ich in diesem Augenblick zu ahnen, dass sich Männer nicht nur freiwillig an die Front meldeten, weil sie unbedingt wie Roland Ballian beim siegreichen Vormarsch der Deutschen dabei sein wollten, sondern dass eine mächtige Obrigkeit offenbar auch jene ins Feld befahl, die lieber daheim geblieben wären. Auch Sie mussten nun – davon sprach Tante Sophia – in einer Truppe antreten und Anordnungen ihrer Vorgesetzten befolgen. Konnte das auch meinem Papa Paul passieren? Diese Angst ließ mich nicht mehr los, zumal die Eltern und Großmutter meinen Fragen auswichen.

Schon bald darauf geriet unsere kleine Welt aus den Fugen, als der Postbote an einem Sommertag 1942 den blauen Briefumschlag mit dem Einberufungsbefehl zugestellt hatte und Paul Karl Johann Schultheiß, der mein Papa Paul war, als Infanterist der deutschen Wehrmacht einrücken – aber nach meinem Empfinden von uns abrücken – musste, er eingezogen und in meinem Verständnis von uns weggezogen wurde. Er sollte von nun an einem Heer angehören, das sich nach Plänen des Oberkommandos der Wehrmacht (OKW) in der Sommeroffensive gerade anschickte, kaukasische Erdölgebiete zu erbeuten und Stalingrad zu erobern, während andere deutsche Truppen zu diesem Zeitpunkt ein weites Gebiet besetzten, das von der Biskaya bis zum Kaspischen Meer, vom Nordkap bis tief in die Libysche Wüste hinein reichte.

Von deutschen Eroberungsabsichten hatte ich damals keine Ahnung. Aber ich erinnere mich der abrupten Trennung von meinem Papa Paul. Denn in diesem Moment ging ein Ruck durch unsere Familie, mit dem das Innerste durcheinandergeriet.

Die bis heute erhaltenen und archivierten Personalpapiere und Lazarettberichte der Deutschen Dienststelle für die Benachrichtigung der nächsten Angehörigen der Gefallenen der ehemaligen deutschen Wehrmacht (WASt) mit Sitz in Berlin-Reinickendorf vermerken das exakte Diensteintrittsdatum jenes Neuzugangs. Es war der 1. Juli 1942. Auch die ihm verliehene Erkennungsmarke mit der Nummer 3568-2, mit der es möglich sein sollte, den Soldaten notfalls auch nach ärgstem Schlachtengetümmel, mit zerfetzten Gliedern oder entstelltem Gesicht unter den Gefallenen zu identifizieren und seinen Heldentod dann ordnungsgemäß zu registrieren, ist im Archiv der WASt zu erfahren.

Dieses Kalkül der Wehrmachtsobrigkeit war mir als Kind, das auf dem zugigen Bahnsteig von seinem Papa Paul Abschied nahm, freilich nicht bekannt. Wie andere Familien standen wir mit unserem Marschbefohlenen in dichtem Gewusel. Papa Paul hob mich hoch, drückte mich derb. Wortlos. Fremd wirkte in diesem Moment sein Lächeln. Als der Zug voller Landser hinausfuhr, stand ich mit Mama und Helen irgendwie verloren im Gedränge Zurückbleibender, die glauben sollten, dass der soldatische Einsatz ihrer Söhne, Ehemänner, Väter, Verwandten, Freunde … in Russland eine eherne Pflicht sei. Auch davon wusste ich nichts. Aber ich sah die Tränen in Mamas Augen. In meiner kindlichen Fantasie riss in diesem Moment plötzlich ein mächtiges Ungeheuer seinen gewaltigen Schlund auf und verschluckte den davonrasenden Zug.

Seit diesem Tag war der Krieg für mich nicht nur ein fantasiertes Schreckgespinst in weiter Ferne. Denn an diesem Julitag 1942 begann aus meinem Verständnis der Weltkrieg wirklich, auch wenn Geschichtsbücher für den Kriegsausbruch andere Daten vermerken. Das Unheil, von dem die Leute im Bäckerladen geunkt hatten, nahm plötzlich Gestalt an. Mir schien, als sei es gerade über unsere Familie hereingebrochen und offensichtlich nicht aufzuhalten gewesen! Ich vermochte mir in diesen Momenten der Trennung einfach nichts Trostloseres und eben nichts Unheilvolleres auszumalen als ein Alltagsleben ohne meinen Papa Paul. Das Wort Krieg klang seither schrill, wie der Pfiff des Bahnhofsvorstehers, mit dem der Zug aus der Halle davongerollt war und Papa Paul von uns weggerissen wurde. Ein schmerzhaft-trauriges Verlustgefühl breitete sich aus. Ohne Papa Paul glaubte ich uns nicht ausreichend umsorgt und behütet, sondern schutz- und hilflos. Alles daheim schien bedrückend ungewiss.

Ich weiß heute aus Zeitzeugenberichten, dass Kriegskinder damals längst nicht alle so empfanden wie ich. Viele fanden es damals sogar toll, als der Vater das Köfferchen oder den von Soldaten »Affen« genannten Tornister packte und einem Gestellungsbefehl folgend »abrückte«. Manche bewunderten ihre Väter in der vollen Montur der Wehrmachtshierarchie und für ihre Mannestaten. Sie posierten während des Fronturlaubs stolz mit ihnen vor der Kamera oder waren faszinierte Augenzeugen, wenn der Vater seine Pistole reinigte. Wieder andere Mädchen und Jungen erlebten das Soldatenleben ihrer Väter in der Heimat distanziert, weniger betroffen, vielleicht gar unberührt. Die unterschiedlichsten Befindlichkeiten und Emotionen waren damals möglich, als sich Väter von ihren Kindern an die Front verabschiedeten, und sie lassen sich gewiss in jedem Falle auch erklären. Selbst meine Schwester Helen gestand mir später gleichmütig, unserem Papa eben wie »andere Kinder damals ganz selbstverständlich Adieu gesagt« und eintreffende erste Fotos von ihm im Dienstkleid des Infanteristen »relativ unbeschwert, fast unbeteiligt« betrachtet zu haben.

Ich erinnere mich ebenfalls gerade an diese ersten Fotos, die bei uns eintrafen und von denen Mama eines auf ihren Nachttisch stellte. Der darauf abgebildete uniformierte Soldat wirkte auf mich unnahbar, zugeknöpft bis oben hin, sehr fremd! Nur widerstrebend beschaute ich diese Schnappschüsse. Viel lieber und immer häufiger betrachtete ich ein sorgfältig gerahmtes Bild des Familienvaters, das im Wohnzimmer hing. Es zeigte einen schlanken, hochgewachsenen Mann mit dichten Locken, elegant gekleidet. Etwas lässig stand er da, von sich überzeugt. Die lachenden Augen auf diesem Foto gehörten zweifellos meinem Papa Paul, den ich so vermisste.

Es war stiller zu Hause ohne Papa Pauls Singsang und sein helles, herzhaftes Lachen. Keiner trällerte die frechen Berliner Lieder, die ich – seine Gesten nachahmend – mitsummen konnte und die auch Mama zum Schmunzeln gebracht hatten. »Untern Linden, untern Linden, geh'n spaziern die Mägdelein/Wenn du Lust hast anzubinden, dann spaziere hinterdrein ...«, hatte Papa Paul geschmettert. Und wenn es am Ende der Strophe hieß »Schwupp, da ist sie schon dein Schatz«, hatte er Mama stürmisch umarmt und manchmal auch mich! Aber jetzt erklang keines dieser spaßigen Lieder.

Die Feldpost war für mich seit jenem Sommertag, da der Zug mit den Einberufenen vor unseren Augen davongefahren war, kein abstrakter Begriff mehr, sondern die mit Bleistift vollbekritzelten Briefe unseres Soldaten, Lebenszeichen von meinem Papa Paul, die zumindest für den Moment tröstlich sein konnten. Der Briefträger avancierte zu einer bedeutsamen Person in meinem Dasein.

Zu oft war nichts für uns in der dickbäuchigen Posttasche dabei. Dann wich ich vor allem der noch im Trauerkleid herumgeisternden Frau Ballian aus. Besonders, wenn sie auf unserer Gartenbank sitzend schwarz geränderte Todesnachrichten und letzte Worte der Hinterbliebenen im theatralischen Tonfall vorlas. Alle diese persönlichen Anzeigen, die Frau Ballian in der ihr eigenen Weise vortrug, wirkten auf mich beklemmend.

Eines Tages sprach sich herum, dass auch der Sohn des im Wohnviertel bekannten, ehrsamen und schon betagten Schusters Steinmeier den »Heldentod« gestorben war. Allen, die es hören oder auch nicht hören wollten, raunte der Vater des für seine »Großtat« sogar in der Presse Gepriesenen zu, »dass der Junge ja eigentlich gar nicht dahin gewollt hatte«. Ein übergroßes Foto mit dem schrägen Trauerflor über der Bildkante, das ihn nicht als Soldaten, sondern als pfiffigen Schustergesellen zeigte, hing nun in dem Kellerlädchen. Es gruselte mich, als ich an der Hand des Kindermädchens Gerda mit einem Netz voller reparaturbedürftiger Schuhe eines Tages die kleine Treppe herabstieg und mir nicht vorzustellen vermochte, dass dieser junge Mann im Krieg, wie es nach offizieller Redensart hieß, sein Leben verlor. Ich hatte im kalten Winter meinen Handschuh verloren und Helen vermisste ihre rote Ziehharmonikageldbörse mit dem Glückspfennig darin! Aber konnte man sein Leben im Krieg verlieren? Blieb es dann unauffindbar, wie Großmutters Halskette, nach der wir vergebens gesucht hatten? Mit Zweifeln und oft düsteren Gedanken an meinen Papa Paul blieb ich allein.

Allgemeine Gefühle der Unruhe und Leere nisteten sich besonders zur Weihnachtszeit 1942 bei uns daheim ein, als erneut fotografische Schnappschüsse »unseres Landsers« in Feldgrau eintrafen. Seine Truppe hatte sich, wie er schrieb, gerade zwischen abschüssigen Steilhängen der Zaritza-Schlucht eingegraben, Mulden in den steinharten, frostigen Boden gehackt. Mama betrachtete die Fotos mit Verwandten und Freunden der Familie. Ich belauschte mit wacher Fantasie ihre Bemerkungen über das schwere Los der Soldaten »da draußen«, in der vom »Eis erstarrten russischen Steppe oder inmitten zerklüfteter Schlünde«, die »umzingelt von Feinden in notdürftigen Unterkünften hungerten und froren, ihr Leben beständig riskierten«.

Papa Paul als Soldat an der Ostfront (1942/1943)

Obwohl ich heute sicher bin, dass meine Mama und die sich um sie Gruppierenden, so wie große Bevölkerungsteile in Deutschland überhaupt, angesichts der selektiven und gelenkten Berichterstattung der Medien kaum die angespannte Situation ahnen konnten, die mit dem am 19./20. November 1942 begonnenen offensiven Vorstoß der Roten Armee an der Ostfront entstanden war.

Am Tag dudelte in unserer Küche ein sogenannter Volksempfänger der Radio-Firma Mende, den Papa Paul insgeheim – wie andere Leute, die ein solches Gerät besaßen –, eine »Goebbels-Schnauze« genannt hatte. Nachrichtensprecher lobten den weiteren Vormarsch deutscher Truppen, versprachen den baldigen Endsieg der Deutschen, übertrugen gelegentlich zwischen Ansprachen und Musik auch Berichte des OKW, Meldungen der »Frontbegradigungen zur Stärkung deutscher Verteidigungsstellungen im Osten« und Berichte von »heldenhaften Kämpfen«, bei denen nicht vom Erschöpfungszustand der deutschen Soldaten, von den personellen und materiellen Verlusten der Wehrmacht die Rede war. All das weiß ich aber nicht aus eigener Erinnerung.

Die Radiosendungen gehörten eher zu einer hintergründigen Geräuschkulisse meiner frühen Kindheit, deren Melodien und Gesänge, einzelne Wörter, ja selbst den Tonfall wiederkehrender Redewendungen, Kommentare, Glossen und Aussprüche ich aufschnappte und mir mit meinem kindlichen Vorstellungsvermögen irgendwie zusammenreimte.

Unterschiedliche Sendungen zum Kriegsgeschehen hielt ich für eine Art musikalisch umrahmte Fortsetzungsgeschichte für Erwachsene, der Mama und meine Großmutter lauschten, die aber auch ich gern verstehen wollte. Eine einfallsreiche Deutung von Märchen und Geschichten hielt ich für normal. Also erlebte ich auch die Handlungen in diesen Kriegsgeschichten des Rundfunks zwischen Fantasie und Wirklichkeit und sang schon bald mit: »Wenn die Lichter wieder scheinen und wir wieder unsern kleinen Abendbummel durch die hellen Straßen machen …« Zum Schluss des Liedverses juchzte ich mit dem Rundfunkchor »heidideldudeldideldum…« und träumte mir meinen Papa Paul herbei.

Aber am Weihnachtsabend 1942 war das anders. Die Radiosendungen hatten einen sehr realen Bezug. Wir drängelten uns im Arbeitszimmer Papa Pauls um das große Radio der Marke Loewe Opta mit zwölf Röhren, einem besonderen Gerät mit weitem Empfang, das während der Abwesenheit des Familienoberhauptes nur selten benutzt wurde. Es übertrug am Heiligen Abend 1942 eine *Ringsendung des Großdeutschen Rundfunks* und überbrachte wechselseitige Grüße von den Soldaten an der Front und den daheimgebliebenen Familien. Diese Szene eines Weihnachtsabends hat sich mit allen Sinnen in mein Gedächtnis eingegraben.

Funker der entfernten Stationen wurden nacheinander aufgerufen und meldeten sich vom Polarkreis und der norwegischen Küste, aus afrikanischen Wüsten oder vom Atlantikwall, aus Frankreich, Griechenland und Italien. Und dann auch von der Ostfront, wo mein Papa Paul war! »Hallo, ist da die Front an der Wolga? Ich rufe Stalingrad! Hallo! Hallo! Wo bleibt Stalingrad!« Ich höre noch aus der Erinnerung die Stimme des Funkers. »Hier ist Stalingrad«, kam endlich die Antwort. Atemlos lauschten wir dann über den Äther einem »Stille-Nacht-Heilige-Nacht-Gesang«. Männlich, sentimental, kratzig klang es aus weiter Ferne zu uns. Wenn ich daran denke, spüre ich noch heute aufsteigende Tränen in der Kehle. Vielleicht hatte ich an jenem Weihnachtsabend in meiner kindlichen Art das Heimweh unseres Landsers verspürt, der inmitten seiner Kameraden gerade sehr mit sich allein war. So wie andere Soldaten seiner Truppe, die wie er selbst tags zuvor nach erbitterten und sehr verlustreichen Kämpfen gegen die Russen in der Zaritza-Schlucht am Leben geblieben waren. Vor allem erinnere ich mich meiner kindlichen Sehnsucht nach Papa Paul, der hoffentlich bald schon das Soldatenkleid abstreifen würde und nicht mehr abrücken musste, hinaus ins Feld. Vorsorglich hatte ich ihn ohne Uniform auf meinem weihnachtlichen Wunschzettel inmitten seiner Familie gemalt. Später erinnerte sich Mama daran, dass unser Frontsoldat gerade diese Kinderzeichnung in seinem Feldpostbrief erwähnte, die er am Weihnachtsabend 1942 betrachtet hatte.

Wenige Monate später, im heißen August 1943, reiste Mama mit mir aus dem sächsischen Dresden in das altmärkische Stendal. Zu dieser Zeit begannen sich gerade die Geschicke des Krieges gravierend zuungunsten der Deutschen zu wenden, und das war nicht nur an den westlichen und östlichen Frontabschnitten spürbar, sondern auch im Alltag der Zivilbevölkerung, beispielsweise am gestörten und beschwerlichen Bahnverkehr infolge der alliierten Luftangriffe auf deutsche Städte. Mit einigen Strapazen auf unserer Reise war zu rechnen.

Aber ich wusste inzwischen auch, dass auf dem Schlachtfeld verwundete Soldaten in Feldlazaretten wieder gesund gepflegt wurden und dass mein Papa Paul einer von ihnen war. Im Reservelazarett Stendal wollten wir ihn besuchen. Das motivierte uns, Unwegsamkeiten und Anstrengungen auf uns zu nehmen.

So hockten wir in überfüllten, unregelmäßig verkehrenden Zügen. Mehrfach mussten wir in Anschlusswaggons umsteigen und erneut Platz finden. Darin waren wir »irgendwie schicksalhaft zusammengepfercht mit fremdem Volk«, wie sich Mama ausdrückte, »in wechselnder, teils niederschmetternder Gesellschaft«.

Mama entsann sich später der Konversation Mitreisender, ihrer »schauerlichen Schilderungen der Bombenabwürfe und Tragödien«. Während sie es gewöhnlich im Reisebericht bei einer knappen Andeutung der Gespräche der Mitinsassen unseres Zugabteils bewenden ließ, erstand mir aus der Tiefe meiner kindlichen Erinnerungen wieder und wieder das bis in unsere heutigen Tage unauslöschliche Bild einer Frau, die, vermutlich aus Hamburg stammend, das letzte Stück des Weges nach Stendal mit uns unterwegs gewesen war. Ihr Alter vermag ich nicht zu schätzen. Sie schien in sich zusammengesunken. Ihr Gesicht wirkte grau, vom Entsetzen einer Schreckensnacht gezeichnet. Monoton ihre Stimme, mit der sie darüber sprach. Einige bildhafte Wortfetzen blieben mir im Gedächtnis haften: Von Häusern, die »im Getöse der Luftminen und Sprengbomben« geborsten und über ihren Bewohnern zusammengestürzt waren, sie begraben hatten, war dabei die Rede! Von einem »Feuersturm«, aus dem es für unzählige Menschen kein Entrinnen gegeben hatte. Von einer Frau, die, mit ihrem Baby im Arm, vorwärts stolpernd auf dem heißen Asphalt gestürzt war und sich nicht mehr aufrichtete. Von beißendem Rauch, der selbst unserer mit dem Leben davongekommenen Reisegefährtin noch immer in den Augen brannte.[1]

Irgendwann einmal, Monate nach unserer Rückkehr ins heimatliche Dresden, fragte ich Mama unvermittelt, ob »diese Frau ein neues Zuhause gefunden hat?« Mama wusste sofort, um wen ich mir offenbar den Kopf zerbrach. Sie zuckte wortlos mit den Achseln. Dabei blieb es. Niemals habe ich seither mit einem Menschen über diese Geschichte einer mir unbekannten Frau, die meine Kinderseele tief berührt hatte, gesprochen.

Manchmal wundere ich mich heute, wie viel mir, dem gerade fünfjährigen Mädchen, von der Bahnfahrt nach Stendal im Gedächtnis haften blieb. Ich sehe Mama in ihrem eleganten Kostüm noch deutlich vor mir, mit dauergewelltem, im Trend der Zeit frisiertem Haar. Distanziert gegenüber den anderen Weggefährten im Zugabteil. Etwas wortkarg auch zu mir, ihrer Tochter. Noch vor unserer Abreise hatte sie mich gebeten, unterwegs keine »Schwatzliesel« zu sein.

Eine derartige Bitte um Stille und Verschwiegenheit war mir nicht neu. Beispielsweise hatte auch mein Papa Paul eines Tages erklärt: »Da draußen«, damit war jenes Gebiet hinter unserer Wohnungs- und Haustür beschrieben, »hat kein Mensch zu wissen, was sich hier drinnen ereignet und gesprochen wird.« Das geschah anlässlich eines Besuches, der vorübergehend in unserem »hinteren Zimmer« hauste und von dem ich erst lange Jahre später zufällig erfuhr, dass er jüdischer Herkunft war.

Auch Großmutter bedeutete mit ihrem »Du wirst dich artig benehmen« im Grunde deutlich genug »mit keiner Silbe zu verraten«, dass ich sie im Gespräch mit ihrem Schwiegersohn, meinem Papa Paul, beobachtet hatte. Beide entdeckten mich wahrscheinlich zu spät in einer Ecke des grünen Salons ihrer Radebeuler Stadtvilla, als sie aufgewühlt Fotos betrachteten, die – so vermute ich heute – Geschehnisse in einem Gebiet bei Smolensk, Welikije Luki und Jelnja dokumentierten. Zumindest erinnerte sich meine Großmutter noch unklar, Jahrzehnte später von mir danach befragt, an die »fotografische Dokumentation eines ihr unbekannten

Autors, die bestialische Szenen im Heeresgebiet am Dnepr festhielt«. Der Schwiegersohn hatte ihr kurz vor seinem eigenen Fronteinsatz dieses Zeitzeugnis zur »geheimen Verwahrung« überlassen. In den Wirren der Nachkriegsereignisse ging es verloren.

Aus meinem Winkel erkannte ich als Kind ohnehin weder die Bilder, noch verstand ich die Kommentare der beiden. Dennoch schauderte und grauste es mich. Ein Entsetzen der Erwachsenen übertrug sich und ließ mich auch ohne Großmutters ausdrückliche Ermahnung verstummen.

Als mich Mama nun neuerlich bat, auf der Reise zu Papa Paul nach Stendal »meine Zunge im Zaum zu halten«, geschah das nachdrücklicher als sonst. »Dein Papa Paul erwartet ein braves Kind« hieß es. Allein mit dieser Bemerkung war ich leicht zu lenken. Ich wagte unterwegs also keinen Pieps.

Ohnehin folgten wir Kinder widerspruchslos und achtungsvoll den Weisungen Erwachsener. Nachfragen schien unangebracht, war unüblich. Das war nicht nur in unserer Familie so.

Gutmütige Mitreisende suchten »das stille Kind« aus dem Gedränge des Zuges zu befreien. Sie verfrachteten mich kurzer Hand zwischen Sack und Pack ins Gepäcknetz. Mama ließ sie agieren. Aus exponierter Position verfolgte ich nun Bewegungen im Abteil, beobachtete die zusammengewürfelte Reisegesellschaft und spitzte die Ohren. Am Zielbahnhof musste ich mich nicht durch die Menge zum Ausgang quetschen, sondern wurde der Mama wie ein Frachtstück durch das Abteilfenster hinausgereicht. So gelangten wir beide an jenem lauen Sommertag, seltsam miteinander schweigend, endlich an die frische Luft und in die Altmark.

Vom historisch geprägten Stadtbild, das sich uns darbot, ist mir nichts haften geblieben. Erst Jahrzehnte später, als mein Weg zufällig durch Stendal führte, ahnte ich das Flair einer bereits im Mittelalter entstandenen hanseatischen Handelsmetropole. In Stendal entwickelten sich später, das vermerken Nachschlagewerke, unterschiedliche Industriezweige. Die Stadt wurde schließlich seit Mitte des 19. Jahrhunderts zum Bahnknotenpunkt und ein Standort des Militärs.

Als ich erneut die Stadt passierte, fesselten mich allerdings weit weniger die Zeugnisse einer bewegten Vergangenheit, überlieferte spätgotische Gemäuer oder das Altmärkische Museum der Stadt, das sich Einheimischen und Touristen mit seinen Schätzen öffnet, als jene Orte, an denen

Im Lazarett Stendal – Paul jeweils in der Mitte des Fotos (1943)

wir – Mutter, Vater, Kind – während des Krieges wenige Tage beieinander waren. Mit einer mich selbst verblüffenden Sicherheit fand ich in den winkeligen Straßen jenes mehrstöckige Gebäude, das sich dem heutigen

Besucher als gewöhnliches Wohnhaus darstellt und mit keinem noch so winzigen Hinweis anzeigt, dass es im Sommer 1943 eine Pension gewesen war, die damals auch zu unserer Bleibe wurde. Gleich darauf fiel mein Blick auf das alte Gemäuer der damaligen Hans-Schemm-Schule, die – von der deutschen Wehrmacht umfunktioniert – das Reservelazarett Stendal, Haus 39 beherbergte. Ich sah das Fenster, wie damals bei unserer Ankunft, geöffnet. Eine weit aufgeschlagene Flügeltür am Ende eines Ganges ist mir erinnerlich und jene beklemmend stickige Luft, die über dem großen Schlafsaal waberte.

Ein Foto ist noch erhalten geblieben. Darauf zähle ich mehr als 60 Feldbetten, die hintereinander und ineinander geschoben und verschachtelt Ärzten, Pflegepersonal und Besuchern, so scheint es, kaum Zutritt zu dem Kranken ermöglichten.

Während sich Mama noch fassungslos im Türrahmen lehnend zu orientieren sucht und dabei erschöpften, abgemagerten, dahindösenden oder auch miteinander im Gespräch verwickelten, vom Schreckgespenst des Krieges gezeichneten Kranken und Verwundeten in die Gesichter schaut, bin ich bereits mittendrin und habe meinen Papa Paul entdeckt. Mama erzählte später wiederholt, wie »das Kind« inmitten der bedrückenden Feldbettenburg, in der ein Patient dem anderen in den gestreiften Schlafanzügen geglichen habe, geradewegs auf seinen Papa zugesteuert sei. Sie selbst habe noch, unmittelbar an seinem Bett angelangt, alle Mühe gehabt, in der an Leib und Seele lädierten Gestalt ihren lebenshungrigen und tatendurstigen Ehemann wiederzuerkennen. Gelegentlich folgte dieser Schilderung Mamas die an mich gerichtete Frage, wie ich überhaupt den Vater habe so rasch im überfüllten Schlafsaal herausfinden können. Darauf antwortete ich gleichbleibend und bestimmt: »Er hat mich angelächelt. Und gezwinkert.« Für Mama stand spätestens seit jenem Tage fest: Vater und Tochter verbinde eine intuitive Nähe, die Dritten unbegreiflich bleibe. Auch ihr selbst.

Gutmütig lächelnd entsann sich in solchen Augenblicken auch die Großmutter, wie ich schon als Baby im Gitterbettchen nach meinem Papa Paul gerufen hatte und dabei diesen putzigen Doppelnamen erfand. Bevor ich sonst irgendein anderes Wort hatte sprechen können.

Zu meinen weiteren Erinnerungen an unsere Tage in Stendal gehören Spaziergänge an der wärmenden Hand des Papa Paul. Seine leise Stimme, die mich am Ohr kitzelte und die Fortsetzungsgeschichte vom »Irrwisch mit den blankgeputzten Augen«, die er dabei flüsterte. Mit dem Begriff der Geborgenheit verband ich seither das Gefühl auf seinem Schoß zu sitzen und von seinen Armen gehalten zu werden, auch den besonderen Geruch, der ihm anhaftete. Manchmal summe ich Melodien, die ich damals auf Geheiß des Papa Paul im Schlafsaal des Lazaretts trällerte und dabei Zuspruch einheimste. Ich sang nicht nur vertonte Kinderreime von »Hänsel und Gretel« oder von dem »Männlein im Walde«, sondern mit Inbrunst auch jene vom Radio aufgeschnappten Lieder »An der Kaserne, vor dem großen Tor, steht eine Laterne und steht sie noch davor. Da wollen wir uns wieder seh'n, vor der Kaserne woll'n wir steh'n, wie einst Lili Marleen« oder das von der »tapferen kleinen Soldatenfrau«. Abends saß ich zwischen den Eltern in einem Gasthaus und spürte, wie beliebt mein Papa Paul unter all den Frontkameraden und Patienten des Lazarettes war, die rings um uns Platz genommen hatten. Alles, alles blieb mir im Gedächtnis, kleinste Episoden mit Papa Paul verwahrte ich später im Herzen wie einen besonderen Schatz. Was zählte da sonstiges Ungemach, beispielsweise heimliche Ängste, die mich – des Nachts allein gelassen – in der Stendaler Pension peinigten. Oder allerlei Erschwernisse jener Zeit, mit denen auch unsere Rückreise nach Dresden behaftet war.

Daheim fiel mein Blick auf den leeren Platz des Familienoberhauptes am Tisch, denn wir hatten Papa Paul im Feldlazarett zurücklassen müssen. Er konnte unsere Geschicke nicht aus nächster Nähe in die Hand nehmen. Uns nicht mit der ihm eigenen Sicherheit sagen, was zu tun oder besser zu lassen war.

Manchmal träumte ich mir meinen Papa Paul einfach herbei. Dann deponierte ich seine Tageszeitung des Morgens am Frühstückstisch auf den gewohnten Platz. Gelegentlich wienerte ich seine Taschenuhr mit der goldenen Kette und erbat Mamas Unterstützung, um das Uhrwerk aufzuziehen, sodass wir sie ticken hören konnten. Der Soldat hatte dieses Familienerbstück in seinem Nachttisch zurückgelassen.

Wieder lauerte ich auf seine Briefe, die meist fröhlich und munter klangen. Ich entsinne mich nicht daran, dass er darin schlimme Eindrücke des Geschehens an der Front, soweit das die Zensur ermöglicht hätte, auch nur andeutete. Wollte er seiner Familie Grausamkeiten verschweigen, seine Frau und die Kinder damit verschonen? Ließen sie sich überhaupt in dürren Worten andeuten? Oder fand der Soldat Papa Paul mit seinen Briefen in die Heimat eine Nische, in die er sich für den Moment mit seiner Familie zurückzog? War das sein kleiner Friede im großen Krieg, der ihm überleben half?

Ich weiß nicht mehr genau, wann uns der Kriegsinvalide Walter Lauterbach, ein ehemaliger Frontkamerad Papa Pauls, eines Tages in Dresden besuchte. Kam er während des Krieges oder kurz danach? Zählte ich sechs, sieben oder acht Jahre? Es ist mir entfallen. Aber was er uns berichtete, blieb mir ebenso unvergesslich wie seine seltsam drastische Ausdrucksweise.

Etwas gedämpft, mitunter nur leise murmelnd, dann wieder erregt fispelnd, schilderte er einen Tag in dieser »Schlucht, diesem aufgerissenen Stück Erde«, in dem sich Deutsche und Russen für Momente »regelrecht verkeilten« und in dem ihm der »Sensemann in vielerlei Gestalt« begegnet sei. Er schluckte, umklammerte seine Krücken, als müsse sich der einbeinige Versehrte auch im Sitzen daran halten. In seinen Augen stand das Grauen. »Wir funktionierten irgendwie. Damit man nicht selber drankommt. Der oder ich, war die Frage.«[2]

Walter Lauterbach erzählte vom Tod, der auch meinen Papa Paul »gestreift« habe. Zutiefst erschreckt und angespannt lauschte ich, bis mich Mama mit all den quälenden Fiktionen, die ich mir fortan ausmalte, aus dem Zimmer schickte.

Viele Jahre später bat ich Walter Lauterbach noch einmal um ein Gespräch zu seinen Erlebnissen an der Ostfront 1942/43. Er gab nach zeitlichem Abstand nunmehr mit veränderter Wortwahl zu Protokoll:

»Der russische Winter wütete mit Schnee und eisigem Wind. Nach dem Vorstoß der Russen gab es in allen Bataillonen große Lücken. Die Mannschaftsverluste der Deutschen waren groß. Seit Wochen befanden wir uns, die Infanteristen vom rückwärtigen Dienst, ganz vorn. In vorderster Linie der kämpfenden Truppe. Wer nach den Strapazen noch Kraft hatte und laufen konnte, wurde eingesetzt. Paul krümmte sich unter Magenschmerzen, von Fieber geschüttelt. Aber er hastete mit uns vorwärts.

Wir sollten die Russen stoppen. Eigentlich wusste keiner von uns Genaues. Auch der Truppenoffizier übersah die Lage nicht. Die Befehle schienen wirr, es ging hierhin und dorthin. Es war kein

Durchkommen. Die russische Artillerie schoss sich auf uns ein. Am meisten fürchteten wir uns vor den Stalinorgeln, vor so einem Granatsplitter, der den Körper zerfetzt.

Dann kam die Salve. Ich glaube, Paul erwischte es an der Schulter oder am Rücken. Mir zerrissen Schrapnells das Bein. Unser Blut färbte den Schnee.

Paul und ich sahen uns beim Sani wieder. Alle dort litten Schmerzen, denn man hatte uns nur notdürftig die Wunden ausgeschabt, sie dann mit einer übel riechenden Salbe wieder zugeschmiert und mit Papier umwickelt. Ja, mit Papier wurde das abgedeckt! Ich nehme an, dass es dort ordentliches Verbandszeug gar nicht gab. Auch keine sterilen medizinischen Instrumente, kein Morphium! Nichts.

Die Kameraden bugsierten uns weiter, zum Flugplatz Gumrak. Eine Heinkel 111 nahm zur nächtlichen Stunde und bei laufendem Motor dort Verwundete auf. Ich war schon an Bord, als ein Gefreiter noch Paul zu uns rein hievte. Pauls Frontkamerad war das, der dann zurückblieb und später gefallen ist. Oder sagen wir ein Freund Pauls, von denen man ja so viel auch wieder nicht hatte. Der textete noch mit dem Flugpersonal rum. Die wollten Paul nicht mitnehmen, folgten Kriterien, die Paul nicht erfüllte. Dabei ging es, glaube ich, um die Art und den Schweregrad der Verwundung. Leichtverwundete, die bald wieder kriegsverwendungsfähig (kv) sein würden, bevorzugte man. Die wurden rausgebracht, um sie so schnell wie möglich wieder an der Front einzusetzen! Irgendwie hatte es Pauls Kumpel geschafft und den Stempel auf so einem roten oder grünen Ausflugschein besorgt. Die meisten Verwundeten mussten zurückbleiben. Man ließ die dort liegen! Todeskandidaten waren das!

Russische Flugzeuge bombardierten unsere Maschine, mit der wir zuerst im Feldlazarett Stalino (Donezk) landeten. Wenig später, als sich dort schon die Front bedrohlich näherte, wurden wir weitertransportiert. Paul ins Feldlazarett Legionowo-Jablonna und schließlich nach Stendal. Ich gelangte nach Dnepropetrowsk. Dann später als Kriegsinvalide in die Heimat.

Aber diesen einen Wintertag 1943 erlebe ich immer wieder in

meinen Albträumen. Dann stecke ich mittendrin in diesem Schlamassel.«

Mit dem Wissen des Kriegsgeschehens habe ich später wieder und wieder gefragt, wie mein Vater mit dem Entsetzen des Schlachtengetümmels, in das er geriet, weiterlebte. Was die Erschütterungen, von denen wir durch seinen Kriegskameraden wussten, mit ihm gemacht hatten.

Wem vertraute er sich an? Hatten meine Eltern zur Sommerzeit 1943 in Stendal diesen Schreckenstag, den uns Walter Lauterbach schilderte, thematisiert? War meine Mama fähig und bereit zuzuhören oder einfühlsam zu reagieren?

Im Archiv der WASt fand sich sein Krankenblatt, angelegt vom Lazarett Stendal im März 1943, geschlossen im August 1943. Festgehalten ist ein allgemeiner physischer Erschöpfungszustand des Patienten, der bei seiner Aufnahme 50 kg (mit Hose) auf die Waage bringt. Aufgezählt werden in seinem Entlassungsbefund die »gut verheilten« physischen Wunden, eine noch nicht gänzlich abgeklungene Magenerkrankung, mit der er nach ärztlicher Empfehlung weiterhin einer besonderen Schonkost bedurfte. Seine Wiederverwendungsfähigkeit für den Krieg wird zwar vorerst eingeschränkt, aber grundsätzlich attestiert. Eine psychische Befindlichkeit des Patienten scheint nicht erwähnenswert.

Vorerst wurde er der Genesenden Kompanie eines Landesschützen-Bataillons zur »besonderen Verwendung« mit einem Standort in Berlin-Charlottenburg zugeteilt. Ein aktuelles Foto traf damals bei uns ein. Mama stellte es zu der anderen Aufnahme auf ihren Nachttisch, obwohl es sie nach ihren eigenen Worten »grauste«, ihren Ehemann, »diesen Krieger wider Willen«, weiter in Wehrmachtsuniform zu wissen. »Er fremdelt darin«, meinte sie kopfschüttelnd.

Auch ich betrachtete als Kind dieses Bild scheu, nur gelegentlich. Vielleicht, weil der darauf in voller Kriegsausrüstung todesmutig wirkende Soldat, der eigentlich mein Papa Paul war, vor der Kamera zu lächeln vergaß.

Inseln der Erinnerung

»Krieg ist nun mal Krieg«, sagt Onkel Theodor. »Das war schon immer so.« Mit diesen Worten leitet der Onkel gewöhnlich seine Geschichten von »dunnemals« ein, als er selbst in des »Kaisers Rock« hinausgezogen war. Auf einem »einsamen Patrouillenritt« erspähte er den Feind und wich in letzter Sekunde der »feindlichen Kugel« aus. In einer anderen Geschichte befindet sich der Onkel in einer »Schlacht an der Somme«, wo ihm »die rote Pluderhose« das Andenken verpasste. Gemeint ist das starre Glasauge in seinem Gesicht, das mich ängstigt.

Als wir den Onkel in seinem noblen Haus besucht hatten – in seiner lindgrün verputzten und mit weißen Ornamenten verzierten Villa, in der ich immer wieder neu das weit schwingende Treppengeländer und die bunten, bleiverglasten Fenster bestaunte –, zeigte er uns seine Gewehrkugelsammlung: französische, belgische, polnische, russische, deutsche ... »Alle aus Kupfer oder aus Messing!«, betonte der Onkel und erzählte davon, dass die Franzosen damals auch über Dumdumgeschosse[3] mit einem »heimtückisch ausgetüftelten Mechanismus am Gewehr« verfügten. »Die Geschossspitzen surrten los und rissen Gegnern exorbitante Löcher ins Muskelfleisch!«, erinnerte er sich. Helen erklärte mir später, dass der Onkel damit scheußlich große, tiefe Löcher beschrieben hatte, die sehr schmerzhaft gewesen sein mussten. Weiter war er dann aber mit der Schilderung französischer Grausamkeiten im »großen Krieg« nicht gekommen. Denn Großmutter hatte uns Kinder entrüstet von ihm fortgezogen.

Auch heute fährt sie dem Onkel in die Parade und duldet nicht, dass er den Kindern – damit meint sie Helen und mich – diese Abenteuerschnurren von den »Pickelhaubenkriegern« schon wieder erzählt!

Aber wir Kinder spüren ohnehin, dass »Krieg nun einmal Krieg ist« und offenbar wie eine Elementargewalt über die Menschen hereinbricht, sodass selbst Papa Paul in einer Uniform an die Front befehligt wurde, wo die deutschen Soldaten den Feind bekämpfen. Der Onkel sagt: »Das war schon immer so.« Auch das wissen Helen und ich längst. Kriegerisches Schlachtengetümmel gibt es an fernen Fronten schon, solange wir denken können. »Seit Papa Paul eingezogen wurde, ist der Krieg auch bei uns ausgebrochen«, erzähle ich dem Onkel. Er nickt stumm und weiß Bescheid.

Großmutter schickt uns ins Kinderzimmer. Dort liegen unsere Farbstifte und Papier bereit. Ich male für den nächsten Feldpostbrief unserem Papa-Paul-Soldaten ein Bild vom »Irrwisch mit den blankgeputzten Augen im Lande Irgendwo«, der dort gerade zuschaut, wie Bäume im Takt der Musik des Windes tanzen. Papa Paul hat mir diese Fortsetzungsgeschichte in Stendal ins Ohr geflüstert.

Mama wird unserem Papa Paul schreiben, wie brav wir Kinder daheim sind und dass Helen fleißig in der Schule lernt. »Damit sich unser Soldat freuen kann!«, sagt sie.

Ich nehme mir deshalb fest vor, mich nicht mehr zu weit aus dem Fenster herauszulegen, wenn die Hitlerjungen singend auf unserer Straße vorbeimarschieren. Mir unaufgefordert vor dem Essen die Hände zu waschen. Den Pullover nicht verkehrt herum anzuziehen. Mit den Stiefeln nicht absichtlich in die Pfütze zu patschen, obwohl das Spaß macht! Auch werde ich am Haus vorbeilaufen, ohne den Ballians in die Wohnung zu lugen. Und auf der Schaukel im Garten will ich nicht herumhampeln und nur so hoch fliegen, wie es Mama erlaubt! Dann kann ich trotzdem, wenn ich mit der Schaukel gerade oben ankomme, in den Garten nebenan schauen. Natürlich nur ganz kurz, weil sich das länger »nicht gehört«! Und … Es ist anstrengend immer brav zu sein und sich auch nicht mit Döllings Zwillingen Rolf und Regina zu streiten, obwohl die beiden immer beim »Himmel-Hölle-Hüpfen« und beim »Um-die-Wette-Kreiselspiel« mogeln!

Mama sagt, Helen und ich sollen froh sein, in einem schönen Garten friedlich spielen zu können. Denn in anderen Städten sei der Krieg auch für Kinder gefährlich! Das stimmt. Gitte hat es mir erzählt. Sie wohnt erst seit Kurzem bei ihren Großeltern und freut sich, wenn ich sie in ihrem Hausgarten besuche.

Die zwölfjährige Gitte ist die Ältere von uns beiden und bestimmt die Spielregeln: Sie hockt oben im Baumhaus und jault einen auf- und abschwellenden Vollalarm. Ich, das unbedarfte Dresdner Kind, irre in einer mir völlig fremden, vorgestellten zerbombten Industriestadt umher und finde zwischen Ruinen in meiner Not endlich Unterschlupf in einem Haus am Rande des Trümmerfeldes. So will es Gittes »Übungsspiel«, das ich »Bombenwerfen« nenne. Mein Haus ist eigentlich eine von Rosen umwucherte Pergola im hinteren Winkel des parkähnlichen Gartens einer altehrwürdigen Radebeuler Villa. Knorrige Bäume und Sträucher, ein alter Schuppen und das altersschwache Gewächshaus werden nur in unserem Spiel zu Ruinen deutscher Industriestädte. Heute heißt unsere Stadt Essen, ein anderes Mal Düsseldorf, Gelsenkirchen oder Dorsten.

Gitte, die eigentlich Brigitte von Georgius heißt, unterscheidet die uns angreifenden feindlichen Flieger. Sie weiß von den amerikanischen Spitfires mit spitzen Flügeln, die tief kreisen und mit ihrem Geschütz auf Menschen zielen. Gitte schneidet eine Grimasse und macht ein Geräusch: »Pskrr, pskrr, pskrr!« Ihre Augen erstarren für Sekunden! Dann zählt sie weitere Flugzeugtypen auf – die Thunderbolts, Hurricanes, Moskitos, Wellingtons, Stirlings, Lancasterbomber! Ich kann mir diese fremd klingenden Namen nicht merken. In unserem Spiel blitzen Schüsse der deutschen Flakabwehr in den Himmel. Sie holen einige dieser »Luftpiraten«, die alles demolieren, zertrümmern und Menschen töten, herunter. Nur einige!

Die Industriestädte des Ruhrgebietes, das weiß Gitte ganz genau, sind Hauptangriffsziele britischer und amerikanischer Bomberflotten.[4] Sie selbst wurde aus ihnen herausgebombt und lebt erst seit Kurzem, nur bis ein geeignetes Internat für sie gefunden ist, bei dem alten Ehepaar Georgius, das meine Großmutter mit mir gelegentlich besucht. Während die Dame des Hauses meine Großmutter zum Tee bittet, werden wir Gespielinnen freundlichst zur »Kräftigung der Lungen« an die frische Luft entlassen.

Ich lerne viel von Gitte. Sie lässt »Fesselballons mit wedelnden Fransen« aufsteigen, in denen sich »feindliche Tiefflieger« verheddern und ihre »Ziele« mit den »Bordkanonen« dann nicht mehr »anvisieren« können. Gitte weiß, dass »Pfadfinderflugzeuge der Tommys« in der »industriellen Dunstglocke des Ruhrgebietes« nachfolgenden englischen Piloten ihres Geschwaders »Zielpunkte für den Abwurf ihrer Bomben« markieren. Sie kennt unterschiedliche Bombentypen, die »einschlagen«. Darunter sind »Volltreffer«! Gitte hat mit ihren Kenntnissen auch mein Kriegsvokabular erweitert.

Im Übungsspiel habe ich mich vorschriftsmäßig zu verhalten. Während Gitte das feindliche Geschwader über mir kreisen lässt und Brandbomben herabtrudeln, patsche ich die scheinbar am Boden aufzüngelnden Flammen »tapfer« nieder. Nach einigen Übungsspielen bringen mich vereinzelte Brandbomben nicht mehr aus der Ruhe. Aber die Flugzeuge verschwinden nicht so schnell wieder, sondern rücken mir weiter auf die Pelle! Gitte lässt die britischen Piloten noch perfidere, heimtückischere Bombentypen – und alle zeitgleich! – abwerfen. Derart bedrängt, lösche ich mit Wasser aus dem Gartenschlauch oder ersticke einen vorgestellten Brandherd mit Sand aus meinem Eimerchen. Ich greife nach allerlei Geräten, die in meinem Haus zu finden sind: nach einer Hacke am wackligen Stiel und nach den schwergewichtigen Spaten, Schaufeln und Latten. Ich wehre mich des »Teufelszeugs«, gerate ins Schwitzen, aber verzage keinesfalls. Ich muss »diszipliniert« sein, bis Gitte mit langgezogenem Ton Entwarnung heult und der »Spuk« ein Ende nimmt. Der Großangriff ist vorbei. »Bombenwerfen« ist ein ulkiges Spiel Gittes, das mir gefällt. Ich bin stolz, wenn Gitte mich danach ein »tapferes deutsches Mädel« nennt.

Jeder unserer gemeinsamen Nachmittage beginnt mit einem Übungsspiel, bevor die langbeinige Gitte mir beim »Hupfkästchen« ausgelassen davonspringt oder mich auf der Schaukel geduldig abstupst. Wir spielen auch mit Murmeln, beobachten Salamander auf sonnigen Steinen am Gartenweg oder binden aus Wiesenblumen Sträuße und Kränze, die Frau von Georgius dann »gaaanz entzüüückend« findet. Gitte liest mir auch aus dem dicken *Wilhelm-Busch-Album* vor und prustet vor Lachen, wenn sich Max und Moritz tolle Streiche austüfteln. Dann freuen sich die Erwachsenen über das unbeschwerte Gitte-Kind. Denn nach unseren Übungsspielen erscheint auch Gitte der Himmel nicht länger durch

Rauch und Ruß verdunkelt, sondern sommerlich hell. Dann glaubt sie daran, dass man den Todesboten aus der Luft entkommen kann!

Großmutter erzählt mir auf dem Heimweg, dass Gittes Vater, der geachtete Wissenschaftler einer Entwicklungsabteilung in den Essener Krupp-Werken, von einem amerikanischen Tiefflieger mitten am Tag tödlich getroffen worden sei. »Von dem Geschütz einer Spitfires?«, frage ich. Großmutter weiß das nicht so genau.

Meine wenigen Begegnungen mit Gitte in diesem einen späten Sommer 1943 steigen plötzlich klar und deutlich aus einem Reich des Vergessens empor. Wie Bilder anderer Momente und Sequenzen jener Kindertage auch, die ich später lange Zeit für unwichtig hielt und verdrängte. Manchmal ist es nur ein Geruch, ein Wort, eine Farbe, ein Widerschein im Zwielicht, ein heulender Wind, ein Geräusch. Plötzlich erinnere ich mich, meine Gedanken pendeln dahin und dorthin. Gelegentlich höre ich dann auch dieses eigenartige Schlürfen, gefolgt von einem kurzen Plumps. Es schlürft und plumpst, schlürft und plumpst. Wir wussten bereits, bevor es an unserer Wohnungstür schellte, wer sich auf diese Weise näherte. Großmutter nannte den nur mühsam mit seinem Holzbein voranhumpelnden Herrn Ballian, der nicht nur unser Hausmeister, sondern ein Blockwart und Luftschutzbeauftragter für unsere ganze Villenstraße war, insgeheim gutmütig witzelnd einen »Unbelehrbaren des Schlachtengetümmels 14/18« – Worte, die ich damals nicht verstand. Papa Paul hörte ich eines Tages gar, den Namen Ballian verhohnepipelnd, vom »gewissen Pg. Pavian« sprechen. Pg. wurden Parteigenossen der Nazipartei (NSDAP) umgangssprachlich oft genannt. Selbst Mama erwähnte dann und wann in belustigendem Tonfall den Pg. und spöttelte über den »Ärmsten«.

In der Öffentlichkeit begegneten meine Eltern Herrn Ballian aber korrekt und suchten, wie sich Mama ausdrückte, »Unannehmlichkeiten« zu vermeiden. Immerhin bezog sich der Luftschutzbeauftragte mit seinen Weisungen, die er nach eigenen Worten »rigoros und ohne Verständnis für die geringste Nachlässigkeit« durchzusetzen trachtete, auf Gesetzestexte und amtliche Verordnungen, die für Zuwiderhandelnde strafrechtliche Konsequenzen vorsahen. Das wusste ich damals als Kind aber noch nicht. Vielmehr glaubte ich, einzig und allein die wunderlichen Drohgebärden, mit denen sich der kleinwüchsige Herr Ballian in Szene setzte, reize die heimliche Spottlust meiner Eltern. Seine Weisungen für den Luftschutz hielt ich für völlig normal, wie eben dieser Krieg ganz selbstverständlich und unabänderlich zu meinem Leben gehörte. Sprach Herr Ballian von möglichen »unliebsamen Zwischenfällen«, denen wehrhaft zu begegnen sei, stellte ich mir eines dieser feindlichen Bombenflugzeuge vor, die Gittes Städte an der Ruhr oder die Hansestadt Hamburg ansteuerten, aber versehentlich in unserer Stadt auftauchen konnten. Dann würden wir gewappnet sein und mögliche Brände niederpatschen, sie mit Löschsand ersticken.

In unserer Wohnung hingen ordnungsgemäß an den Fenstern Verdunklungsrollos, außen schwarz und innen dunkelgrün; sie versperrten schon bei hereinbrechender Dämmerung jeden Blick nach draußen. Umgekehrt durfte auch kein noch so kleiner Lichtschimmer von drinnen nach draußen dringen. Im Schutz völliger Dunkelheit würde uns der Tommy nicht finden. Diese Erklärung des Herrn Ballian leuchtete mir ein.

Einmal hatte Herr Ballian bei seinem abendlichen Kontrollgang eine undichte Ritze ausgerechnet am Schnapprollo unseres Kinderzimmers entdeckt und »Liiicht auus!« gebrüllt. Seither sollten seitlich am Rollo angebrachte Klemmen weitere »Pannen« ausschließen.

Im Hauskeller gab es alsbald eine extra gefertigte Stahltür, an der mit großen Lettern abgekürzt für Luftschutzraum »LSR« stand. Rechts vom Eingang stand das große Holzschild, dessen Gebrauch uns Herr Ballian während einer von ihm angeordneten »Luftschutzübung für die Einwohner umliegender Häuser« mit ausholenden Gesten und wortreichen Kommentaren selbst vorgeführt hatte. Das für seine schmächtige Figur zu wuchtige Schild vor sich herschiebend, hatte er sich mit seiner Holzprothese mühsam Schritt für Schritt einer nur vorgestellten, entflammten Brandbombe genähert, während neben ihm der Hitlerjunge Hans Ballian in Uniform forsch agierte und dabei mit den hoch über die Waden reichenden Schnürstiefeln aufstapfte, die einst der gefallene Bruder Roland vor der Einberufung an die Front als Fähnleinführer der HJ getragen hatte. Hans hielt einen gefüllten Sandsack über die angeblich aufzüngelnde Feuergarbe. Wir Teilnehmer dieser Lehrveranstaltung sollten uns nun ausmalen, wie der Boden des Sackes brannte und der herausfließende Sand die Flammen erstickte. Genau so war der Löschvorgang auf dem Plakat beschrieben, das inzwischen an der Wand unseres

LSR hing. Direkt vor diesem angepinnten Aushang hatte Frau Ballian ein paar Gläser Eingemachtes, Wolldecken, Kissen, zwei Verbandskästen und einen zusammenklappbaren Primuskocher deponiert: »Nur so! Vorsorge ist besser als Nachsorge.« Neugierig erkundeten Helen und ich in einem unbeobachteten Moment den Inhalt des kleinen Päckchens, das Frau Ballian unter den Primuskocher geschoben hatte, und fanden dabei Feldpostbriefe und »Heldenfotos« vom gefallenen Sohn Roland.

Vor den Kellerfenstern und an der linken Wand lagerten Papiersandsäcke, Feuerpatschen, Handfeuerspritzen, Vorschlaghämmer, Äxte, Schrubber und Eimer, Einreißhaken, Schaufeln, Stricke, Mundtücher und für jedes Familienmitglied, also auch für uns Kinder, ein extra angepasstes Ungetüm, Volksgasmaske genannt. Einmal stülpte mir unser Luftschutzbeauftragter die Gasmaske über. Ich schwitzte scheußlich, die Maske beschlug. In panischer Atemnot war ich heilfroh, sie wieder loszuwerden und »überlebt« zu haben. Künftig befürchtete ich, Herr Ballian werde Verdunklungssünder und Ignoranten seiner Anweisungen mit dem Tragen der Volksgasmaske bestrafen, und zitterte schon deshalb an einem mir besonders im Gedächtnis haftenden Wintertag, an dem mich das schlechte Gewissen beutelte. Neugierig hatte ich während der Verdunklungszeit, meinen Finger seitlich unter das herabfallende Rollo gesteckt, durch die dabei entstehende Ritze nach draußen gelugt und fühlte mich ertappt, als es nach dem uns bekannten Schlürfen und Plumpsen klingelte. Inständig hoffte ich, Papa Paul werde die mir drohende Strafe abwenden. Er war nur für einen Tag gerade zu Hause und öffnete dem verdutzten Herrn Ballian im Dienstkleid der deutschen Wehrmacht die Tür. Beide Männer wechselten belanglose Worte. Sofort zerstoben meine Befürchtungen. Ich schwelgte im sicheren Gefühl väterlicher Obhut.

Im zweiten Halbjahr 1943 und bis weit in das Jahr 1944 hinein schaute unser Soldat mehrfach und meist nur für einen kurz bemessenen Zeitraum vorbei. Dann knöpfte er seine Uniformjacke auf, hängte sie in die Garderobe, zog die schweren Stiefel aus, wischte scheinbar den Kriegsalltag beiseite und wurde für Augenblicke Zivilist und mein Papa Paul! Zog er später wieder mit seiner Uniform angetan los, versprach er ein baldiges Wiedersehen. Denn bis zu seiner vollkommenen Genesung und ärztlich attestierten uneingeschränkten Einsatzfähigkeit an der Front war er »zur besonderen Verwendung« der persönliche Chauffeur und

Begleiter eines ranghohen Militärs aus Berlin und genoss offenbar zwischenzeitlich Freiräume, die Stippvisiten bei uns erlaubten. Der Name seines Vorgesetzten blieb mir, auch nach späterer gezielter Recherche in archivierten Akten der deutschen Wehrmacht, unbekannt. Vielleicht hatte Papa Paul den Namen seines Dienstherren von Rang auch daheim erwähnt und ich habe ihn nur vergessen? Im Gedächtnis haften mir, der damals Fünf- und Sechsjährigen, jedenfalls seltene Momente, in denen sich Vater und Tochter nahe sein durften. Sie wurden zu besonderen Inseln der Erinnerung, die ich mir später zurückträumte und auf die ich mich wieder und wieder zurückzog.

Dazu gehörte auch ein Spaziergang durch das winterliche Dresden, bis zum nahen Elbufer: Früher Morgennebel schwebt über dem Fluss. Ein Pfahl ragt aus dem Wasser wie ein mahnender Finger. An starren Zweigen des kahlen Strauches entdecken Vater und Tochter knospende Spitzen. Papa Paul nennt sie »hoffnungsvolle Zeichen keimenden Lebens mitten im Krieg«. Wir spüren sie beide. Es ist ein stiller Augenblick glückseliger Nähe mit Papa Paul, der sich einprägt.

Und jenes besondere Weihnachtsfest 1943. Großmutter erzählte später mit vielen Details sehr anschaulich, wie wir – die Mama, weitere Verwandte, Enkelkinder, sie selbst –, einander fest an den Händen haltend, zu vorgerückter Stunde ins Dunkel zur Kirche tappten, um nach altem Brauch und Sitte den Heiligabend mit einem Gottesdienst zu beginnen. Auch den Weg zurück, unter bedecktem Himmel, vorbei an leblos wirkenden, verfinsterten Fassaden, erloschenen Laternen, vermochte sie im Rückblick bildhaft zu beschreiben. Etwas mystisch, fast gespenstisch wirkte ihre Schilderung.

Gewiss erklang daheim das Weihnachtsglöckchen, wie alle Jahre wieder. Es hat bestimmt auch in der von Kerzenlicht erleuchteten Stube, wie üblich, nach Tannengrün, Äpfeln und nach Mamas selbstgebackenen Pfefferkuchen geduftet. Unter dem geschmückten Christbaum lagen stets Geschenke, selbst in bitteren Zeiten des Krieges. Am Flügel begleitete Großmutter unsere Lieder. »O du fröhliche, o du selige, gnadenbringende Weihnachtszeit …«

Genau da setzt mein eigenes Gedächtnis an den Weihnachtsabend 1943 ein: In unseren Gesang mischte sich plötzlich ein warmer männlicher Tenor. Da stand er: ein feldgrauer Weihnachtsmann. Mein Papa

Paul, der Soldat! Mit Tornister, Stahlhelm, Gewehr, Gasmaske, einem »Führerpaket«, das dem Fronturlauber mit allerlei Lebensmitteln von Amts wegen zugebilligt wurde. In den Händen hält Papa Paul krampfhaft ein scheinbares Ungetüm mit Rädern. Bei näherer Betrachtung ist es ein Puppenwagen mit einer Babypuppe für mich, seine Tochter Helga.

Diese Szene bleibt unvergessen. Auch Papa Pauls Geschichten von der turbulenten Heimreise. Dann sehe ich ihn schwitzend und immer beladen, in überfüllten Waggons der Eisenbahn, mal in diesem, mal in jenem Zug. Dazwischen auf Bahnsteigen hockend, dann wieder vorwärtskeuchend, vielleicht auch fluchend. Zuletzt auf einem reichlich besetzten Militärwagen. »Der Landser mit dem Puppenwagen muss zu seinem Kind«, hatten Reisegefährten entschieden und ihm den Vortritt gelassen. Auch dieser Satz klingt mir noch im Ohr.

Tags darauf unternahmen wir beide, Papa Paul und ich, einen ausgedehnten Weihnachtsspaziergang. Fest hielt ich dabei meine Babypuppe, die ich Elsa genannt hatte, im Arm. Vom Elbufer schauten wir auf die Silhouette der Stadt. Ich imponierte Papa Paul damit, Zinnen, Türmchen, Türme und alte Gemäuer, die Wahrzeichen Dresdens, unterscheiden und beim Namen nennen zu können: die Frauenkirche mit ihrer dicken Kuppel, die Steinerne Glocke, die Brühlsche Terrasse, das Schloss mit seinem hohen Turm und dem Fürstenzug, die Katholische Hofkirche, die Sempergalerie, die Oper, die Panther-Quadriga …

Eigentlich verdankte ich diese Kenntnisse meiner Großmutter. Mit feinem Gespür für alle ihre Enkelkinder – aus den Ehen ihrer vier Töchter wuchsen immerhin zwei Jungen und neun Mädchen heran –, fand sie mein erwachendes Interesse für »unser Dresden« und für »Althergebrachtes« schnell heraus und wurde nimmer müde, mich darin zu unterstützen. So prägten sich mir durch ihr Zutun Bilder von der alten Barockstadt ein, mit denen ich nun Papa Paul beeindruckte. Das wiederum spornte mich an, den Worten der beharrlichen Großmutter künftig noch aufmerksamer zu lauschen.

Meine Großmutter, eine würdige, immer stilvoll gekleidete alte Dame, war übrigens selbst eine begeisterte und stolze Dresdnerin und verstand es schon darum, den Blick ihrer Enkelkinder für die vornehme und heiter beschwingte Schönheit der Barockstadt zu öffnen. Mit ihr spazierte ich durch elegante Villenviertel rund um den Großen Garten oder auch durch die gepflegten Anlagen des Parks zum Carolaschlösschen. Über die Hauptallee des Großen Gartens gelangten wir zum Palais, das, von acht Kavalierhäuschen flankiert, einen Mittelpunkt des barocken Ensembles bildete.

Mitunter führte unser Weg direkt ins Zentrum der Altstadt. Es ging vorbei an ungezählten Statuen auf den Balustraden, Firsten mit Faunen und heiteren Amoretten, die Girlanden über Fenster wanden. Wir beschauten Standbilder von Heiligen oder verweilten vor den Figuren aus ehrwürdigen Fürstengeschlechtern.

Gelegentlich bummelten wir über den Zwingerhof mit den vielen Putten zum Kronentor mit dem vergoldeten Dach. Besonders gern denke ich noch an das plätschernde Nymphenbad, um das die Spaziergänger, leise miteinander murmelnd, »lustwandelten«. So nannte die Großmutter diese feine Art sich zu benehmen und nun taten wir es den anderen gleich.

Wir dinierten auch mal in einem Gasthaus am Elbestrom, im »Italienischen Dörfchen«, einem langgestreckten Prunkpavillon aus Sandstein, mit weißen Rundbogenfenstern und einem auf Säulen ruhendem Balkon. Eindruck machte mir als Kind die aufmerksame Bedienung. Für jeden Tisch stand ein Serviermädchen mit adrettem weißem Schürzchen bereit. Im Prunksaal faszinierten die Freskenmalerei und geschwungene Leuchter.

Anderntags näherten wir uns Kleinzschachwitz oder dem gegenüberliegenden Pillnitzer Schloss, während das Nebelhorn unseres Schaufelraddampfers tönte und ich fasziniert von oben in den Bauch des Schiffs, in den Maschinenraum blicken konnte und die rußverschmierten, schweißtriefenden Heizer beobachtete, die Kohlebrocken in den Kessel schippten und damit die Gestänge, Hebel und Pleuel in Bewegung hielten. Ein anderes Mal bestiegen wir die Dresdner Standseilbahn oder auch die Schwebebahn, schauten von den Loschwitzhöhen, vom Weißen Hirsch und manchmal als Gäste des Luisenhofs über die ganze Stadt und bis in die Sächsische Schweiz hinein.

Zu all diesen Orten und zu vielen anderen liebenswerten Winkeln der Stadt, die wir mit ihr kennenlernten, passten auch Großmutters Geschichten von der alten, ehrwürdigen Familie, die hier über Jahrhunderte residierte, ja sogar bei Hofe verkehrt hatte, die ihre Spuren bis in unsere Tage hinterließ und von der sie aus eigenem Erleben erzählen konnte. Denn schließlich war auch sie einmal als Kind dieser Familie herangewachsen. Als sie unseren Großvater heiratete, zog sie zwar mit ihm hinaus auf ein Rittergut ins Sachsenland und brachte dort auch meine Mutter und ihre anderen Töchter zur Welt. Als aber der Großvater bereits in jungen Jahren einem Herzleiden erlag und verstarb, kehrte sie in ihr Elternhaus, in eine an den Grenzen Dresdens gelegene Radebeuler Stadtvilla, zurück. Den Großvater kannte ich übrigens nur von Fotografien und eben aus diesen Erzählungen, oder auch aus Erinnerungen meiner Mama, die ihrem Vater besonders verbunden war und mitunter kleine Episoden ihrer Kinderzeit mit ihm zum Besten gab.

Ich vernahm all diese Geschichten, die Mama und Großmutter auch in späteren Nachkriegsjahren wieder und wieder erzählten, schmückte sie in meiner Vorstellung wie jene aus den Märchenbüchern aus, identifizierte mich jedoch nicht mit Vorfahren, von denen darin die Rede war. Damit gehörte ich nicht zu jenen Enkelkindern, die später daraus eigene Familientraditionen ableiteten und sich dieser von der Großmutter stets hochgehaltenen Sippe verbunden oder gar verpflichtet fühlten. Ich dagegen empfand mich weniger dieser mütterlichen Linie zugehörig als der Familie meines Papa Paul, deren Namen ich trug. Obwohl ich damals herzlich wenig über meine väterliche Abstammung wusste, eigentlich kaum etwas.

Vielleicht versuchte meine Großmutter sich mit ihren Zeitreisen in die Vergangenheit und ebenso mein Papa Paul mit seinen ausgedehnten Spaziergängen am Elbufer Geschehnissen im Kriegsalltag, und sei es nur für kurze Momente, zu entziehen. Manchmal hege ich heute diesen Verdacht. Denn ich erinnere mich einer gewissen politischen Wachsamkeit der beiden. Zumindest deute ich jene ernsten, oft erregten Gespräche, die sie stets ohne meine Mama und in deutlicher Zurückgezogenheit miteinander führten, heute so.

Einmal erwischte ich beide am nur leise aufgedrehten Radio. Beide reagierten erschreckt und ärgerlich, als ich mich ihnen näherte. Hatte ich damals wirklich die Klopfzeichen gehört, mit denen sich ein gewisser »Feindsender« bemerkbar machte? Das kann stimmen oder auch nicht. Ebenso unsicher unterstelle ich heute den beiden, dass sie anderntags vor einer aufgeschlagenen Landkarte nicht vom »glorreichen Endsieg der Deutschen«, sondern von deren »Scheitern« und dem »Untergang der Nazis« gesprochen haben und sie offenbar Wehrmachtsberichte zu den »Frontbegradigungen, den geordneten Rückzügen in vorbereiteten Auffangstellungen, zu strategischen Umgruppierungen und neuen Verteidigungslinien« als das begriffen, was sie waren: populistisch kaschierte Darstellungen der deutschen Niederlagen.

Aber auch dafür kann ich den Beweis nicht antreten und mich lediglich der Wortfetzen erinnern, die ich eher seismografisch aufschnappte und daraus ein Gespür entwickelte, das ich erst Jahre später zu deuten versuchte.

Klarer erinnere ich mich des allgemeinen Zeitgeistes, dem sich in unserem Umfeld ja nicht einmal ein Kind wirklich verschließen konnte. Denn bei unseren Dresdner Spaziergängen flatterten Nazifahnen aus den Fenstern der barocken Gebäude. Inmitten des Pillnitzer Schlosshofes erhob sich ein Hakenkreuzbanner an einem großen Fahnenmast. In öffentlichen Gebäuden, an Litfaßsäulen, auf Leinwänden und an Mauern hingen die Konterfeis des Führers und anderer Nazigrößen. Straßen trugen ihre Namen.

Nur von den Schaufenstern der sogenannten »Braunen Läden«, die es gleich mehrfach in unserer Stadt gab, zog mich Großmutter rasch weg. Die dort ausgestellten Hitlerbüsten aus Gips, Uniformen, Waffen, Orden oder verschiedene Miniaturnachbildungen von Militärfahrzeugen, Flugzeugen der deutschen Luftwaffe und Kampfschiffen der Seeflotte nannte sie »Klimbim«, »unnötigen Kram« und »Zeugnisse menschlichen Irrsinns«.

Einmal übten Sturmboote auf der Elbe einen Angriff. Viele Leute beobachteten wie wir das Schauspiel von der Brühlschen Terrasse. Am Königsufer schenkten Uniformierte Erbsensuppe aus. Deutsche Sturzkampfbomber (Stukas) kreisten über uns. Lautsprecher übertrugen auf Straßen und Plätzen Propagandareden. Soldatenlieder dröhnten über Radiowellen bis hinein in die Wohnstuben. »Wenn deutsche Soldaten marschieren, dann hält sie kein Teufel mehr auf« hieß es in einem Lied. Das alles geschah an einem »Tag der Wehrmacht«.

Marschierten formierte Truppen im Gleichschritt auf Dresdens Straßen, so trippelte ich im Takt ihrer mitreißenden Musik, schnappte Lieder der Hitlerjugend auf, ohne damals deren Todesstrophen zu verstehen. In einem Refrain, an den ich mich noch erinnere, hieß es:

»Unsre Fahne flattert uns voran,
Unsre Fahne ist die neue Zeit.
Unsre Fahne führt uns in die Ewigkeit.
Ja, die Fahne ist mehr als der Tod.«

Ich erinnere mich an ein herzhaftes, nicht enden wollendes, ansteckendes Lachen Papa Pauls, als ich mit diesem Lied vor ihm herlief, dabei die Marschierenden nachahmend forsch ausschritt und die Arme im Rhythmus schwenkte. Mein Auftreten mag auf ihn geradezu grotesk, die Wirklichkeit parodierend, gewirkt haben.

In meinem Kinderzimmer fand sich, neben einem Wuschelbären, dem alten Kaufmannsladen, der Puppenstube und meinem heiß geliebten Baby Elsa im Puppenwagen, ohnehin auch allerlei zeitgenössischer Krimskrams. Fähnchen, Uniformknöpfe, kleine Anstecknadeln, *Bildpostkarten berühmter Offiziere*, die Helen in der Schule für fleißiges Lernen von der Lehrerin erhielt. Ich besaß sogar kleine Flugzeuge! Das waren Nachbildungen der deutschen Luftflotte im Miniformat, die mir ein junger Leutnant, mit Offizierskordel und einem Verwundetenabzeichen an der strammen Uniformbrust, hinterließ, der irgendwie mit uns verwandt sein musste. Denn er hatte bei seinem Besuch Mama als seine Tante Katharina begrüßt. Eng beieinander sitzend, schienen beide sehr vertraut miteinander zu sein. Leise wispernd – sodass ich es kaum erlauschen konnte! – hatte er ihr zu meinem Entsetzen offenbart, »dass ein Splitter in seinem Körper stecke«, um dann die besorgte Mama mit der saloppen Bemerkung zu beschwichtigen: »Im Krieg begegnet man sich eben nicht immer gesittet und vornehm, sondern rigoros! Das muss der Soldat aushalten.«

Für Helen hatte »unser Leutnant« einen Granatsplitter mitgebracht, den ihr aber Hans Ballian schon tags darauf wieder abschwatzte.

Ein weitaus reichhaltigeres, spezielles Angebot bestaunte ich im Spielzimmer der Zwillinge Regina und Rolf Dölling. Die beiden waren ein Jahr älter als ich und bewohnten mit ihren Eltern das Erdgeschoss unseres Hauses. Hier gab es eine Puppe in Soldatenuniform, hergestellt von der Firma Steiff, die nach alter Tradition eigentlich Teddybären mit Knopf im Ohr fabrizierte. Im Regal standen Spielzeugsoldaten in Reih und Glied: Eine ganze Militärkapelle, Musikanten mit Schellen, Pauken und Trompeten. Dann die kämpfende Truppe in liegender, hockender, aufrechter Pose. Und die Marschierer.

Rolf zeigte mir kleine Figuren von Soldaten in unterschiedlichen Offiziersrängen, die damals Jungen untereinander tauschten, sammelten und komplettierten. Ich aber hatte in den Handel nichts einzubringen. Ohnehin gab mir Rolf zu verstehen, dass die Figur eines Generals, die mir durchaus imponierte, im Tausch mit einfachen Landsern nicht aufzuwiegen sei und ihm schon Einiges dafür geboten werden müsse. Einiges!

Obwohl er als Junge auf uns Mädchen, seine Schwester und mich, schon deshalb herabsah, da wir nach seiner Auffassung den Wert einer rollenden Artillerie mit brummelnden Kanonen unter den Spielsachen kaum ermessen konnten, führte er mir bei meinem Besuch stets seinen mit Feuerstein betriebenen und Funken sprühenden Panzer vor. Schließlich schreckte er mich mit seiner Waffe, der Nachbildung eines Maschinengewehres. Er drehte die seitlich an seinem Spielzeug-MG angebrachte Kurbel und ballerte Holzblättchen, seine scharfe Munition, hervor. Zuckte ich zusammen, lächelte er überlegen und etwas verächtlich in sich hinein.

Schließlich fand sich im Reich der Zwillinge auch ein Würfelspiel mit dem Titel *Wir fahren gegen Engeland*. Viel später einmal, der Krieg war längst vorbei, fiel mir durch Zufall die Beschreibung dieses Spiels in die Hände. Erschreckt las ich darin: »Mit Eifer verfolgt ihr alle kühnen Taten unserer U-Boot-Männer und Flieger, die den Briten Schlag um Schlag versetzen. Was euch in Wirklichkeit noch nicht vergönnt ist, auf dem Kommandoturm eines U-Bootes zu stehen oder im schnellen Flug der englischen Küste entgegenzustreben, das könnt ihr im Spiel erleben. Mit diesen kleinen U-Booten und Flugzeugen sollt ihr gegen England fahren und könnt dabei, wenn ihr euch geschickt anstellt, die ganze englische Flotte vernichten … Seht zu, dass ihr recht viele Tonnagen der Engländer auf den Meeresgrund absacken lassen könnt … Das Spiel ist beendet, wenn alle englischen Kriegsschiffe versenkt sind.«

Ich kann mich zwar nicht darauf besinnen, den Wortlaut dieser Erläuterungen zum Spiel als Kind gekannt zu haben. Wohl aber beherrschten wir vorgegebene Regeln, erprobten uns mit diesem Spiel in der Schlacht »gegen das verflixte Land England« und hatten unseren Heidenspaß daran. Nicht weniger lustig ging es aber auch bei anderen traditionellen Brettspielen, etwa beim *Mensch ärgere Dich nicht*, zu.

Manchmal trafen wir uns zum Spielen mit Kindern im Garten nachbarlicher Familien. Fangen und Haschen war dann angesagt. »Wer fürchtet sich vorm schwarzen Mann«, riefen die Häscher, während die Verfolgten »Niiiemand!« zurückschrien und über eine große Wiese davonsausten. Ausgelassen waren wir auch beim Verstecken oder als Räuber und Gendarm und bei vielen anderen Sing- und Kreisspielen, die vielleicht schon unsere Mütter und Väter miteinander gespielt hatten. Aber eben auch beim *Ball-Abtreff-Spiel*. »Ich habe die Wut, ich habe die Wut auf das verflixte Land« hieß es dann. Dabei bestimmten meist die älteren Kinder. Nicht jeder konnte schließlich bei den Helden auf deutscher Seite kämpfen. Wir Schwächeren traten als Russen, Engländer, Amerikaner oder Franzosen ins Gefecht. Ich gab aber auch als Franzose oder Russe mein Bestes.

Kam ich dann vom Spiel verschwitzt und zerzaust, oft genug mit zerschundenen Knien nach Hause, spielte Großmutter am Flügel aus Robert Schumanns *Kinderliedern* die *Träumerei* und andere klassische Stücke. Oder sie schlug eines der dicken Märchenbücher auf und begann daraus vorzulesen. Und das gefiel mir sehr. Dann war es bei uns behaglich.

An meinen Glückstagen war Papa Paul daheim. Er nannte mich sein Räbchen und hatte im Gegensatz zu Mama nichts dagegen, dass ich mich als Mädchen mit Jungen im *Ball-Abtreff-Spiel* raufte und nach seiner Auffassung mutig gewesen war. Vielleicht sah er das so, weil er sich selbst als Soldat Gewalt abverlangte oder Gewalt ertrug? In einer wirklichen Welt, die so anders war, als die erträumte im Land »Irgendwo«, in die wir andere Tage miteinander flüchteten und darin »Irrwisch mit den blankgeputzten Augen« begegneten? Widersprüchlich erscheinen mir seine Reaktionen im Rückblick allemal. Aber ich muss mich vor gewagten Ausdeutungen seines Verhaltens hüten. Bestimmt weiß ich allerdings noch, dass Papa Paul Helens Benehmen missbilligend ignorierte. Sie hatte sich keiner Mannschaft im Ball-Abtreff-Spiel angeschlossen und davongeschlichen. »Nein« zu sagen erschien ihm in diesem Moment nicht mutig?

Ich kann mich nicht wertend festlegen. Mein Kindergedächtnis ist nur in seinen Bildern genau, die sich fühlbar in meiner Seele einprägten. Wie eben das vom Heimaturlauber Papa Paul, der, kaum wieder zu Hause, auch schon den Ton angab. Dann erklangen kesse Lieder aus seiner Berliner Jugendzeit oder auch populäre Trost- und Durchhalteschlager von Zarah Leander, Marika Rökk, Heinz Rühmann, Ilse Werner, Wilhelm Strienz und vielen anderen, die damals auch der Rundfunk übertrug und in die Papa Paul dann einstimmte: »Das kann doch einen Seemann nicht erschüttern«, »Davon geht die Welt nicht unter, scheint sie auch heute noch grau«, »Es geht alles vorüber, es geht alles vorbei, nach jedem Dezember, folgt wieder ein Mai«, »Ich weiß, es wird einmal ein Wunder gescheh'n« Er sang übermütig und suchte dabei die widerstrebende Mama im Takt herumzuwirbeln.

Solcherlei Gesänge tönten auch aus meinem Spielzeugradio. Hinter der alten Pappschachtel, auf die ich mit Farbstiften Knöpfe und Lautsprecher aufgemalt hatte, ahmte ich dann die Sängerinnen und Sänger nach, auch Ausdrucksweisen der Nachrichtensprecher und Moderatoren. Beim Ein- und Umschalten der Sender ließ ich mein Pappschachtelgerät aufjaulen und quietschen, wie ich es von unserem großen Radio gehört hatte. Dann übertrug ich Sondermeldungen und leitete sie mit einer aufgeschnappten Tonfolge ein, nicht ahnend, dass ich die im zeitgenössischen Rundfunk üblichen Anfangstakte aus Franz Liszts *Les Préludes* summte, jenes triumphale Thema, das, wirksam für Fanfaren arrangiert, damals über den Äther erklang. Zu meinem Programm gehörte aber auch *Die tönende Feldpost* – dann besang ich in nachgeahmter Stimmlage der Soldaten die *Heimat, liebe Heimat* oder das *schöne Polenmädchen* und *Zelte jenseits des Tales*. In der Sendung *Glocken der Heimat* ließ ich den Sänger Wilhelm Strienz *Freunde, das Leben ist lebenswert* schmettern. Mein Radiosender übertrug auch *Ringsendungen des Großdeutschen Rundfunks*. Ich rief dann »Hallo, hallo! Hören Sie mich? Ist dort Stalingrad?«, obwohl zu dieser Zeit die Deutschen längst nicht mehr in jenen Tiefen Russlands operierten.

Großmutter und Mama lachten noch in Nachkriegsjahren über meine imitierten »Radiosendungen«. Sie erzählten, dass eines Tages Papa Paul mein aufmerksamer Hörer gewesen sei, als ich den Nachrichtensprecher in einem verdrehten Kauderwelsch sagen ließ: »Der Krieg geht im März oder im Juni aus. Es wäre ja recht!«

Alle späteren Feldpostbriefe Papa Pauls, die uns daheim erreichten, schlossen mit diesem »Es wäre ja recht« und drückten unbemerkt von der Militärzensur damit seine Friedenssehnsucht aus.

Papa Paul begleitete mich eines Tages in seiner Uniform persönlich und ohne Mama zu einem der damals üblichen Aufnahmegespräche für Lernanfänger in die Grundschule. Vor dem Rektor durfte ich dann allerdings lediglich meine fünf Mantelknöpfe zählen und einen simplen Reim aus *Heidi im Zoo* vortragen. Auf dem Heimweg tröstete Papa Paul seine enttäuschte Tochter. Er sprach mit einem ungewöhnlich feierlichen Unterton in der Stimme, sodass ich den Augenblick als etwas Bedeutsames erlebte und Papa Pauls Worte zumindest sinngemäß behielt: »Du wirst dir in der Schule große Mühe geben und viel lernen,

Schulanfängerin Helga

denn ihr Kinder müsst die Welt besser machen, als wir Großen sie euch hinterlassen. Ich verlasse mich auf dich!« Über einen möglichen tieferen Sinn seiner Worte habe ich erst viel später wirklich nachgedacht. Aber dieses »Ich verlasse mich auf dich« spornte mich bereits in der ersten Klasse an. 1944 begann ich allerdings erst einmal aus meiner Fibel zu buchstabieren:

Rrr, rr, Rum! Rr, rr, rataplan
Vorwärts, Feldschritt frisch voran, Rr, rr, Rum!
Mit den Grenadieren, rr, rr, ridibum.
Mit den Kameraden und mit den Soldaten
Rrr, rr, haltet Takt!
Fertig, Feuer, piff, paff, bum.
Rrr, rr, kehrt euch um!
Achtung, Marsch und frisch voran,
Rrr, rr, rataplan.

In Seiferts Kolonialwarenladen entzifferte ich Aufschriften der Tüten mit Lebensmittelersatzstoffen. An Litfaßsäulen buchstabierte ich einen »Aufruf an die Volksgenossen«, ohne den Inhalt zu verstehen. Auf Plakaten las ich »Sieg heil!« oder Warnungen vor dem Feind: »Psst – Feind hört mit!« oder »Kohlenklau«. Wahrscheinlich nervte ich die Erwachsenen in meinem Umfeld damit gewaltig.

Als wir im späten Sommer 1944 für einen längeren Zeitraum von Papa Paul Abschied nehmen mussten, tröstete ich mich damit, ihm schon bald schreiben und auch seine Feldpostbriefe lesen zu können. Papa Paul verwahrte das Foto des kleinen Mädchens mit dem viel zu großen Ranzen und der Zuckertüte in seiner Brusttasche. Er hatte sich als künftiger Panzerfahrer zur Ausbildung in einer Panzertruppenschule unweit der Reichshauptstadt Berlin einzufinden.

Das war zu der Zeit, als auch über Dresden häufiger als sonst Sirenen gellten. Bis zum Jahreswechsel 1944/45 heulten sie in Dresden mehr als 170 Mal auf! Meist blieb es aber bei den im regelmäßigen Abstand erklingenden drei gleichbleibenden Tönen, also beim Voralarm, wenn der Nachrichtensprecher feindliche Bomberverbände im Anflug über Hannover-Braunschweig meldete und die Geschwader nach Mitteldeutschland unterwegs waren, aber unsere Elbestadt in östliche Richtung nicht gezielt ansteuerten. Dann suchten wir oftmals unseren LSR gar nicht erst auf. Am 24. August 1944 überflogen amerikanische Geschwader der 8. United States Army Air Force (USAAF) allerdings die Ölraffinerie des Werkes Rhenania Ossag in dem an Dresden grenzenden Freital. Bomben trafen an diesem Tag auch das Industriegebiet im Ortsteil Gittersee und gingen im Stadtteil Dresden-Löbtau nieder. Insgesamt wurden etwa 620 Bomben abgeworfen. Explosionen dröhnten, Sprengwolken verfinsterten die Atmosphäre, Brände flammten auf. Dabei starben 241 Menschen, 2.230 Wohnungen wurden zerstört. Eigene Erinnerungen an diesen Luftangriff habe ich nicht.

Auch am 7. Oktober 1944 folgte dem Vor- ein Vollalarm. Ich begab mich mit meiner Freundin Annedora von der Schule auf den Heimweg. Unsere Lehrerin, Fräulein Richter, die wir beide nicht sonderlich mochten, hatte den Unterricht nach amtlicher Weisung vorzeitig beendet. Darüber freuten wir uns. Nun zeigte mir Annedora voller Anmut und Grazie auf einer Wiese des nahen Parks ihren »Spiegeltanz« und ich bewunderte sie. Später wollte Annedora als Ballerina eines großen Theaters tanzen.

Plötzlich stand meine aufgebrachte Mama vor uns, die uns gesucht

hatte. Ich verstand Mamas deutliche Sorge in diesem Moment nicht.
Sirenengeheul gehörte doch längst
zu unserem Alltag, war fast normal. Wir bedauerten dann zwar die
Menschen, die sich im Gebiet des
Luftkrieges befanden, irgendwo,
aber nicht in unserer unmittelbaren
Nähe. »Die kommen nicht zu uns«,
flüsterte auch Annedora und ließ
sich nur widerstrebend von meiner
Mama in den LSR unseres Hauses
ziehen.

Annedora schien recht zu behalten. Die amerikanischen Bomber
mit etwa 80 US-Tonnen Sprengbomben, fliegende Festungen, hatten ihre zerstörerische Last auch
dieses Mal weitab von unserem

Großpapa Friedrich (1943)

Wohngebiet über Bahnanlagen und dicht bewohnten Arbeitervierteln der
Dresdner Stadtteile Friedrichstadt und Löbtau, auf die westliche Altstadt
(Seevorstadt) entladen. 312 Menschen kamen dabei ums Leben.

Herr Ballian betonte, die »dickbäuchigen Bomber haben sich nur
wetterbedingt verfranzt (verirrt) und wollten eigentlich Dresden nicht
bombardieren.« Tatsächlich hatte der Angriff damals eigentlich dem
Hydrierwerk Oberleutensdorf bei Brüx gelten sollen. So genau konnte
das in diesem Moment Herr Ballian allerdings gar nicht wissen. Aber es
klang selbst für Mama beruhigend, wenn unser Luftschutzbeauftragter
bei dem Sirenengeheul lediglich von »kriegsbedingten lästigen Störungen
des Alltags« sprach, die alsbald durch die »umsichtige deutsche Gegenwehr« beendet sein würden.

Es muss nur wenige Tage später, im Oktober 1944, gewesen sein, als
Mama mit mir nach Berlin unterwegs war, um dort ihren Schwiegervater,
meinen Großpapa Friedrich und vielleicht auch Papa Paul zu treffen,
bevor er wieder an die Ostfront musste.

Ich weiß heute weder den exakten Zeitpunkt dafür zu benennen, noch kann ich das Ungemach der Zugfahrt beschreiben, dem wir in dieser Zeit zweifellos ausgesetzt waren. Ich erinnere mich auch nicht an Bilder einer repräsentativen Reichshauptstadt. Im Sinn blieb mir der plastische Eindruck einer Trümmerlandschaft.[5] Ich sehe sie plötzlich vor mir: Wir treten auf zersplittertes Glas, vorbei an zerklüfteten Mauerfetzen und einem verkohlten Gerippe, über Schuttberge und Geröll. Ein irdener Topf, ein Stuhl, ein zerborstenes Möbel, ein zerfetztes Saiteninstrument gehören zu dem wirren Gebilde von irgendwas, das ich vor Augen habe.

Wir stehen schließlich vor einem geschundenen alten Gemäuer voller Einschusslöcher, das man »Notquartier« nennt. Vor dem Eingang befindet sich ein nur oberflächlich zugeschüttetes, besser zu umgehendes Sprengbombenloch. Das erklärt uns ein Hitlerjunge mit blauer Armbinde, auf dem ein weißes »M« für Melder steht. Der Junge weiß offensichtlich Bescheid. Er hangelt mich über das unwegsame Gelände, vorbei an einer rissigen, von Granatsplittern übersäten Mauer, in eine Hausöffnung, die früher eine Tür verschlossen haben mochte. Mama hält mich fest an der Hand, als wir gleich darauf über teppichlose, dreckige Marmortreppen aufwärts taumeln. Ein Aufzug funktioniert nicht. Endlich finden wir in diesem fremden Haus, zwischen fremden Menschen, den fremden grauhaarigen Mann, der aber irgendwie doch mein Großpapa Friedrich zu sein scheint. Ein »anderer« Großpapa, der mich verunsichert. Vergeblich suche ich das mir vertraute Funkeln in seinen Augen. Ich hatte es einmal entdeckt, als wir im großen Ohrensessel, miteinander kuschelnd, Fotos von der schönen Großmama Franziska betrachteten, die lange vor meiner Geburt gestorben war. Auch Großpapas heiteres Schmunzeln schien verloren, mit dem er mir damals Kinderbilder meines Papa Paul gezeigt und dazu immer neue Geschichten mit den Worten eingeleitet hatte: »Damals, als Dein Papa gerade so alt war wie Du heute und unter seinen krausen Locken allerlei Schabernack aushecke.«

»Alles futsch!«, ruft Tante Else, die irgendwann erscheint. Sehr jung und sehr schlank. Sie trägt als Mitglied des Reichsluftschutzbundes (RLB) eine Armbinde und ein Abzeichen, einen blinkenden Stern auf weißem Metall.

Tante Else ist die Ehefrau von Onkel Eugen, den ich allerdings nur vom Foto als den um sieben Jahre jüngeren Bruder meines Papa Pauls und Großpapas jüngsten Sohn kenne. Nun ist auch er Soldat. Sein Kompaniechef hat ihn von der Ostfront als »vermisst« gemeldet. Ich erfahre, dass Soldaten an der Front »verloren gehen können« und dann einfach nicht mehr »wiederzufinden« sind. Mir erscheint das besonders unheimlich. Tante Else hofft dennoch auf ein Lebenszeichen des Vermissten und kämpft inzwischen, wie sie sagt, an der Heimatfront. »Ein Höllenspektakel« nennt sie die Bombennacht über Berlin, als Großpapas Haus in Schutt und Asche versank. Ich erinnere mich an die hohen, weitläufigen, durch Flügeltüren miteinander verbundenen Räume, einem mir als Kind geheimnisvoll erscheinenden besonderen Aufgang für Hausangestellte mit einem direkten Zugang zur Küche, an ehrwürdige Möbel und Bilder, kurioser Nippes. »Alles futsch«, meint nun Tante Else.

Und plötzlich gellen Sirenen und der Sprecher des Rundfunks meldet: »Mit einem starken Angriff muss gerechnet werden.« Tante Else ergänzt: »Eine erhebliche Gefechtsstärke ist über der Stadt zu erwarten.« Eigentlich verstehe ich das alles nicht wirklich. Aber ich beginne zu ahnen, dass wir uns dieses Mal mitten im Krieg befinden. Hier und jetzt. Ein Schrecken greift um sich, lässt mich schlottern. Wir hasten los, eine Straße entlang, die nicht enden will. Ein Menschenknäuel verheddert sich vor dem Eingang eines Bunkers. Großpapa, dessen Haushälterin, die er kürzlich geheiratet hat und die nun meine Oma sein will, Mama, Tante Else und ich stecken mittendrin. Es sirrt, pfeift, tackert, knattert in der Luft. Ein Mann sagt: »Die sind gleich über uns.« Ein Licht im Bunker flackert. Im Dunkel leuchten die mit Phosphorfarbe gestrichenen Wände geisterhaft. Es scheint zu spuken. Das Atmen fällt schwer. Ein merkwürdiger Dunst steckt mir in der Nase. Noch heute, im Rückblick, spüre ich die dicke Luft.

Als wir aus dem Bunker an die Oberfläche gelangen, ist draußen alles düster und rauchig. Irgendwann sitzen wir wieder im Notquartier und sorgen uns um den nach Luft japsenden Großpapa. »Es ist nur die Pumpe«, versucht er zu scherzen.

Tante Else weiß, was zu tun ist. Großpapa braucht eine medizinische Notversorgung, einen Bombenpass, Versorgungsausweise, Bezugsmarken für Kleidung. Er hat, das erklärt sie uns, ein Recht auf amtliche Hilfsmaßnahmen, dazu gehört die Klärung der Wohnungsfrage, schließlich kann er ja nicht in diesem windigen, fremden Haus bleiben. Tante Else hat auch Formulare dabei, die Vermisstenmeldung, die Verlustanzeige,

eines für Entschädigungsansprüche. Ich verstehe diese zeitgemäßen Wort-
gebilde nicht. Als die Tante auch noch für Großpapa die Behördengänge
übernimmt und alles zu regeln verspricht, mag ich sie. Aber nicht ihre
stürmischen Umarmungen und nassen Küsse, mit denen sie mich begrüßt
hat und schließlich am Zug nach Dresden zwei Tage später wieder verabschiedet. Mama und ich können auch nicht so recht lachen, als sie uns mit
gequältem Witz unter Anspielung auf Namen der Berliner Stadtteile bald
schon aus Klamottenburg (Charlottenburg), Trichterfelde (Lichterfelde)
oder Neustehtnix (Steglitz) über den Fortgang ihres Engagements für
Großpapa Friedrich zu schreiben verspricht. »Irgendwo in Berlin wird
sich eine Wohnung für ihn finden«, beteuert Tante Else.

Schließlich kommt noch Papa Paul angehetzt, spricht ernst mit Mama,
flüstert erregt und hat sich noch gar nicht über das Wiedersehen gefreut,
als sich unser Zug bereits Richtung Dresden in Bewegung setzt.

Unser Abteil ist überfüllt, alle Wagen sind rappelvoll. Menschenmassen
streben von Berlin weg, nur weg.[6] Auch wir sind froh, wieder in Dresden anzukommen, in der vom Luftkrieg bislang fast unberührten Stadt.
Wir sind wieder außerhalb der Gefahrenzone – glauben wir. Kurze Zeit
später kam Papa Paul für wenige Tage nach Hause. Aber nur, um sich
als Fahrer eines 5. Panzerregiments für seinen Einsatz an der Ostfront
zu verabschieden und dabei seine inzwischen hochschwangere Ehefrau
zu umarmen. Wieder hatten wir uns in das Unabänderliche zu schicken.
Wünsche und Hoffnungen des Soldaten und jene von Frau und Kind
rangierten hinter der Allmacht des Krieges, die alles bestimmte. Ich
weiß noch, wie die Stufen zum Zugabteil unter Papa Pauls genagelten
Stiefelsohlen blitzten. Wieder schrillte ein Pfiff des Bahnhofsvorstehers,
als der Zug anruckte und mich Tränen im Hals würgten.

Ein genaueres Datum und exakte Angaben zur neuerlichen Karriere
meines Vaters in der Wehrmacht lassen sich aus privaten Unterlagen nur
schwer erschließen. Auch die WASt teilte auf meine Anfrage mit, dass
die Aussagen zu seiner militärischen Laufbahn unvollständig bleiben
müssen, da in seinem Falle wichtige Personalpapiere, der Wehrpass, das
Wehrmachtsstammbuch, die Stammrolle, nicht vorlägen und vermutlich
»durch Kriegseinwirkungen verloren gingen«.

Ein einziges Foto des Panzerfahrers ist erhalten geblieben. Es zeigt ihn
in einer schwarzen finsteren Montur mit einem Totenschädel darauf. Zum

Verdruss meiner Mama ähnelte diese Uniform der Panzerbesatzungen auch noch jener der SS.

Gestiefelt und gespornt stieß unser Soldat zum Jahresausklang 1944 zu seiner im Kampf gegen die Rote Armee schwer dezimierten, versprengten und teils zerschlagenen Heeresgruppe. Er gehörte nun zu einer Truppe der deutschen Wehrmacht, die bereits mit dem Mut der Verzweiflung an den Grenzen des eigenen Vaterlandes kämpfte.

Geblieben waren mir, der Tochter des Panzerfahrers, die Inseln der Erinnerung an Papa Paul, die ich in meinen Träumen fantasievoll weiter ausschmückte.

Einfach am Leben bleiben

Die Besatzung des 5. Panzerregiments der Wehrmacht sucht Schutz in der hereinbrechenden Dunkelheit. Darunter fünf Männer, die mit ihren Decken in notdürftig ausgehobenen flachen Mulden unter ihrem Gefährt liegen. So würden sie vor feindlichen Geschossen wenigstens bei Nacht unentdeckt bleiben. Hoffentlich.

Paul, der Fahrer, fürchtet die im Nahkampf gegen stählerne Kolosse ausgebildeten russischen Infanteristen. Die kannten verletzliche Stellen der deutschen Panzer – Luftansaugkanäle, die mit dickem Draht geschützt werden konnten, der aber kein brennendes Benzin abhielt. Immer wieder versuchte »der Iwan«, die Panzer mit seinen Molotowcocktails hochgehen zu lassen. Davor hatte Paul, der Panzerfahrer, nun Angst. Alle seine Kameraden, die am Vortag mit angesehen hatten, wie die Crew nebenan zusammen mit der eigenen Munition explodierte, fürchten sich, beißen sich auf die Lippen, bleiben stumm. Gerade weil das Herz bis zum Hals schlägt und die Gedanken auch bei Nacht keine Ruhe finden.

Das geschah an einem Januartag 1945, als jenseits der Frontlinie der 21-jährige Leutnant der Roten Armee Wladimir Gelfand, Befehlshaber im 1052. Schützenregiment eines Granatwerferzuges, in sein Tagebuch notierte: »Wir sind in Sichtweite des Feindes und seine wütendsten Angriffe gelten unserer Stellung und füllen unsere Herzen mit verzweifelter Beklemmung. Die Soldaten fluchen – ihnen ist fürchterlich zumute« (Gelfand 2005, S. 13).

Wir beiden Mädchen, meine Schwester Helen und ich, wussten an jenem Januartag 1945 kaum etwas von den konkreten Ängsten und Nöten der Soldaten der deutschen Wehrmacht da draußen in der für uns unbestimmten Ferne. Schon gar nichts von einer »verzweifelten Beklemmung« im gegnerischen Lager. Oder davon, dass Feinde einander an den Fronten hie und da durch Grausamkeiten im Krieg immer ähnlicher wurden. Aber dunkle Ahnungen erfüllten auch uns Kinder. Schwer zu benennende Empfindungen waren das, mit denen wir uns selbst überlassen blieben. Vertrauliche Gespräche mit der Mama über unsere Gefühle waren bei uns daheim genauso unüblich wie liebkosende Zuwendungen und körperliche Nähe.

So suchten wir Zuflucht im abendlichen Kindergebet und beschlossen auch diesen Tag, wie es in der mütterlichen Familie schon seit Generationen üblich war und wie es uns gelehrt wurde, mit dem Abendlied *Müde bin ich, geh zur Ruh'*, in dessen letzter Strophe des vertonten Gebetes wir uns selbst und »alle Menschen groß und klein« der besonderen Fürsorge des Herrgottes empfahlen. Leise flüsternd und für Helen nicht vernehmbar, fügte ich, mit dem Kopf bereits unter der Bettdecke, stets noch hinzu: »Und beschütze vor allem meinen Papa Paul!« Das tat ich umso inständiger, als gerade zum Jahresbeginn 1945 jede Verbindung zu ihm abgebrochen war. In einem weihnachtlichen Brief, der vorerst letzten Feldpost, die eingetroffen war, hatte es noch munter geheißen: »Als Panzerfahrer haben wir es besser als die Infanteristen. Wenn ein Sturm peitscht, wenn es regnet, hagelt oder schneit, muss ein Landser zu Fuß durch den Matsch weiter, auch wenn er keinen trockenen Faden mehr am Leib hat! Uns hingegen umgibt ein Stahlmantel. Wenn Granaten pfeifen, bleibt uns die Hoffnung, dass der dicht hält.« Aber nun schwieg Papa Paul. Was bedeutete das?

Mama reagierte auf meine beständigen Nachfragen abweisend oder gequält. Vor allem blieb sie schweigsam und wirkte in sich gekehrt. Wahrscheinlich zog sie sich mit ihren eigenen Ängsten um den Ehemann zurück und glaubte, uns Kinder auf diese Weise nicht mit ihren Sorgen zu behelligen, Probleme von uns fernzuhalten, uns zu schützen. So kann ich es heute sehen. Aber damals belastete uns Kinder die Ungewissheit in spürbar angespannten Tagen. Gerade Mamas scheue Wortlosigkeit schien uns ein Zeichen nahender Verhängnisse zu sein. Wir ahnten Gefahren, deuteten sensibilisiert Stimmungen und Gesten der Erwachsenen. Wir suchten eigene Erklärungen für unverständliche Worte ihrer Unterhaltungen und spürten drohendes Unheil auch aus Nebensätzen, kurzen Bemerkungen und Blickkontakten.

Gedrückte Stimmung herrschte nicht nur zu Hause, sondern manchmal sogar in der Schule. Wenn auf der Heldengedenktafel im Eingangsbereich die Namen ehemaliger Absolventen unserer Schule keinen Platz mehr fanden, beschäftigte uns das. Ich erlebte, dass die in Feierstunden für ihre Tapferkeit und heroischen Mannestaten Gepriesenen, die – wie es dann hieß – für Volk und Vaterland oder auch für den Führer Adolf Hitler auf dem Feld der Ehre ihr Leben geopfert hatten, vor allem von ihren Familien beweinte Söhne, Brüder und Väter gewesen waren. Der Papa meiner Schulfreundin Annedora war auch darunter. Er würde nicht mehr nach Hause zurückkehren. Und nichts Tröstliches fiel mir dazu ein. Als Annedora bittere Tränen vergoss, stand ich ratlos neben ihr.

Auch die Frau des Gärtners beklagte den gefallenen Sohn und schien für allen Zuspruch umstehender Kunden ihres Blumenladens, unter denen auch ich mich befand, völlig taub. Eine andere Bekannte aus der Nachbarschaft hatte gar ihren 19-jährigen Sohn mit einer Vorahnung an die Front verabschiedet, die sich bereits wenige Tage darauf bestätigte. Die Geschichte dieser Mutter, die den Tod ihres Kindes, angeblich sogar die genauen Umstände, die tatsächliche Szene einer Schlacht, vorausgesehen hatte, ging von Mund zu Mund. Sie wirkte geradezu mysteriös! Ich hörte davon munkeln.

Unseren Klempnermeister Hans Petersen hatte es ebenfalls »erwischt«. Die Leute sagten von dem Gefallenen: »Er war ein gütiger und genügsamer Mann, der auf einen Volkswagen gespart und von diesem *Kraft-durch-Freude-Schiff* (KdF) geschwärmt hat, mit dem er und seine kleine Familie eine Woche lang über die Ostsee geschippert« sind. Frau Ballian hatte »dem Petersen« noch kurz vor dessen Einberufung zum Heer »dieses besondere Hitlerbild« beschafft, das er unbedingt übers Sofa in der guten Stube haben wollte! »Dieses Foto, auf dem der Führer über den hochgestellten Kragen seiner Jacke so gewinnend von hinten guckt – na, Sie wissen schon!« Frau Ballian suchte mit diesen Worten ein Gespräch mit Wilhelm Habedank anzuknüpfen, der nun die Kundschaft des Hans Petersen betreute und in unserem Haus zu tun hatte. Aber Herr Habedank arbeitete stumm weiter. Er duldete auch keine neugierigen Kinder in seiner Nähe. »Richtig maulfaul isser«, sagte Frau Ballian später zur Frau Dölling im Erdgeschoss.

An den Vorgänger des Herrn Habedank, den fröhlichen Handwerker Petersen, erinnerten wir uns alle im Haus. Ich hatte sogar dessen schwere Eisenzange halten und ihm bei der Arbeit nahe sein dürfen, »weil ja die Deern« – wie er meiner Mama versicherte – ihn »ganz und gar nicht störe!« Jetzt beschäftigte mich, dass »der Petersen«, wie ich hörte, in »fremder Erde« begraben sei.

Hinter vorgehaltener Hand kommentierten Leute auch den vorrückenden Frontverlauf am Rhein und vor allem das Vordringen der Roten Armee im Osten. Manche verfolgten wie Döllings die »planmäßigen Abwehrlinienverkürzungen« auf Landkarten in ihren Wohnstuben und markierten mit ihren Stecknadelfähnchen die Kampflinien an Orten, die nicht mehr weit weg und »anderswo« auf der weiten Welt lagen, sondern die sie kannten, an denen sie schon mal gewesen waren, wo man Verwandte und Freunde hatte. »Das sieht bös aus. Da braut sich was zusammen!«, so hörte ich die eigentlich wortkarge Frau Fischer aus der Dachwohnung über uns unken.

»In den Vororten und in unserer Stadt werden überall Gräben zu unserer Verteidigung ausgeworfen«, beteuerte Herr Ballian beschwichtigend. Seit dem 1. Dezember 1944 galt tatsächlich ein geheimer Befehl des Generalobersten Heinz Guderian zur Errichtung des Verteidigungsbereichs Dresden-Riesa. Danach sollten rund um die Stadt Dresden Panzersperren, Panzergräben, Schützengräben, Artilleriestellungen und Minenfelder angelegt werden. Die Dresdner Behörden wurden dabei dem Befehl des Korpsstabes unterstellt. Woher allerdings Herr Ballian seine Informationen über die noch nicht in der Öffentlichkeit bekannt gegebenen »Vorkehrungen« bezog, war fraglich. Aber die Hausbewohner schienen seine Kenntnisse ohnehin nicht zu beruhigen.

»Die Russen sind schon in Schönberg«, jammerte Frau Dölling laut. Kaum einer der Umstehenden wusste in diesem Moment wahrscheinlich, dass Schönberg in der Oberlausitz unweit der Stadt Görlitz gemeint war. Aber die in Deutschland einmarschierenden feindlichen Truppen, die unaufhörlich näher zu rücken schienen, nährten nicht nur Zweifel am vielbeschworenen Endsieg, sondern machten Angst! Frau Dölling hielt eine Postkarte ihrer schlesischen Verwandten hoch, die sich auf der Flucht befanden. »Die haben alles stehen und liegen lassen und sind los«, sagte sie. Und ihre Furcht klang schrill. »Wenn unsere Truppen die Russen nicht bald zurückschlagen ...«, fügte sie unsicher hinzu, ohne ihren Satz zu vollenden.

Flüchtlingsströme durchquerten schon seit Wochen unsere Stadt.[7] Diese offensichtlich erschöpften Menschen, die den nahenden Kollaps des Dritten Reiches bereits am eigenen Leibe spürten, konnten redegewandte »Glaubensgenossen« der Ballians erst recht nicht mit Hinweisen auf »Vorkehrungen für den Endsieg« aufmuntern. Sie verschwendeten wahrscheinlich auch keinen Blick auf die an Mauern, Litfaßsäulen und über Eingängen öffentlicher Gebäude unserer Stadt prangenden Durchhalteparolen, an denen ich meine Lesefertigkeiten erprobte: »Volk ans Gewehr« oder »Kampf bis zum Letzten«.

Helen und ich beobachteten vom Fenster unseres Hauses Flüchtlinge, die kaum nach rechts und links blickten, sondern sich mühsam vorwärts schleppten. Sie hatten sich mit ihrem wackligen Gefährt wahrscheinlich in unsere Nebenstraße verirrt: Auf einem schwer bepackten Leiterwägelchen saß ein vermummter Alter, nebenher schlurfte eine grauhaarige Frau. Wie ein Lasteselchen zog ein Junge, an einem Ledergurt quer über seine Schulter und Brust, die Karre voran. Als er plötzlich stehen blieb, stürzte ihm auch schon Frau Ballian entgegen. Unsere wachsame Portiersfrau hatte, wie sie sich später ausdrückte, »diese hergelaufenen Leutchen ganz in der Nähe unseres Hauses« entdeckt und sich bemüht, »ihnen den kürzesten Weg raus aus unserer Straße (!) zum Sammelstützpunkt für Flüchtlinge« zu weisen. Sie berichtete nach ihrer angeblich »stockenden Unterhaltung mit mundartlichem Akzent« von diesen beiden »Alten vom Lande«, die mit ihrem Enkel und einer spärlichen Habe »von zu Hause panisch losgelaufen« seien – kurz bevor oder während russisches Artilleriefeuer auf ihre Heimatregion furios niederprasselte, als die Frontlinie schon quer übers Gehöft des Großbauern vor Ort verlief und sich in der Dorfschule ein Trupp des deutschen Volkssturms verschanzt hatte. Später hatten ferne Schreie zurückbleibender Einwohner und des zurückgelassenen Viehs nach ihrer Schilderung gespenstisch geklungen und die Davonstürzenden erst recht fort und immer weiter getrieben, vorerst bis in unsere Großstadt, in der sie sich nun zurechtfinden mussten und Frau Ballians wegweisende Hilfe »dringend benötigten!« Frau Ballian war also »genau informiert« und tat sich wichtig.

Aus anderen Flüchtlingsgeschichten, die damals die Runde machten, schloss meine Großmutter – noch Jahrzehnte später daran erinnert –, dass die »verängstigen und spürbar verunsicherten Menschen«, die »vielleicht einmal an ihr Fortkommen in einem großdeutschen Reich geglaubt hatten, in jenen Tagen und Wochen alle Zuversicht fahren ließen und eher Albtraumvisionen mit sich herumschleppten«.

Ich entsinne mich, dass meine Großmutter dieses »Bild des Jammers« aber auch schon in den Januartagen 1945 kommentierte. Sie sprach dann von »bedauernswerten Leuten«, die »auf dieser holprigen Flucht ins Ungewisse mit jedem Schritt Traditionen und gesittete Lebensgewohnheiten hinter sich lassen mussten und dabei ihren inneren Halt verloren«. Obwohl ich die daraus sprechende Tragweite des Geschehens als Kind noch nicht begriff und auch nur Wortfetzen sinngemäß aufschnappte und im Gedächtnis behielt, empfand ich eine darin schwingende Anteilnahme. Das machte mich damals zumindest hellhörig für das, was »da draußen« vor unserer Tür geschah.

Auf den Straßen unseres Stadtteils beobachteten wir vor allem Flüchtlinge, die keinen Platz in einem Waggon der Deutschen Reichsbahn oder eine Mitfahrgelegenheit auf Fuhrwerken und Lastwagen ergattern konnten, sondern – wie eben diese Leutchen mit der wackligen Karre vor unserem Haus – zu Fuß Gewaltmärsche und mitunter unpassierbar scheinende Wegstrecken zurückgelegt hatten – angetrieben von jahrelang geschürten Ängsten vor dem bolschewistischen Gespenst und vor den befürchteten Rachegelüsten der Russen.

Zu ihrer inneren Not waren die äußeren Attacken feindlicher Tiefflieger gekommen. »Vor ihnen musste man unterwegs auf der Landstraße, am Waldesrand, auf freiem Feld, in der Einöde eines Dorfes beständig auf der Hut sein!«, erzählten die Davongekommenen. Die Bordschützen suchten, wie es später hieß, »Kriegspotenzial des Hitlerreiches zu vernichten«. Aber ihre Auslegung der anzupeilenden Zielobjekte schien damals unermesslich weit und variabel: Sie nahmen nicht nur die deutschen Geschütze, den gepanzerten Kampfwagen oder Kettenfahrzeuge ins Visier oder zielten auf deutsche Munitionsdepots, Industriezentren mit hohen Fabrikschloten, Transportfahrzeuge und Schienennetze der deutschen Eisenbahn. »Im Jagdfieber feuerte der Schütze von der linken Tragfläche seines Fliegers auf das abgestellte Flüchtlingsgepäck, auf einen

Haufen Koffer und Rucksäcke und sah von da oben ganz sicher, dass sich dazwischen der kleine Junge verbarg!«, erzählte ein Augenzeuge. Tiefflieger hatten auch anderswo auf die Flüchtenden gezielt, auf das Kind hinter dem Mauervorsprung, das die Augen zukniff und seine Hände auf die Ohren presste. »Die Schüsse fetzten durch die Luft!«, schloss die Schlesierin, die nur für Minuten bei Döllings in unserem Haus einkehrte, ihre Schilderung.

Die verängstigten Menschen aus den Trecks berichteten meist im gedämpften Tonfall davon, wie »amerikanische – oder waren es doch russische? – Maschinen über ihnen kreisten und die Geschosse der Bordkanonen in die mit Menschen vollgestopfte Straße niedersausten«. Sie beschrieben entsetzliche Horrorszenen. Und wer davon hörte, erzählte sie weiter – wie Frau Dölling.

In Dresden erhofften sich die Flüchtlinge zumindest eine Verschnaufpause. Momente der Besinnung! Aber sie warnten die Einwohner der Elbestadt vor den Gefahren, die hinter ihnen her zu kriechen schienen. Sie selbst trieb das befürchtete Unheil weiter westwärts, aber auch die Dresdner waren ja beim möglichen Einmarsch der Russen nicht davor gefeit! Und damit war offenbar nicht nur das Feuer russischer Geschütze gemeint. Gespenstische Legenden des Schreckens kursierten, die wir Kinder aufschnappten und vergebens zu deuten suchten. Die Russen würden die »Zungen der Kinder an Bretter nageln«, sagte Frau Ballian. Was für eine teuflische Vorstellung!

Helen und ich hörten auch atemlos die Bäckersfrau Forner von »Frauen aus Namslau und Trebnitz« berichten, die dem »Iwan in die Hände gefallen waren«. Sie sprach von »der erlittenen Schmach« und von den »Schreien malträtierter Frauen«, die »den knapp entronnenen Flüchtlingen noch immer in den Ohren gellten«, von »Vergewaltigungen« und »geschändeten Mädchen«. Wir Kinder verstanden viele der uns unbekannten Worte der Bäckersfrau nicht. Aber wir ahnten Schlimmes, als sie die verstummende Kundschaft in ihrem Laden fragte: »Wo aber sollen wir hin, wenn es so weit ist?« Keiner wusste eine Antwort darauf.

Bei alldem dröhnten nun am Tag und in der Nacht auch in Dresden häufig die Sirenen. Nach unserem Besuch in Berlin klangen sie mir unheimlicher und misstöniger als je zuvor! Am 16. Januar 1945 saßen wir im LSR und hörten aus der Ferne das Brummen der 133 amerikanischen

B-24 Liberator, die mit ihrer tödlichen Fracht zwar, wie es später hieß, bei starkem Bodennebel ihr eigentliches Ziel, die Treibstoffwerke Ruhland, nicht erreichten, aber 279,8 US-Tonnen Spreng- und 41,6 Tonnen Brandbomben über Dresdens dicht besiedelten Arbeiterbezirken abwarfen, so im Hechtviertel nahe dem Neustädter Bahnhof, in den Ortsteilen Cotta, Leutewitz, Löbtau, am Wettiner Bahnhof und auf dem Gelände des Friedrichstädter Bahnhofs. Unmittelbar waren wir also auch dieses Mal in unserem Wohnviertel nicht betroffen. Aber ich erinnere mich daran, dass in unserer Tageszeitung Opfer des Luftangriffs auf Dresden beklagt wurden und meine Mama sehr bestürzt einen Freund der Familie darunter vermutete. Der Angriff hatte 334 Tote gefordert.

Der Bombenangriff im entfernten Stadtteil war in dem Flüchtlingsasyl, in das unsere Schule gerade dieser Tage umfunktioniert wurde, kein Thema. Viele der flüchtenden Bauersleute aus dem Osten hatten daheim in den verflossenen Kriegsjahren überhaupt keine Luftschutzsirenen gehört, wussten nun die Signale kaum zu deuten. Manchem Flüchtling aus dem Schlesischen mochte das barocke Dresden mit seinen Kuppeln und Türmchen vielleicht gar wie eine verzauberte Stadt aus dem Märchenland und fern der Kriegswirklichkeit erschienen sein. Viele Jahre später haben sich Kriegskinder, die damals mit den Trecks nach Dresden gelangt waren, erinnert und so ihren ersten Eindruck wiedergegeben. Als die Flüchtlingsfamilien im Januar und Februar 1945 genervt, verängstigt und entkräftet am Sammelpunkt eintrafen, glaubten sie aber vor allem erst einmal im zivilen Dresden – in einer Stadt, die kaum kriegsstrategische Bedeutung zu haben schien – sicherer als anderswo zu sein. Sie wollten nach allen Anstrengungen durchatmen, eine warme Mahlzeit genießen und waren offensichtlich heilfroh, an diesem kalten Wintertag nicht auf der Straße nächtigen zu müssen. So empfanden Annedora und ich jedenfalls die Situation, als wir, gespannt auf das ungewohnte Gewusel in unserer Schule, dort aufkreuzten. Erst viel später habe ich mich gefragt, ob wohl einer der »Lagerinsassen« damals die Europakarte wahrnahm, die schon seit Jahren im Eingangsbereich unseres Schulhauses hing und ein vom NS-Staat anvisiertes »Großdeutschland« markierte, das auch die Heimatregion der Flüchtlinge einschloss. Alle Deutschen sollten angeblich darin sicher und geborgen leben und – nachdem die Wehrmacht den Krieg siegreich beendet habe – zu Wohlstand gelangen. So etwa hatte die Klassenlehrerin, Fräulein Richter, vor der großen Landkarte zu uns Kindern gesprochen. Aber an diese Verheißungen dachten die Flüchtlinge an diesem Tag wahrscheinlich am allerwenigsten. Sie richteten sich gerade recht und schlecht in der Aula, in der Turnhalle und in den Klassenzimmern, in den unzureichend beheizten Räumen, ein. Es herrschte im sechsten Kriegsjahr Kohlenmangel.

Von einer seitlich in unserem ehemaligen Klassenzimmer angebrachten Tafel buchstabierten jetzt Kinder, die von weit her kamen und nun hier nächtigen sollten, unseren Lesetext aus der *Jung-Deutschland-Fibel*:

»heil – heil – heil
eile Uwe eile
hole Mimi
heil – heil – heil!«

Die Flüchtlingsfamilien bevölkerten auch den Schulhof und wurden von Angehörigen der NS-Frauenschaft, Mitgliedern des Bundes Deutscher Mädchen (BDM) und Jungen der Hitlerjugend (HJ) mit einer warmen Mahlzeit und mit Getränken versorgt. Die NS-Volkswohlfahrt hatte dazu große Kübel mit Krautsuppe und Kanister mit Tee aufgestellt. Wir jüngeren Schüler und Schülerinnen waren nicht zum »Dienst« einberufen oder zugelassen, aber uns fesselte die Neugier auf diese fremd wirkenden Menschen, deren Deutsch wir manchmal kaum verstanden!

Ich staunte, dass diese Kinder meist mehrere Kleidungsstücke übereinander trugen, sie wirkten auf mich damit träge, dick und aufgeplustert. Ein Junge stapfte wie ein ausgestopftes Monster über den Schulhof. Später erzählte mir eines der Flüchtlingskinder, dass Hosen, Jacken, Pullover oder Röcke nicht im Rucksack oder auf dem Wägelchen Platz hatten, sondern mehrfach übereinander gezogen »auf dem Leibe transportiert« wurden. Man war auf diese Weise nach außen »abgepolstert«, wahrscheinlich nicht nur vor der Kälte »isoliert«. Man konnte sich vielleicht auch in seinen Kleidern »verkriechen«, sich vor der Außenwelt »verhüllen«? Bei näherem Hinsehen hätte man sicher auch diesen Eindruck gewinnen können.

Im Innern des Schulhauses wurden Annedora und ich Zeugen einer Szene, an die ich mich erinnere: Ein weißhaariger Mann stand umringt von seiner beharrlich auf ihn einsprechenden Großfamilie. Er trug seine ausladende Aktentasche an einem breiten Ledergurt um den Leib und weigerte sich offensichtlich, das störrische Gepäckstück »mit den wichtigen Papieren vom Gutshof« wenigstens in der Nacht abzulegen, obwohl ihn die Umstehenden inständig darum baten, damit er bequemer Ruhe fände. Denn schon am nächsten Morgen würden sie die schützende Zufluchtsstätte verlassen müssen, weiter ziehen und neue Strapazen zu bestehen haben, argumentierte seine Frau. Nur für den Bruchteil einer Sekunde schaute ich dem Alten in die Augen und empfand damals – sicher nur höchst verschwommen –, dass er sein Landgut daheim, die papierenen Dokumente seines Besitzes in der Aktentasche, einfach nicht loszulassen vermochte. Er sperrte sich wahrscheinlich dagegen – wie meine Großmutter sinngemäß formuliert hatte –, die traditionsreiche Lebensart seiner Familie, die vielleicht seit Urzeiten mit diesem ostdeutschen Landstrich verbunden war, hinter sich zu lassen und dabei den »inneren Halt zu verlieren«. Mit kindlichem Spürsinn ahnte ich zumindest in diesem Moment dunkel Jammer und Weh des Alten. Und das blieb mir im Gedächtnis.

Ungewiss war im Übrigen, wie lange unsere Schule zweckentfremdet ein Asyl bleiben würde und für uns Kinder der Unterricht ausfiel. Immerhin war der Menschenstrom aus dem Osten in der zweiten Januarhälfte 1945 deutlich angewachsen. Hatten die NS-Gauleitungen Schlesiens die Einheimischen zuvor verpflichtet, auf den deutschen Endsieg vertrauend in der Region auszuharren und vor allem den Zugverkehr für notwendige Militärtransporte freizuhalten, so waren inzwischen die Spruchbänder aus den Abfertigungshallen der Reichsbahn verschwunden, auf denen zu lesen gewesen war: »Räder rollen für den Sieg/reisen kannst du nach dem Krieg«. Angesichts der bereits auf deutschem Boden ausgetragenen Frontkämpfe galt nun offiziell die Evakuierung der schlesischen Bevölkerung als eine »vorübergehend erforderliche Maßnahme der Behörden« und wurde überstürzt organisiert. In der Folge trafen in immer geringeren zeitlichen Abständen auf Dresdner Bahnhöfen überfüllte Personenzüge und Güterwagen ein, während sich weiterhin auf Landstraßen und auf Autobahnen zivile Flüchtlingstrecks der Stadt näherten. In gleiche Richtung bewegten sich zeitgleich auf eben diesen Straßen Marschkolonnen alliierter und russischer Kriegsgefangener.

Das ganze Ausmaß der Massenbewegungen blieb uns Schulkindern unbekannt. Nasskaltes Wetter hielt meine Schwester Helen und mich an einem winterlichen Februartag in den Stuben. Wir schauten aus dem Fenster unseres Zweimädelzimmers. Eben war der Bote ohne einen Feldpostbrief von Papa Paul mit seiner dicken Tasche vorbeigestapft. Wir beobachteten ihn, bis er unseren Augen entschwand. Kleine Flocken trudelten herab, bedeckten nur für Augenblicke unsere Fensterbank und tauten rasch. Schneematsch bildete sich im Vorgarten des zweistöckigen Wohnhauses und auf der Straße. Windböen peitschten die knorrigen Bäume, deren Äste einander zu berühren schienen. Drei hohe Pappeln wiegten sich. Spukhaft, wie im Märchenbuch vom alten *Rübezahl*, das Helen von der Großmutter zu ihrem Geburtstag erhalten hatte und in dem wir gern schmökerten. Auch jetzt verließen wir unseren Ausblick, kauerten uns zwischen Kissen und Decken eng aneinander, während Helen von »uralten Zeiten« vorzulesen begann, in denen ein Berggeist im Riesengebirge mit »gewaltiger Macht«, wie sie eben nur »Geistern zu Gebote steht«, geherrscht hatte, »Gnomen und Nixen« befehligte« und besonders dann, wenn sich Menschen in seinem Wald blicken ließen, mit stürmischem Geheul durch das Gezweig fuhr. Rübezahl beobachtete, wie sich Menschen mit List und Tücke gegenseitig verfolgten und einander Leid zufügten und half den Gutwilligen, sich zu bessern, verlieh ihnen Kraft, über das Böse zu triumphieren und anderen Vorbild zu sein.

Wir beide, Helen und ich, liebten es, mit ausschweifender Fantasie in die Zauberwelt der Märchen und Sagen einzutauchen, in Rübezahls Reich, in dem keine feindlichen Kugeln, weder Bomben noch Granaten fielen. Dann erschien mir mein Papa Paul als ein von Rübezahl begünstigter Recke, der Gutes tat und unanfechtbar blieb. Versetzt ins Märchenland schöpften wir Hoffnung – in einem alltäglichen Umfeld, in dem sich allmählich Hoffnungslosigkeit und böse Vorahnungen einnisteten.

Vielleicht schaute Mama – zufrieden darüber, dass wir ihre Stille nicht unterbrachen –, ins Kinderzimmer, um sich gleich darauf mit dicken Fotoalben, alten Briefen und handbekritzelten Heften zurückzuziehen und eigenen Gedanken nachzuhängen. Viele Jahre später erinnerte ich mich an Mamas seltsames »Insichgekehrtsein« und vermutete dahinter schwermütige Momente der Einsamkeit, die sie damals offenbar gefangen hielten. In der Gegenwart ihres dominanten Ehemannes lebte sie stets auf, passte sich an und suchte es ihm recht zu machen. Sie verschloss sich, an Leib und Seele durch Härten ihres Alltags im Krieg überfordert und beschädigt, sobald er sich wieder von seiner Familie trennen musste.

Möglich ist immerhin, dass sie ganz mit sich allein dann bei ihrer Rückschau Friedenszeiten heraufbeschwor, als ihr das Glück an der Seite eines tüchtigen, vielseitig begabten und dem Leben mit allen Fasern zugewandten Ehemannes ungetrübt und perfekt erschienen war. Nach einer problembeladenen Liebesbeziehung, von der ich erst im Ergebnis meiner späteren Familienrecherche erfuhr, hatten beide, der bildhübsche, verwegene Frauenschwarm Paul und die brav erzogene, schmucke Katharina-Ernestine, den Bund fürs Leben besiegelt. Sie kutschierten stolz mit einem eigenen PKW durch die Lande und genossen ihre Hochzeitsreise. Von den ausgedehnten Reisen der beiden im Kabriolett wurde uns Kindern später erzählt.

Im Mai 1937 bezogen sie – endlich ganz unabhängig vom Domizil familiärer Vorfahren und auch wirtschaftlich auf eigenen Füßen –, ihre modern ausgestattete Wohnung in attraktiver Lage, auf der altstädtischen Elbseite, unweit des Dresdner Großen Gartens, die ihnen von der Technischen Nothilfe Sachsens (TENO) zugebilligt wurde. Denn der junge Ehemann hatte sich inzwischen in der TENO als Fachspezialist für Elektrotechnik einen Namen gemacht. Er genoss Achtung und Ansehen. Mit seinem Gehalt konnte er die Familie ernähren.

1938 kam ich zur Welt. Später erzählten Mama, die Großmutter, auch andere Verwandte und Freunde der Familie in vielen Varianten, wie begeistert der Vater seine Tochter Helga umschloss und dabei stock und steif behauptete, »dieses Kind sei ihm besonders ähnlich«, und das, obwohl ich nicht der insgeheim erhoffte Junge geworden war. Ich rief dann später mit meinem ersten Wortgebrabbel nicht nur nach »Papa Paul«, sondern tapste ihm, die Arme vertrauensvoll ausbreitend, mit meinen ersten Schritten entgegen. Auch das wurde in meinem Umfeld später erzählt und ich konnte nie genug davon hören. Ich war Papa Pauls Räbchen, an dem, wie er später mehrfach anerkennend behauptete, eigentlich nur ein Junge verloren gegangen sei – eine scherzhafte Bemerkung, über die ich als Kind zunächst nicht weiter nachsann.

Erst zwei Jahre nach meiner Geburt holten Mama und Papa Paul ihre gemeinsame Tochter Helen nach Hause, die bis dahin bei warmherzigen

Pflegeeltern wohlbehütet gewesen war. Meine große Schwester war damals bereits sechs Jahre alt.

Als Mama 1934 mit dieser ersten Tochter schwanger geworden war, schien ein Hochzeitsdatum noch nicht in Sicht. Nur einem eingeweihten kleinsten Kreis war bekannt, dass Paul – nach der Machtergreifung Hitlers 1933 als Gegner der Nazis in Berlin bekannt – in Sachsen »untergetaucht« war, sich noch eine gewisse Zeit bedeckt halten wollte, bevor sein Auftritt auf dem Standesamt ratsam erschien. So kam Helen nicht im wohlanständigen Elternhaus der Mama, sondern als illegitimes Kind, verborgen vor dem gesellschaftlichen Umfeld der Familie, zur Welt und wuchs in ihren ersten Lebensjahren weder in der väterlichen noch mütterlichen Verwandtschaft, sondern bei fremden Leuten, ohne Kontakt zu ihren leiblichen Eltern, in ländlicher Gegend heran.

Bisher von Pflegeeltern gehätschelt und getätschelt, lebte sie sich als Sechsjährige nur schwer in unserer Familie und inmitten der Großstadt Dresden ein. Oft schien sie den Tränen nahe, manchmal weinte sie ganz erbärmlich. Sie wirkte schüchtern und verloren. Helen konnte sich weder an den kühlen und beherrschten Umgangston der Mama mit uns Kindern und schon gar nicht an den von ihr als streng, geradezu unerbittlich empfundenen Papa gewöhnen, der autoritär auf das angeblich »verzärtelte, wehleidige oder gar verstockte« Kind reagierte. Oft schenkte der Vater seiner Ältesten auch keine Beachtung, blieb reserviert. Später, in einer Unterhaltung, die Helen und ich als Erwachsene miteinander führten, erinnerte sich meine Schwester sogar an Schläge des Vaters, die sie für kindliche Vergehen einsteckte.

Beide Eltern beklagten eine Distanz zu ihrer Großen, die andauerte, solange ich denken kann. Das erklärt auch, warum Mama nicht mit Helen, sondern in meiner Begleitung 1943 ins Feldlazarett zu Papa Paul unterwegs gewesen war. Oder auch allein mit mir die Reise zum Großpapa Friedrich in die zertrümmerte Reichshauptstadt angetreten hatte.

Führte Helen mitunter in der Familie, wie sich Mama einmal äußerte, ein »verhuschtes Dasein«, lebte sie bei den Besuchen unserer Großmutter, die sich inzwischen bestens mit ihrem Schwiegersohn Paul verstand, auf. Helen genoss Großmutters besondere Zuwendung, suchte deren Nähe und offenbar Schutz. Großmutter förderte auch unser schwesterliches Verhältnis, das alle Zeit ungetrübt blieb. Wir spielten einträchtig miteinander, musizierten mit der Großmutter, zeitweilig mit einem Kindermädchen, unter Anleitung eines Musiklehrers oder eben auch allein, zupften auf Instrumenten erste Lieder. Uns verband eine kindliche Neugier. Wir teilten Mädchengeheimnisse miteinander, vertrauten einander auch Kümmernisse an. Seit ihrem zehnten Geburtstag befürchtete Helen beständig, sich dem Gruppenzwang des Jungmädelbundes (JB) pflichtgemäß stellen zu müssen und sich sportlichen Erwartungen der Organisation nicht entziehen zu können. Davor hatte sie eine Heidenangst. Schon klingelten Beauftragte des Jungmädelbundes an unserer Tür und forderten Mamas angeblich »überfällige« Unterschrift unter das Antragsformular. Die feierliche Aufnahme des Nachwuchses sollte an Hitlers Geburtstag, am 20. April 1945, stattfinden.

Manchmal wundere ich mich heute, wieso mein bedingungsloses Vertrauen und all meine Hinwendung zu Papa Paul unserem schwesterlichen Verhältnis nie im Wege standen, zu keinem Augenblick. Wie alle Familienmitglieder akzeptierte wahrscheinlich Helen diese besondere Nähe zwischen unserem Papa und mir als unabänderlich, als hätte es die Natur so vorgegeben. Nur einmal erschreckte mich Helen in einem vertrauten Moment, den ich auch später nicht vergaß. Sie gestand, dass ihr die fortdauernde Abwesenheit unseres Vaters gerade recht sei. Reagierte ich darauf empört? Entsetzt? Verwundert? Vielleicht auch traurig oder gar verständnislos? Ich weiß es nicht mehr. Vielleicht überraschte mich das Bekenntnis meiner Schwester auch gar nicht wirklich, schockierte mich nur die unverblümte Art, darüber zu sprechen.

Ohnehin war die Hoffnung unserer Eltern auf ein ungestörtes Zusammensein mit uns, ihren Töchtern, nach und nach zerronnen. Zu wenig Raum und Zeit blieb auch den Eheleuten für sich selbst. Ungewollt und ganz allmählich drifteten ihre Wege auseinander, noch bevor ihre eheliche Beziehung eine wirkliche Chance bekam. Einmal beobachtete ich meine Eltern. Sie bewegten sich eng umschlungen nach dem Takt eines langsamen Walzers. Mir will heute scheinen, dass sie diese Melodie nie miteinander zu Ende tanzen konnten.

Der Familienvater wurde schon von der TENO nicht nur im Raum Dresden eingesetzt. Er gehörte seit September 1939 zu einer Spezialeinheit dieser staatlich gelenkten Organisation, deren besondere Aufgabe die Sicherung und Inbetriebnahme vor allem der Elektrizitäts- und Wasserwerke, der Nachrichtenzentren und die Sicherung der fortlaufenden Produktion von Industriebetrieben in den von Hitlerdeutschland besetzten Gebieten war. Nur aus der Distanz des Kommandos der TENO, das den Fachmann mal hier und mal dort und zu oft fern des heimatlichen Wohnsitzes agieren ließ, funktionierte er nach Kräften als das männliche Familienoberhaupt. Vermutlich glaubten meine Eltern, mit diesem Einsatz bei der TENO sei er für alle Zeit unabkömmlich für einen Dienst an der Waffe. Aber diese Rechnung ging nicht auf. Der Wehrpflichtige geriet in einen Krieg, den er niemals gewollt hatte, zu keinem Zeitpunkt für rechtmäßig hielt und dessen Ende er von Beginn an herbeisehnte. Dafür sprechen alle Indizien, die ich auch später bei meiner Spurensuche fand und denen ich nachging.

Seine dritte Tochter Henriette, unsere kleine Schwester, kam im späten Herbst 1944 zur Welt, als er, von der Panzertruppenschule kommend, an der Ostfront sofort in heftigste Kämpfe verwickelt war. Erreichte ihn die Nachricht von der Niederkunft seiner Ehefrau vor oder nach einem Gefecht? Inmitten einer Todeszone erfuhr er von neuem Leben! Vielleicht hing auch nur für eine winzige Minute seine Hoffnung auf Frieden wie ein Stück blauer Himmel über dem Schlachtfeld. Wünschte er sich am Ende, dass Soldaten ihre Waffen ablegten und einander umarmen konnten? Russische und deutsche Väter diesseits und jenseits der Frontlinie? Männer, die wie er selbst für sich und die Familien ein Ende des Mordens herbeisehnten? Ich habe mir das jedenfalls später so vorgestellt.

Schicksalhafte Kriegsjahre, in denen Träume wie diese zerstoben, waren inzwischen verstrichen. Er war ausgezogen und hatte das Fürchten gelernt. Heute kaum noch vorstellbare Anstrengungen und traumatische Erschütterungen lagen hinter ihm, als er an jenem Wintertag um unsere Straßenecke bog. Es geschah am 9. Februar 1945, einem Freitag.

An die Geschichte von dem Kind, das die Heimkehr des Vaters vorausgeahnt und zur frühen Morgenstunde dieses Tages geflüstert haben soll: »Papa Paul kommt«, sich dann Stunde um Stunde im Entree des Hauses »herumtrieb«, um beim Eintreffen des Vaters zur Stelle zu sein, »noch bevor er an unserer Wohnungstür zu schellen vermochte«, erinnerten sich später Helen und die Großmutter. Übereinstimmend schilderten sie so mein seltsames Benehmen. Die beiden sprachen noch später oft davon, bis ich irgendwann alles genau so vor mir zu sehen glaubte, obwohl ich selbst nichts aus eigenem Zutun bestätigen konnte. Auch Mama, die gewöhnlich »unerklärliche Dinge« als »unsinnigen Firlefanz« und »zweifelhafte Magie« abtat, murmelte zu der mit immer neuen Details ausgeschmückten Geschichte Helens noch Monate oder auch Jahre später ernsthaft: »Vater und Tochter verständigten sich damals offenbar außerhalb jeder räumlichen und zeitlichen Dimension.«

Eines aber weiß ich selbst noch heute genau: Es gab an diesem Wintertag einen ersten Moment des Wiedersehens, in dem meine angestauten Ängste verflogen und der sich mir mit einem einzigen Gefühl der Glückseligkeit einprägte!

Im Laufe des Abends folgte ich gebannt Papa Pauls Schilderungen von jenem Januartag, als die Panzerbesatzung nach einem furchtbaren Gemetzel in der Dunkelheit Schutz suchte. Als jedermann froh war über den anderen neben sich und der Kommandant des Panzers seinem Fahrer das Du angeboten hatte, früh am nächsten Morgen, vor der Schlacht.

Nie zuvor hatte ich Papa Paul von seinen Erlebnissen an der Front erzählen hören. So ernst und in diesem ungewöhnlich heiser-brüchigen Tonfall. Ich sehe ihn vor mir. Krame dieses Bild vom Panzerfahrer aus meinem Gedächtnis hervor, der den schon lichterloh brennenden Russen mit erhobenen Händen sah, auf den dann der Richtschütze schoss.

In unserem Wohnzimmer herrschte für den Augenblick Totenstille. Mit angehaltenem Atem hörten wir genau hin. Ich wollte kein Wort verpassen, weil doch der Panzerfahrer eigentlich mein Papa Paul war. Vielleicht spürte ich in dieser Sekunde die Not des Soldaten, der diesem Bild eines vor seinen Augen sterbenden Russen nicht mehr entkommen würde.

Aber manchmal hege ich heute Zweifel. Dann frage ich unsicher: Habe ich meinen Papa Paul damals wirklich so erlebt? Dieses einzige Mal, als er von seiner eigenen Angst sprach, die ihn bei der heillosen Flucht über Abgründe gepackt hatte? Als er eigene Erschütterungen preisgab? Oder weiß ich von diesen Fronterlebnissen aus einer der späteren Erzählungen meiner Großmutter, in denen sie den Widersinn des Krieges und das sinnlose Gemetzel beklagte? Habe ich mir das Bild meines Papa Pauls, der mitten unter uns plötzlich von der Front erzählte, selbst dazufabuliert? Denn es sind nur Fetzen, an die ich mich erinnere. Und auch damit ist es kompliziert. An all dem, was damals tatsächlich passierte, lagerten sich mit den Jahren später Meinungen, Assoziationen, Haltungen, Kenntnisse um übergreifende Zusammenhänge ab.

Und dennoch geistert mir auch eine Schilderung von dem Panzer, den es dann doch »erwischt« hatte, im Kopf herum. Die Geschichte jenes Tages, an dem MG-Garben flogen, sich der übermächtige Gegner einschoss und die Deutschen »leicht zu haben« waren. Dann hatte eine russische Panzerabwehrkanone (Pak) die Ketten zerstört. Der Kommandant befahl hastig »ausbooten«, brüllte »raus, raus« und verheddert sich dabei selbst – nur für Sekunden! – an der Ausstiegsklappe mit den Lederriemen am Hals, an denen er für seinen Dienst erforderliche Ausrüstungsgegenstände trug – das Kehlkopfmikrophon, ein Fernglas und die Kopfhörer. Genau in diesem hastigen Moment traf ihn die tödliche Kugel. Von der fünfköpfigen Panzerbesatzung überlebten nur der Richtschütze und der verwundete Fahrer. Wahrscheinlich dachten die Russen vom Panzerabwehrgeschütz, sie hätten die gesamte Besatzung »erledigt«, ließen von ihrem Zielobjekt ab und bekämpften die Deutschen an anderer Stelle weiter. Jedenfalls war es dem Richtschützen gelungen, den Fahrer huckepack aus der Gefahrenzone zu schleppen. Eine gnädige Ohnmacht hielt den Verwundeten noch Tage im Lazarett umfangen. Ärzte hatten den Panzerfahrer dann wieder »zusammengeflickt«.

Möglicherweise hatte ein Sanitätsoffizier, die Überforderung aller Feldlazarette bedenkend, eine ambulante Weiterbehandlung für das Beste gehalten und dem Soldaten einen Heimatschein verpasst. Das vermute ich heute. Jedenfalls war mein Papa Paul im Februar und März 1945 wieder daheim. Das allein zählt.

Ich erinnere mich an den folgenden Montag, den 12. Februar 1945. Ich hatte gedrängelt und gebettelt, meinen Papa Paul bei »dringlichen Wegen zur Stadt« begleiten zu dürfen und hatte mich durchgesetzt. Mir scheint heute, wir beide hetzten hin und her, kreuz und quer durch Dresdens Altstadt. Das angestrebte Ziel kannte ich nicht oder es ist mir entfallen. Unser Weg führte über den Altmarkt, wir passierten den Portikus am Central-Theater und gelangten in die Prager Straße, liefen an eleganten Geschäften und verspielten Erkern vorüber. Vorbei an der glitzernden Fassade des Kaufhauses Renner, in dem ich ein geheimnisvolles Puppenland wusste und eine imponierende Rolltreppe, mit der Besucher bis in das Café unterm Dach gelangen konnten. Großmutter hatte mir dort meinen ersten Eisbecher spendiert. Aber danach stand Papa Paul an diesem Tag nicht der Sinn.

Ab und zu ins Stolpern geratend, suchte ich mit ihm Schritt zu halten, als wir das Gelände des Dresdner Hauptbahnhofes erreichten. Vor dem Bahnhof, auf dem Bismarckplatz und auf dem Wiener Platz, drängten sich Menschen. Es herrschte Chaos; Pferdekutschwagen, ein Straßenbahnzug, Lastkraftwagen und zwei PKW schienen ineinander verkeilt zu sein. Dazwischen gestikulierten aufgeregt die Leute.

Ein Trupp Soldaten der Wehrmacht stand beieinander. SS-Männer liefen umher. Polizei. Ich hatte bereits die Uniformträger auseinanderzuhalten gelernt, aber konnte meinem Papa Paul in diesem Durcheinander kaum damit imponieren.

Vor allem drängte eine unüberschaubar scheinende Menge Zivilisten ständig in unterschiedliche Richtungen. Sie schoben sich aneinander vorbei. Ein dichtes Gewimmel herrschte erst recht in der Bahnhofshalle. Auf den Treppen zu den höher gelegenen Bahnsteigen stapelten sich Gepäckstücke und versperrten Nachdrängenden den Weg. Eine Frau hatte vor wenigen Minuten vergeblich versucht, mit ihren drei Kindern in einem Waggon Plätze zu ergattern. Der überfüllte Zug, aus Görlitz kommend, würde nach kurzem Halt ohne sie weiterfahren. Nun suchte die Verzweifelte den Soldaten in Uniform, meinen Papa Paul, ins Gespräch zu ziehen und erhoffte sich mit seinem Einschreiten doch noch ein Weiterkommen. Oder auch nur seinen Rat? Aber er hörte kaum hin, zog mich weg, eilte weiter.

Diese Menschenmenge auf dem weiten Vorplatz, in den Hallen und Wartesälen, auf Bahnsteigen, in jedem Winkel des Dresdner Hauptbahnhofes hat mich damals nachhaltig beeindruckt. Ich sah in gequälte, niedergeschlagene, verwirrte, verunsicherte Gesichter. Aber auch in zornige, entschlossene, empörte.

In der Kuppelhalle war überhaupt kein Durchkommen mehr. Junge Hilfskräfte in der Uniform des Bundes Deutscher Mädchen (BDM), der NS-Frauenschaft und des Flüchtlingshilfsdienstes, aber auch Angehörige des Deutschen Roten Kreuzes (DRK) suchten den hungrigen, vor Kälte zitternden, entkräfteten Menschen wenigstens für den Augenblick mit heißen Getränken und Decken zu helfen. Ich sah vor allem Frauen, alte, gebrechliche Leute und viele Kinder erschöpft auf diversen Gepäckstücken, selbst auf kalten Steinfliesen hocken. Kindergeschrei erfüllte die Halle. Verzweifelte Rufe Erwachsener nach irgendetwas oder nach irgendwem. Am Boden hockte mit angezogenen Knien eine Frau, umhüllt von einem Mantel, unter dem ich einen Säugling entdeckte. Beide wirkten hilflos und armselig.

Draußen stolperten wir über Gleise bis hin zu einem Güterwaggon, der als eine Art Notlazarett für verwundete Soldaten eingerichtet worden war. Davor sollte ich auf Papa Paul warten. Er sprang die Treppen des Waggons hinauf und verschwand hinter einer Tür. Eine Frau neben mir hatte ihm zuvor versichert, ein wachsames Auge auf mich zu werfen. Zu ihr gehörte ein Junge, etwa in Helens Alter. Er humpelte mit wunden Füßen auf den niedergetretenen Kappen seiner geöffneten Schuhe, stöhnte leise. Papa Paul würde hoffentlich Verbandsmaterial bringen. Aber schon nach kurzen Minuten erschien eine Krankenschwester mit Schere, Pinzette, einer Tinktur und Zellstoff. Sie behandelte eine riesige Blase des Jungen, die er sich unterwegs geholt hatte. »Das vergeht, heilt wieder«, sagte die Krankenschwester und sprach weiter freundlich auf ihn ein. Sie wollte dem Jungen offenbar Mut machen. Aber der gab keinen Mucks von sich, reagierte nicht. Von der Mutter erfuhr ich seinen Namen. Er hieß Jürgen, beide stammten aus Sorau. Wo immer dieser Ort auch liegen mochte. Ich hatte keine Ahnung! Weit weg von Dresden musste das sein, denn Mutter und Sohn waren schon viele Tage unterwegs. Morgen wollten sie weiter. Wohin, wussten sie noch nicht. Die Frau zuckte auf diese Frage der Krankenschwester mit den Schultern. Der Junge blieb stumm und überließ das Reden und überhaupt alles seiner Mutter, die eine Decke um ihn schlug, ihn einmummelte.

Eine Dampflok rangierte plötzlich vor dem Lazarettzug. Der ruckelte und zuckelte, als wolle er gleich los! Die Krankenschwester hatte es plötzlich eilig und stieg ein. Ich bekam einen gewaltigen Schreck! »Papa Paul, Pa...!«, rief ich. Aber da war er schon! Gerade als der Zug losfuhr, sprang Papa Paul vom Trittbrett, stand wieder neben mir, der Frau und dem Jungen. Er steckte den beiden ein Proviantpäckchen zu, eine Arznei, Verbände und Pflaster. Dann verabschiedeten wir uns, aber Jürgen wandte sich wortlos ab. »Vielleicht ist der Junge taubstumm?«, fragte ich. Papa sagte: »Ein Schock hat dem Flüchtlingsjungen die Sprache verschlagen. Wer weiß, was die beiden schon hinter sich haben! Aber der Junge wird seine Sprache wiederfinden.« Papa Pauls Erklärung für die Sprachlosigkeit des Jungen stimmte mich nachdenklich.

Ob mein Papa Paul seine gewichtigen Angelegenheiten an diesem Tag erledigte, weiß ich nicht mehr. Meine Fragen zu all dem Geschehen ringsum verhallten von ihm ungehört. Er wirkte gehetzt und aufgewühlt. So erfuhr ich erst später, dass die Menschen damals aus dem Sudetenland und vor allem aus Schlesien westwärts flohen. Liegnitz war am 12. Februar 1945 schon in russischer Hand, Görlitz eben umkämpft. Nach all den erlittenen und überstandenen Strapazen versprachen sich die Flüchtlinge und Evakuierten vermutlich in Dresden weitaus mehr Hilfe, als die städtischen Behörden und die Einwohner zu leisten imstande waren.

Am Abend erzählte ich Helen meine Erlebnisse, für die wir keine Erklärung hatten und die uns gerade deshalb beunruhigten. Die Gedanken daran verfolgten mich in friedlose Wachträume, während draußen ein eisiger Wind ums Haus strich und die Flüchtlinge in der Kälte wahrscheinlich kaum zu schlafen vermochten. Selbst jene, die einen Unterschlupf für die Nacht gefunden hatten, würden die Sorgen um ein Weiterkommen am nächsten Tag wach halten.

Und Papa Paul? Die Erinnerung an eine durchstandene Schlacht, von der er uns erzählt hatte, die Bilder in seinem Kopf von den mit Blut übergossenen Äckern und jenen Toten im nasskalten Schnee verhinderten zur späten Stunde auch seinen Seelenfrieden. Da bin ich sicher.

Heute weiß ich, dass sich weit mehr als eine Million Menschen in jener und in der folgenden Nacht in Dresden aufhielten: Das waren etwa zur Hälfte registrierte Bürger der Stadt. Nicht zu vergessen sind die zahlenmäßig nicht mehr ganz exakt zu ermittelnden Insassen der Hilfs- und Feldlazarette, die damals immer zahlreicher in städtischen Schulen, auf Elbkähnen oder in Dresdner Gewölben ihr rotes Kreuz auf die weiß grundierten Dächer und Mauern aufmalten oder mit weißen Fahnen ihre Notunterkünfte kennzeichneten. Tausenden Flüchtlingen aus unterschiedlichen Ostprovinzen und Obdachlosen aus zerbombten Städten, die schon seit Jahr und Tag in Dresden oft nur notdürftig unterkamen, waren nun in den ersten Wintermonaten 1945 die nachströmenden Schlesier gefolgt. Außerdem trafen 10- bis 14-jährige Mädchen oder Jungen aus evakuierten Lagern der sogenannten Kinderlandverschickung (KLV) in jenen Februartagen 1945 ein. In der Stadt lebte zudem meist in Baracken ein ganzes Heer von Fremdarbeitern unterschiedlichster Nationen. Und schließlich gelangten in all dem Durcheinander noch vermehrt Truppentransporte alliierter und russischer Kriegsgefangener nach Dresden.

Menschen, die in dieser Stadt nach Turbulenzen und vielen Nöten des Tages nur schwerlich Ruhe fanden, hofften den Krieg zu überstehen und einfach nur am Leben zu bleiben.

Wer weint denn schon um Annedora

Sirenen gellen schrill! Unheil kündend. Die Luft vibriert. Aber das Kind hört nicht, verschließt die Ohren. Seine Augen sehen nicht. Es will auch nicht fühlen, wie es an ihm zerrt und reißt, wie es gepackt, gerüttelt und geschüttelt wird. Das Kind verweigert sich der Wirklichkeit.

Eigentlich spüre ich die besorgte Großmutter an meinem Bett und höre ihr verzweifeltes »So wach doch auf! So höre doch!« Jetzt übertönt ein jaulendes auf- und abschwellendes Geheul ihre Stimme. Vollalarm. Aber ich will keine dickbäuchigen, brummenden Monster über unserer Stadt und werde die herannahenden »Ungeheuer« in meiner Welt nicht zulassen. Ich werde sie nicht hören, nicht riechen, nicht sehen, nicht spüren! Und ich will mich nicht fürchten müssen vor den Gabelschwanzjägern, den Luftminen, den Brand- und Flammenstrahlbomben, den Spreng- und Phosphorbomben, vor »fliegenden Festungen« oder »Wohnblock- knackern«. Will die Explosion nicht, nach der dann eine vernichtende Feuerwalze wütet, tötet und zerstört. Davon habe ich inzwischen schon genug gehört und manches ja auch schon gesehen. In der Fantasie und in Wirklichkeit.

Später beschrieb meine Großmutter ihre bedrängte Situation mit die- sem »störrigen kleinen Nachtgespenst« und das klang dann so:

»Während sich meine Tochter um ihr Baby Henriette bemühte, es in wärmende Decken hüllte und mit dem Kinderwagen in den LSR bugsierte, betrat ich das Mädchenzimmer meiner Enkeltöch- ter Helen und Helga. Die größere Helen begriff sofort, reagierte wie in Trance, etwas schlaftrunken, aber sehr brav. Sie kleidete sich folgsam an, vergaß auch nicht die festen Schuhe anzuziehen und jenes Schild um den Hals zu hängen, das ihren Namen und Adressen der Familie enthielt. Mit dieser Voraussicht folgten wir meinem Schwiegersohn Paul.

Aber Helga, sonst hurtig und lenkbar, blieb reglos. Mit weit aufgerissenen Augen starrte sie scheinbar durch mich hindurch. Ich rief sie beim Namen, flehte und drohte! Ich packte sie mit beiden Händen, suchte sie wachzurütteln. Keine Reaktion. Dabei wirkte meine Enkelin nicht teilnahmslos oder apathisch, eher sehr, sehr seltsam.

Kann man sich meine Lage vorstellen? Draußen heulten die Sirenen, der Sprecher des Luftwarndienstes hatte ein Bombengeschwader angesagt, das sich unserer Stadt Dresden näherte. Wiederholte sein »Achtung! Achtung! Es ist mit Bombenabwurf zu rechnen!« Die Dresdner Bewohner wurden gebeten, die Schutzräume aufzusuchen. Umgehend! Aber das Kind war für alle Warnsignale taub. Es sperrte sich auch gegen meine Zuwendung. Der kleine Körper wurde plötzlich unbeweglich, steif wie ein Brett! Ich weiß nicht mehr, wie es mir dann in meiner Not irgendwie doch noch gelang, die Kleine für den Luftschutzkeller anzukleiden. Wir mussten ja nun doch einkalkulieren, dass Dresden tatsächlich angegriffen wurde. Bisher hatte ich das nicht für möglich gehalten.«

Meine Großmutter konnte, wie die übrige Dresdner Bevölkerung oder auch die Flüchtlinge und Verwundeten in den Lazaretten, die gerade in dieser Stadt Schutz und Hilfe erwarteten, nicht wissen, dass an jenem Wintertag amerikanische und englische Vertreter der Regierungen und des verantwortlichen Militärs bzw. die in ihrem Auftrag agierenden Luftflotten einen lang gehegten und bis ins Detail durchdachten Plan realisierten.[8] Praktische Vorbereitungen und Vorübungen hatten sich auf eine Vernichtungsorgie bisher unvergleichlichen Ausmaßes konzentriert, auf das Unternehmen *Donnerschlag*, wie der beabsichtigte Angriff auf Dresden in ihrem Sprachgebrauch genannt wurde. Nun war es so weit. Nachdem das genaue Datum mehrfach verschoben wurde, hatte man sich auf Dienstag, den 13. Februar 1945 geeinigt. An diesem Tag sollten die

Royal Air Force (RAF) und die United States Army Air Forces (USAAF) Luftangriffe auf den Großraum Dresden fliegen.

Die 8. amerikanische Luftflotte sollte den Angriff mit einer Ultratechnologie an Bord eigentlich schon zur Mittagszeit dieses Tages einleiten. Schießtüchtige, waffenstarrende Bastionen, grauenvolle Geschwaderblöcke, begleitet von schnellem Jagdschutz, den Mustangs, standen startklar, als sich eine dicke Wolkendecke über Europa, auch über Dresden, zusammenballte. Dieser Einsatz wurde verschoben.

Aber schon kurze Zeit später meldete der englische Chefmeteorologe eine Besserung der Sichtverhältnisse ab 21.00 Uhr. Demnach würde sich die Wolkendecke über Dresden für vier bis fünf Stunden lichten. Den Briten schien das Flugwetter für ihren nächtlich geplanten *Donnerschlag* zwar nicht ideal, aber ausreichend.

Bomberstaffeln flogen um 17.30 Uhr von ihren Horsten in Südengland über zwei Routen in das deutsche Reichsgebiet ein.[9] Hinter der Westfront schwenkten einige Begleitjäger zur Irreführung der deutschen Luftabwehr auf andere Routen ab. Das vorauskalkulierte Kolossalmassaker in Dresden sollte stattfinden.[10]

Ich zitiere den Historiker Jörg Friedrich: »Das alliierte Prinzip des geschlossenen Vernichtungsraumes realisierte sich am ehesten auf Flächen von fünf Quadratkilometern. Kleine und mittlere Städte mit komprimiertem historischem Kern waren feuersturmverletzlich. Und nur das Feuer versiegelte die Todeszone.

Je enger deren Abmessung, desto komplizierter die Treffgenauigkeit. Bomber Group Nr. 5 hatte sich zum Experten in Präzisionsvernichtung geschult und führte die Dresdenmission an. ›Thunderclap‹ in einer Stadt, so entlegen und kriegsunerheblich, dass man sie viereinhalb Jahre ignoriert hatte [...]. Dresden [wird] in dem Nr. 5 eigenen Verfahren angegriffen, dem Fächer. Der Fächer ist ein Viertelkreis. Seine Spitze liegt [...] in Dresden auf dem Fußballplatz des DSC im Großen Ostragehege [...]. Um 22.03 Uhr beginnen die Beleuchter das Elbtal und die Stadt mit weißen Lichtkaskaden auszuleuchten. Auf das DSC-Stadion fällt zwei Minuten später Grün« (Friedrich 2007, S. 354f.)

In den Minuten, als dies geschieht, laufe ich, endlich gestiefelt und gespornt, mit meinem Namensschild aus Pappe auf der Brust, immer noch mit weit aufgerissenen Augen, die Puppe Elsa an mich pressend –

so beschreibt es später die Großmutter – die Treppe abwärts zur offenen Haustür. Dort steht Papa Paul.

Inzwischen streben die Menschen in der Stadt, von dunkelsten Vorahnungen erfüllt, in die sogenannten Schutzräume der Häuser oder in einen Schlupfwinkel. Auch unsere Hausbewohner verschwinden nacheinander hinter der großen Eisentür mit der Aufschrift LSR. Ich aber starre mit stockendem Atem in eine gruselig-schauerliche und zugleich flirrend-leuchtende Welt. Strahlende Lichtkaskaden machen die finstere Nacht zum Tag. Papa nennt sie »Christbäume«. Noch weiß ich nichts von dem britischen Flugzeug, der zweimotorigen Mosquito, ausgestattet mit einer leistungsfähigen Radarnavigation, das Wendemarken in Gelblicht und zur Bombardierung Zielmarken in Rot- und Grünlicht setzt. Ich sehe den Masterbomber nicht, der – wie ich heute weiß – von Männern der britischen Luftwaffe »master of ceremonies« genannt wird.[11] Er operiert in schwindelnder Höhe, auch die Markierer unter ihm bleiben mir verborgen. Ich wähne uns inmitten eines aufblitzenden Spektakels. Am Himmel erscheinen mir Dämonen und Kobolde, ein gespenstisches Gelichter. Sie verbreiten grausige Höllenangst, aber werden uns nicht gefährlich sein können, solange mein Papa Paul am Platz ist. Er erscheint mir jetzt riesengroß und füllt den hohen Rahmen der Haustür völlig aus.

Wie lange ich dicht bei meinem Papa Paul stand, weiß ich nicht zu sagen. Vielleicht waren es nur winzige Augenblicke, bis er mich vermutlich in jenem Moment in den Luftschutzkeller schickte, in dem der Leuchtrahmen für eine Vernichtungsorgie abgesteckt war und der Masterbomber oben am Himmel den Hauptbomberstrom zur Rampe beorderte.

Jahrzehnte später empörte sich meine Schwester Helen darüber, dass unser Vater seine Kinder animiert habe, in dieses himmlische Entsetzen zu schauen. Sie erinnerte sich ihrer panischen Ängste, die sie zittern ließen – damals, in der offenen Haustür, neben Papa Paul und mir. Ich hatte Helen gar nicht neben uns bemerkt.

Das nun Folgende liest sich bei Friedrich so: »In Dresden darf sich [...] nichts verschieben, weil die Tanks, mit 10.000 Litern gestartet, keine Reserven lassen. Von 22.03 Uhr bleibt Zeit bis 22.28 Uhr, dann beginnt der Heimweg von 1.400 Kilometern. Dem zuerst angekommenen Masterbomber bleiben nach Schluss der Markierung noch zwölf Minuten. Über UKW-Sprechfunk ergeht die Anweisung ›Masterbomber an Platerack-Verband, bombardieren Sie das rote Licht nach Plan‹. Dann wird der Fächer aufgespannt. Der linke Schenkel kreuzt zweimal das Elbknie, der rechte endet auf dem Bahngelände Falkenbrücke; der Verbindungsbogen wird vor dem Bahnhof geschlagen.

Die Qualität der Bombardierung besteht darin, die Fächerfläche gleichmäßig mit Feuer, Druckwellen und Explosionen zu überziehen. Wie eine Paste wird das aufgetragen. Der Masterbomber und der Hauptmarkierer wachen, dass keine leeren Stellen bleiben, die das Feuer nicht schließen kann. Das ist eine Frage des exakten Winkels, den jede Maschine innerhalb des Fächers einschlägt, sowie des ›overhoot‹, der Distanz zwischen Gelenk und Abwurf.

Das Auge des Masterbombers ist an den Fächer geheftet. ›Hallo Platerack-Verband, Achtung, eine hat zu spät ausgelöst. Eine hat sehr weit vom Ziel entfernt abgeworfen [...]. Gute Arbeit, Plate-rack-Verband, die Bombenwürfe liegen ausgezeichnet ...‹ Massenvernichtung ist Millimeterarbeit, sie käme nicht zustande, würden wahllos Brandbomben auf einen Ort geladen [...].

Der Fächer von Dresden hatte binnen einer halben Stunde nach Abflug von Nr. 5 den erwarteten Feuersturm erzielt. Zwar waren die Abwürfe leicht verzogen niedergegangen, wirkten aber nach Plan. Infolge der Methode der Gruppe weitete sich der Fächer nicht viel, an seiner breitesten Stelle zweieinhalb Kilometer. Er bedeckte drei Viertel der Altstadt« (ebd., S 356f.).

Ich befand mich zu jener Zeit, inzwischen hellwach, im Luftschutzraum des Hauses, dessen Mief mir noch heute, bei dem bloßen Gedanken daran, in die Nase zu steigen scheint. Ein fauliger Geruch entströmt einer randvoll mit abgestandenem Wasser gefüllten Badewanne und anderen Behältern.

Sandsäcke schützen die Kellerfenster, einige sind in der Ecke gestapelt. Unmittelbar daneben lagern die Feuerpatschen. »Sollte das Haus einmal brennen«, so hatte uns Herr Ballian vor langer Zeit angewiesen, »sind die Flammen damit wegzupatschen.« Auch die daneben abgestellten Zinkeimer und Schrubber waren für den Löscheinsatz vorgesehen.

Die Hausbewohner hocken auf Pritschen und auf Holzstühlen. »Wir rückten zusammen, wie Viehherden das vor oder während eines Unwetters tun«, so beschrieb später einmal eine Zeitzeugin aus Dresden die

Situation in ihrem Luftschutzkeller zu jener späten Stunde. Ich finde, dieser Vergleich trifft auch auf unsere Situation zu. So nahe wie in dieser Nacht waren sich die Hausbewohner niemals zuvor und auch nie wieder danach.

In dicke Wolldecken bis zur Nasenspitze eingemummelt und von ihrer Mutter fest mit beiden Armen umschlungen, kauern die Zwillinge Regina und Rolf, meine Spielfreunde. Der Ehemann und Vater der beiden Kinder sitzt wortlos nahe dabei. Die ganze Familie Dölling ist ein eng beieinanderkauerndes Häufchen.

Das Hauswartsehepaar Ballian, die etwas rundliche, sehr kinderliebe Portiers- und Putzfrau und deren kriegsinvalider Ehemann, unser Luft-schutzbeauftragter und Blockwart, die beide sonst treppauf und treppab für Sauberkeit, Ordnung und Sicherheit sorgen und ein wachsames Auge auf uns haben, gehören genauso zu unserer sich zusammenfindenden Kellergesellschaft wie das sonst etwas spröde, mit geübter Distanz un-term Schrägdach des Hauses wohnende, schon betagte Ehepaar Fischer. Mama sitzt neben dieser vornehmen alten Dame aus dem Dachgeschoss und wiegt das Baby Henriette auf dem Schoß hin und her, hin und her, hin und her. Während links von ihr Großmutter wahrscheinlich trös-tend auf sie einspricht. Helen und ich komplettieren die Runde. Stumm, nebeneinander auf unseren Holzstühlen sitzend.

Alle tragen feuchte Mundtücher, »damit die Lungen bei möglichen Druckwellen nicht zerplatzen«, auch so eine auf mich beklemmend wir-kende Anweisung Herrn Ballians, die wir nun befolgen. Ich will und kann mir einen Menschen mit geplatzter Lunge gar nicht vorstellen! »Man ist dann tot«, flüstert Helen. Vor allem sorgt sich meine Schwester in dem von der Eisentür abgeschotteten Kellerraum um einen möglichen Fluchtweg. »Werden wir hier wieder rauskommen?«, murmelt Helen zweifelnd. Die Mutter der Zwillinge reagiert darauf und verspricht, uns beide wieder heil hinauszubringen. »Auch wenn es ernst wird!«, sagt sie. Aber ich vertraue meinem Papa Paul, er ist wachsam und wird uns beschützen.

Dann aber steht Furcht und Schrecken in allen Gesichtern, als die Geschwaderblöcke direkt über uns kreisen, mit an- und abschwellendem Getöse. Dazwischen höre ich die polternden Schritte eines Riesen. Herr Ballian bewertet die Luftschwingungen und Geräusche sachlich. Ein schauerlich schrilles Orgeln, durchdringende Töne, Bersten und Krachen ist zu hören. »Gleich geht's vorbei!«, sagt er. Ich spüre seine eigene, angstverzerrte Hoffnung. Der Luftschutzbeauftragte schlottert selbst!

Einen schrillen Heulton, nachfolgendes Brausen, einen stillen Moment und den dann folgenden Aufprall, der das Fundament unseres Hauses zittern lässt, kommentiert Herr Ballian: »Es hat eingeschlagen. Irgendwo. Aber nicht in unserem Viertel.«

Gleich darauf urteilt er anders. Ein scharfer Pfeifton wird von einem fauchenden Missklang und einem grausigen Rauschen begleitet. Es kracht fast gleichzeitig. »Das ging direkt neben uns nieder«, sagt er tonlos. Frau Fischer, die vornehme Dame aus dem Obergeschoss, heult schrill auf. Mama beugt sich noch tiefer über das stille Baby Henriette, sodass ich ihr Gesicht nicht mehr sehen kann. Ihr schreckverzerrtes Gesicht. Großmutter sitzt aufrecht und bestürzt daneben. Stumm.

Jetzt folgen eine Explosion und eine Detonation der anderen. Pausenlos. Druckwellen erschüttern unser Haus in seinen Grundfesten. Die Wände scheinen sich zu bewegen. Kalk rieselt herab, vernebelt die Luft. Helen befürchtet beständig, dass die Decke über uns einbricht, auf uns niederschlägt. Sie sagt eigentlich nichts, gibt keinen Pieps mehr von sich, aber ich folge ihrem fortwährendem Blick hinauf zur rissigen Kellerdecke.

Herr Ballian bleibt jetzt still. Ein ohrenbetäubender Aufprall hat ihn plötzlich verstummen lassen. Alle ducken sich, zucken zusammen. Unsere zusammengekauerten Gestalten sind die gebündelte Hilflosigkeit. Ich sitze längst nicht mehr auf meinem Holzstuhl, sondern auf dem Boden, der unter uns schwankt. Das Atmen fällt schwerer, auch unter dem Mundtuch. Und unsere Angst kann man riechen.

Da öffnet Papa Paul die schwere Tür, nur für Sekunden. Stabbrandbomben haben unser Hausdach durchschlagen und müssen nun in Windeseile, noch bevor sie sich entzünden können, entfernt werden. Er benötigt eine helfende Hand. Keiner der anwesenden Männer, aber die Mutter der Zwillinge geht mit ihm.

Jahrzehnte später habe ich mich über diese Stabbrandbomben kundig gemacht und erfahren, dass es sich dabei um einen schmalen, 55 cm langen Stab mit einer Elektrohülle, einer Legierung aus Magnesium und Zink handelte. Die Stabbrandbombe hatte ein sechseckiges Profil. Die

Stäbe trennten sich aus einem Bündel nach dem Abwurf leicht voneinander, gewannen durch den schlanken Querschnitt hohe Geschwindigkeit und Durchschlagskraft, folgten jedoch keiner gezielten Bahn, sondern trudelten. Ein einfacher Schlagbolzenzünder setzte über Zündhütchen, Zündpapier, Anfeuerungssatz und Anfeuerungspillen, also 17 Thermitpillen, den Brand. Eine Stichflamme schoss hervor, der Elektrokörper zerschmolz zur weiß glühenden Masse.

Im Freien bewirkte der Vorgang kaum etwas. Verband er sich aber mit brennenden Stoffen des Hauses, etwa dem Dachgebälk, kamen kilometerweite Feuersbrünste zustande. Wissenschaftler und Techniker hatten die Brandbombe ersonnen. Militärs erprobten sie. Mit den Jahren wurde sie ausgeklügelter, raffinierter. Vor ihrem Einsatz berechneten Experten potenzielle Todesquoten (vgl. ebd., S. 27).

Mein Vater, als Spezialist der Technischen Nothilfe (TENO) für Katastropheneinsätze besonders geschult, erfasste offenbar den Moment, als die Stäbe durch die Scheinwerferfinger auf uns niedersausten. Er wusste, was zu tun war, kannte sich mit der perfiden Erfindung, mit Waffen für einen Brandangriff, den Massenvernichtungswaffen, aus und verhinderte damals, dass unser Wohnhaus in Flammen aufging, während sich ringsum, vor allem in der Dresdner Innenstadt, bereits eine Feuersbrunst entwickelte. An das Eingreifen meines Vaters erinnerten sich unsere Mitbewohner später oft.

Wir heben die Köpfe, als das Brummen der englischen Bomber Group Nr. 5 abnimmt und schließlich verhallt. »Sie haben abgedreht«, sagt Herr Ballian. Eine Sirene ist zu hören, aber nur fern, gedämpft. Sie signalisiert mit langgezogenem Schall »Entwarnung«. Viele Sirenen der Innenstadt geben keinen Ton mehr von sich, sie wurden beim Bombenangriff auf Dresden zerstört.

Noch kennen die Kellerinsassen unseres Hauses die Schreckensszenarien nicht, die sich in der Stadt ereignen. Ein kleiner Spähtrupp, angeführt von Papa Paul, macht sich auf den Weg, um vorerst den Zustand unseres eigenen, etwas abseits der geschlossenen Stadtbebauung gelegenen Wohngebäudes zu erkunden und vielleicht auch, um einen vorsichtigen Blick nach draußen zu wagen. Wir anderen bleiben weisungsgemäß im Ungewissen zurück.

Exakte Angaben über diese erste Angriffswelle der britischen Luft-

waffe auf Dresden sind inzwischen bekannt. Ein Bombengeschwader
– 877 Bombenkolosse vom Typ Lancaster und Mosquito, einzeln für
sich mit jeweils 25 Tonnen Stabbrandbomben und Phosphorkanistern,
Luftminen, Spreng- und Brandbomben schwer beladen – hatte aus be-
rechneter Position in genau vorbestimmter Reihenfolge ihre Lasten auf
Dresden fallen lassen. Der beabsichtigte Feuersturm wütete.[12] Haushohe
Flammen umzingelten Menschen, versperrten ihnen die Fluchtwege. Sie
verbrannten oder erstickten in ihren Kellern, wurden Opfer des Hit-
zesogs, eines höllischen Feuersturms. Oder wurden von einstürzenden
Gemäuern erschlagen. Es gab in dieser Stunde so viele Todesarten, zu
viele. Zehntausende Menschen suchten dem Höllenschlund zu entrinnen,
irrten im kalten Wind. Oft nur notdürftig bekleidet, entkamen sie dem
lichterloh brennenden Zentrum der Altstadt, rannten um ihr Leben zum
Elbufer oder zur neustädtischen Seite des Flusses. Ein Teil der Vorwärtshastenden wandte sich in südwestliche Richtung, zum Großen Garten,
also in unsere Richtung. Mit dem Mut der Verzweiflung schleppten sie
sich durch Qualm und Funkenflug.

Unsere Tür mit den Großbuchstaben LSR wird plötzlich aufgestoßen.
Menschen drängen herein. Jammerfiguren in zerrissenen, angekohlten,
verbrannten, zerfetzten Kleidern. Mit verrußten Gesichtern. Eine un-
wirkliche, konfuse Geistergesellschaft ist das. Man kann die Gestalten
kaum auseinanderhalten.

Mama, Großmutter und andere Hausbewohner kümmern sich. Versuchen hilfreich zu sein. Sie wollen herausfinden, was passierte.

Eine Frau kauert neben den Sandsäcken und Feuerpatschen. Sie bringt
kein verständliches Wort hervor und presst ein Gepäckstück an sich. Viele
Jahre später erfuhr ich, dass sie damals ihr Kind vermisste und dessen
Kleidung in der Tasche trug. Sie fand ihren Sohn über den Suchdienst
des Deutschen Roten Kreuzes (DRK) wieder.

Nicht weit von ihr entfernt sehe ich zwei ältere Frauen. Eine liegt
mehr, als sie sitzt, ihr Atem fliegt. Die andere hockt auf ihrem Rucksack
und fleht zum Herrgott. Vielleicht dankt sie ihm auch, dass er sie am
Leben ließ?

Die Stimme unserer Hauswartsfrau schrillt plötzlich: »Hans, Hans,
mein Hans!«, ruft sie. Nur immer den Namen »Haaans!« Wir kennen
Hans Ballian, den Sohn der Hauswartsleute und jüngeren Bruder des

gefallenen Roland. Den schlanken Hitlerjungen in Uniform. Großmutter nannte ihn »naseweis« oder »neunmalklug«, einen »kleinen Angeber«. Ich hatte Hans einmal schick gefunden, als er auf unserer Straße mit einem Spielmannszug vorbeimarschierend eine schwarz-weiß geflammte Landsknechtstrommel schlug. Aber das muss in einer anderen Welt und vor ewigen Zeiten gewesen sein. Jedenfalls kommt es mir nun so vor. Jetzt sieht er den anderen Ankömmlingen zum Verwechseln ähnlich und spricht kein Wort.

Papa Paul ist mit seinen Begleitern vom Rundgang zurück. Wir hören den kurzen Lagebericht. Obwohl die Hausbewohner noch während des Alarmsignals vorsorglich – wie es die Luftschutzordnung vorsah – die Verdunklungsrollos hochgezogen und die Fenster leicht geöffnet hatten, damit das Glas bei hohem Druck nicht zerschelle, sind nun doch alle Scheiben zu Bruch gegangen. Teils sind die Fenster mit den Rahmen zerborsten. Überall liegen Glassplitter und Schutt. Das Mauerwerk hat gelitten, das Dach liegt bloß. Die Schäden sind aber zu beheben. Plötzlich – noch bevor ein Einsatzplan der Hausbewohner auch nur angedacht werden kann – gellen schon wieder Sirenen. Alarm! Alarm! Ein auf- und abschwellender Vollalarm! In allen Gesichtern steht blankes Entsetzen.

Heute weiß ich, dass der doppelte Luftangriff zum Einsatzplan des Geschwaders gehörte, dass ein Ergebnis der Aktion *Donnerschlag* im Voraus kalkuliert war und nur so erzielt wurde. Drei Stunden nach dem Erstschlag folgte also, wie vorgesehen, ein zweiter.[13]

Die Taktik des Doppelschlages hatten die Engländer zuvor mehrfach »erfolgreich« erprobt, in Duisburg, in Köln, in Saarbrücken. »Er verdoppelt nicht, er vervielfacht die Vernichtung«, schreibt Friedrich, weil der Doppelschlag »in eine Situation des arglosen Aufatmens hineinschlägt. Neunzig Minuten nach Entwarnung, die Dresdner hatten gerade Zeit, sich in den Großen Garten und auf die Elbwiesen zu schleppen, heulte erneut Alarm, doch nur in den Vororten, die Anlagen in der Innenstadt arbeiteten nicht mehr. Mit solchen Defekten rechnet der ›double blow‹, damit steigert er die Menschenverluste« (ebd., S. 358).

Wohl auch damit, dass die voll beladenen 529 Lancaster-Bomber der Nr. 1, Nr. 3 und Nr. 8 der Royal Air Force sowie der Nr. 6 Group der kanadischen Luftwaffe mit 1500 Tonnen Sprengbomben, die über Dresden niederprasselten, der Feuersbrunst zusätzlich Raum und Luftzufuhr verschafften, und sich 1200 Tonnen Stabbrandbomben, das waren 650.000 der gebündelten Bomben, als Brandbeschleuniger erwiesen. Sie gingen auf ein dicht bebautes Stadtgebiet von etwa 15 Quadratkilometern nieder.

Wir zittern beim Heulton der Sirene. Schlottern. Und genau in diesem Moment entdecke ich sie. Meine Schulfreundin Annedora. Sie muss gerade hereingekommen sein. Annedora, ein kleines Häufchen Unglück. Fast hätte ich sie nicht erkannt. Sie bewegt sich nicht wie sonst geschmeidig und temperamentvoll, sondern scheint starr in sich zu versinken, reagiert nicht auf mich. Ihre langen, braunen Zöpfe hat das Feuer angesengt, sie sind verstrubbelt und riechen scheußlich. Das Gesicht ist verschmiert, der Mantel zerfetzt. Sie wimmert leise, spricht nicht. Meine Mama bindet Annedora ein Tuch um den Hals und legt die offenbar schmerzenden Arme hinein. Beide Unterarme meiner Freundin scheinen gebrochen zu sein. Außerdem hat sie eine große Brandblase auf der Hand.

Der Mann neben ihr hat sie, kurz bevor ein Feuer den Kellerausgang ihres Hauses verriegelte und der Schutzraum zur Hinrichtungsstätte wurde, gepackt und herausgezogen. Annedoras Mutter liegt unter einem heruntergekrachten Balken verschüttet. Hilfe kam zu spät.

Da dröhnt es auch schon wieder. So laut wie nie zuvor! Wieder folgt Schlag auf Schlag! Ein Krachen und Bersten, Fauchen, seltsames Rauschen, Pfeifen und Peitschen. Einige Leute im Keller schätzen die Entfernung und Nähe der Einschläge mit den Geräuschen und den Druckwellen, die das Fundament unseres Hauses wackeln lassen. Darin hat Herr Ballian jetzt Verstärkung.

Staub und Mörtel verpesten die Luft. Mund und Nase sind trocken. Das Atmen in unserem überfüllten Raum, dem LSR, fällt schwer. Aber ich kann mich nicht durchringen, mein Mundtuch in die stinkende Brühe, die man Löschwasser nennt, einzutauchen, wie es Großmutter mit dem ihren tut.

Nicht nur die alte Frau in der Ecke betet zu Gott. Manche kreischen laut. Andere Schreie bleiben stumm in der Kehle stecken.

Friedrich beschreibt die allgemeine Lage nach dem *Donnerschlag* mit der ihm eigenen sachlichen Kürze: »Als die zweite Angriffswelle um 1.16 Uhr eintraf, fand sie, wie zu erwarten, keine Bodensicht mehr vor. Der Feuersturm jagte eine Kilometer hohe Rauchwolke in die Atmosphäre. Als Zielpunkt war dennoch der Altmarkt angegeben, der inmitten des Fächers lag. Das entspricht dem Sinn des Doppelschlages, der ausknockt. Attacke eins jagt Leute in den Schutz, Attacke zwei packt die den Schutz erlöst Verlassenden. Die Schutzwirkung von Kellern ist nach zwei Stunden verbraucht. Anschließend, unter einem brennenden Stadtviertel, konserviert das Tiefgeschoß kein Leben mehr. Wer sich vom Zweitschlag das zweite Mal in den Keller jagen lässt, kommt kaum wieder heraus. Die sich im Freien verbergen, scheitern, so wie die Flüchtlinge im Dresdner Großen Garten. Seiner Logik nach ist das Verfahren auf Massenvernichtung angelegt.

Als der Masterbomber die Lage im Fächer unter sich sah, hielt er es für ausreichend tödlich und ließ seitlich vom Viertelkreis markieren, so dass er weiter aufschlug. Nach links über die Elbe, die das Feuer nicht überspringen konnte, in die Neustadt hinein, nach rechts zum Hauptbahnhof und in den Großen Garten« (ebd.).

Irgendwann herrscht plötzlich Stille. Keine Bombengeschwader sind mehr in der Luft. Wir erwarten ein Entwarnungssignal. Nichts. Die Sirenen bleiben stumm. Keine Meldung kommt mehr über den Äther. »Das Funkhaus ist zerbombt, die Sender nicht mehr aktiv«, sagt irgendwer. Ohnehin sind die Stromleitungen defekt. Es gibt kein Licht.

Aber wir streben aus dem dunklen, stickigen Verlies hinaus. Schon wieder prasselt eine Wolke Kalkstaub auf uns nieder. Die Augen brennen. Noch vor Sekunden waren wir eine Kellernotgemeinschaft, jetzt drängelt und schiebt jeder für sich nach draußen. Eine Handlampe blitzt kurz auf. Dann ist alles wieder dunkel.

Fast spüre ich den festen Griff an meinem Arm und den im Genick noch heute, mit denen mich Papa Paul in der Finsternis plötzlich packt und nach draußen bugsiert. »So, hier bleibst du!«, sagt er. »Rühre dich nicht vom Fleck!« Dann läuft er wieder zum Haus.

Ich traue meinen Augen nicht! Die Welt hat sich verändert. In nicht allzu weiter Entfernung sehe ich die Gestalt eines Feuer speienden Drachens. Glühende Untiere spucken Funken. Rings umher erscheinen mir tanzende Feuerhexen und schwarze Teufel, dort ein gespenstisches Gerippe!

»Das Haus vom Bäcker ist das!«, sagt Helen und weist genau in diese Richtung. Sie steht nun neben mir. Hitze schlägt uns entgegen. Jetzt

schauen wir uns gemeinsam um, spähen nach vertrauten Zeichen. Die
drei Pappeln am Haus speien plötzlich Feuer und Qualm. Der Spiel-
platz hinter unserem Haus ist ein tiefes Loch. »Ein Blindgänger hat es
gerissen«, erklärt Mama später und verbietet uns, wie zuvor Papa Paul,
auch nur einen Schritt zu gehen. »Überall lauern Gefahren. Spätzünder
können explodieren«, sagt sie. Sie stellt den Kinderwagen mit der kleinen
Henriette neben uns. Wir »Großen« sollen auf das Baby achten, während
sie sich mit Papa Paul, der Großmutter und anderen Hausbewohnern
etwas abseits berät. Henriette schläft nicht, verhält sich merkwürdig still,
schaut uns aus einem starr wirkenden Puppengesicht an. Aber wir beide
sind froh, dass die kleine Schwester nicht wie sonst quirlig herumstram-
pelt oder gar schreit.

Aber wo ist eigentlich meine Freundin Annedora? Ich stehe wie an-
gewurzelt auf meinem Platz und schaue, soweit es überhaupt in dieser
überall flammenden und von beißendem Qualm erfüllten Welt möglich
ist, ins Weite. Vergeblich versuche ich mich zu orientieren. Wo stehen bekannte Gebäude, eine Litfaßsäule, Straßenschilder, an denen wir Mädchen
auf dem gemeinsamen Weg zur Schule so oft miteinander schwatzend
vorbeigelaufen sind? Das vornehme Eckhaus, an dem wir zum Park hin
abbogen, wird gerade von einem Flammenmeer zerfressen. Es lodert
aus geborstenen Türen und Fensteröffnungen und kracht mit Getöse in
sich zusammen. Rußflocken wirbeln herüber, Rauchschwaden. Die Welt
zerfällt ringsum. Aber irgendwo muss doch Annedora sein! Eben war sie
noch in unserem LSR und plötzlich ist sie nicht mehr da? Ich will nach
ihr schreien! Sie warnen vor den Ungeheuern, die Häuser aushöhlen und
verschlingen! Laut brüllen möchte ich, die lodernden und ächzenden
Scheusale ringsum übertönen! Aber ich bin stumm und gelähmt. Meine
Kehle schmerzt, schnürt sich zusammen. Kein Mensch vernimmt meinen
Ruf »Annedora!«, denn es ist ein stummer, hilfloser Schrei und niemand
kann ihn hören.

Später habe ich mich wieder und wieder gefragt, wohin sich meine
Freundin ohne jedes Abschiedswort wendete, wer sich ihrer annahm.
Ob ich ihr hätte besser beistehen müssen und wie? Schuldgefühle quälten
mich lange, lange, lange.

Jahrzehnte später folgte ich ihrer Spur, wälzte Akten im Archiv und
fand schließlich in der Einwohnermeldestatistik Dresdens den amtlichen

Vermerk. Annedora ist wie ihre Mutter als Todesopfer des Bomben-angriffs auf Dresden registriert. Ihr Grab konnte ich nicht finden. Bis heute fällt es mir schwer, darüber zu sprechen und ihre Geschichte zu akzeptieren.

Historiker und Statistiker haben eine faktenreiche Darstellung des nächtlichen Bombenangriffs auf Dresden versucht, bei dem etwa 7.000 Soldaten in mehr als 1.000 Bombern innerhalb von 14 Stunden die In-nenstadt und ihre Bewohner exekutierten. Sie führen zusammen mit Wissenschaftlern anderer Fachrichtungen aus interdisziplinärer Sicht seit Langem ihre Dispute über politische Motivationen und Zielobjekte der Briten und Amerikaner für diesen Luftangriff so kurz vor Kriegsende, vermuten oder belegen in ihren Darstellungen militärische und ethische Aspekte und deren Verhältnis zueinander.[14] Diskutiert wird dabei, ob solche Flächenbombardements militärisch notwendig und zweckmäßig waren, ob sie ethisch als Verbrechen, rechtlich als Kriegsverbrechen zu werten sind. Sie gelangen zu widersprüchlichen Aussagen. Unklar bleibt die für den Einsatz der Bombengeschwader über Dresden im Voraus kalkulierte Zahl der Menschenopfer und widersprüchlich sind alle Todesstatistiken[15].

Zumindest scheint man darüber einig zu sein, dass bis zum Abwurf der Atombombe nie zuvor in wenigen Stunden so viele Menschen getötet, so viele Häuser und Straßen dem Erdboden gleichgemacht, Kulturstätten ausgelöscht worden sind und nie die Ohnmacht Überlebender eines Infernos größer war …

Auf dem Dresdner Heidefriedhof erinnert eine Gedenktafel:

> »Wieviele starben? Wer kennt die Zahl?
> An Deinen Wunden sieht man die Qual
> der Namenlosen, die hier verbrannt,
> im Höllenfeuer aus Menschenhand.«

Ohnehin mag ich mich nicht an einer Diskussion zur Mathematik des Todes beteiligen, bei der die Anzahl der Todesopfer heruntergemogelt oder aufgebauscht wird und es oft nur um eine stimmige und ins politisch gewünschte Bild passende Statistik gehen könnte. Ich befürchte, wie Günter Grass am 6. Januar 2009 in der sächsischen Presse, dass in dem besonders hartnäckig geführten Widerstreit um eine Statistik der Toten jener Dresdner Bombennacht Erinnerungen an die Ereignisse »unter Gerede begraben [...] werden«.

Zeitzeugen, die wie ich als Kind den Untergang der Barockstadt Dresden in eine Wüstenei von Ruinen überlebten, tragen ihre Geschichten ohnehin jenseits der Geschichtsbücher in sich.

Wer weint denn schon um Annedora?

Das Gesicht

Ungetüme kreisen am Himmel, schwenken ein. Sie senken ihre Nasen, steuern aus der Luft im Sturzflug erdwärts. Rings um sie blitzt und kracht es. Dann steigen sie wieder höher und höher, nur um schon wenige Minuten später erneut zum Tiefflug über das aufgewühlte Erdreich anzusetzen. Sie pendeln ein, formieren sich kreisend über dem Fluss und dem Elbufer. Die riesigen Kolosse lärmen. Auch wenn man sich taub stellt, hört man ihren Höllenlärm. So wie die Angst – die im Gedärm sitzt, Gänsehaut erzeugt und die Zähne klappern lässt – einfach bleibt. Ob man will oder nicht.

Auf den winterlichen Elbauen fliehen Gestalten wie Schatten dahin. Sie ähneln einer aufgescheuchten Geistergesellschaft. Aber diese vorwärtshastenden, mit verdreckten, zerrissenen Fetzen bekleideten oder auch halbnackten, mitunter in Decken gehüllten Wesen sind Menschen! Wehklagende, herzzerreißend schreiende, rufende oder auch verstummte Männer, Frauen, Kinder. Greise sind darunter, Kleinkinder, Babys. Sie waren aus ihren Kellern gekrochen, über heißen Asphalt vorwärtsgehastet, vorbei an einstürzenden Trümmern bis an das von Bomben durchwühlte Elbufer. Überall steckten im Erdreich leere eckige Hülsen von Stabbrandbomben, die auch hier in der Nacht niedergesaust waren. Nun hofften die Menschen, dem Inferno entkommen zu sein und gerieten geschockt erneut in tödliche Gefahr – wurden zum Ziel der Tiefflieger.

In diesem Augenblick schnellen diese fliegenden Ungetüme über die Köpfe der Gehetzten. In der Kriegsterminologie heißen sie Jagdbomber

(Jabos). Sie tragen die Hoheitszeichen ihrer jeweiligen Auftraggeber. Dieses Mal einen weißen Stern auf blau-grünem Grund: Amerikanische Geschwader verfinstern das bedeckte Firmament über Dresden.

Das Kind schaut hinauf. Nur eine Sekunde lang – und erkennt ein Gesicht! Begegnet den Augen in diesem Gesicht, umhüllt von einer Lederkappe! Unvergessen wird das bleiben. Das Gesicht wird da sein, wenn das Kind später zu Friedenszeiten in das ruhige Himmelszelt zu schauen versucht, um Schäfchenwolken zu zählen. Oder des Nachts in ein blinkendes Sternengefunkel. Besonders dann, wenn sich der Horizont rot färbt, wird es da sein, im Morgenrot. Dieses Gesicht wird grinsen. Wie an jenem Tag, als Feuer vom Himmel fiel und der Feind nicht mehr nur unsichtbar in einem Bombengeschwader agierte, sondern augenscheinlich wurde, eine Gestalt annahm und eben ein Antlitz hatte.

Ich glaube wie andere Zeitzeugen sicher zu sein, dass sich dieses Tieffliegererlebnis an jenem 14. Februar 1945 zutrug, als die amerikanische 8. Air Force mit 311 bis 316 B-17 Bombern und 200 Begleitjägern um 12.17 Uhr die dritte Angriffswelle über Dresden startete und nun bei Tageslicht dreizehn lange Minuten den Feuertod vom Himmel schickte. Als sich an jenem Aschermittwoch erneut Bombenschächte über den verzweifelten Menschen öffneten und nach Zielradar 475 Tonnen Sprengbomben und etwa 295,5 Tonnen Stabbrandbomben auf die zerschundene Stadt niedergingen. Zwischen das vollbauchige, blubbernd-tiefe Brummen der Bombenkolosse hatten sich die hochtourigen, röhrenden Motorengeräusche der Jagdbomber, das Bellen und Knacken ihrer Bordwaffen gemischt und dieses steppende, »pitschende« Geräusch der Schüsse im Sand.

Eine Historikerkommission hat nach Auswertung von Archivdokumenten derartige Zeitzeugenberichte und die in Übereinstimmung damit erbrachten Geschichtsdarstellungen von den im Sturzflug ihre »Gelegenheitsziele« anpeilenden Jagdgruppen und einen Bordbeschuss nicht bestätigt. Verschiedentlich räumen Autoren in ihren Darstellungen des Geschehens ein, dass sich ein Angriff amerikanischer Tiefflieger auf die hilflos am Elbestrand kampierenden Menschen nicht am 14., sondern am 15. Februar oder in späteren Tagen dieses Monats 1945 ereignet haben könnte (Dörr 2007, Bd. 1, S. 16); an anderer Stelle heißt es lediglich, dass sich Luftkämpfe in Bodennähe zutrugen, bei denen es »ganz natürlich und psychologisch verständlich [sei], dass Menschen im Freien Maschinengewehrsalven als auf sich abgefeuert erleben« (Bergander 2006, S. 209). Trotz alledem erinnere ich mich heute der späteren Schilderungen meiner Großmutter und meiner eigenen kindlichen Wahrnehmung.[16]

Meine Eltern waren angesichts unseres bombengeschädigten Wohnhauses zu dem Schluss gelangt, dass ein weiterer Verbleib der Familie darin eine unberechenbare Gefahr bedeute, also nicht zu verantworten sei. Zumindest sollte die Statik des Gebäudes sachkundig geprüft werden, um eine Einsturzgefahr ausschließen zu können. Zudem erforderten die Schäden überlebensnotwendige Reparaturen, erste Sofortmaßnahmen.

Die Bombennacht wechselte längst in den Tag, als wir der brennenden Stadt zu entkommen suchten, um Zuflucht in der großmütterlichen Radebeuler Villa zu finden. Allerdings ohne Papa Paul, das männliche Familienoberhaupt, dabei zu haben.

Mein Vater gehörte zu diesem Zeitpunkt, wie ich später erfuhr, als Angehöriger der Wehrmacht und Spezialist der TENO zu einem Rettungstrupp, der aus einem Lazarett verwundete Soldaten aus den Flammen zu bergen suchte. Ob er damit einer militärischen Weisung gehorchte, kann ich nicht einschätzen. Ich lauschte später einem oft mit unterschiedlichsten Details wiederholtem Bericht des damals leitenden Arztes jenes Dresdner Feldlazarettes, Dr. Behling. Danach war auf dem weißen Dach des Lazaretts mit dem Roten Kreuz während des Angriffs ein Kanister mit leicht entzündbarem Inhalt geplatzt und hatte in Verbindung mit niedertrudelnden Stabbrandbomben eine Feuerhölle verursacht. Stundenlang versuchten Rettungsleute, Kranke und Verwundete dem Flammentod zu entreißen. Das gelang teilweise. Einige Menschen verdankten meinem Papa Paul das Überleben. Mit diesem Wissen blieb der Mediziner alle Zeit ein verlässlicher Freund und Arzt unserer Familie, bis er im hohen Alter starb.

Während also mein Papa Paul ein Retter in höchster Not war, zogen wir, die Restfamilie, auf sein Geheiß los, um der noch immer lodernden, qualmenden und den Atem beklemmenden Stadt nach Radebeul zu entkommen. Meine Eltern rechneten vermutlich unmittelbar nach der Höllennacht mit keinen weiteren Luftangriffen auf das zerstörte, todgeweihte Dresden oder auf die um ihr Überleben ringenden Menschen. Voran hastete die Mama, im Arm das Baby Henriette. Der Versuch, mit dem Kinderwagen durchzukommen, war nach kurzer Wegstrecke bereits gescheitert. Großmutter folgte mit uns beiden Mädchen, Helen und mir.

Links und rechts sehe ich flammende Alleebäume, die glühende Zweige abwerfen. Sie bilden eine blubbernde und knisternde Fackelstafette. Ein gestrichenes Holztor wirft in der Hitze Blasen und stinkt ekelerregend. Aber wir müssen da durch! Hinter uns kracht es dann zusammen. Über der Straße entrollt sich ein Flammenteppich. Nein! Dort gehen wir nicht weiter! Aber durch die Gasse, durch Höfe, über Trümmer und Geröll. Und über offene Schlünde, denen wir entrinnen müssen. Eine Feuerwand versperrt plötzlich den Weg. Glimmende Teilchen wirbeln umher. Beidseitig des Weges schlagen Flammen aus Fensteröffnungen und vereinen sich in der Mitte. Ein zischender Rachen tut sich auf. Wir wenden uns zur Seite. Qualm ätzt in der Brust. Die Haut brennt, die Augen tränen. Ein Brodem verursacht Übelkeit. In dieser Welt will ich nicht sein! Ich ziehe mein Tuch über Mund und Nase, bis zu den zusammengekniffenen Augen. Und stolpere doch irgendwie vorwärts. Weiter, weiter, immer weiter …

Es sind Momentaufnahmen, einzelne Sequenzen, die in meinem Gedächtnis von unserem Weg zum Elbufer haftengeblieben sind. Ich kann aus eigener Sicht zu dieser – wie die Großmutter später sagt – »einzigen Herausforderung an unser von Gott gelenktes Schicksal« nichts weiter beitragen.

Mit angehaltenem Atem hörte ich aber Wochen und Monate später Großmutters und Mamas Schilderungen von dem orkanartig tobenden Feuersturm, dem wir auswichen. Drastisch beschrieben beide dieses von Menschenhand geschaffene »Ungeheuer«. Gemeint war ein künstlicher Tornado, der Lebewesen, verkohlte und zertrümmerte Teile von Gebäuden, Bäume, alle denkbaren Überreste der Stadt erfasste, hoch hinauf schleuderte, herumwirbelte, forttrug. Von lodernden Flammen war in ihrem Bericht die Rede, die in der Innenstadt über 1000 Grad Celsius Hitze erzeugten und den Menschen dort keine Überlebenschance ließen. Andere waren dem Höllenbrand entwichen, als lechzendes Feuer bereits an ihren Kleidern züngelte. Die Fliehenden hatten oft lichterloh gebrannt und schreiend Beistand erfleht. Aber Löschversuche scheiterten. Zuwendungen waren zu hilflosen Gesten verkommen. Davon sprachen Großmutter und Mama auch. Und von den vielen Toten an unserem Weg, von verkohlten und entstellten Leichen.

Ich konnte auch nicht, wie die Großmutter, den Brodem einer Dunstglocke über Dresden in seiner Substanz erklären, dieses Gemisch aus verkohltem Holz der Dachstühle und Stützbalken, fauligem Gasgestank, abglühendem Mauerwerk, verschmorten Leitungen, verglimmenden Gegenständen aller Art und vor allem von verbranntem Fleisch der Menschen und weiterem organischem Leben.

Und ich weiß auch jene Minute nicht aus eigener Erinnerung zu beschreiben, von der mir die Großmutter nur ein einziges Mal, kurz vor ihrem Tod, sprach: Sie erinnerte sich eines Augenblicks, in dem »uns der Herrgott verschonte, und die Bombe erst explodieren ließ, als wir miteinander dieses aufgewühlte Stück Erde schon hinter uns gelassen hatten. Damals. Als uns die momentane Gnade des Überlebens erwiesen wurde.« Auf dem Weg zum Fluss.

Denn irgendwann waren wir am Elbufer angekommen und hasteten nun weiter der nordöstlichen Stadtgrenze Dresdens Richtung Radebeul entgegen. Eisig wehte der Wind übers Wasser. Dazu nieselte es. Rauchige Schwaden schoben sich vor die winzig klein erscheinende Wintersonne und tauchten alles ringsum in ein eigenartig gelbbraun vermischtes Lila. In ein irreales Licht. Die lodernden Flammen der brennenden Innenstadt reflektierte im weiten Umkreis der Horizont.

Urplötzlich verfinstert sich der Himmel. Es dröhnt und röhrt über uns. Diese spitznasigen Ungetüme stürzen hervor. Sie sind schneller als die dickleibigen Bomber, kreisen tiefer und tiefer über uns. Und genau in diesem Augenblick treffen sich unsere Augen. Der Bordschütze, vom Jagdfieber gepackt, schaut auf mich, das Kind. Seine Treibjagd verspricht Erfolg. Das Gesicht da oben grinst im Mordeifer. So scheint es mir. Ein eisiger Schreck durchzuckt mich. Ich erstarre. Meine Hand verkrallt sich in ein Hosenbein. Ich klammere mich angstvoll an den Mann, der plötzlich neben mir steht. Ich spüre seinen festen Griff im Nacken. Ein Ruck und schon liegen wir beide am Boden. Der Fremde über mir. Ich schmecke Sand des Elbufers im Mund. Jetzt reißt er mich hoch und im schnellen Lauf vorwärts, um sich dann gleich darauf wieder mit mir auf den Boden zu werfen. Das wiederholt sich mehrmals.

Es ist nicht schwer für die Crew des Tieffliegers, die anvisierten Menschenziele in dem offenen Gelände anzupeilen. Das Schussfeld ist übersichtlich. Die Beute reichlich vorhanden. Das Mündungsfeuer des

Geschützes ist rot. Wie das Blut der Frau neben uns, das im nasskalten Erdreich des Flussufers versickert. Mein Schrei verhallt im Tumult.

Wieder knacken Schüsse neben uns. Knack, knack, knack. Hintereinander ziehen sie eine Spur im Sand. Hat der Schütze sein Ziel verfehlt? Oder wollte er gnädig gestimmt das Kind am Leben lassen? Hatte diese Entscheidung in einem winzigen Moment im Ermessen des Bordschützen gelegen? Oder war der Pilot, befriedigt über das infernalische Bild der wüsten Stadt, abgedreht, hatte seine Maschine herumgerissen, noch bevor das tödliche Geschoss des Bordschützen treffen konnte? Schien ihm das mörderische Tagessoll des Geschwaders bereits erfüllt? Waren die Magazine leer?

Noch immer drückt mich der schwere Männerkörper in die sandige Erde. Meine Hand hat sich an ihm festgekrallt. An dem Knopf seiner Uniformjacke. Der Fremde ist plötzlich nicht mehr fremd, denn es ist bestimmt mein Papa Paul, der mich mit seinem ganzen Habitus umfängt, an sich drückt, mich für die Augen des Jägers unsichtbar werden lässt. Ich glaube das.

Der Jagdbomber zieht in die Höhe, wird leiser. Dann ist das röhrende Motorengeräusch verklungen. Knackende Schüsse sind nicht mehr zu hören. Endlich wechseln wir in eine geduckte Haltung, verharren aber erneut. Noch trauen wir der plötzlichen Stille nicht. Wir lauschen, ob die fliegenden Ungetüme zurückkommen. Erst nach einer Weile blinzele ich vorsichtig, öffne die Augen und erblicke verdutzt den mir bisher unbekannten Landser in Uniform. Es ist nicht mein Papa Paul. Ein fremder Soldat ist es!

Auch meine Familie ist nicht zu sehen. Ich bin allein! Allein! Allein, zwischen blutenden Leibern, Toten und den Überlebenden. Zwischen Verzweifelten und Verwirrten. Ein Gefühl des Auf-mich-selbst-gestellt-Seins durchzuckt mich von Kopf bis Fuß, lässt alle meine Glieder schlottern. Es hält mich in Bann.

Wie lange ich damals vergeblich am Elbufer umherirrte und meine Familie suchte? Mir meine Mama, meine Schwestern, die Großmutter herbeiwünschte? Ich pendelte dahin und dorthin, nach links und nach rechts. Schaute hinter das kleine Stromhäuschen, zwischen welkes Gebüsch, und hoffte, sie abseits vom Elbufer in einer Gruppe zu finden. Hatte dieses Mädchen dort nicht die dicken blonden Zöpfe meiner

Schwester Helen? Rief die Großmutter eben nach mir? Woher klang diese Stimme? Gehörte das klägliche Schreien des Babys zu dem kleinen Bündel in Mamas Arm?

Irgendwann packte mich »mein Soldat«, der doch fast mein Papa Paul war, hob mich huckepack auf seine Schultern und zog mit mir zu Fuß los. Es schuckelte und ruckelte, wie vor langer Zeit auf Papa Pauls Rücken, als wir in Großmutters Garten ausgelassen gespielt hatten. Vor langer Zeit.

Ich erwache auf einem Lastkraftwagen voller Menschen hinter der Stadtgrenze nach Radebeul. Kurz darauf halten wir vor Großmutters Villa. Wie ein Postpaket, adressiert mit dem Pappschild um meinen Hals, werde ich der ans Tor eilenden, zierlichen Tante Elisabeth, der Schwester meiner Großmutter, übergeben. Sie stellt mir Fragen über Fragen. Aber ich spreche nicht. Kein Wort! Keine Silbe! In der geschlossenen Hand halte ich krampfhaft einen Uniformknopf, an dem ich mich festhielt, als mich der Soldat, der dann doch nicht mein Papa Paul war, mit seiner menschlichen Wärme während des Beschusses schützend unter sich barg. Ich esse stumm mein Butterbrot und trinke Milch. Schweigend sitze ich dann in der Badewanne. Liege mäuschenstill im Bett, mit offenen Augen. Arme alte, liebe Tante Elisabeth! Wie hat sie sich damals gesorgt und um mich bemüht!

Ich habe geschlafen und später am Fenster tonlos und verschlossen hinausgestarrt. Bis ich sie plötzlich sehe! Meine Schwester Helen an der großmütterlichen Hand, dicht dahinter Mama mit Henriette auf dem Arm.

Mama reißt hastig diese eigentümliche Schutzbrille aus Kunstleder herunter. Sie schaut nun nicht mehr fremd durch die von Metall eingefassten Gläser. Rings um ihre Augen haben sich hellhäutige Kreise im sonst rußgeschwärzten Gesicht erhalten, durch das jetzt auch noch Tränen ihre Spuren hinterlassen. Sie weint aber nur ein bisschen, denn eigentlich lacht sie.

Mama umarmt mich und sagt: »Wir sind beieinander!« Das spricht sie mehrmals hintereinander. Ihre Stimme klingt belegt. Großmutter nickt stumm und ist erleichtert. Beide befragen mich nicht weiter, stellen mich nicht zur Rede, schimpfen nicht. Eigentlich müssten sie doch zornig sein, mich für den Alleingang schelten? Ich hatte doch, die elterliche Weisung missachtend, den Anschluss zur Familie verpasst und Kummer bereitet. Die ganze Zeit hatte mein Fehlverhalten an mir genagt. Ich fühle mich schuldig. Aber darüber fällt kein Wort. Alle ringsum scheinen heilfroh zu sein, dass wir miteinander weiterleben dürfen. Wir alle zusammen. Mama verspricht, Papa Paul kein Sterbenswörtchen von meiner »Extratour« zu verraten.

Aber meine Schuldgefühle beschäftigen mich weiter. Und das Gesicht des Mordschützen am feurigen Himmel geistert mir vor Augen und gönnt mir kaum Schlaf. Hämisch liegt es später auch in meinem Traum auf der Lauer. Und als ich erwache und im Morgenrot von meinem Bett aufschaue.

Wenn man dem kollektiven Gedächtnis der Zeitzeugen später misstraut – schon, weil das Szenarium eines Tieffliegerangriffs so unmittelbar nach dem nächtlichen Bombenangriff am 13./14. Februar 1945 am Dresdner Elbufer unfassbar erscheint –, können Zweifler das Erlebte nicht wegreden und ungeschehen machen. Erinnerungen lassen sich auch nicht mit Wasser und Sand löschen wie die Dresdner Feuersbrunst. Die Bilder bleiben.

Tapfere Mädchen weinen nicht

Stiefel knirschen auf dem Kies des Radebeuler Vorgartens. Kurz darauf betritt der Soldat in abgerissener, verdreckter Kluft eines Panzerfahrers das Foyer des Hauses. Müde sieht er aus. Gehetzt und abgespannt wirkt der Uniformierte, der eigentlich mein Papa Paul ist.

Bevor ich dem Ankömmling in die Arme fliegen kann, begrüßt ihn unsere zusammengewirbelte Notgemeinschaft, die sich in Großmutters Villa seit Tagen immer zahlreicher einnistet und sich nun offenbar von dem Soldaten aktuelle Informationen verspricht. »Wie schaut es aus in der Stadt am Elbestrom, eine Woche nachdem das Feuer wütete?« Alle wollen das wissen. Mein Papa Paul ist umringt von nahen und ferneren Verwandten, guten oder weniger guten Freunden der Familie und Bekannten, die der lodernden Dresdner Innenstadt entkamen und in unserem »Radebeuler Hospiz für Gestrandete« – so nennt die Großmutter ihre Villa mit bitterem Humor – anlangten. Mit Ausnahme eines etwas wunderlichen Verwandten, unseres alten Onkel Werner, waren das durchweg Frauen und Kinder, die ausgebombt, obdachlos, mitunter bar jeder Habseligkeit Unterschlupf suchten. Also blieben sie fürs Erste. Das hatte Großmutter entschieden. Wir rückten vom Dach bis zum Keller zusammen und nahmen auch die schwangere fremde Frau auf, die sich auf ihrer Flucht keinen Moment der Schwäche gegönnt hatte, keine Atempause. Denn sie wusste, in dem Flammenchaos zu verweilen, würde ihr Ende sein und das ihres Kindes, das sie unter dem Herzen trug. Aber davon erzählte uns Silvia erst viel später, als sie längst zum Freundeskreis unserer Familie gehörte. Auch an ein Abschiedswort erinnerte sie sich dann noch, das sie dem Ehemann und Vater ihres Kindes, dem Soldaten nachgerufen hatte, als die Lokomotive des Militärtransportzuges schon unter Dampf stand und Rauchwolken in die Atmosphäre blies. Sie hatte noch das Keuchen und Zischen des ausfahrenden Zuges im Ohr gehabt, als eine zuständige Wehrmachtsdienststelle den »Heldentod des Frontsoldaten« registrierte und ihr, der hinterbliebenen Witwe, die Gefallenenmeldung am Vormittag jenes 13. Februar 1945 zugestellt wurde – bevor Stunden später das nächtliche Inferno losbrach. Sie aber wusste, dass ihr Kind, in der Düsternis des nahen Todes gezeugt, die Dresdner Bombennacht überleben musste und stärker sein sollte als alle Kriegsgewalten!

Das Glück schien Silvia damals gnädig und hatte sie für den Moment Teil unserer Schicksalsgemeinschaft im Radebeuler »Hospiz für Gestrandete« werden lassen. In der Küche des Hauses brodelten in diesen späten Februartagen 1945 nicht nur die Kochtöpfe. Der sonst groß und geräumig wirkende Raum schien plötzlich eng für die dicht beieinanderhockenden Frauen. Ein barmherziges Geschick hatte sie verschont, auch ihre Kinder waren der Feuerhölle entronnen. So wie Martin, Christine und die kleine Marie … Alle Kinder und Mütter in Großmutters »Hospiz« dürfen weiterleben. Andere Kinder und Mütter hatte es erwischt in jener Nacht, als es »rumste« und die hochexplosive Luftmine im Hause des Nachbarn einschlug. Sie war vom Dach bis in den Keller gesaust. Nebenan. Und nicht im Haus unserer Tante Charlotte und deren beiden Kindern Lothar und Erika. Aber auch in ihrer Villa hatte sich die Stichflamme in einer Minute vom Erdgeschoss bis zur Spitze des Ecktürmchens entzündet! In jenem Moment, als die Tante und ihre Kinder nach Luft japsten und dann doch noch der höllischen Hitze entkamen. Wir alle kennen inzwischen diese Geschichte, die der eigenen ähnelt. Die Tante erzählt sie wieder und wieder. Und jedes Mal mündet sie in grüblerischen Fragen. Auch die wiederholen sich und jeder ihrer Zuhörer stellt sie sich im Stillen selbst: War unser Überleben ein Zufall? Ein Wunder? Eine Fügung? Eine Verpflichtung? Bestimmung? Besonders nachts, wenn die Stadt wieder gespenstisch auflodert – im Traum. Wenn man aufschreckt, kommen diese Fragen, auf die keiner antworten kann – mitten in der feuerroten Nacht.

Auch am Tag ist eine Antwort nicht zu haben. Denn die Frauen in der

Küche rufen die Tante »zur Ordnung« und möchten ihre Fragen nicht mehr hören. Sie wollen nicht rückwärts schauen, sondern an heute und morgen denken. Dabei wiegen sie ihre Babys im Schoß. Die Frauen sprechen leise miteinander, beraten Gegenwärtiges und überdenken nächste Überlebensstrategien in einer Stadt, die ihr Gesicht verloren hat und in der sie sich dennoch selbst wiederzufinden hoffen. Nur manchmal sprechen sie erregt und laut miteinander. Besonders, wenn sich widerstreitende Gefühle und Ängste nicht abschütteln lassen, Resignation aufzukommen droht und sie der Mut verlassen will. Dann suchen sie die Emotionen zu übertönen. Dann schreien sie sich sogar an.

Ich suche mir mit dem Abstand der Jahrzehnte diese Situation von damals ins Gedächtnis zu rufen und ahne, wie schwer sie für unsere Mütter und Großmütter auszuhalten und, noch komplizierter, zu überblicken war. Ich glaube, der Dichter Heinz Czechowski, der am 13./14. Februar 1945, nur drei Jahre älter als ich, selbst in Dresden war, fand in seinem später verfassten Gedicht »Ich und die Folgen« Worte für ein unbewusstes Empfinden vieler Überlebender. Er schreibt dort:

»Ich
Bin verschont geblieben, aber
Ich bin gebrandmarkt.«

Wir größeren Kinder, Helen und ich, ein Cousin, zwei Cousinen und einige Mädels und Jungen aus dem Bekanntenkreis, irrten damals – mehr oder weniger geduldet und irgendwie verloren – zwischen den Erwachsenen umher. Ich glaube rückschauend, dass wir in jener Schreckensnacht unser kindliches Urvertrauen in die Umwelt einbüßten und seither verlernten, einen neuen Tag unbekümmert zu beginnen. Auf uns selbst zurückgeworfen, waren wir nun wachsamer, empfindsamer, sensibilisierter. Angespannt und immer auf der Hut suchten wir uns unter den Erwachsenen zu orientieren, schnappten da und dort ein oft unverständliches Wort unserer Mütter, Großmütter und Tanten auf, wurden aber nicht in die Gespräche einbezogen. Das plötzliche Verstummen der Runde in unserer Gegenwart oder bedeutungsvolle Blicke, mit denen sich die Erwachsenen untereinander verständigten und vorgaben, uns Kinder Kind sein zu lassen und vor weiteren Alltagssorgen zu verschonen, verunsicherten mich und verursachten mir zusätzliche Beklemmungen und grauenvolle Fantasien. Denn ich kannte den Krieg nun. Er fand nicht mehr irgendwo an der entfernten Front oder als eine musikalisch umrahmte Veranstaltung des Radiosenders, sondern in Dresden statt. Ich hatte ihn mit meinen Augen und Ohren wahrgenommen. Mit allen Sinnen spürte ich ihn. Er steckte mir in allen Gliedern. Das redescheue und wortkarge Verhalten der Erwachsenen uns gegenüber beschwor mir nun erst recht gespenstische Bilder und quälende Gefühle herauf. Sie blieben mir bis heute im Gedächtnis haften.

Auch eine Szene, die ich nur zufällig aus der Distanz verfolgte, erinnere ich noch: Zwei halbwüchsige, mir selbst völlig unbekannte Jungen nervten die Erwachsenen in der Küche und wurden von ihrer Mutter in unseren Hausgarten geschickt: »Schnappt frische Luft und spielt friedlich miteinander, nicht so laut!« Ich schaute den beiden nach, als sie im Garten nichts mit sich anzufangen wussten. Frische Luft war ohnehin nicht zu haben, denn noch immer vernebelten Rauchwolken einen Dunstkreis bis nach Radebeul und weiter ins Land. Es heißt, viele Tage nach dem Groß-angriff auf Dresden ging selbst noch in dem 35 km entfernten Neustadt rußiger Ascheregen nieder, schwirrten sterbliche Überreste einer Stadt in der staub- und rauchgeschwängerten Atmosphäre, wirbelten winzige Teilchen von irgendwas wie Treibgut umher.

Für ein lärmendes, schrilles Kriegsspiel, bei dem die Jungen gelernt hatten, dass alles Heil im Sieg liegen würde, das sie vielleicht als Pimpfe noch Tage zuvor geübt haben mochten, stand den beiden wohl auch ohne die Ermahnung der Mama nicht der Sinn. Wie aber spielte man Frieden, mitten im tobenden Krieg? Einen stillen, leisen, friedvollen Umgang der Menschen miteinander? Friede war für uns Heranwachsende ein leeres Wort. Kinder meines Alters hatten ihn noch nie richtig erfahren. Sicher konnten sich auch die beiden Pimpfe nicht an Friedenszeiten erinnern. Die beiden Jungen wirkten unsicher, verstört, irgendwie kopflos. Als seien sie in der schauerlichen Düsternis des Tages, die nicht aufklaren wollte, sehr mit sich allein.

Gefühle, die auch ich inzwischen kannte und mit denen ich mich in einen mir vertrauten Schlupfwinkel des grünen Salons, die Puppe Elsa im Arm haltend, zurückzog. Mama hatte das Puppenkind, das mir einst mein Papa Paul zum Weihnachtfest mitgebracht hatte, in ihrem Rucksack für das »Allerallernötigste« durch die brennende Stadt bis hierher geschleppt und mir am Tag unseres Wiedersehens stumm in den Arm gelegt. Nun flüchtete ich mit ihm vor dem allgemeinen Wirrwarr.

Mein Schlupfwinkel war der kleine Erker des Salons, in dem ich mich schon früher gut aufgehoben glaubte. Besonders seit mein Papa Paul einmal beteuert hatte, genau an diesem geheimnisvollen Ort könne »Schummerhumus« gedeihen, auf dem die »Fantasie der Märchenerzähler wachse«. Hier hatte er mir Fortsetzungsgeschichten vom »Irrwisch mit den blankgeputzten Augen« leise ins Ohr geflüstert, in jenen seltenen, kostbaren Momenten. Dort, an dem kleinen Marmortischchen, entstand an diesem Tage, abseits vom Geschehen in der Radebeuler Villa und all dem sprachlichen und emotionalen Wirrwarr, meine »Schönschrift-übung«, mit der ich sogar meiner gestrengen Lehrerin, dem Fräulein Richter, imponiert hätte. Drei Worte wiederholte ich mit den noch un-gelenken Buchstaben einer Lernanfängerin. Immer wieder nur diese drei, bis sie das ganze DIN-A4-Blatt füllten: Mein Papa Paul. Großmutter konnte sich später daran erinnern, dass ich dieses Geschenk für den Vater mit einer kindlich-naiven Malerei verzierte.

Ohnehin verdanke ich dem besonders wachen Gedächtnis meiner Großmutter und den späteren Gesprächen mit Zeitzeugen jenes Tages in der Radebeuler Villa, dass sich meine eigenen kindlichen Eindrücke – das sind bildhafte Einzelszenen, Gesprächsfetzen, kurze Episoden, vor allem Gefühle und empirische Wahrnehmungen der Atmosphäre im Haus – in einen Zusammenhang bringen lassen.

Ich erinnere mich beispielsweise noch an ein nagendes Gefühl der Eifersucht auf alle, die meinen Papa Paul in Beschlag nahmen und mir bei seinem Eintritt ins Haus erst einmal den Zugang zu ihm versperrten.

Ich sehe auch diese Szene noch vor mir: Mein Papa Paul steht umringt von unserer zusammengewürfelten Frauen- und Kindergemeinschaft im Foyer und ist offenbar bemüht, auf drängende Fragen der Umstehenden rasch zu antworten.

»Wie sieht der Albertplatz aus?« Das fragt die Tante.

»Steht die Kreuzschule noch?«, will der Gymnasiast unbedingt erfah-ren. »Und wie sieht es in der Waisenhausstraße aus?«

Jeder hat anderes im Sinn, ein regelrechtes Fragengewirr bricht los: »Welche der Elbbrücken sind noch heil? Fährt die Straßenbahn Nummer 12 noch? Stehen die Häuser am Albertplatz? In der Stübelallee? In welchem Zustand sind die Bahnhöfe? Hat das Georgentor überlebt? Wie sieht es in der Schlossstraße aus? Ist die Dreikönigskirche heil geblieben? Der Kristallpalast? Das Kino Imperial? Die zentrale Markthalle in der Altstadt? Die Hochschule der Künste? Die barocken Bürgerhäuser in der Rampischen Straße, in der unser Onkel Karl mit seiner Frau Emely wohnt? Stehen noch Häuser zwischen Blasewitz und Striesen? In Johannstadt, in Gruna? Gibt es den Kolonialwarenladen August noch? Was ist von meinem Wohnhaus in der Hübler Straße geblieben, wird es zu reparieren sein?«

So geht es fort und fort. Genau in dieser Stunde wird auch mir bewusst, dass mit der Zerstörung der schönen Stadt etwas unwiederbringlich Kostbares verloren ging. Ich ahne das Leid der anderen neben mir, das sich hinter der bohrenden Fragerei verbirgt.

Dann aber sehe ich Papa Paul bedrängt, um Worte ringend. Vor ihm liegt eine Stadtkarte von Dresden. Das darauf abgebildete Zentrum der Altstadt, angrenzende Bezirke, Straßen und Plätze auch der neustädtischen Elbseite schraffiert er mit seinem Bleistift grau und kommentiert tonlos: »Diese Gebäude gibt es nicht mehr. Die sächsische Barockstadt ist ein Barockwrack. Sie liegt in Schutt und Asche. Ausgelöscht ist, was ein Permoser, Pöppelmann, Rietschel, Schilling, Semper einst im alten Dresden schufen – die Kirchen, Schlösser und Paläste. Kulturstätten stürzten in sich zusammen. Brandgeschwärzte Mauerreste der Residenz wirken wie eine schaurige Kulisse. Die Silhouette unserer Stadt ist zerstört. Rauchende Trümmer der Wohnhäuser bilden schreckliche Gebirge in der Ruinenlandschaft.«

Bewegt habe ich mir Jahrzehnte später einmal diese Stadtkarte vom alten Dresden, über die Papa Paul mit seinem Bleistift gefegt war, angeschaut. Sie befand sich im Nachlass meiner Mama. Noch immer glaubte ich, dabei das erregte, raunende Gemurmel der Umstehenden zu hören, das Papa Pauls Auskünften gefolgt war. Und den gellenden Schrei einer Frau, die verwirrt aufbegehrte: »Wieso streicht er diese Gebiete einfach aus? Da steht doch das Krankenhaus, in dem mein Mann arbeitet! Man kann doch ein Krankenhaus nicht wegstreichen!« Die Frau will sich nicht beruhigen, weist alle Beschwichtigungsversuche Umstehender zurück. Sie schaut anklagend auf Papa Paul!

Der versucht, weiter sachlich über das Unfassbare zu informieren. Ungeduldige, die sich sehr schnell ein eigenes Bild machen möchten, warnt er vor Gefahren, vor dem möglichen Einsturz vieler noch nicht ganz verglühter Ruinen, den Häuserwracks. Vor Blindgängern, die beständig neue Explosionen verursachen. Er spricht von umgestürzten Straßenlaternen und entwurzelten Baumriesen, die den Weg blockieren. Weist auf die zerfetzten Oberleitungen und das zerstörte Schienennetz der Straßenbahnen, auf verschüttete oder mit Bombentrichtern übersäte und aufgerissene Straßen, spricht vom unbrauchbaren Kanalisationsnetz, den umfänglichen Schäden an den Schwach- und Starkstromleitungen, von einer nicht mehr intakten Wasser- und Gasversorgung. Vom unterbrochenen Telefonverkehr. »Die Infrastruktur liegt völlig danieder«, fasst er zusammen. »Die Gauleitung Sachsens ließ ganze Stadtteile als tote Gebiete abriegeln.«

Auch meine Großmutter erinnerte sich später an den Bericht ihres Schwiegersohnes – an diesen »ersten, ergreifenden Überblick zur Situation, jenseits der offiziellen Radio- und Pressemeldungen«, der die Gemüter im Radebeuler Haus damals so aufgewühlt und erregt hatte. »Dabei wusste doch eigentlich jeder«, kommentierte Großmutter bei ihrem Rückblick, »dass seine subjektiven Eindrücke an diesem Februartag noch höchst unvollständig waren und nicht annähernd die ganze Katastrophe reflektieren konnten.«

Die Dresdner mussten den Gedanken erst ertragen lernen, dass ihr spätbarockes »Florenz an der Elbe« ausgelöscht, die Kulturdenkmäler zerstört waren. Ja, die dicht besiedelte Innenstadt, die hauptsächlich aus Bauten der Renaissance, des Barock und Gebäuden der Gründerzeit bestanden hatte, in einer einzigen – noch Wochen qualmenden – Trümmerwüste versunken war. Auch andere Stadtteile, zum Beispiel die Seevorstadt, Johannstadt, die östliche Südvorstadt, waren weitgehend abgebrannt oder zertrümmert. Vernichtet waren auch die alten Ortskerne und historischen Bauten von Mickten, Strehlen und Gruna. Hinzu kamen schwere Schäden in Reick, Friedrichstadt, Plauen, Zschernitz, der inneren Neustadt sowie Brände in Prohlis. Betroffen waren ausgedehnte Wohngebiete im Hechtviertel, in Pieschen, Niedersedlitz und Albertstadt. Etwa 75.000 von insgesamt 222.000 Wohnungen wurden mitsamt dem Hausrat völlig zerstört, weitere 18.000 Wohnungen schwer und 81.000

leicht beschädigt. Kaufhäuser, Markthallen, weitere Einzelhandelsbetriebe und Bürohäuser lagen in Schutt und Asche. Elbbrücken waren demoliert. Kirchen und Kapellen, Krankenhäuser, Schulen, Theater, Kinos, Hotels und Gasthäuser, kleinere und mittlere Industrieunternehmen waren zerbombt. Es gelang nie wirklich, das unermessliche Ausmaß der Zerstörung genau zu erfassen oder gar in Zahlen auszudrücken.

Meine Großmutter war Ende Februar und im März 1945 an der Seite ihres Schwiegersohnes, soweit das überhaupt möglich war, durch die versunkene Altstadt gelaufen, hatte vor den Trümmerbergen gestanden und war nicht davon abzubringen, sich der Tragödie aus nächster Nähe auszusetzen. Sie erinnerte sich daran, wie bitter es gewesen sei, die Fassung nicht zu verlieren und mir als Kind später erklären zu müssen, dass jenes berühmte Meißner Glockenspiel, dessen Mozartserenaden wir noch Tage vor dem Angriff miteinander gelauscht hatten, verstummt sei. Erst heute ahne ich, wie schwer es ihr fiel, mit dem zerstörten Dresden weiterzuleben und diesen »Phantomschmerz«, von dem der Dresdner Dichter Volker Braun in seinem autobiografischen Text *Dresdens Andenken* spricht, auszuhalten. Bis zu ihrem Tod ertrug sie diesen beim Anblick der Ruinen immer wiederkehrenden Schmerz.

Oft hat mir die Großmutter erzählt, wie unerwartet und mit welcher Wucht sie die Zerstörung ihrer Stadt und die tausendfache Vernichtung des Lebens darin getroffen habe. Nicht nur sie hatte den Luftangriff der Briten und Amerikaner auf die militärisch relativ schutz- und bedeutungslose, aber an unersetzbaren Kunstschätzen reiche Barockstadt für unmöglich gehalten, noch dazu kurz vor Kriegsende![17] Gerade weil weite Teile der Dresdner Bevölkerung davon ausgingen, dass die Alliierten über präzise geografische, wirtschafts- und militärpolitische, aber auch kulturhistorische Kenntnisse zu deutschen Städten verfügten, wähnte man sich vor Angriffen gefeit. Die Briten hatten ihre »Anatomie Deutschlands«, wie ich heute weiß, »The Bomber's Baedeker« genannt und fortlaufend aktualisiert. Darin waren auch die Standorte des Deutschen Roten Kreuzes und der Lazarette der deutschen Wehrmacht in Dresden eingezeichnet.

Noch weitere, mehr oder weniger begründete Argumente oder heute kurios und im Rückblick in ihrer Wirkung verhängnisvoll anmutende Gerüchte, die einen Luftangriff auf Dresden »eigentlich ausschlossen«, kursierten damals unter der Stadtbevölkerung. Eine gewisse Sorglosigkeit hielt sich noch Minuten, bevor die Bombennacht begann – diese Nacht voller Tod, die wir noch allzu deutlich vor Augen hatten, als uns Papa Paul in der Radebeuler Villa über die Situation in der Dresdner Innenstadt berichtete. Ich erinnere mich seiner brüchigen Stimme, mit der er die aufgeregten Zwischenfrager plötzlich zum Schweigen brachte. Denn er hatte die Toten gesehen, die wir zurückließen. Die verbrannten, erstickten, erschlagenen, zerquetschten, zerstückelten Toten zwischen den Trümmern, auch im Großen Garten und an der Elbe. Im Bombentrichter starben die Menschen, mit zerfetztem Gedärm und verpesteter Lunge. Den toten Jungen in der vom Krater zerrissenen Straße hatte er gesehen. Und unter dem durchlöcherten Dach, neben dem rußgeschwärzten Mauerrest, hatten die Toten auch gelegen, von Katastrophenhelfern über- und nebeneinandergeschichtet: tote Kinder neben ihren Müttern.

Papa Paul erzählte auch von einem Landser, der mit gesenktem Kopf und hängenden Schultern an einem Pfosten lehnte. Er würde nie mehr mit seiner Truppe lauthals singend durch Straßen deutscher Städte ziehen und mitgrölen: »Schwarzbraun ist die Haselnuss« und »In der Heide blüht ein kleines Blümelein«. Er verharrte nicht, um in einer Gefechtspause an diesem Betonpfosten zu verschnaufen vor einer Schlacht, in die er und seine Kameraden ziehen würden. Denn auch der Soldat gehörte zu dem Heer der Toten zwischen den zerbeulten, ausgebrannten Straßenbahnwaggons, den wirren Stahlskeletten, den Drähten und Gleisen am Postplatz oder am Königsufer. Auch jene sonderbaren Menschengestalten, die wie zu einem Schwatz auf der langen Bank nebeneinandersaßen, die alten Leute und die jüngeren Frauen, die halbwüchsigen Mädchen und Jungen, dieser kleine Steppke mit dem Wuschelkopf, die Mutter mit ihrem Baby, der Weißhaarige – sie antworteten Papa Paul nicht, denn ihre Lungen hatten einen Riss. Kein Laut kam mehr über ihre erstarrten Lippen. Bergungstrupps sammelten auch sie ein, verluden sie auf Lastwagen oder Handkarren und brachten sie zu Plätzen, stapelten sie zu Tausenden neben- und übereinander. Wie die im brühend heißen Wasser des Löschbeckens am Altmarkt gestorbenen Menschen. Oder die von den Explosionen zerfetzten oder von herabstürzendem Mauerwerk zermalmten Körper oder Körperteile, die in den Trümmern lagen, eine Hand, der Rumpf, ein kopfloser Torso, ein Bein, ein Schädel … Die meisten Opfer des Dresdner Luftangriffs konnten nicht identifiziert werden, obwohl sich Rettungskräfte darum bemühten und Funde nummerierten und zu registrieren suchten. Es hieß dann beispielweise in den langen Listen: »Männliches Kind, etwa 5 Monate, aufgefunden 18.2.45, 8.00 Uhr, Annenstraße 23/25, 15604, erstickt« (Reinhard et al. 2005, S. 99). Name und Herkunft des Kindes blieben unerwähnt.

»Ihr habt ein verdammtes Glück gehabt!«, sagt Papa Paul. »Wir alle!« Mit dieser saloppen Bemerkung verabschiedet er sich von den Bewohnern der Radebeuler Villa und macht vielleicht auch sich selbst bewusst, dass es für uns alle hätte schlimmer und endgültiger kommen können. Aber wir sind davongekommen! Das Blut pulsiert in unseren Adern, wir atmen. Die entstandene Bedrängnis und nachklingendes Entsetzen erscheinen den in Großmutters »Hospiz« Zurückbleibenden vielleicht mit Papa Pauls Bemerkung wenigstens für einen kurzen Moment erträglicher.

Auch wir, seine Frau und die drei Töchter, sollen nach Papa Pauls Worten froh sein, weiterleben zu dürfen. Und uns darüber freuen, dass unser Haus am Großen Garten noch steht. »Denn auch das ist ein wahres Wunder«, sagt Papa Paul – mit der Erfahrung, dass an einem Tag des Krieges verschont worden zu sein, kein Dauerzustand sein musste und vielleicht nur eine Wegmarke im schicksalhaft bestimmten Lebensverlauf war. Bewusst oder unbewusst empfand er vielleicht nur vage, dass dieses im Kriegsgeschehen von menschlichen Handlungsweisen und vorausschauenden Überlegungen kaum noch steuerbare »Glück im Unglück« dankbar und demütig als eine »Gnadenfrist« angenommen werden sollte, die in nächster Minute ablaufen konnte. So etwa deute ich aus der heutigen Rückschau sein damaliges Verhalten, als der Tod an Wahrscheinlichkeit gewann.

In weitem Bogen umrundete er damals mit uns die Stadt Dresden. Er steuerte dabei einen Krankenwagen der Wehrmacht, einen Sanka, den er sich für diesen einen Tag »beschafft«, also geliehen hatte, um seine Familie transportieren zu können. Endlich fand er eine Zufahrt »nach Hause«.

Tatsächlich! Da stand unser Haus! Mit ramponiertem Mauerwerk und bloßem Dachgebälk. Aber bewohnbar. Papa Paul hatte bereits vor unserem Eintreffen die Türen wieder in den Maueröffnungen verankert, Fensterrahmen eingesetzt, stabilisiert und mit Pappe und Brettern vernagelt, damit der kalte Wind und mehr noch die stickigen Dünste nicht hereinwehen konnten.

Mama freute sich sehr, schmeichelte Papa Paul nicht nur zärtlich mit den üblichen Kosenamen, sondern bewunderte ihren »Kann-Alles-Paul«, so nannte sie ihn nun! Die fleißige Hauswartsfrau Ballian hatte das Werk des Familienvaters vor unserer Ankunft tatkräftig unterstützt und Mauersplitter, Geröll und vor allem Glassplitter im Hausflur und in unserer Wohnung beseitigt. Sie hatte geputzt, gewienert und sich offenbar auf unsere Rückkehr gefreut. Mama dankte der »lieben Frau«. Etwas abseits stand unser »Luftschutzwart außer Dienst«, wie Mama den hinkenden Herrn Ballian, den »Ärmsten«, neuerdings hinter vorgehaltener Hand nannte. Womit sollte uns Herr Ballian jetzt noch schrecken oder drangsalieren? Wovor warnen?

Einen Tag später sitzen wir miteinander am Familientisch. Mama, Papa Paul und wir Mädels. Großmutter ist noch in Radebeul geblieben und fehlt in unserer Runde. Durch die Ritzen der mit Brettern vernagelten Fenster blinkt kaum Tageslicht. Aber im sonst düsteren Raum erstrahlt eine dicke Kerze, die wir feierlich entzünden. Denn heute ist der 23. Februar 1945. Wir gratulieren Papa Paul zu seinem 44. Geburtstag.

Nie wieder werden wir so zigeunerhaft ausgelassen zu einer Mahlzeit beieinandersitzen, die unser Hobbykoch Papa Paul, der Jubilar, aufwendig kreiert hat. Nie wieder werden wir uns so nahe sein, uns ganz allein gehören und die Welt darüber vergessen. Papa Paul singt mit etwas kratziger Stimme seine verrückten, lauten Berliner Lieder, über die Mama und wir Kinder kichern. Es sind Bänkelgesänge und schmachtende Liebeslieder, mit denen er Mama, die er in Abwandlung ihres Vornamens Katharina sein »wohlgefälliges Kätchen« nennt, umgarnt. Mama nennt ihn einen Schwerenöter, der sogar mich, sein blondbezopftes Räbchen, mit ausgelassenen, komischen Gesten umwirbt.

Gelang es uns damals, mit den kuriosen Liedern und Spielen für Stunden tatsächlich all unsere Ängste zu übertönen? Alle inneren Nöte für diesen Tag abzulegen, draußen vor der Tür? Wie seelische Stehaufmännchen alle Anspannungen vergangener Tage loszulassen?

Versuchte Papa Paul am Ende sich nur in geübter Soldaten-Manier mit sentimentalem und übermütigem Singsang gegen einen Tiefgang der Gefühle zu wehren, bevor er sich wieder mit ganzer Kraft den Herausforderungen des Überlebens in der »wüsten Stadt« stellen würde? Oder sollte der blumig-schwulstige Ulk in dieser geburtstäglichen Runde den leisesten Gedanken daran verdrängen, dass er sich eines nicht fernen Tages wieder in Marsch setzen würde, mit der Beklemmung eines Panzerfahrers vor einer bevorstehenden Endschlacht um Berlin?

Überspielte Papa Paul mit seinen temperamentvollen Klavierstücken und seinem Mundharmonikaspiel meine Gedanken an das feststehende Datum seines nahenden Abschieds so vollendet, wie es mir heute im Nachhinein scheinen will?

Auf alle Fälle bescherte der »Possenreißer und Charmeur« Papa Paul seinem Kätchen und seinen Töchtern unvergessene Glücksmomente, in denen wir miteinander lachten und jeder von uns nur für sich ganz allein und ringsherum unbemerkt »nach innen« weinte. Vermutlich war auch Papa Paul dabei für sich selbst auf der Suche nach einem Ventil für die eigene Verzweiflung gewesen.

Damals habe ich als Kind Papa Pauls Motivationen nicht zu hinterfragen vermocht. Aber auch Mama und Papa Paul verharrten kaum in tiefsinniger Nachdenklichkeit. Es gab einfach ständig zu tun. Dabei verflog die Zeit in Windeseile. Großmutter gestand mir später einmal, dass sie gerade diese Rast- und Ruhelosigkeit Papa Pauls in jenen Tagen des Februar und März 1945 »wie ein zweifelhaftes Aufbegehren gegen den unaufhaltsamen Untergang und die damit vorgestellten Katastrophenszenarien« empfunden hatte. »Denn er musste damals damit rechnen, dass sein Tagwerk durch eine Explosion im nächsten Bombenangriff auf Dresden oder unter Geschossschwärmen der zu Lande herannahenden russischen oder amerikanischen Truppen vernichtet würde und alle Mühe dann vergeblich gewesen war.«

»Kann-Alles-Paul« gelang es dennoch mit notdürftigen Mitteln, unser Hausdach wieder einzudecken, defekte Hausleitungen zu reparieren. Er durchforschte den Garten nach möglichen Blindgängern und entschärfte explosive Funde. Mit Geschäftsleuten aus der zerstörten Markthalle Dresdens legte er für seine Familie ein kleines Lebensmitteldepot an, von dem wir später noch eine Weile zehrten. Nachbarn und Freunde lobten noch lange seine Findigkeit, seine Umsicht und den praktischen Beistand, mit dem er sich ihnen hilfsbereit erwiesen hatte, obwohl seine Zeit bemessen war.

Denn wie jeder Wehr- und Arbeitspflichtige hatte auch er sich von Amts wegen für lebensnotwendige Maßnahmen der Stadt zur Verfügung zu stellen. Die strengen Verordnungen waren bekannt. Standgerichte wüteten in der Stadt, sie erschossen unbotmäßige Soldaten als Deserteure – ohne Gerichtsverhandlung, auf der Stelle. Wie andere Wehrmachtssoldaten während des Heimat- oder Genesungsurlaubs meldete sich also auch Papa Paul zur Stelle, vielleicht auch, um zu helfen, wo im wüsten Umfeld aus Menschlichkeit einfach angepackt werden musste.

Seit dem 15. Februar 1945 befehligten SS-Kommandos und die Ordnungspolizei die Dresdner Bergungs- und Räumtrupps, sie koordinierten dabei auch den Einsatz der Kommandos des Volkssturms und den der halbwüchsigen »Hitlerjungen im Dienst«. Auch politische Gefangene der Zuchthäuser, Kriegsgefangene und Zwangsarbeiter wurden herangezogen. Jede Hand wurde gebraucht, um zwischen den Trümmerbergen Straßen freizulegen und zu beräumen, vor allem aber Leichen zu bergen und zu transportieren, noch schwelende oder neu aufzüngelnde Brände zu löschen, aber auch in den Ruinen verloren umherirrende Kinder in den Sammelstellen aufzufangen.

Papa Paul war als Spezialist für Elektrotechnik für eine vom Dresdner Stadtkommandanten eilig zusammengestellte Truppe verantwortlich eingesetzt und nur für Stunden zur Reparatur des von Bomben teilzerstörten Wohnhauses seiner Familie freigestellt worden. Als sich am 2. März 1945 vormittags in Dresden der Himmel wieder verfinsterte, war Papa Paul aber gerade zu Hause. Ich wich ihm nicht von der Seite und beobachtete in der offenen Haustür schwere Bombenkolosse über der Stadt, bis sich abermals hinter der schweren Tür des LSR unsere Kellergesellschaft zusammenfand und mich Papa Paul dort hinbeorderte. 455 B-17 Bomber der USAAF warfen an diesem Tag 940 Tonnen Sprengbomben und 140 Tonnen Brandbomben erneut auf die Bahnanlagen Dresden-Friedrichstadt, auf die Ortsteile Gruna, Niedersedlitz, Dobritz, Hosterwitz, Striesen, auf Wohnviertel der neustädtischen Elbseite und auf die dort angrenzende Bebauung, auch auf Radebeul. Wieder flammten überall Brände auf, wurden Häuser zerstört, starben Menschen. Der Raddampfer »Leipzig« war als Lazarettschiff eingesetzt und deutlich gekennzeichnet, lag in Dresden-Laubegast vor Anker und sank nach einem Volltreffer auf Grund.

Am Nachmittag dieses Tages erklärte mir Papa Paul die Maßnahmen des Luftschutzes und der Brandbekämpfung, ausführlicher und fundierter, als das je unser Luftschutzwart zuvor in seinen Unterweisungen getan hatte. Papa Paul erläuterte mir auch die Funktionsweise der Notbeleuchtung im Keller, ließ mich seine Beschriftung des Sicherungskastens unserer Stromleitung ablesen und die einzelnen Sicherungen den Räumlichkeiten des Hauses zuordnen. Wollte er Vorsorge treffen für kommende Zeiten seiner Abwesenheit? Weil er um das Vorläufige im Leben der Soldaten wusste? An der Front rückten beständig neue Soldaten nach, um Gefallene zu ersetzen. Daheim sollten Zivilisten die Lücken ausfüllen. Erwachsene und Kriegskinder. Auch das fast siebenjährige Mädchen, das ich damals war? Sorgte Papa Paul vor, ohne dabei auszusprechen: Wenn mir mal was passiert, dann … Wollte er in seinem Kind ein Pflichtbewusstsein wecken? Das alles fragte ich mich erst später. An diesem Tag war ich nur stolz darauf, dass mich Papa Paul sein »großes Mädchen« nannte und mir, wie er sagte, »technischen Verstand« zutraute. Wie zur Belohnung für meinen Eifer, mit dem ich seinen Erläuterungen zu folgen bemüht war, durfte ich am Abend sein Gewehr betrachten. Er entnahm es dem Schrank, in dem es für jedermann in der Familie unantastbar und verschlossen war, und ließ mich die schwere Waffe berühren. Vorsichtig, nur mit den Fingerspitzen. Vielleicht war das eine besondere Geste, mit der er das vertraute Verhältnis zwischen uns beiden bekundete? Ich kann heute meine Gefühle nicht beschreiben, die mich bewegten, als meine Finger dieses – aus der Sicht von heute – »schrecklichste Ding auf der Welt« betasteten. Aber ich erinnere mich daran, dass mir Papa Paul versicherte, nicht mit dieser Waffe auf einen Menschen schießen zu wollen. »Dann wird auch mir nichts geschehen«, sagte er in einem sonderbar fremden Ton – und schaute mir dabei nicht in die Augen. Seine Worte und unsichere Mimik vergrößerten meine unbestimmten Ängste, statt sie zu beschwichtigen. Das weiß ich noch genau.

Ein herzbeklemmender Gefühlswirrwarr ist mir auch für die folgenden Tage und Wochen in Erinnerung, mit dem ich mich sehr allein glaubte. Währenddessen raste die Zeit dahin. Papa Paul hatte beständig viel zu tun, er war im Einsatz und immer seltener zu Hause. Zu der versprochenen Fortsetzungsgeschichte »Vom Irrwisch mit den blankgeputzten Augen«, die ich so gern gehört hätte, kam es nicht mehr.

Am Montag, dem 26. März 1945, stand Papa Paul in seiner stark ramponierten und von Mama nur notdürftig wiederhergerichteten Uniform des Panzerfahrers vor uns. »Warum bleibst du nicht einfach bei uns?«, fragte ich meinen Papa Paul mit tränenerstickter Stimme. Mama und Großmutter lächelten nachsichtig über das Dummerchen. Dieses Kind konnte sich einen Krieg an der Ostfront vorstellen, in dem, wie in einem damals bekannten Soldatenlied, »vorwärtsbrausende Panzer über ein Schlachtfeld« tosten, aber eines dieser rasselnden Monster aus Stahl verharrte, »brauste« nicht mit, denn der Panzerfahrer saß nicht mehr am Steuer. Er blieb daheim, bei seiner Familie – weil er doch eigentlich mein Papa Paul war. Ein Kindertraum. Warum konnte er nicht wahr sein? Papa Paul tadelte mich forsch: »Tapfere Mädchen weinen nicht!« Trostlos stand ich da, denn auch dieses Mal siegte der Marschbefehl der Wehrmacht über meine vertrauensselige Anhänglichkeit und unerschütterliche kindliche Zuneigung.

Papa Paul schnitt mir eine Locke aus dem Haar, legte sie in die zusammengefaltete »Mein-Papa Paul-Schönschriftübung« und steckte beides in seine Brusttasche zu dem Familienfoto, auf dem er, gestiefelt und in Uniform, entschlossen geradeaus schaute, während seine Ehefrau und die drei Töchter lächelten, ja geradezu strahlten, als sei die Welt ringsum in bester Ordnung. »Ein wirklich gelungenes Foto«, meinten die Betrachter des Schnappschusses, der Ende Februar 1945, erst wenige Tage nach dem Bombenangriff auf Dresden, entstanden war.

Papa Pauls Abschiedskuss vermischte sich mit meinen Tränen. »Auf baldiges Wiedersehen im Frieden!«, sagte er. Daran konnten wir Zurückbleibenden uns später deutlich erinnern. An diese wenigen Worte.

Mama und Großmutter gingen mit uns Kindern ins Haus, während Papa Paul mit seinen schweren Stiefeln an diesem Frühlingstag davonschritt, über den Gartenweg, dann die Straße entlang, weiter und weiter und weiter.

In den folgenden Tagen und Wochen reichten das Klicken eines Koppelschlosses, ein Mundharmonikaspiel, eine Schlagermelodie oder eines der frechen Berliner Lieder – »Es war im Grunewald ...« oder »Untern Linden, untern Linden, geh'n spazier'n die Mägdelein ...« – und die »Warum-Frage« schmerzte mich wieder. Ein anderes Mal roch ich an einer Tabakdose oder verkroch mich in der Lederjacke Papa Pauls, die noch in der Garderobe hing – und plötzlich glaubte ich den harten Klang der genagelten Stiefelsohlen zu hören, die von uns wegführten, ohne zu verhallen …

Es wäre ja recht

»Großmutter ist zurück! Sie ist wieder da«! Helens Stimme klingt erleichtert und ist im ganzen Haus zu hören – obwohl wir Kinder nach Mamas ausdrücklicher Weisung »Ruhe geben« und schon gar nicht »lärmend herumschreien« sollen!

Aber Helen hat angespannt Stunde um Stunde auf Großmutter gewartet, die nach Mamas Worten »wieder einmal zu dem ausgeglühten Moloch unterwegs« war, um ihrem Bruder Theodor und der Schwägerin Louise Blumen an ein Trümmergrab zu bringen. Nun, da sie durchs Gartentor tritt, fällt die Last von Helen ab. In diesem Moment zählen Mamas Verbote nicht!

Großmutter hatte wochenlang nach dem Bombenangriff vergeblich, alle Warnungen ihrer Familie, auch jene der Bergungstrupps und Amtspersonen ignorierend, in den Überresten der ausgebrannten und zertrümmerten Häuser nach ihren Lieben gesucht. Sie hatte, wie andere Leute, die in dem noch immer schwelenden und ausdunstenden Glutkessel vermisste Angehörige zu finden glaubten, auf verkohlten Mauerresten ihre Nachricht hinterlassen. Mit weißer Kreide auf schwarz verrußtem Gestein hatte sie »Theo und Lu« gebeten, sich umgehend zu melden! Die beiden gehörten auch zu jenen vermissten 35.000 Dresdner Bürgern, für die nach der Bombennacht vom 13./14. Februar 1945 in einer eigens eingerichteten Nachweiszentrale der Stadtverwaltung Suchmeldungen aufgenommen wurden. Mit dem Abstand der inzwischen vergangenen Wochen schienen sich allerdings Großmutters ärgste Befürchtungen, dass von ihrem Bruder und der Schwägerin nur ein Blutfleck auf dem Pflaster zwischen niedergebombten Häusern geblieben war, zu bewahrheiten.

Helen und ich erinnerten uns dieser Tage ebenfalls häufig an den vielleicht etwas sonderbar-schrulligen, dennoch liebenswerten alten Onkel mit dem starren Glasauge und dessen seltsamen, uns manchmal etwas gruselig erscheinenden Geschichten vom »großen Krieg«, die er – wenn die Großmutter ihn ließ! – so gern erzählt hatte. Auch an die sanfte Tante Lu, die wir gemocht hatten, dachten wir. Wenn Onkel Theodor uns Kinder bei Tisch etwas schroff anherrschte: »Gerade sitzen! Linke Hand am Tellerrand!«, hatte sie uns mild und ermunternd zugenickt, als wolle sie für den gestrengen Onkel bei uns Kindern ein gutes Wort einlegen. Nun konnte ich mir einfach nicht vorstellen, den Onkel und die Tante niemals wiederzusehen.

Großmutter pflegte dort, wo Theodor und Louise in der noblen Villa residiert hatten und sich nun die finsteren Überreste des von der Sprengbombe völlig zerstörten Gemäuers befanden, ein Trümmergrab und riskierte damit, zwischen den vom Feuer zerfressenen, bröckelnden Ruinen ringsum selbst Schaden zu nehmen. So jedenfalls äußerte sich Mama und schüttelte über diese »wagehalsige Art zu trauern« höchst besorgt den Kopf.

Heute kehrt Großmutter wohlbehalten zurück, und Helen ist in ihrer Erleichterung darüber nicht zu bremsen. Sie rennt die Großmutter vor Freude beinahe über den Haufen. Auch Mama verlässt endlich ihren Sessel am weit geöffneten Fenster, wo sie stumm in den Himmel gestarrt hat. Stunde um Stunde. So, als suche sie hoch da oben am ausgedehnten Firmament nach weißen Kondensstreifen, den möglichen Spuren feindlicher Bomberverbände über Dresden, um dann später ihre Beobachtungen mit den Luftlagemeldungen des Nachrichtensprechers im Rundfunk, die unsere »Goebbels-Schnauze« in der Küche überträgt, zu vergleichen. Vermutlich hatte sie auch hinausgelauscht, um Geräusche in der Luft zu deuten. Damit war sie nicht allein. Auch Helen und ich versuchten uns darin, denn nach allen überstandenen Schrecknissen schien uns jedes Motorengeheul und -gebrumm über den Wolken, auch das hochtourig röhrende Geräusch der spitznasigen, wendigen Tiefflieger am Himmel, wie ein schauerliches Fanal des Todes zu klingen! Das schürte Herzrasen.

Tatsächlich röhrten und knatterten gerade an diesem Frühlingstag wiederholt amerikanische Jagdflugzeuge (Jabos) entlang der Elbe und über dem verwüsteten Stadtkern. Vielleicht gerade dort, wo sich die Großmutter befand? So mochte Mama hin und her gerätselt haben. Es war in der Stadtbevölkerung bekannt, dass keine deutsche Flakabwehr über Dresdens Relikte wachte oder versuchen würde, die darin hausenden oder herumirrenden Menschen vor neuerlichen Gefahren aus der Luft zu schützen. Selbst Herr Dölling brauste plötzlich auf und empörte sich: »In anderen deutschen Großstädten hat sich unsere Flak bei den feindlichen Fliegern immerhin Respekt verschafft und losgebelfert, wenn es drauf ankam! Manchmal wurde sogar unnötig Geld in der Luft verpulvert, wenn feindliche Geschwader das Gebiet dort auch nur streiften! Denn so eine Acht-Acht-Granate kostet schließlich was! Aber uns hier in Dresden lässt man im Stich!« Herr Dölling sprach dabei auch vom 13./14. Februar 1945. Denn selbst in dieser höllischen Nacht war von deutscher Seite kein ernst zu nehmender Versuch gestartet worden, den Großangriff abzuwehren. Das Kommando in der Stadt verfügte schon seit geraumer Zeit über keine nennenswerte Flakabwehr mehr; die dafür vorgesehenen Einheiten waren bereits um die Jahreswende 1944/45 vornehmlich zur Unterstützung der zusammenbrechenden Verteidigungsstellungen an der Ostfront abgerückt oder kamen an anderen Brennpunkten zum Einsatz. Auf dem verlassenen Dresdner Standort der Flakabwehr wirkten Betonrampen und Geschützstellungen wie Attrappen. Die sächsische Hauptstadt blieb fortan gegen drohende Luftangriffe schutzlos. Alliierte Geschwader hatten freie Bahn. Ihre Piloten konnten mit ihren Flugzeugen ungehindert über uns kreisen. Latent schwelte unter der Bevölkerung die Angst vor den Bordschützen der Mustang-Jäger, die blitzschnell im Tiefflug auftauchten, um dann mit Bordkanonen und Maschinengewehren auf alles zu feuern, was sich gerade unter ihnen bewegte, zu atmen schien und offenbar in ihrer Wahrnehmung als »feindliches Objekt« auszulöschen war.

Als nun Großmutter unbehelligt wieder bei uns anlangt, ist auch Mama sichtlich von der schwelenden Sorge um sie befreit.

Neben Mamas Ausblick am geöffneten Fenster steht das Babykörbchen. Die kleine Henriette kullert darin ihren Kopf fortwährend von rechts nach links, von links nach rechts. Ununterbrochen. Ohne einen

Laut von sich zu geben! Sie spielt nicht, brabbelt nicht vor sich hin und reagiert nicht auf mich. Ich wünsche mir plötzlich inbrünstig das Babygeschrei Henriettes aus früheren Tagen zurück, als könnten damit auch alle inzwischen erlebten Schrecknisse ungeschehen sein! Aber Mama ist heilfroh, dass Henriette brav und kein Schreihals ist. »Kleine Babys haben vom Bombenangriff Gott sei Dank nichts gemerkt«, beteuert sie. Dabei schaut Mama kummervoll ins Körbchen. Ich spüre, dass sie ihren eigenen Worten misstraut.

Wir haben alle unsere Ängste, die großen und die kleinen Leute. Und meist verbergen wir sie voreinander. Jeder von uns sucht sich alltäglich neu zu orientieren. Ich glaube, wir Kinder hatten damals vor allem Angst, weil wir nicht genau wussten, was gerade am meisten zu befürchten war.

Heute bangten nicht nur Helen und Mama, sondern auch ich um die Großmutter. Aber das ist nun vorbei! Großmutter schaut munterer aus als sonst. In ihrem Mantel hängt zwar wieder einmal dieser widerliche Gestank, der dem ausgeglühten Mauerwerk der Ruinen anhaftende Mief des kalten Brandes. Aber sie hält triumphal eine Postkarte hoch, die sie vom Briefträger entgegennahm. Und bald lesen wir gemeinsam die fünf kargen Worte: »Bin gut angekommen, Gruß Paul«. Mehr steht nicht auf der Karte. Aber das eiligst hingeworfene Gekritzel ist ein sehnsüchtig erwartetes Lebenszeichen! Das allein zählt! Es wird zur verbindenden Brücke zwischen uns und dem fernen Soldaten.

Großmutter stellt blaue Leberblümchen und zartrosa angehauchte Buschwindröschen in eine Vase. Sie hat die Frühlingsblüher auf ihren beschwerlichen Wegen durch die apokalyptische Dresdner Landschaft, wie sie erzählt, »mitten im Geröll, zwischen Stein und Stein« entdeckt und mitgebracht. Sie nennt die zarten Blüten »Botschafter des Friedens«. Das gefällt mir! Wohlriechende Frühlingsblüher passen in das Bild von einem uns Kindern unbekannten Frieden, das ich mir seit dem Abschiedswort unseres Panzerfahrers fantasievoll ausmale und zusammenreime. Schon weil es im Frieden das versprochene Wiedersehen mit Papa Paul geben wird, wuchern meine Wunschträume. Jetzt aber hat er uns einen Postkartengruß nach Hause geschickt!

Ich weiß nicht, zum wievielten Male wir Papa Pauls sparsame Notiz auch noch am nächsten Tage lasen, als Sirenen zuerst Voralarm, danach

Vollalarm jaulten und Flugzeuggeschwader den Himmel verfinsterten – dann aber das Stadtgebiet überflogen und krepierende Bomben von großem Kaliber im Umland Dresdens absetzten. Die empfundene Nähe zu Papa Paul ermutigte uns zwischen Warten und Bangen im dunklen LSR und ließ uns mit dem Entwarnungssignal etwas erleichterter aufatmen.

Der Postkartengruß Papa Pauls an seine Familie bestärkte Mama wohl auch, im Chaos des ständig neu und erfinderisch zu improvisierenden Kriegsalltages[18] zu bestehen. Selbstverständlich wollten Helen und ich, wir beiden »Großen«, unserer Mama dabei helfen, zumal im zerstörten Dresden kein Schulunterricht mehr stattfand und wir über viel Zeit verfügten. Wie mir Papa Paul aufgetragen hatte, schaute ich – vielleicht etwas wichtigtuerisch – in den Sicherungskasten des Hauses und stellte mich zufrieden, wenn nach einer Stromsperre der Zähler wieder lief. Mama nickte dann anerkennend.

Meist beauftragte uns Mama jedoch, das Lebensmittel-Behelfslädchen im Auge zu haben, um eine erhoffte Warenlieferung nicht zu verpassen. Lebensmittelkarten, die zuvor den Anspruch auf zugeteilte Rationen in Kriegszeiten ausgewiesen hatten, konnten nach dem Angriff in Dresden nicht mehr gedruckt werden. Sofern die Druckereien der Stadt überhaupt noch existierten, verfügten sie über kein Papier. Ohnehin standen kaum Lebensmittel zur Verteilung bereit. Die Depots der Stadt waren teilweise während des Luftangriffs vernichtet worden und die noch existierenden Vorräte in den zurückliegenden Wochen aufgebraucht. Dem Bäcker fehlte das Mehl für Brot und die Kohle für den Ofen. Das Gebäude der nächsten Fleischerei war zwar nur leicht beschädigt, aber die intakten Maschinen standen still und der Laden blieb leer. Es fehlte die Zulieferung von Fleisch. Geeignete Transportfahrzeuge standen dafür nicht zur Verfügung. Die Dresdner hungerten und froren.[19]

Ich erinnere mich, wie Helen und ich nach einem beschwerlichen Weg durch zerklüftete Straßen und Trümmerberge oft mit leeren Taschen heimkehrten. Enttäuscht und erschöpft von der Anspannung. Wir waren an Ruinen vorbeigehastet, in denen sich Obdachlose gerade notdürftig einrichteten und kaum vor Wind und Wetter geschützt schienen. Die Menschen campierten unter erbärmlichsten Bedingungen, ohne Stromanschluss. Wasser wurde aus einer Pumpe beschafft. Sie kochten auf primitivsten Feuerstellen, biwakierten im Freien. Immer wieder explodierten in den alten Mauerresten zu spät entdeckte Zünder. Entsetzliche Geschichten waren darüber im Umlauf! Eine schrecklicher als die andere.

Mit den Augen tasteten Helen und ich unsere Strecke zum Behelfslädchen ständig nach einem geeigneten Unterschlupf ab, um auf Warnsignale der Sirenen oder auf Motorengeräusche am Himmel reagieren zu können. Häufig blieb es beim Voralarm, und wir konnten nach kurzem bangem Ausharren unter einem Mauervorsprung, hinter Gesteinsblöcken oder im Kellerloch einer Ruine wieder hervorkriechen und weiterlaufen. Aufmerksam musterten wir die Straße. Ein kontrollierender Blick auf den Fußsteig wurde zur Gewohnheit, wir wollten Geschosssplittern und Munitionsresten ausweichen. Helen hatte den schauerlichen Bericht über einen zehnjährigen Jungen aufgeschnappt, der mit einem plötzlich detonierenden Blindgänger am Wegesrand hochgegangen war. Wir beide wussten auch von den Jugendlichen, die unweit von unserem Haus im Schutt der Ruinen nach etwas Brauchbarem gewühlt hatten. Scheinbar harmlose Geschosse hatten sie buchstäblich in der Luft zerfetzt!

Auch das Bild eines jugendlichen Kriegskrüppels aus unserer Nachbarschaft ging mir nicht aus dem Sinn. Die Mutter schob ihren »Rollkarrenjungen« mit dem Verwundetenabzeichen, der uns, wie mir Frau Ballian erklärte, für seine Treue zum Führer und zum Vaterland ein Vorbild sein sollte, nur mühsam auf holprigen Wegen vorwärts und stumm an uns vorbei.

Manchmal begegneten wir der etwa 13-jährigen Annelies Steinmann, die bei ihrem Opa untergekommen war. Es hieß, das Mädchen sei nach dem Luftangriff tagelang im Kellerloch eines von der Mine getroffenen Hauses eingeschlossen gewesen. Die Eltern und Geschwister seien erstickt. Annelies habe überlebt, aber wäre seither nicht mehr »ganz bei Trost«. Mich fröstelte bei diesem Gedanken.

Als dann eine ausgeglühte Fassade in der Nebenstraße einstürzte und einen Passanten unter sich begrub, reagierte Helen panisch. Sie weigerte sich mehrere Tage, mit mir auch nur einen Schritt vor die Haustür zu treten. Später misstraute meine Schwester sogar dem Mauerwerk unseres eigenen Wohnhauses, beargwöhnte jeden noch so kleinen Riss in der Decke oder an den Wänden. Nachts, wenn Helen davon träumte, wie die irregewordene Annelies im LSR verschüttet zu sein und Großmutter »das verwirrte Kind« wachrüttelte, stand ihr die innere Not in den Augen.

Schon tags darauf erreichte uns die nächste Schreckenskunde. Sie handelte vom jungen Volkssturmsoldaten Christian Doerfel, dem Sohn einer mit uns befreundeten Familie. Der Junge war im militärischen Verteidigungsbereich Dresden – dessen Linien sich entlang der Elbe, im nahen Umland erstreckten – eingesetzt und an einem trüben Tag im April losgerannt. Seine Beine bewegten sich wie von selbst, weg vom Schützengraben, den Artilleriesperren und Minenfeldern. Er hatte das Pfeifen über den Köpfen nicht ertragen und sich in heller Angst vor den Stalinorgeln rückwärts, und wie die SS- und Feldgendarmerie meinte, in die falsche Richtung bewegt. Ohne Gerichtsverhandlung wurde an ihm das Todesurteil des Deserteurs vollstreckt.

Vielleicht vermerkte ein zuständiger Gruppenoffizier dieses Vorkommnis am Rande des eigentlichen Geschehens in seinem Wehrmachtstagebuch. Aber angesichts alltäglicher Herausforderungen vermochte auch er vermutlich über den unbotmäßigen Jungen nicht länger nachzudenken. Wie ich später bei Einsicht der Pressearchive herausfand, war das frühe Ende des Christian Doerfel den Tageszeitungen damals keine Zeile wert. Die Öffentlichkeit nahm kaum Notiz von ihm. Auch in späteren historiografischen Darstellungen, die das unendliche Leid des Zweiten Weltkrieges in einer »Geschichtsmathematik« aufzurechnen suchen, fällt ein scheinbar unbedeutendes Einzelschicksal nicht ins Gewicht, wird mit keiner Fußnote bedacht. Aber ist nicht gerade im scheinbar Nebensächlichen die Geschichte, das Grauen eines Krieges, überhaupt erst vorstellbar?

Ich erinnere mich der wehklagenden Mutter Christian Doerfels, die uns an einem Frühlingstag im April 1945 aufsuchte: »Das Jungelchen hatte doch noch am 13./14. Februar das Feuer überlebt!« Großmutters Trostworte klangen wie zerbrechliches Glas.

Eigentlich ist mir als Kind von der Geschichte nur diese kummervolle Szene im Gedächtnis geblieben. Erst viele Jahre später erzählte mir Großmutter auf meine Nachfrage hin vom »unbedarften Jungelchen«, das kurz vor Kriegsende seinen »Häschern in die Hände fiel«. Sie wusste noch, dass Standgerichte unbotmäßige Soldaten gerade im Februar, März und April 1945 immer häufiger verurteilten. Erschießungskommandos wüteten rigoros. Im Landgericht Dresden, am Münchner Platz, waren in jenen Wochen die Hinrichtungen von Fahnenflüchtigen, angeblichen Plünderern und sogenannten Gerüchtemachern in vollem Gange. Die von der SS und Feldgendarmerie Aufgegriffenen wurden standrechtlich erschossen.

Mama und Großmutter hatten am 26. März 1945, wie sie noch Jahre später mehrfach beteuerten, die Rückkehr »unseres Panzersoldaten« zu seiner Einheit vor diesem Hintergrund für unabwendbar gehalten. Er selbst war damals, nach Großmutters Schilderung, etwas schwankend zwischen Befehl und Gewissen, im inneren Widerstreit noch ein letztes Mal »eingerückt«. Verstrickt in die Geschehnisse und Zwänge gab es vermutlich viele »Pauls«, die bis an das bittere Ende des Krieges funktioniert und dabei gehofft haben, auch noch die allerletzten Schlachten heil zu überstehen, in die sie von einer willfährigen deutschen Generalität und ihres vom Fanatismus und Ehrgeiz bis zum letzten Atemzug beherrschten obersten Feldherren getrieben wurden. Für Tausende und Abertausende ging diese Hoffnung auf ein Leben »danach« mit der Entscheidungsschlacht um die Reichshauptstadt Berlin nicht auf.

Wir Kinder vermochten damals die heikle Kriegssituation noch viel weniger zu überblicken als die Erwachsenen. Helen und ich bemühten uns, wenngleich mit zwiespältigen Gefühlen, die Meldungen des Rundfunks irgendwie zu deuten. Der Volksempfänger, die »Goebbels-Schnauze«, dudelte den ganzen Tag in der Küche und übertrug Meldungen von der angeblich uneinnehmbaren Festung Berlin, wo wir doch Papa Paul wussten! Nachrichtensprecher lobten den kämpferischen Einsatz der deutschen Soldaten, sprachen gelegentlich auch von ihren unbesiegbaren Panzern. Ich freute mich und wollte daran glauben, wenn von den Chancen der deutschen Truppen und dem baldigen Endsieg die Rede war. Dann lauschte ich gern dem Lied des Soldatenchores »In der Heimat, in der Heimat, da gibt's ein Wiedersehn«. Manchmal bildete ich mir sogar ein, die Stimme Papa Pauls herauszuhören und summte mit, wenn die »leuchtenden Sterne der Heimat«, die »Glocken am fernsten Ort« oder der »kalte Wind im Westerwald« besungen wurden. Zugleich aber peinigte mich das unklare Gefühl, dass mein Papa Paul beständig in großer Gefahr schwebte. Denn ich wusste inzwischen aus eigener Anschauung nur zu gut, dass im unkalkulierbaren Desaster des Krieges auch der Umsichtige und geschickt Agierende vor Unheil nicht gefeit war. Der Starke und der Schwache benötigten im Krieg gleichermaßen die unberechenbare Portion Glück zum Überleben, von der Papa Paul gesprochen hatte, als er eine Woche nach dem Inferno in Dresden seine Familie im Sanka durch die noch qualmende, ruinierte Stadt steuerte und unser Haus tatsächlich noch stand – während ringsum Menschen tot unter den Trümmern ihrer Wohnhäuser lagen. Dieses ungute Gespür für latente Gefahren, die Soldaten im Fronteinsatz, auch meinem Papa Paul, drohten, hätte ich damals als Kind nicht zu beschreiben vermocht. Es nagte in meinem Unterbewusstsein und war auf Dauer einfach nicht mit optimistischen Sendungen des Volksempfängers zu übertönen, so sehr ich das auch versuchte.

Hinzu kam, dass Mama und Großmutter den Radiomeldungen des »Großdeutschen Rundfunks« misstrauten. Sie bezweifelten beide die Wehrmachtsberichte und die zuversichtlichen Kommentare, sofern ihnen die offiziellen Informationen überhaupt jemals zuvor verlässlich erschienen waren. Aber das blieb ein gehütetes Familiengeheimnis, über das man »vor der Tür« kein Wort verlor.

Im Arbeitszimmer Papa Pauls drehten die beiden Frauen so lange am quietschenden Radiogerät Loewe-Opta, bis die gewünschten deutschsprachigen Sender »herangeholt« waren, von denen sie sich wahrhaftigere Informationen versprachen. Aus späteren Erzählungen weiß ich, dass sie in den letzten Kriegswochen von BBC und einem Schweizer Sender aus Beromünster ihre Nachrichten bezogen und dabei versuchten, den möglichen Standort des Ehemannes und Schwiegersohnes, aber auch den Verlauf der Kämpfe, in die er verwickelt war, zu verfolgen. Bei seinem Eintreffen in Berlin hatten die Heeresgruppe Weichsel unter Generaloberst Gotthard Heinrici und die Heeresgruppe Mitte unter Generalfeldmarschall Ferdinand Schörner mit ihren Truppen bereits drei Verteidigungsgürtel um die Reichshauptstadt gebildet. Der äußerste operierte von der Ostsee bis zu 40 Kilometer vor Berlin. Der zweite Gürtel sollte die Hauptkampflinie bei der Abwehr eines Angriffs der Roten Armee auf Berlin werden. Er durchzog die Vororte und Außenbezirke der Stadt. Ein dritter Verteidigungsring orientierte sich am Berliner S-Bahn-Ring, umschloss eine innere Zone, zu der im Stadtkern eine besonders stark befestigte Bastion gehörte. All diese Truppenverbände bildeten zusammen ein einziges Himmelfahrtskommando, dem Papa Paul angehörte.

Helen und mir bestätigte Mama lediglich, dass unsere Soldaten und die feindlichen Truppen nicht mehr an einem entrückten Ort auf dieser Welt – also weit, weit weg von uns – mit »scheußlichen Waffen« gegeneinander kämpften, sondern in Deutschland, rund um Berlin, und »ganz in der Nähe von Großpapa Friedrich!« Mama klang sorgenvoll. Mich beunruhigte aber auch, dass Frau Ballian nicht mehr belehrend zu uns Schwestern, Helen und mir, sagte: »Ihr Kinder könnt unbekümmert spielen, weil unsere Soldaten so tapfer sind und euch beschützen!« Hatte ich früher in solchen Momenten eher weggehört, so wünschte ich mir urplötzlich von unserer Hauswartsfrau diese oder ähnlich klingende Redeweisen »über unsere tapferen und wachsamen Truppen« zurück – vielleicht auch nur das Gefühl, in sicherer Obhut zu sein. Aber Frau Ballian trumpfte nicht mehr mit Hinweisen auf unser »unschlagbares deutsches Heer« auf. Selbst ihr Ehemann hielt sich zurück.

Tröstlich empfand ich allein, dass Papa Paul nicht wie früher »in der zu Eis erstarrten russischen Steppe von Feinden umzingelt« war. Nach dem vom Nachrichtensprecher der »Goebbels-Schnauze« angekündigten »baldigen Endsieg« würde er schneller von Berlin wieder nach Dresden zurückkehren können. Bei diesem Gedanken entsann ich mich seines sicheren Orientierungssinns, den ich als kleines Mädchen so bewundert hatte. Bei früheren Familienausflügen in Wald und Flur, auch im zerklüfteten Elbsandsteingebirge, hatten wir uns niemals verirrt. Immer hatte er uns abends auch wieder heimgebracht. Er würde nach dem Krieg ganz bestimmt den allerkürzesten Weg zu uns finden! Manchmal stellte ich mir den munter ausschreitenden Papa Paul bildlich vor, der seinen Panzer abstellte, auch nicht mehr in einer Wehrmachtseinheit marschierte, sondern ganz allein und zielgerade in unsere Richtung! An diesem Traumbild hielt ich fest und richtete mich daran auf, wenn mich ungewisse Grübeleien zweifeln ließen, von denen nicht einmal Helen hören wollte.

So etwa stand es damals um meine sehr einfältige kindliche Gedankenwelt, die so gar nichts mit der Wirklichkeit gemein hatte. Aber das erfuhr ich erst später, als der Weltkrieg schon Geschichte und der damalige Kampf um Berlin historiografisch dokumentiert und ausgeleuchtet war.

Die Rote Armee hatte am 15./16. April ihre Großoffensive mit dem Sturmangriff auf die Seelower Höhen eingeleitet. Als um 4.00 Uhr in der Frühe ihr wuchtiges Artilleriefeuer die stille Morgendämmerung im Oder-Neiße-Gebiet zerriss und Mündungsfeuer der Geschütze und Granatwerfer aufblitzten, das Heulen und Donnergrollen der Waffen und Detonationen nach Einschlägen kilometerweit zu hören waren, hatte mein Papa Paul in diesem höllischen Szenarium mit seiner Panzereinheit gesteckt.

In kindlicher Ahnungslosigkeit wünschte ich mir etwa zeitgleich, am 17. April 1945, besonders inbrünstig meinen Papa Paul herbei, als die 8. Bomberflotte der USAAF mit 580 fliegenden Festungen ihren bisher größten amerikanischen Angriff während des Zweiten Weltkrieges auf Dresden flogen und die B-17 innerhalb von 84 Minuten mehr als 1500 Tonnen Sprengbomben und in etwa 164 Tonnen Brandbomben abwarfen. Angepeilt wurden dabei vor allem Dresdens Bahnhöfe. Gerade hatten die Dresdner versucht, das Eisenbahnnetz zumindest notdürftig wieder zu flicken, als die Bomben die Gelände des Hauptbahnhofs, des Rangierbahnhofs Neustadt und des Bahnhofs Friedrichstadt umpflügten und in ein wüstes Chaos verwandelten. Umgestürzte, übereinandergeschleuderte Waggons, völlig zerborstene Wagenteile türmten sich nach der Attacke zwischen den qualmenden und zerrissenen Schwellen und zerstörten Gleisanlagen. Danach war das Dresdner Eisenbahnnetz bis zum Kriegsende völlig betriebsunfähig.

Menschen, die in den ohnehin teilzerstörten Wohnvierteln nahe der Gleisanlagen und zwischen den Ruinen oder gar in den Resten der Bahnhofsgemäuer Schutz gesucht hatten, wurden Opfer des Angriffs. Wieder starben an diesem 17. Apriltag Menschen, man spricht von mehr als 450 Todesopfern.

Wir hockten an diesem Tage im dunklen Keller, hörten die Flugzeugmotoren und aus einiger Entfernung schwere Einschläge. Das elektrische Licht brannte nicht. Da es an Kerzen mangelte, flackerte ein einziges »Hindenburglicht«, wie man diese blakenden Tellerlichter nannte, in der Mitte des Raumes und warf unsere Schatten an die Decke. Die Gesichter blieben im Dunkeln. Ich aber weiß in diesem Moment vor allem, dass mein Papa Paul nicht in der Haustür steht und trage an meiner »Verantwortung«, die er mir auferlegte. Zumindest hatte ich seine »Unterweisung für den Ernstfall« so verstanden und erinnerte mich seiner Worte: »Eine Sprengbombe krepiert beim Aufschlag und reißt ganze Häuser nieder.

Dann muss man raus aus dem Keller und unverzüglich ins Freie gelangen, denn es herrscht Einsturzgefahr! Die Stabbrandbomben fallen gebündelt vom Himmel. Sie sind mit Wasser zu löschen und mit Sand abzudecken. Besondere Vorsicht ist bei Phosphorbomben geboten. Sie dürfen nicht von oben mit Sand zugeschüttet werden, da sie dann auseinanderspritzen und viele Brandherde bilden. Selbst der Löschende kann zu einer brennenden Fackel werden. Also ist es besser, rund um die Phosphorbombe Sand anzuhäufeln und sie langsam zu ersticken.«

Noch heute kann ich dieses Kriegsvokabular der damals knapp Siebenjährigen, das den Umgang mit tödlichen Geschossen aus der Luft einschloss, aus dem Gedächtnis abrufen.

An diesem 17. April 1945 mussten weder wir Kinder noch die Erwachsenen unserer Kellergemeinschaft wehrhafte Kenntnisse praktisch unter Beweis stellen. Das amerikanische Geschwader verschonte unser Haus und schwenkte ab.

Aber auch nachdem diese letzten höllischen Viermotorigen abgedreht hatten und zumindest unmittelbar über unserem zerschundenen und ausgebrannten Dresden nicht mehr auftauchten, blieben Anspannung und Angst.

Verhalten lauschten wir nach draußen, als es am 18. April 1945 schon wieder vor unserer Tür schlurfte und plumpste. Herr Ballian kam dieses Mal nicht als Blockwart oder im Auftrag des Reichsluftschutzbundes, sondern vertrat den betagten Postboten, der als Mann des Volkssturmes mit einem letzten Aufgebot der Hitlerregierung hinausgezogen war, um den Feind mit Panzerfäusten aufzuhalten und in die Flucht zu schlagen. So hieß es damals. Herrn Ballian hatte er Briefe und Päckchen zur Auslieferung überlassen.

Der letzte, schon am 29. März 1945 verfasste Feldpostbrief – er war von Papa Paul drei Wochen zu uns unterwegs – fand sich 1985 im Nachlass meiner verstorbenen Mama. Das inzwischen vergilbte, brüchige und, wie mir scheinen will, mit zittriger Hand beschriebene Papier berührt mich noch heute. Auf die administrativ erzwungene Kürze bedacht – ein Feldpostbrief durfte nur einseitig auf das im DIN-A5-Format zusammenfaltbare Blatt geschrieben werden –, teilte unser Panzerfahrer mit, dass er »soeben feldmarschmäßig neu für den Kampf um Berlin eingekleidet« worden sei und mit einem »Frontkampfpäckchen, der Zusatzverpflegung für Panzerbesatzungen, wieder am Platz angelangt war«. Auf den übrigen Zeilen formulierte er einen herzergreifenden Liebesbrief an sein »umschwärmtes Kätchen« und schloss dann:

> »Aus der Ferne hören wir ein Krachen der Granaten, das Bellen der Kanonen und Maschinengewehre der Flieger. Aber ich vertraue der Nachricht aus dem Pappschachtelradio und hoffe auf unser baldiges Wiedersehen, mein liebes tapferes Weib. Es wäre ja recht. Dann sing ich Dir wieder vom Kätchen, an das ich mein Herz verlor. Na, Du weißt schon.
>
> Grüß mir die Mädels. Unser Räbchen wird eine nächste Geschichte vom ›Irrwisch‹ bald schon hören. Grüß auch die schwiegermütterliche Katharina. In Gedanken küsse ich Dich, Dein Paul.«

»Der Krieg geht … aus«, hatte der Sprecher des Pappschachtelradios mit kindlicher Stimme schon vor Jahren verkündet. Und »es wäre ja recht«! Mit Papa Paul hofften wir daheim inständig, dass sich diese Worte endlich erfüllen würden.

In der Vase auf dem Küchentisch blühten die blauen Leberblümchen und die zartrosa angehauchten Buschwindröschen, die Großmutter als »Botschafter des Friedens« aus den Ruinen gepflückt hatte.

Chitler kapuuut!

Unsere Stadt Dresden galt seit März 1945 als Festung! Der Kommandant, der Infanterie-General Werner Freiherr von und zu Gilsa, befehligte im Umkreis die Truppen der deutschen Wehrmacht und ordnete im April 1945 auch den wehrhaften Einsatz weiterer Organisationen und der zivilen Bevölkerung des Festungsbereiches an. Alle Kräfte sollten auf die Verteidigung konzentriert werden. Denn aus allen Richtungen rückten die feindlichen Armeen näher und näher.[20]

Am 21. April 1945 war an Mitteilungsbrettern und in Zeitungen zu lesen, dass der Festungskommandant ausnahmslos alle verfügbaren arbeitsfähigen Frauen und Männer und alle 14-jährigen und älteren Jungen und Mädchen zum »Dienst an Deutschland« verpflichtete. Sie hatten von nun an alltäglich zu früher Morgenstunde und bis in den späten Nachmittag mit Spaten, Hacke und Schaufel für Aufräumarbeiten und zum Stellungsbau anzutreten, Panzergräben auszuheben und Panzersperren zu errichten.[21]

Die verbindliche Weisung galt nicht für Mütter mit Babys in Henriettes Alter. Auch Großmutter musste sich in ihrem fortgeschrittenen Alter nicht, wie sie sagte, »dem hirnrissigen Unterfangen des Gilsa« zur Verfügung stellen. Sie hielt es auch für eine »Wahnsinnstat des Festungskommandanten«, auf der zerschundenen Brühlschen Terrasse mit Tarnnetzen bedeckte Geschütze aufstellen zu lassen. »Gestorben wurde in dieser Stadt wahrhaftig schon genug«, brummelte sie noch Jahrzehnte später und erinnerte sich auch an das Treiben der SA-Zentrale in der

Radebeuler Lößnitzburg, an die verhängnisvollen Befehle des Generals von Alversleben an SS-Polizeitruppen, die unheilvolle Kriegszeiten nur ausweiteten und vielen Menschen das Leben kosteten. Auch an das im April 1945 verminte Bahngelände, in dem eine junge Frau mit ihrem Kind den Tod fand. Und an den Radebeuler Einwohner, der einen Holzbalken von der Panzersperre entfernte und deswegen von einem SS-Kommando erschossen wurde! Sie erzählte später auch von der beklemmenden Stimmung unter den Bewohnern ihres Radebeuler »Hospiz für Gestrandete«. Seitdem am 22. April 1945 die Rote Armee bereits in Großenhain und Bischofswerda stand, heftiges Artilleriefeuer vom nahen Meißen vernehmbar war und russische Truppen an der Stadtgrenze zu Radebeul operierten, war das Zittern und Zagen unter den Bewohnern der Villa höchst dramatisch gewesen.

Helen und ich hatten währenddessen Flugblätter in unserem Dresdner Hausgarten entdeckt. Tote deutsche Soldaten und Zivilisten waren darauf abgebildet. Grauenvolle Bilder. Seit Wochen trudelten bedruckte Zettel, auf denen Szenen der Schlachtfelder zu sehen waren, immer mal wieder auf uns herab. Diese »Luftpost des Feindes« forderte die Dresdner Einwohner auf, ihre Stadt beim beabsichtigten Einmarsch alliierter Truppen widerstandslos preiszugeben, um so weiteres Sterben auf beiden Seiten der Frontlinien zu vermeiden. »Kinder, liefert das bloß ab! Am besten gar nicht reingucken. Was steht denn drauf?«, fragte Frau Dölling, als sie die Flugblätter unseren Händen buchstäblich entriss.

Wenige Minuten später beobachteten wir Kinder des Wohnviertels gebannt Angehörige des Volkssturms, die nicht sehr weit von unserem Haus entfernt Maschinengewehre in Stellung brachten, Deckungen bauten und eine Barrikade aus aufgetürmten Trümmern errichteten. Sie verlegten Steinplatten zu einer Treppe, über die sie hinauf auf ihre Barrikade gelangen und hinüberklettern konnten. Als wir, die umstehenden Kinder, das ausprobieren wollten, scheuchten sie uns zurück und sagten »heiße Straßenkämpfe« voraus, vor denen wir uns besser bei den Müttern verkriechen sollten.

Auch Großmutter hatte unterwegs eine Barrikade der »nachgemachten Soldaten«, wie sie den Volkssturm nannte, entdeckt. Sie spöttelte bitter über dieses »kuriose Hindernis« aus Schutt und Geröll, einem umgekippten Autowrack und einer rostigen Badewanne, das vielleicht einer

»alten Frau den Weg völlig unnütz versperrte, aber den Einmarsch der Russen oder auch der Amerikaner nicht stoppen« werde!

»Lass das bloß Frau Ballian nicht hören!«, erwiderte Mama. »Die ist wahrscheinlich noch stolz darauf, dass nun auch noch der Hansl eingezogen wurde und in der Uniform des Volkssturms dem Feind heldenhaft begegnen soll! In der Hosentasche einen Kamm, eine Tube Pomade und Klopapier, im Ärmelaufschlag den Marschbefehl, so zog er los um die Russen zu erschrecken!«, witzelte nun auch sie.

Ich hatte Hans Ballians Abschied von seinen Eltern an der Gartenpforte beobachtet und dieses leise »Pass auf dich auf, Junge« mehr erraten als erlauscht. Zu früherer Zeit hatte Frau Ballian – auf ihren davonmarschierenden Hitlerjungen Hans mit der Landsknechtstrommel vorm Bauch weisend – stolz zu meiner Mama gesagt: »Unsere deutsche Jugend ist forsch und schneidig wie keine andere auf der Welt!« Aber dieses Mal wirkte Frau Ballian auf mich unsicher, obwohl ihr Hans doch schon als richtiger Frontsoldat davonmarschierte! Denn er gehörte nun zur »kämpfenden Truppe«, wenn man das Chaos der zurückweichenden Einheiten der Wehrmacht im Festungsbereich und besonders das – wie Großmutter formulierte – »in den Tod geschickte Volkssturmhäuflein« so nennen wollte. Frau Ballian schien jedenfalls schwer ums Herz. Und kaum jemand in der Stadt fühlte sich von »unseren Einheiten« wohlbehütet.

Die Frage, die sich Dresdner damals von Stunde zu Stunde neu stellten, lautete: Aus welcher Himmelsrichtung wird unsere Stadt zuerst von Feinden gestürmt oder überrannt? Es konnten ja nicht nur die Russen, von der Neiße her vorstoßend, sondern auch die Amerikaner sein, die sich unserer Stadt aus westlicher Richtung näherten. Bereits seit dem 5. April 1945 rückten Einheiten der 2. Division der 1. US-Armee von Kassel aus in Richtung Leipzig vor, nahmen am 18. April 1945 diese sächsische Metropole ein und näherten sich Tage danach Ort für Ort und Landstrich für Landstrich mit einzelnen Truppen Dresden. Ohne auf einen nennenswerten deutschen Widerstand zu stoßen, drangen vereinzelte amerikanische Einheiten für Tage in Dresden ein, um sich aber beim Vorrücken der Russen wieder zurückzuziehen. Mir selbst sind höchst unklare Erinnerungen an ein oder zwei Tage haften geblieben, an denen Amerikaner gerade in unserem Wohnviertel haltmachten, auf einer Wiese und zwischen Trümmern lagerten, dabei von Kindern, unter denen ich mich nicht befand, umringt wurden. Mir machten gerade die Amerikaner Angst, auch wenn sie dieses Mal unsere Stadt nicht aus der Luft angriffen und nicht aus ihren Flugzeugen Bordwaffen auf uns richteten, sondern »nur« als Besatzer einrückten. Ich war erleichtert, als sie so plötzlich, wie sie gekommen waren, am 28. April 1945 wieder aus unserem Blickfeld verschwanden.

Was blieb, war die verbreitete Höllenangst vor den Russen. Eine irrationale Bolschewikenfurcht wucherte! Die jahrelange Feindpropaganda der Nationalsozialisten hatte sich in den Köpfen selbst von uns Kindern festgesetzt.

Manchmal betuschelten Erwachsene auch das Verhalten der Deutschen während des Russlandfeldzuges und wussten um die »Taktik der verbrannten Erde«. Helen hatte die Geschichte eines Einarmigen aufgeschnappt, der vor seiner Verwundung als ehemaliger Infanterist der deutschen Wehrmacht im Sommer 1944 beim Rückzug selbst dabei gewesen war, als russische Dörfer, Ländereien und Wälder lichterloh brannten und ein dort heimischer Bauer, ein Greis mit tief zerfurchtem Gesicht, die Hände bittend und beschwörend hob, bevor ihm die Gewehrkugel des Deutschen traf. Der Kriegsversehrte hatte nun Umstehende gewarnt, »beim nahenden Einmarsch rachedurstiger Russen auf das Schlimmste gefasst« zu sein. Seine Angst übertrug sich, wie die Furcht jener Flüchtlinge, die bereits Feindberührung gehabt hatten und deren Geschichten weiterhin die Runde machten. Am Ende schien der Dresdner Bevölkerung jeder andere Militärstiefel lieber zu sein als der russische.

Auch die flüsternden Gespräche der Frau Ballian mit einer Vertreterin des NS-Winterhilfswerkes (WHW), die in unserem Wohnviertel gelegentlich Haussammlungen organisierte, dabei kleine Holzfiguren und anderen Schnickschnack natürlich »für den guten Zweck« verkaufte und auch sonst bei unserer Portiersfamilie dann und wann vorbeischaute, widerspiegelten diese Grundstimmung. Beide Frauen standen vorm Treppenaufgang im Erdgeschoss unseres Hauses, steckten die Köpfe zusammen und bejammerten Schreckgespinste. Von Mord und Totschlag und dem Missbrauch der Frauen wussten sie »ganz sicher«! Frau Ballians Schauergeschichten vom bolschewistischen Untermenschen, die unsere kindliche Fantasie überforderten, wurden von der Frau vom WHW, die ohne ihre Sammelbüchse unterwegs schien, fast noch überboten. Denn sie hatte davon gehört, dass der »Iwan« mit Schnaps abgefüllt zur unberechenbaren Bestie verkommt! »Und diese Ungeheuer stehen nun an den Toren unserer Stadt!«, wehklagte Frau Ballian.

»Wo sind die Tore unserer Stadt?«, flüsterte Helen. Wir Mädels rätselten eine Weile über das belauschte Gespräch, bis uns Mama erwischte, die Wohnungstür hinter uns schloss und sagte: »Gerüchte und Parolen verpesten die Luft!« Sie nannte die Unterhaltung im Erdgeschoss »Getratsche«. »Langes Nachgrübeln stiftet nur größere Verwirrung und bringt die Dresdner Bevölkerung gänzlich durcheinander«, erklärte sie entschieden. Und durcheinander möchte Mama nicht sein. So weit wollte sie es gar nicht erst kommen lassen! Schon deshalb hastete sie unstet hin und her. Sie packte wieder einmal das Allernötigste in Koffer und Taschen. Für unsere baldige Flucht zu Verwandten aufs Land. Fast schien es, als wolle sie ihre eigene angestaute Furcht gleich mit wegpacken.

Großmutter riet zu kleineren Gepäckstücken, die man leichter tragen könne. Das hieß abermaliges Umpacken. Mama stöhnte und wollte von uns Kindern ganz und gar nicht gestört werden!

Jahre später hätte ich gern einmal gewusst, was Mama damals für das Allernötigste hielt und eiligst in die Reisetaschen stopfte. War es Schmuck? Das Zwiebelmusterporzellan? Ein silbernes Besteck? Gläser, aus denen sich schon unsere Vorfahren zugeprostet hatten? Ein Gemälde vom alten Rittergut der Familie? Fotos? Dokumente, amtliche Papiere, Tagebücher, Briefe? Wärmendes Bettzeug? Die Wolldecke fürs Kleinkind Henriette? Wäsche, Kleidung, Wegzehrung? Papa Pauls goldene Uhr? Nie habe ich erfahren, woran Mama in diesen Stunden ihr Herz klammerte und was sie für unentbehrlich hielt, worauf sich ihr Sinnen und Trachten konzentrierte, als sie wieder einmal hinter der Tür ihres Zimmers verschwand.

Abends wurde die Atmosphäre düsterer, als das Wummern und Krachen explodierender Granaten und das Rattern der Maschinengewehre aus der Ferne nicht mehr zu ignorieren waren. Der Gefechtslärm rückte näher und näher und näher. Plötzlich heulte und jaulte es. »Wie ein Rudel Wölfe«, murmelte Großmutter. Gleich darauf hing ein dumpfer Geschützdonner in der Luft. Es rumpelte.

Irgendwann fielen uns Kindern die Augen zu. Im Halbschlaf vernahmen wir bis zum Morgengrauen ein fernes Getöse. Das Donnergrollen letzter Kriegsgefechte.

Während wir Kinder dahindösten, nutzten Ballians, Döllings und Fischers nachts die klaren Sichtverhältnisse und beobachteten aus der Dachetage unseres Hauses »Einschläge auf den Dresdner Wachwitzhöhen und im Stadtteil Oberloschwitz«. Davon erzählten sie in der Frühe, von diesen »gespenstischen Feuerblitzen«.

An den nun folgenden Tag erinnere ich mich ganz besonders. Helen und ich saßen im Mädchenzimmer. Durch die Ritzen der Bretter im Fensterrahmen pfiff der Wind und flackerte Tageslicht herein. Es dröhnte und grummelte gerade, als wir das Fenster öffneten. Helen zählte mit erstarrtem Gesicht Minuten, manchmal nur Sekunden zwischen den aufblitzenden Einschlägen und dem Krachen in der Luft, als könne man aus der Zeitdifferenz wie bei einem Gewitter auf die Entfernung schließen. Als sei es beruhigend, wenn sie nach einem Lichtblitz gerade einundfünfzig, zweiundfünfzig, dreiundfünfzig und weiter zählte, bevor ein erneutes Bersten die Atmosphäre zerriss.

Ich wickelte mich in eine Wolldecke und bemalte mit klammen Fingern ein Stück Pappe. Ein Haus sollte darauf zu sehen sein, in das die Sonne durch große Fenster schien und in dem die ganze Familie wohnen konnte. »Wir sind auf dem Land« wollte ich darunterschreiben, denn mein Pappschild sollte Papa Paul bei seiner Rückkehr aus Berlin den Weg zu uns weisen.

Viele Dresdner benachrichtigten ihre Angehörigen ähnlich. In den Trümmern, an den Ruinen und Mauerresten hingen ihre Nachrichten auf Papier gekrakelt, oder sie waren mit Kreide auf das Gestein geschrieben. Ich hatte einige davon entdeckt und gelesen. »Die Familie Winter lebt!«, stand da. Oder »Peter, wo bist du? Melde dich bei der Familie Schleinitz aus Meißen«. Und »Mama und Jule sind bei Oma in Seidnitz!« Und so weiter und so fort. An unserer Wohnungstür wird Papa Paul lesen: »Wir sind auf dem Land!«

Vorsorglich stellte ich für unsere Reise meinen Puppenwagen mit dem Baby Elsa zu Mamas Gepäckstücken in die Diele.

Plötzlich sagte Helen: »Die Russen besetzen nicht nur unsere Stadt, auch das Land! Alle Häuser! Die Engländer und Amerikaner, die Dresden zerbombt haben, kommen auch hin. Ihre Tiefflieger beschießen

dort Kinder, wie am Elbufer!« Helen hatte davon gehört. »Wir werden
es sehen!«, sagte sie.

Noch bevor Mama mit uns Mädchen und all dem vorbereiteten
Gepäck zu dem Landgut der Verwandten aufgebrochen war, lief eine
Schreckensbotschaft von Mund zu Mund: »Die Russen marschieren
in Dresden ein!« Das war am 2. Mai 1945. Der Stadtkommandant zog
seine Truppen zurück und gab sich geschlagen. Nur einige versprengte
deutsche Widerstandsnester in der Stadt ignorierten seine Weisung und
bekämpften die Russen weiter. Jedenfalls erinnerten wir uns später in
der Familie daran, am 7. Mai 1945 noch Gefechtslärm und brummelnde
Kanonen gehört zu haben. Am nächsten Tag, am 8. Mai 1945, als das
Ende des Krieges mit der bedingungslosen Kapitulationserklärung der
deutschen Wehrmacht in Berlin-Karlshorst besiegelt war, marschierte
die Rote Armee ungehindert in Dresden ein.

In der Stadt tauchten »Nachrichten für Deutsche« auf. Sie hingen an
Mauerresten, Ruinen und Pfosten: »Seit Mitternacht schweigen an allen
Fronten die Waffen.« Vor den Aushängen drängelte sich die Bevölkerung.
Manche Lesenden blieben stumm. Andere gestikulierten und diskutierten
wild, einige berieten sich ruhig und besonnen. Keiner wusste wirklich,
was zu tun und zu erwarten sei.

Großmutter meinte später einmal: »Die ganze Dresdner Bevölkerung
befand sich in einem halbirren Schockzustand, der alle normalen Reaktionen auf das befürchtete Unglück unmöglich machte.« Sie selbst war
über die verlängerte Hauptallee des Großen Gartens zur Winterbergstraße geeilt, um, wie sie später betonte, »diesen Mannsbildern, den dort
einmarschierenden Soldaten der Sowjetarmee, beinahe verwundert in die
Gesichter zu schauen! Diesen Burschen in den zerfetzten Wattejacken,
ausgebeulten Hosen, zerlatschten Stiefeln, die es aus entfernten russischen
Steppen bis zu uns nach Dresden geschafft und unterwegs deutschen
Soldaten auch noch die Hölle heiß gemacht hatten!« Sie erinnerte sich
weiter der Panzer, Geschütze, Lastwagen, Gespanne mit erstaunlich
kleinen Pferdchen davor und bespannten Feldküchen, die an diesem Tag
am Straßenrand haltgemacht hatten.

Mama war mit ihren drei Mädels beim Einmarsch der Russen daheim-
geblieben. Sie entsann sich später des »eiskalten Schreckens«, der sie
durchzuckt hatte, in jener Stunde, an jenem Tag. Als all ihre Sinne nur auf

diese »Fremdlinge« konzentriert waren und sich böse Vorahnungen erfüllen konnten. Nur auf den Moment fixiert, waren ihr Vergangenheit und Zukunft gleichermaßen irreal erschienen, während sowjetische Soldaten mit schwerem Tritt siegreich durch das zerschundene Dresden stapften. Vorbei an Skeletten der Gebäude, einem Gewirr von Fassaden ohne Dächer und verrußtem Gestein, aus denen Menschen hervorblickten, die mit einem Minimum an Wasser, Nahrung und Wärme zu überleben suchten.

Der damalige Oberbefehlshaber der 5. Gardearmee, General A. S. Shadow, beschrieb seine Eindrücke von jenem 7./8. Mai 1945 beim Einmarsch in Dresden so: »[D]ie Stadt selber war [...] zerstört. Wir mussten aufpassen, nicht in den Trümmern steckenzubleiben. Ich habe dieses Dresden 1945 gesehen – ich werde das nie verstehen, wie man eine solche Kulturstadt so vernichten kann [...].

Die Kämpfe waren schwer [...]. Dresden selbst wurde von 17 Infanteriebataillonen verteidigt, die 75 Panther hatten, 335 Geschütze und 620 zum Teil eingebaute MGs. Es waren die Reste verschiedener Divisionen. Allein in den Straßen der Stadt hatte meine Armee noch einmal 200 Mann an Toten zu beklagen, obwohl die Hauptkämpfe vor der Stadt gewesen waren« (Bergander 2006, S. 281).

Helen und mich hielt es in den folgenden Tagen nicht länger am offenen Fenster. Von Mama unbemerkt, liefen wir zusammen mit anderen Kindern unseres Wohnviertels auf die Straße, beobachteten aus gebotener Entfernung unterschiedliche Gestalten in erdbraunen Uniformen, sahen in fremde Gesichter. Viele waren kahl geschoren. Glatzköpfig. Mongolen, wie wir damals sagten, vermutlich Tadschiken und Turkmenen. Sie wirkten auf uns besonders exotisch und unheimlich zugleich. Wörter in einer unbekannten Sprache schwirrten zu uns herüber. Unbekannte Gerüche zogen umher. Siegestrunken klangen die Gesänge.

Am nächsten Tag machte eine Schwadron Kosaken von sich reden. Sie hatte sich irgendwo am Stadtrand einquartiert. Die wild und ungebärdig wirkenden Reiter ließen sich nach abendlichen Zechgelagen auch kurz in unserem Viertel blicken und verbreiteten allein durch ihr Gehabe Angst und Schrecken unter der Bevölkerung. Das war eher unbegründet.

Bedrohlicher waren am Ende andere Truppen der Sowjetarmee: das Fußvolk, das zu wüten begann. Sie stahlen, plünderten, requirierten.

Sie vergewaltigten Frauen und Mädchen. Wie ein Lauffeuer verbreitete sich die Kunde von der erlittenen Schmach, die Helen und ich wie ein einziges Verhängnis verstanden, ohne wirklich zu erfassen, was vor sich ging. Frau Ballian sprach von »Iwans, die sich in ihrer Wut an wehrlosen Stadtbewohnerinnen vergriffen«.

Im Gedächtnis blieb mir aus eigenem Erleben ein Tag: Großmutter, Mama und wir Kinder hocken verstört in unserer Wohnung, als es an der Tür wummert. Rotarmisten, die »Iwans«, schlagen mit Fäusten und Waffen gegen die Vordertür zur Diele. Sie brüllen, treten gegen das Holz, es kracht und plötzlich stehen sie vor uns. Eins, zwei, drei, vier ... Ich zähle nicht weiter. Sie tragen Gewehre in der Hüfte und fuchteln mit Pistolen vor unseren Nasen. Einer spuckt ins Zimmer, fläzt sich breit in den Sessel und fixiert uns. Eiskalt wirken seine blitzenden Augen.

Ein anderer Kerl mit großer Hakennase, von dem die Großmutter später meint, er sei ein Kaukasier gewesen, sammelt Uhren. Er trägt mehrere übereinander an seinem Arm und fordert auch von Großmutter und Mama: »Uri, Uri, Uri!« Beide übergeben willfährig ihre Uhren und sollen auch alle Ringe und Schmuck abliefern. Ohne jeden Protest tun sie das. Ich beobachte es entsetzt, denke an Frau Ballians Bemerkung über die »wehrlosen Stadtbewohnerinnen« und schließe daraus, wie recht- und schutzlos auch wir selbst sind.

Die Eindringlinge fordern Schnaps, werden offenbar wütend, als Mama ihn nicht vorrätig hat und geben sich dann mit Rotwein zufrieden. Im Nebenzimmer fällt währenddessen die große alte Standuhr mit lautem Getöse zu Boden. Ich luge vorsichtig hinüber. Die Schranktüren stehen weit offen. Schubladen sind aufgerissen. Ein großer Blonder mit niedriger Stirn und kurzem Bürstenhaar wühlt mit Riesenpranken darin. Ein anderer trampelt auf Papa Pauls Foto, das ihn als uniformierten Panzerfahrer abbildet. »Faschiiist! Faschiiist!«, brüllt er und »Chitler kapuuut!«[22] Ein Mongole, wahrscheinlich ein Tadschike mit zerklüftetem Gesicht, stochert mit der Spitze seines Bajonetts in unseren Matratzen und Betten, sodass die Federn fliegen.

Großmutter glaubte im Rückblick, die »Bande« habe nach Waffen gesucht, und Schuld daran sei auch Herr Dölling aus dem Erdgeschoss unseres Hauses gewesen, der sich, wie wir erst später erfahren, mit einer roten Armbinde versehen vor den Eindringlingen als Kommunist »offenbarte«,

alle anderen Bewohner unseres Hauses als »Nazis« bezeichnete, selbst aber
auf diese Weise von den Übergriffen der Plünderer verschont blieb. Das
erklärte zumindest teilweise, so schien uns später, das wütende Verhalten der
Marodeure an diesem Tag. Es waren Szenen des Ingrimms, des Zornes, der
Vergeltung, vielleicht auch der verzweifelten Wut jener, die selbst in diesem
Krieg so unendlich viel Leid und Schmerz durch Deutsche ertragen mussten.
Das ahne ich heute. Damals war ich nur entsetzt über ihr Verhalten.

In der Begleitung dieser plündernden Rotarmisten befand sich eine
polnische Fremdarbeiterin mit einem Kind an der Hand. Wie wir erst
später erfuhren, hatten sich den plündernden Rotarmisten in vielen Fällen
polnische Frauen aus einem Lager für Fremdarbeiterinnen in Dresden-
Seidnitz angeschlossen. Es wurde sogar erzählt, dass Polinnen russische
Soldaten dazu animiert hatten, mit ihnen deutsche Wohnungen auszu-
rauben. Das dann bevorzugte Beutegut bestand aus Wäsche, Kleidung,
Schuhwerk und Schmuck. Auch bei uns durchwühlte die Polin Schränke,
fledderte und raubte. Schließlich schleppten unsere ungeladenen Maro-
deure alles weg, was sie greifen konnten. Mamas gepackte Koffer und
Taschen mit dem Allernötigsten ließen sich besonders gut davontragen.
Auch meinen Puppenwagen nahmen sie mit. Die Polin legte meine Puppe
Elsa in den Arm ihres Kindes. Ich sah es ganz genau!

Darüber war ich völlig verstört, erkrankte mit hohem Fieber und
konnte mich erst nach Tagen und Wochen mühsam wieder aufrappeln.
Übrigens machte die Geschichte eines seiner Lieblingspuppe beraubten
kleinen Mädchens in unserem Wohnviertel die Runde. Sie wurde wahrscheinlich dramatisch ausgeschmückt und führte dazu, dass ich von
allen Seiten solidarische Zuneigung spürte. Ich wurde mit großen und
kleinen Puppen aus Porzellan, aus Zelluloid und aus Stoff beschenkt, die
anderen Kinderzimmern entstammten und nun bei mir landeten. Meine
Babypuppe Elsa und der Puppenwagen, Papa Pauls Geschenk, blieben
dennoch unersetzlich.

Später habe ich mich darüber gewundert, dass ausgerechnet mein
kindliches Kümmernis so viel Aufmerksamkeit erhielt. Ich vermute heute,
dass sich meine Geschichte leichter erzählen ließ, als all die schrecklichen
Ereignisse, die sonst noch geschahen. Die Menschen konnten sich damit
gegenseitig zeigen, dass man gegen erlittenen Seelenschmerz etwas unternehmen konnte, also nicht gänzlich hilflos blieb.

Nach der Plünderung unserer Wohnung und während ich um mein verlorenes Puppenkind trauerte und kränkelte, versteckten wir uns zusammen mit anderen Leuten, die ich zuvor nur vom Sehen gekannt und von Weitem gegrüßt hatte, einige Zeit in einem kleinen Restaurant, das sich – teilweise durch Bomben zerstört – hinter Ruinen befand und von den Russen unentdeckt blieb. Die Frauen trugen Kopftücher, schwärzten ihre Gesichter und wollten nicht mehr schön sein. Nachts campierte unsere Notgemeinschaft auf harten Bänken und Stühlen. Tags flüsterten wir miteinander. Keinerlei Geräusche durften nach draußen dringen. Alle bebten und zitterten. Denn selbst in unsere Abgeschiedenheit sickerten immer schrecklichere Horrorgeschichten von dem Wüten der russischen Besatzer.

Der besondere Zorn der Sieger galt, wie man sich erzählte, Deutschen, die ihnen in den ersten Nachkriegstagen als eifrige Nationalsozialisten benannt wurden und als potenziell gefährliche Widersacher der Besatzungsmacht erschienen. Der Hass auf verdächtige deutsche Uniformträger war besonders groß, sodass man selbst Eisenbahner und Feuerwehrleute aufgriff, sogar einen alten Hotelportier, der nach dem Verlust seiner Habe während des Luftangriffs in seiner Dienstkleidung umherlief. Auch ein Postbote, ein SS-Mann und ein ehemaliger Wehrmachtssoldat, der zum Kriegsende in einer Ruine untergetaucht war und versäumt hatte, sich rechtzeitig zivile Kleidung zu beschaffen, gerieten ins Visier.

Der bloße äußere Anschein, der geringste Anlass, Missverständnisse und oft willkürliche Beschuldigungen von Denunzianten reichten aus, um das Schicksal der Beargwöhnten schnell und für immer zu besiegeln.

Seit dem Einmarsch der Russen gehörte ein schreckliches, für ein Kind schwer auszusprechendes und noch schwerer zu begreifendes Wort zu meinem Vokabular: die Liquidation. Man »liquidierte« Menschen, weil sie eine deutsche Uniform trugen. So stellte sich mir das dar. Dass Nazis lange zuvor gerade diesen Begriff der Liquidation für Menschenvernichtung gebraucht hatten, erfuhr ich viel später.

Dieses Mal wünschte ich mir Papa Paul nicht herbei. Ich war sogar erleichtert, dass sich »unser Soldat«, mein Papa Paul, nicht daheim oder in unserer unmittelbaren Umgebung befand und so – wie ich mir einbildete – weniger Gefahr lief, Opfer der Willkür russischer Soldaten zu werden. Das wutverzerrte Gesicht des Plünderers, der auf dem Foto des deutschen Panzerfahrers herumtrampelte, blieb mir vor Augen. Die Russen konnten ja nicht wissen, dass sich hinter der finsteren Montur kein »Faschiiist«, sondern mein Papa Paul verbarg, der sich bei seinem letzten Abschied von daheim ein »Wiedersehen im Frieden« gewünscht hatte, mit dem sich die Nachricht aus dem Pappschachtelradio erfüllen würde.

Schatten ihrer selbst

Die nun folgenden Tage, die Großmutter, Mama und wir Kinder in bunter Zufallsgesellschaft mit anderen Unterschlupfsuchenden im mittelalterlichen Kellergewölbe und den darüber befindlichen Gaststuben des teilzerstörten alten Restaurants verbrachten, gehören nicht zu meinen abrufbaren oder gar heraufdrängenden Kindheitserinnerungen. Kaum mehr als die faulig dumpfe Luft und ein hartes Lager, das die Wirtsleute zwischen zwei Holzstühlen »dem kranken Kind« gerichtet hatten und auf dem ich fröstelnd und fiebrig – wie Mama später sagte: »völlig konfus über den Verlust der Puppe Elsa« – vor mich hin dämmerte, ist mir davon im Gedächtnis geblieben.

Ich kann mich bei meiner Rückschau aber an Mamas Schilderungen am bunten Anekdotentisch der Familie halten, die sie allerdings in einem leicht ironischen Tonfall ein oder auch zwei Jahre nach unserer – wie sie sich ausdrückte – »unfreiwilligen Flucht ins Verlies« zum Besten gab. Man konnte bei ihrer Darstellung den irrigen Eindruck gewinnen, sie selbst sei lediglich eine distanzierte Beobachterin der »Misere« im »engen, dunklen Kerker« mit dem »notdürftigsten sanitären Provisorium«, »in diesem entsetzlichen Mief menschlicher Ausdünstungen« gewesen, in der »die Insassen« – über die sie mit dem Abstand der damals inzwischen vergangenen Monate und Jahre leicht spöttelte – »panisch verwirrt«, »völlig konsterniert« in »ihrer Angst vor dem Iwan abwechselnd durchdrehten«. Wie diese junge Frau, der – wie Mama sich ausdrückte – »Böses widerfahren war« und die »ständig mit dem Gedanken spielte, ihrem Leben ein Ende zu setzen«. Man hatte die Frau damals »im Auge behalten müssen – so verrückt, wie sie war!«

Heute vermute ich, dass sich Mama mit einigem Sarkasmus in ihren Schilderungen von der eigenen beklemmenden Erinnerung an diese düsteren Tage zu befreien suchte, an selbst durchlittene dunkle Stunden (von denen ich viel später einmal nur andeutungsweise erfuhr), in denen auch Mama der Mut zum Weiterleben verlassen wollte und sie ihn an Großmutters Seite in einem beherzten Moment erst wieder finden musste. Denn schließlich hatten auch wir, ihre Familie, in diesem ganzen »Lamento«, über das sie nun heiter-verächtlich, stellenweise sogar etwas boshaft witzelte, gesteckt. Genau wie die anderen Frauen hatte sie sich, begleitet von Großmutter und uns Kindern, furchtsam und vermutlich gedemütigt von den hochmütigen Allüren und dem despotischen Gehabe der Sieger ins dunkle Verlies verkrochen und war auch äußerlich kaum von all den Frauen zu unterscheiden gewesen, die sie nun parodierte und sich eigentlich dabei selbst auf die Schippe nahm. Einzelne Episoden, die sie zum Besten gab, lassen aber die bedrückende Atmosphäre im Kellergewölbe des Restaurants erahnen. Mama sprach von der Frau Studienrätin Gröbius, die, angescheußelt wie eine »schmuddlige Alte«, am feuchten Fußboden kauerte, »jede Kontenance« verlor und ständig jammerte: »Warum sind bloß die Amis wieder weg und haben uns den Russen überlassen?« Von der Ehefrau des zur Nazi-Hautevolee gehörenden Amtsvorstehers, die ihren dicken Sohn nicht aus dem Arm ließ, der wegen seiner Drüsenstörung erst im letzten Augenblick – und wie diese Frau sagte »Gott sei Dank nur beinahe!« (Mama: »Und das aus dem Mund dieser Nazisse!«) – zum »Volkssturm« eingezogen wurde. Von der kinderreichen Frau, die ihre »wilde Bande« in dem engen Verlies einfach nicht zur Räson brachte, wo doch Stille herrschen musste und die Frauen abwechselnd am Guckloch das Vorgehen »da draußen« angestrengt beobachteten. Damals – als auch Mamas Herz raste.

Irgendwann war dann – so entsann sich später auch Großmutter in eher sachlicher Tonart – ein junger Mann in abgewetzter Wehrmachtsuniform in unser Versteck gelangt und umarmte in der finsteren Wirtsstube seine Frau. Er hatte zu einer kleinen versprengten Gruppe deutscher Soldaten gehört, die, eigenen Impulsen folgend, in den letzten wirren Kriegstagen nicht länger bereitwillig den Befehlen ihrer Vorgesetzten gehorchte und sich auf eigene Faust von der Truppe entfernte. »Zuerst entledigten sich die Jungs ihrer Schnellfeuergewehre, Maschinenpistolen und Pistolen, warfen die Gasmasken und Gasplanen weg«, hatte der Ankömmling erzählt. »Manche schleuderten auch die Soldbücher und Erkennungsmarken in hohem Bogen von sich!«

Dann hielten sie sich, nach seiner Darstellung des Geschehens, verstreut abwartend im Elbsandsteingebirge vor den südwärts nach Tschechien ziehenden Truppen der Roten Armee verborgen. Erst als sich die Kunde von der deutschen Kapitulation herumsprach, trauten sie sich auf den Weg nach Hause und mussten nicht mehr fürchten, vom Heldenklau aufgegriffen und am nächsten Baum aufgeknüpft zu werden. Beinahe wären sie allerdings in die Fänge braun uniformierter russischer Soldaten geraten! Heimwärts strebende deutsche Wehrmachtsangehörige wurden zu Tausenden auf einer Wiese zusammengetrieben. »Dawai! Dawai! (Los! Tempo!)« Mit dem Gewehrkolben im Kreuz taumelten auch ehemalige Kriegskameraden aus der Gruppe zur Sammelstelle und gerieten in russische Gefangenschaft. Drei Männer blieben unentdeckt und hatten sich bis nach Dresden durchgeschlagen. Einer der Flüchtenden stand damals vor unserem, wie Mama sagte, »erbärmlichen Häufchen Elend«.

Vielleicht brachte gerade diese alle im Kellerverlies anrührende Geschichte Großmutter und Mama dazu, wieder nach Hause zurückzukehren, um dort zu sein, wenn es hoffentlich auch Papa Paul bis zu uns schaffte …

Ausschlaggebend war aber gewiss ein Fraternisierungsverbot, das von der russischen Militäradministration eiligst erlassen wurde. Ausschreitungen der Rotarmisten sollten danach verboten und unter Strafe gestellt worden sein. Auch das hatte sich bis zu uns herumgesprochen. Man erzählte zwar auch von Plünderern, die dennoch in Wohnungen deutscher Familien Zutritt erzwangen. Als aber die Bedrängten lauthals um Hilfe schrien, dabei mit Holzlöffeln auf leere Töpfe trommelten und lärmend auf sich aufmerksam machten, war die russische Kommandantur, die sich inzwischen in unserem Wohnviertel niedergelassen hatte, eingeschritten. Auch diese in der Düsternis unseres Schlupfwinkels getuschelte Episode – ob sie nun stimmte oder nicht – beeinflusste vermutlich Mamas und Großmutters Entschluss zur Rückkehr.

An den Tag unseres Aufbruchs erinnere ich mich wieder selbst: Von unseren Gefährten aus dem Versteck werden wir sehr mitfühlend verabschiedet. Die Zurückbleibenden trauen sich noch nicht, den Rotarmisten erneut zu begegnen. Die Angst sitzt zu tief. Die in Dresden einrückenden Besatzungstruppen, in denen viele Männer aus Steppenvölkern asiatischer Herkunft unter Waffen standen, wirkten mit ihren fremden Gesichtern und Gehabe nicht nur auf uns Kinder unheimlich. Alle Männer, Frauen und Kinder in unserem Versteck hatten offenbar Schlimmes erlebt. Eine allgemein gedrückte Stimmung, unbestimmte Furcht, sehr viele Unbequemlichkeiten in der kaum zu ertragenden Enge und mein hartes Lager, auf dem ich so lange fiebrig dahingedöst hatte und das ich nun zurückließ, sind mir von unseren letzten Stunden dort im Gedächtnis. Mehr allerdings nicht. Erst in späteren Jahren begriff ich, dass sich die Frauen in unserer dunklen Wirtshausstube damals in einem einzigen Schockzustand befanden und vor allem diesem geradebrechten, brutalen »Frau komm!« der Sieger und sexuellen Demütigungen zu entkommen suchten. Denn ausnahmslos alle jungen oder alten Frauen – von den Nazi-Anbeterinnen bis zu jenen, die das Ende des Krieges und des Hitlerregimes herbeigewünscht hatten – zählten in diesen Tagen zu »Hitlers hochmütigem Herrenvolk«, das sich die sowjetischen Besatzer durch massenhafte Vergewaltigungen seiner Töchter und Gattinnen unterwarfen. Sofern deutsche Männer in der Nähe waren, vermochten sie den Frauen nicht beizustehen, ohne das eigene Leben zu riskieren. Ich kenne inzwischen aus Gesprächen mit Betroffenen einige dieser dramatischen Geschichten, die ich als Kind nicht wirklich begriff, die sich aber in meinem näheren Umfeld ereigneten. Die vergleichbaren Geschehnisse auch andernorts sind historiografisch nicht in der tatsächlichen Größenordnung bekannt und zumeist nicht recherchiert worden.

Wir ließen die Schicksalsgefährten – Frauen, einige anwesende Ehemänner und Kinder – in dem Versteck zurück und machten uns auf den Weg nach draußen: Vorsichtig tasten wir uns durch muffige, feuchte Kellergänge vorwärts, verweilen noch einen Augenblick zwischen Eingemachtem, Bierfässern, Kohlevorräten und Gerümpel, bevor sich lautlos wie von Geisterhand eine Klappe über unseren Köpfen auftut und wir eine kleine Leiter emporklettern, um ins Freie zu gelangen. Zuerst Großmutter, gefolgt von Helen und mir, danach Mama mit Henriette im Arm. »Alles Gute«, wünscht uns der alte Gastwirt, der draußen auf uns gewartet hat und nun in das dunkle Verlies hinabsteigt, aus dem wir gekrochen sind. Hinter ihm schließt sich die Klappe wieder.

Wir stehen inmitten der sich auftürmenden Gesteinshaufen. Durch einen Mauerspalt erkenne ich die Eingangstür des Restaurants, durch die wir unser Notquartier vor »Ewigkeiten«, so scheint es mir, bezogen haben. Später will ich gar nicht glauben, dass wir uns dort nur einige Tage und Nächte versteckt hielten, um für die – wie Mama sich ausdrückte – »einmarschierten Regimenter des Bösen« unsichtbar zu sein.

An einem Vormittag im Mai 1945 verlassen wir also unser Versteck hinter der Trümmerhalde und blinzeln in die grelle Sonne. Die Luft ist heiß und stickig.

Vor einem aus der Trümmerlandschaft aufragenden Haus hält ein Bagagefahrzeug, dem wir ausweichen. Auf der Straße rasseln Militärfahrzeuge. Darunter Panzer, Raupenschlepper, dazwischen Motorräder. Eine russische Batterie mit Geschützen und Munition ist offenbar in Richtung Pirna und in die Sächsische Schweiz unterwegs. Die Panzersperren der Deutschen haben sie schon in den zurückliegenden Tagen umfahren oder niedergewalzt.

Großmutter bemüht sich, uns Kindern auf dem Heimweg die aufkeimende Furcht vor noch unbekanntem Unheil »auszureden«, alle »bösen Gedanken« zu zerstreuen. Mama bleibt wortkarg. Starr schaut sie geradeaus und presst ihr Baby an sich.

Unterwegs reiße ich die Augen auf, lausche, beobachte, nehme mit allen Sinnen wahr. Die noch vor Tagen und Wochen überall klebenden, vom »Festungskommandanten« unterzeichneten »Durchhalteplakate«, die Männer und Frauen mit Pickel und Schaufel zum Widerstand aufgefordert, zum Schanzbau verpflichtet hatten, sind verschwunden. Ich spüre den Windhauch, der durch das Labyrinth der Trümmerschluchten zieht und den Geruch von erloschenem Feuer und Tod aus Kellern und Kanälen zu uns trägt. Ich sehe den verlorenen Blick des Kleinkindes im Rucksack des alten, abgemagerten Mannes, der sich, in einem vorbeiziehenden Flüchtlingstreck taumelnd, an einer Karre festzuhalten sucht.

Mein Blick fällt auf die scheinbar leblose, in sich zusammengesunkene Gestalt eines Menschen auf dem Trottoire, an der Passanten vorbeihasten – auch wir!

Die Tränen eines vielleicht zehnjährigen Mädchens, das stumm vor

Schreck seinen Namen vergaß und in eine Sammelstelle für Eltern- und Heimatlose gebracht werden soll, bleiben mir im Gedächtnis, obwohl wir die kleine Gruppe auf offener Straße – Passanten, die auf das weinende Findelkind einreden – nur kurz sehen. Auch das brabbelnde Baby, das zuoberst auf einem Gepäckhaufen mit seinen kleinen Ärmchen und Beinchen in der Luft zappelt.

Als wir in unsere Straße einbiegen, zuckelt gerade ein seltsamer Konvoi von Planwagen und Ochsengespannen die Fahrbahn entlang, auf denen sich die Habseligkeiten von Flüchtlingen stapeln. Eine ganze Horde schmutziger, zerlumpter Kinder trabt neben dem wackligen Gefährt. Der sich durch Dresdens Trümmerwüste gen Westen bewegende Menschenstrom ist auch während der Zeit unseres Verstecks nicht abgerissen.[23] Die uns entgegeneilende Frau Ballian zieht uns rasch ins Haus, schließt hastig die Tür hinter uns zu, verriegelt sie sogar! Man muss »diesen Menschen ausweichen«, meint sie vor allem zu Helen und mir gewandt, weil diese »Hergelaufenen« ansteckende »Durchfallerkrankungen mit sich herumschleppen«, denn »das Trinkwasser aus der Pumpe, das sie zu sich nehmen, ist durch Leichen und Abwasser verseucht«.

Herr Ballian ist sogar froh über unsere mit Brettern vernagelten Fenster, weil die »blinden Zimmer« von den obdachlosen Flüchtlingen so nicht als Notquartiere ausgespäht werden können. Mama und Großmutter sagen zu all dem kein Wort.

Am nächsten Tag beobachte ich Fremde, die sich plötzlich an der Ruine in Nachbars Garten zu schaffen machen. In einem »Meer« von herabgestürzten Ziegeln, verbogenen Trägern und Mauerresten, verbeulten Zinkwannen, zerfetzten und verkohlten Polstern, zerborstenen Möbeln, Küchen- und Gartengeräten, Bilderrahmen, einem Nachttopf und stinkendem Müll steht der Rest einer Villa, deren Besitzer sich nach der Bombennacht im Februar 1945 nicht mehr blicken ließen. Nun machen sich Unbekannte dort zu schaffen. Eine Mutter, zwei halbwüchsige Jungen, ein etwa mit mir gleichaltriges Mädchen, das auf den Namen Annemarie hört, und das russische Dienstmädchen Olga hatten es mit letzter Kraft bis hierher geschafft. In ihrem Rucksack befinden sich Gegenstände aus einem anderen Leben: Töpfe und Geschirr, wenige Wäschestücke, eine Holzflöte. Und ein paar Scheiben Knäckebrot, die sie mit mir teilen, als ich trotz der Warnungen unserer »lieben Frau Ballian«

zu ihnen hinüberflitze. Die fünf Obdachlosen befinden die Überbleibsel der »Villa« für ihre vorläufige Behausung geeignet. Sie lassen sich nicht vom üblen Geruch der defekten Kanalisation und ausgeglühtem Gestein abhalten, hier zu nächtigen und später an diesem Ort ihr neues Leben aufzubauen.

Einzelne Szenen und das ganze Tohuwabohu auf Dresdens Straßen und Plätzen in der zweiten Hälfte des Monats Mai 1945 und noch in folgenden Wochen und Monaten konnte ich mir erst viel später teilweise erklären, als ich wusste, wie viele Menschen das Schicksal am Ende des Krieges und kurz danach in unsere zerschundene Stadt verschlagen hatte. Denn während die Dresdner Bevölkerung inmitten der Trümmer und Ruinen zu überleben suchte und dabei der Befehlsgewalt einer russischen Besatzungsmacht unterworfen war, wälzten sich weiter Menschenmassen durch das Stadtgebiet oder suchten Unterschlupf. Zwischen die Flüchtlingstrecks der Schlesier und Ostpreußen mischten sich nun auch noch von den Tschechen vertriebene Sudetendeutsche aus Böhmen und Mähren. Auch »Volksdeutsche« aus dem rumänischen Siebenbürgen und dem Banat, aus Ungarn und Jugoslawien waren auf der Flucht versprengt zu uns nach Dresden gelangt. Dazwischen irrten die von den Deutschen während des Krieges nach Sachsen verbrachten und nun in Freiheit gelangten Kriegsgefangenen der Deutschen und ehemalige Zwangsarbeiter und Zwangsarbeiterinnen unterschiedlichster nationaler Herkunft, die teilweise in Displaced-Persons-Lagern (DP-Lager) hausten. Einige davon zogen im Aufwind des Kriegsendes hasserfüllt und marodierend durch das Stadtgebiet, um ihr erlittenes Unrecht an der deutschen Bevölkerung abzureagieren.

Kein Wunder, dass die Dresdner damals das allgemeine Menschengewirr kaum noch zu durchschauen und die verschlungenen Wege und Schicksale Einzelner selten wirklich zu begreifen vermochten. Schon gar nicht wir Kinder! Wenn uns deutsche Flüchtlinge oder Vertriebene erzählten, ihre Heimat sei im Baltikum oder in Bessarabien, klang das für uns, als entstammten sie einer anderen Welt – beinahe so, als seien Außerirdische vom Mond herabgefallen.

Aber dann kam dieser Tag im Monat Mai 1945. So um Pfingsten herum geschah es. Eine unglaubliche Schwüle lastete über der zerstörten Stadt. Völlige Windstille. Schon am Vormittag zeigte das Thermometer

35 Grad. Und die ungewöhnliche Hitzewelle würde noch anschwellen, prognostizierte Frau Ballian. Sie schenkte uns Kindern gerade kalten Tee ein, als wir die schleppenden Schritte vernahmen und das dumpfe Geräusch. Kurz darauf entdeckten wir den vor unserer Haustür hockenden Mann in der völlig zerbeulten Wehrmachtsuniform eines Infanteristen, völlig entkräftet, durstend, fiebernd …

Wenig später erholt er sich in Frau Ballians kühler Souterrainwohnung, während Großmutter schon dabei ist, in Papa Pauls Kleiderschrank Zivilsachen zu finden, die dem »abgemagerten Hänfling« annähernd passen könnten. Eile war geboten. Der unter unsere Fittiche geratene Mann muss seine Uniform ablegen, um nicht von einer russischen Militärstreife als entflohener Kriegsgefangener erkannt zu werden, womit er sich selbst und, wie die herbeieilende Frau Dölling – gewichtig ihre Stirn runzelnd – hinzufügte, »auch uns Hausbewohner in höchste Gefahr bringen könnte«. In wenigen Minuten verwandelt sich der Soldat in Klaus Löffler, den Holzschnitzer aus dem erzgebirgischen Annaberg, der er vor seiner Einberufung in die Wehrmacht gewesen war.

Klaus Löffler hatte den Panzerfahrer Papa Paul, dessen Sommeranzug er nun trug, nicht gekannt. Dennoch betrachtete er, am nächsten Morgen von uns Abschied nehmend, lange Minuten das Foto auf Mamas Nachtschrank und auch das kleine, zerknautschte Bildchen, das ich eilig aus meiner Spielkommode hervorkramte und ihm zeigte. Aber er schüttelte bedauernd den Kopf.

Klaus Löffler war es gelungen, den russischen Bewachern zu entkommen. Wir hörten später von weiteren fünf deutschen Soldaten, die zeitgleich – wenige Straßenzüge von uns entfernt – völlig entkräftet in den Kellern einer niedergebombten Druckerei untergeschlüpft waren. Vier hatten sich mithilfe der Zivilbevölkerung erholt und konnten weiterziehen. Einer der Erschöpften war gestorben. Aber Tausende und Abertausende der deutschen Soldaten befanden sich in russischer Gefangenschaft. Diese Nachricht machte die Runde. »Ein unübersehbarer, jämmerlicher Haufen bewegt sich, angetrieben und bewacht von Iwans, durch unsere Stadt! Wie Schatten ihrer selbst wanken die Männer vorwärts«, erzählte eine Frau im Milchladen. Sie hatte das »herzzerreißende Elend« mit eigenen Augen gesehen.

Großmutter und ich stehen tags darauf in einer Hauptstraße. Nach links führt diese Chaussee in die völlig zertrümmerte Innenstadt. Rechts von uns befinden sich die Dresdner Ortsteile Seidnitz, Dobritz, Leuben, Tolkewitz, Niedersedlitz, Kleinzschachwitz. Und genau von dort werden angeblich die weiteren Gefangenentransporte erwartet. Tatsächlich! Uns nähern sich lange, schier endlos wirkende Kolonnen deutscher Kriegsgefangener unter russischem Kommando. Sie laufen nicht in Schritt und Tritt, es gilt keine Marschordnung. Sie torkeln, wanken, stolpern in der unbarmherzigen Sonnenglut. Verdreckte, teils verwundete, halb verhungerte und durstende, gequälte Gestalten, in zerlatschten Stiefeln und zerrissenen Uniformen. Wer seinen Schritt in der Kolonne verzögert, spürt den Gewehrkolben der Bewacher im Rücken. »Dawai! Dawai!«, heißt es dann. Ganz so, wie es uns der geflüchtete Soldat beschrieben hatte. Jetzt beobachten wir die Szene selbst. Ein Verwundeter ist völlig entkräftet und wird von seinen Kameraden mitgeschleift.

Die Zivilbevölkerung darf dem Zug der sich dahinschleppenden Besiegten nicht zu nahe kommen. Kein Wortwechsel ist erlaubt. Der alte Mann neben uns wirft kleine Konservendosen in die Kolonne und Großmutter zwei gefüllte Wasserflaschen. Viele Hände greifen danach. Zu viele. Der russische Soldat schaut zu uns herüber und fuchtelt mit der Waffe. Aber er kann nicht einen Moment stehenbleiben, denn dann wären die Gefangenen für kurze Schritte unbewacht gewesen. Er läuft also weiter und ruft dem nachrückenden Wachsoldaten etwas zu. Auch der mustert uns argwöhnisch, muss aber weitergehen.

Immer mehr Menschen stehen Stunde um Stunde wie wir in stummem Entsetzen und voller Scheu am Straßenrand. Andere verbergen sich hinter Trümmern und Mauerresten, schauen verstohlen aus ihren Wohnungen, lugen hinter der Haustür hervor. Es könnten ja im Zug der »Verdammten« auch ihre Väter, Ehemänner, Brüder, Geliebten, Verlobten, Freunde, Kameraden, ehemaligen Kollegen, Verwandten, Bekannten, frühere Spielkameraden, Mitschüler oder halbwüchsige Jungen aus der Nachbarschaft sein, die einst mit forschem Gesang in Reih und Glied davonzogen.

Inzwischen hat sich herumgesprochen, dass dieser nicht enden wollende Zug der Kriegsgefangenen vorerst auf dem Gelände der nahen Pferderennbahn in Dresden-Seidnitz münden wird. Dort entsteht schon seit Tagen das eilig mit Drahtverhau abgesperrte Lager für die Wojennoplennyje, die deutschen Kriegsgefangenen in russischem Gewahrsam. Das Lager soll etwa 20.000 Gefangene aufnehmen. Zwanzigtausend! Ich kann mir so viele Inhaftierte – ihrer Freiheit beraubte Menschen – auf dem weiten Platz der Pferderennbahn gar nicht vorstellen. »Die Männer hocken dort im Freien, jedem Wetter ausgesetzt. Ohne Nahrung«, tuscheln die Leute. Eine Frau scheint besonders gut informiert, sie sagt: »Ein alsbaldiger Weitertransport der deutschen Kriegsgefangenen nach Sibirien ist vorgesehen.«

Am nächsten Tag sind Helen und ich zum Lager der Kriegsgefangenen auf der Rennbahn unterwegs. Im Korb schleppt Helen einige Porreestangen, Möhren, ein Stück Brot. Zwei Wasserflaschen trage ich, in jedem Arm eine. Wir haben heimlich Mamas dürftigen Vorrat geplündert und uns unerlaubt davongeschlichen. Denn unser Mitleid mit den Gefangenen ist stärker als alle Bedenken.

Der Weg zur Pferderennbahn erscheint uns bei der anhaltenden Hitze weiter als zu anderen Zeiten, als die ganze Familie – Papa, Mama mit ihrem modischen Hut und wir Kinder – zum sonntäglichen Rennvergnügen im offenen PKW oder auch mal auf Schusters Rappen dahin unterwegs gewesen waren. Den Großen Garten hinter uns lassend, waren wir dereinst in die Winterbergstraße, mit ihrem dichten Baumbestand im Mittelstreifen, gelangt und schließlich mit einem Schwenk nach rechts auf dem Rennplatz angekommen. Allerdings nicht ohne zuvor im Biergarten des traditionellen Gasthauses *Zum deutschen Sport* eingekehrt zu sein, uns dort erfrischt und verschnauft zu haben. Das alles war lange, lange her!

Heute sind Helen und ich auf uns selbst gestellt. Wir wissen auch beide, dass der nur auf Kurzstrecken notdürftig wieder eingerichtete Straßenbahnbetrieb Dresdens, der zu anderer Zeit endlos erscheinende Wagenreihen zwischen Winterbergstraße und Bodenbacher Straße bereitgestellt hatte, um darin die nach der Veranstaltung wieder heimwärts strebenden Rennplatzbesucher bequem Richtung Großer Garten und weiter ins Stadtinnere zu bringen, nicht funktioniert. Wir werden später auch wieder nach Hause laufen müssen.

Aber jetzt wollen wir es erst einmal zu Fuß auf den Rennplatz schaffen! Nur für wenige Atemzüge verharren wir auf dem Weg dahin, nahe der inzwischen mit Schlaglöchern übersäten Winterbergstraße, auf dem uns riesengroß erscheinenden Gelände des Gaswerkes mit dem aufragenden Gasometer, der die Bombenangriffe nur leicht beschädigt überdauert hat. Erst Tage zuvor hatte ich Großmutter das »Wunder« preisen hören, das dieses leicht explosive Gaswerk in der Bombennacht vor dem totalen Vernichtungsschlag bewahrt hatte. Jahre später, als ich zu ahnen vermochte, was dieser alleinige Gasversorger Dresdens mit seinem Glockendurchmesser von 62 m, einem Fassungsvermögen von 115.000 Kubikmetern und dem 18 m aufragenden Gasbehälter mit hochexplosivem Inhalt für eine Sprengkraft besessen hatte, vermochte auch ich ihr aus vollem Herzen wirklich zuzustimmen und unserem Schutzengelgeschwader zu danken.

Damals, in jenen frühsommerlichen Tagen, verweilten Helen und ich zunächst, vom Mitleid für »unsere Soldaten« vorwärtsgetrieben, nur kurz auf dem Werksgelände. Unsere kindlichen Gedanken galten nicht dem eigenen Überleben in jener Bombennacht. Wir fragten unsicher: Was werden wir auf dem zum Kriegsgefangenenlager umfunktionierten Pferderennplatz vorfinden? Werden wir uns den hungernden und durstenden Gefangenen nähern können?

Als wir ankommen, umrunden russische Soldaten mit Drohgebärden das Lager. Niemand soll herumschleichen. Sie gestikulieren mit ihren Waffen vor einem alten Opa und zwei Frauen in Kopftüchern. Eine der Frauen hält einen winzigen Knirps an der Hand. Die Waffen sind griffbereit und bedrohen auch dieses kleine Menschlein. Aber mit dem Gewehr herumzufuchteln heißt, nicht damit zu schießen. Die »Iwans« brüllen schon wieder: »Dawai! Dawai!« Jetzt versuchen sie auch Helen und mich einzuschüchtern und zu verjagen.

»Weißt du eigentlich wie das ist, wenn einer mit einem geladenen Gewehr vor dir herumfuhrwerkt?«, habe ich später einmal einen Freund gefragt. Kann man den Mündungslauf einer Waffe vergessen, der auf dich gerichtet scheint, auf die Schwester, auf die unbekannte Frau neben dir und den Winzling, den Knirps an ihrer Hand? Diese Fragen sind mir fürs Leben geblieben.

Mich schaudert vor den vierschrötigen und schlitzäugigen Wachsoldaten sehr. Rau, grimmig, unerbittlich wirken sie auf mich. Selbst ein junger, verlegen lächelnder Rotarmist gestikuliert drohend, als wir in seiner Nähe sind. Auch er trägt ein Gewehr. Aber er hebt es nicht hoch, visiert uns nicht an. Mit Argusaugen tastet er das Gehege der Gefangenen ab, denn da sind längst einige auf uns aufmerksam geworden. Sie schauen gebannt zu uns herüber.

Wir lassen uns nicht abschütteln, wir bleiben. Helen hat einen dieser eingepferchten Deutschen genau gesehen. »Er ist krank, schwach und bedürftig«, sagt sie. Meine Schwester ist kein »weinerlicher Kümmerling«, kein »Hämeken«, wie Papa Paul manchmal glaubt, sondern ein mutiges Mädchen. Das weiß ich. Und jetzt bin ich froh, dass meine große Schwester mit ihrem Korb und dem Stück Brot darin, den Möhren und den Porreestangen neben mir steht.

Befindet sich Papa Paul unter diesen gefangenen Soldaten? Wurde er vielleicht auf dem Heimweg von Berlin nach Dresden aufgegriffen und geriet ausgerechnet in dieses Lager? Möglicherweise hat er in all dem Elend das Lächeln verlernt und ist in seiner heruntergerissenen Kleidung kaum noch zu erkennen! Jeden einzelnen Gefangenen möchte ich befragen! In zwanzigtausend Gesichter schauen! Immer wieder laufen wir Mädels um den Platz, in großem Bogen, dann wieder näher am Drahtverhau entlang.

Eine der Frauen mit Kopftuch hat uns beobachtet. Sie kann ein paar russische Worte. »Towarischtsch« (Genosse), sagt sie zu dem Wachsoldaten, der seine Mütze in den Nacken schiebt und sich ihr verblüfft zuwendet. Das eine Wort hat ausgereicht. Er senkt sein Gewehr, er zielt nicht, schießt nicht und wird auch keinen Menschen mit seiner Waffe treffen. Denn er unterhält sich jetzt tatsächlich mit der »Graschdanka« (der Bürgerin) in seiner Sprache! Sie radebrechen miteinander.

Eine Frau neben mir packt meine Wasserflaschen und wirft sie geistesgegenwärtig in hohem Bogen über das Drahtgeflecht. Die Männer da drüben stürzen sich darauf! Helen ist jetzt auch hellwach! Und flinker als ich, geschickter. Aber ich helfe ihr. In Minuten befördern wir Brot und Gemüse hinüber zu den Hungernden und Durstenden. Viele Hände greifen danach. Und ich sehe in dankbare, sprechende Augen.

Einer der Kriegsgefangenen ist Horst Hermann aus der Dresdener Rennplatzstraße. Das steht auf dem kleinen Zettel, den er uns zusteckt. Ganz in der Nähe des Lagers lebt die Mutter! Die Frau neben uns wird die Botschaft überbringen. Ein Lebenszeichen des Sohnes! Ob es ein Wiedersehen zwischen Mutter und Sohn an einem der nächsten Tage gegeben hat?

Denn kurze Zeit später – den genauen Tag weiß ich nicht mehr – sind die Kriegsgefangenen plötzlich vom Rennplatz Dresden-Seidnitz verschwunden! Helen und ich schauen verdattert, als wir ein zweites Mal dort ankommen. Meine stille Hoffnung, der Abtransport der zwanzigtausend Männer nach Sibirien, den die Frau im Milchladen vorausgesagt hatte, sei angesichts des zerstörten Schienennetzes der Deutschen Reichsbahn in und um Dresden unmöglich, hat sich nicht erfüllt. Wie und womit der Abtransport der Gefangenen gen Osten erfolgte, blieb mir unbekannt.

Wieder daheim, quälten mich aber die Fragen nach Papa Paul umso mehr. Geriet auch er, wenn nicht in dieses, so doch in eines der vielen anderen russischen Gefangenenlager?

Auch Mama und Großmutter fragten: Hat unser Panzersoldat die Tage und Nächte im Gefechtslärm überstanden? Blieb er bei seiner Flucht von einem Granatloch zum anderen am Leben? Vor dem Mündungsfeuer, inmitten der Endschlacht. Als das MG seines Panzers alles durchlöcherte: Den Iwan. Die Heimaterde. Gott und die Welt!

Oder war er mit seinem Panzer, wie es im Soldatenlied heißt, »wild vorwärts gebraust, bis in den Tod«? Gehörte er zu dem unübersehbaren Heer der Gefallenen in den Kiefernwäldern des Berliner Umlandes, in den Mulden und Schlünden der Schlachtfelder des Oder-Neiße-Gebietes, in den Massengräbern der Namenlosen auf den Seelower Höhen?

Hatte jemand seinen Schrei gehört? Den furchtbaren letzten Schrei eines Panzerfahrers, der auch ein Ehemann und Vater gewesen war?

Es war aber auch möglich, dass unser Soldat am Leben blieb und – wie Klaus Löffler, der Holzschnitzer aus dem erzgebirgischen Annaberg – die Waffe wegwarf, seine Uniform auszog und nun nach Hause zu seiner Frau und seinen Kindern zurückkehrt – jetzt, wo er nicht mehr antreten muss auf ein Gebrüll des Vorgesetzten seines 5. Panzerregiments.

Vielleicht war auch er, wie viele der besiegten deutschen Soldaten, jetzt nur noch ein Schatten seiner selbst. Würde er sich eines Tages regenerieren und wiederfinden können? Und das Lachen des Landsers, das verloren ging – konnte es zu ihm zurückkehren?

War nun der Tag gekommen, an dem er allein marschieren durfte – heimwärts, mit seiner schon so lange andauernden Hoffnung? »Es wäre ja recht.«

Noch nicht

Es ist noch früher Morgen, als plötzlich russisches Stimmengewirr durch unser Haus hallt. Unverständliche Worte. Dazwischen: »Mann! Frau! Komm!« Türen werden aufgestoßen. Männer und Frauen sollen heraustreten! So viel begreift nun auch die letzte Schlafmütze! Bedrohlich mit ihren Waffen herumfuchtelnd, treiben Sowjetsoldaten gebieterisch alle Erwachsenen, auch aus umliegenden, vom Krieg lädierten Behausungen, auf die Straße. Manch einer glaubt wahrscheinlich, sein letztes Stündlein habe geschlagen.

»Stoj! (Halt!)«, ruft ein Rotarmist mit vorgehaltenem Sturmgewehr, als sich eine der Frauen davonzuschleichen sucht. Mama und Großmutter befinden sich in der Kolonne, die unter Bewachung der Rotarmisten kurz darauf losläuft.

Uns zurückbleibenden Kindern sitzt der Schock in allen Gliedern. Helen und ich hocken schlotternd und ratlos beieinander. Wir malen uns Schreckgespinste aus. Dem leise brabbelnden Baby Henriette reicht Helen Fencheltee, wie wir es bei Mama gesehen haben. Endlos schleicht die Zeit dahin, bis Großmutter und Mama nach Stunden wieder nach Hause kommen und sich unsere Anspannung in Helens Tränenstrom aufzulösen scheint. Sie weint, weint und weint. Abends erzählen Mama und Großmutter von ihrem Einsatz in einer Arbeitskolonne, die unter russischem Kommando angewiesen wurde, das völlig zerbombte ehemalige Ausstellungsgelände am Stübelplatz notdürftig zu beräumen und Bombentrichter mit Schotter und Sand aufzufüllen, bis der Platz wieder passierbar war. Nach geleisteter Arbeit erhielten alle Beteiligten einen Schlag Eintopf aus der sowjetischen Truppenverpflegung.

Solche von den Russen initiierten, sporadischen Einsätze sind in den nächsten Tagen und Wochen gang und gäbe.[24] Das spricht sich herum. Mal da, mal dort stellen die Besatzer scheinbar willkürlich »deutsche Arbeitskolonnen« zur Beseitigung ärgster Kriegsschäden zusammen und sorgen damit in der Trümmerwüste für zumutbare Verkehrsstraßen. Die nützlichen Resultate dieser zunächst chaotisch auf uns wirkenden Befehle sind unbezweifelbar.

In den nächsten Tagen lauschen Helen und ich wieder und wieder im ersten Morgendämmerschein angestrengt hinaus, aber kein russisches Kommando unterbricht erneut die frühe Stille in unserem Haus und schreckt die Bewohner aus dem Schlaf.

»Alles wird gut«, sagt Großmutter am Frühstückstisch und streicht Helen aufmunternd über den Kopf. Die blauen Leberblümchen und die rosa angehauchten Buschwindröschen sind verblüht. Draußen stehen Bäume und Sträucher in kräftigem Grün. Bunte Blumen wachsen zwischen Trümmerhalden und aufgestapeltem Gestein. Überall wird aufgeräumt, Altes ausrangiert und für Neues Platz geschaffen. Auch in unserem Haus.

»Ist nun Frieden?« Meine quengelige Frage will keiner mehr hören. Aber alle in der Familie, die Großmutter, Mama, Helen, auch die Ballians und Döllings, ahnen, dass ich eigentlich wissen möchte, ob Papa Paul endlich nach Hause kommt. Alle haben auch an diesem Tag viel zu tun und keine Zeit, darauf zu antworten. Nur Mama flüstert leise im Vorbeigehen: »Noch nicht!« Dann schleppt auch sie, wie die anderen Hausbewohner, alle möglichen Utensilien zum Müllplatz. Dort steht Hans Ballian und stochert mit einem Stecken in einem stinkenden Feuer, er bringt es immer wieder zum Lodern. Hans trägt nicht mehr die Uniform des Hitlerjungen und will auch nicht mehr als Frontsoldat »fürführervolkundvaterland« die Russen so richtig erschrecken. Der Krieg ist jetzt aus. Ein kluger Leutnant hat die »Uniformkinder«, diese »übermüdeten, ungewaschenen Rotzlöffel«, und mit ihnen »Opas, die kaum ein Gewehr halten und damit zielen konnten«, noch vor der Feindberührung nach Hause geschickt, sagt Großmutter.

Neben Hans bemüht sich Gerhard Burmeister, die züngelnden Flammen unseres Scheiterhaufens anzufachen. Er lebt seit einigen Wochen in der kleinen Kellerwohnung der Ballians und geht als gelernter Handwerker auch meiner Mama zur Hand. Gestern ersetzte er sogar die Bretter im Fensterrahmen unserer Wohnstube durch Glas! Woher er diese kostbare Scheibe nur hatte? Bei der Arbeit erzählte er Großmutter, wie er »das Ende« erlebte: Der Feldwebel ließ ihn kurz hinter Riesa ein Erdloch ausheben, in dem ein gefallener Kamerad eiligst und »ohne Ehrensalut!« begraben wurde. Dann erst hat der Kommandant seine Truppe auf freiem Feld nach Hause geschickt. Einfach so, wunderte er sich noch immer. Einfach so! Sang- und klanglos! Das hatte er sich einmal ganz anders vorgestellt. Die Jungs warfen ihre Gewehre und Stahlhelme auf einen Haufen und schlugen sich ohne gültigen Stempel oder ein akzeptables Entlassungspapier auf eigene Faust durch, bis nach Dresden. Aber sein Elternhaus stand nicht mehr.

Ich hatte jedem seiner Worte atemlos gelauscht. »Der Weg von Berlin nach Dresden ist weiter als der von Riesa! Das dauert«, hatte mir Gerhard Burmeister später auf meine Nachfrage erklärt.

Nun verbrannte der vormalige Infanterist Gerhard Burmeister auf unserem Hausmüllplatz gerade seine Uniform, in der er bei den Eltern seines gefallenen Freundes Roland Ballian aufgetaucht war.

Auch der Hans ist jetzt nur noch Frau Ballians »herziger Bub«, trägt kurze Hosen und schwitzt neben seinem Vater und Gerhard bei der »Aufräumaktion«. »So schlank wie er iss, so fix isser!«, kommentiert Frau Ballian sein Tun wohlgefällig. Die Ballians sammeln nämlich am Müllplatz, wie Großmutter sagt, »private Relikte der Hitler-Ära« ein: Bildmappen, Bücher, Broschüren, Fotos von Stukas oder vom Reichsparteitag, zu dem der Hitlerjunge Hans mit seinem Spielmannszug aufgespielt hatte. Auch Bilder von den Ballian-Söhnen in HJ-Uniform sind dabei. Andere Gegenstände, darunter die Ritterkreuze und Parteiabzeichen, verschwinden in Abfallsäcken oder bilden loses Sperrgut auf dem klapprigen Leiterwägelchen. So oft Herr Ballian die Büsten, Uniformteile, Fahnen, gerahmten Hitlerporträts, Kriegsspielzeuge und diverse andere Gegenstände auch hin- und herstapelt, sein Wägelchen ist dafür zu klein. Er humpelt also mehrmals mit dem seltsamen Gepäck davon, denn unsere Hausbewohner schleppen immer mehr gegenständliche Erinnerungsstücke herbei, die sie nun rasch loswerden wollen.

Frau Fischer aus der Dachetage sagt »Wir hatten ja mit der Sache nichts zu tun« und wirft nun ebenfalls einen ganzen Stapel beschriebenes Papier und Zeitungen in die Flammen. Auch eine besondere Reihe, *Zeitgenössische Dichter.* Mama trennt sich von Büchern und versenkt meine Spielzeugflugzeuge, Helens Abzeichensammlung und kleine Bildchen aus der Reihe *Deutsche Kriegshelden aus vergangenen Jahrhunderten* in Herrn Ballians Abfallsack. Schluss damit! Kriegshelden sollen keine Vorbilder für Kinder sein! Auch mein Spielfreund Rolf Dölling aus dem Erdgeschoss pinnt sich die Bilder der Ritterkreuzträger nicht mehr übers Bett. Da, wo sie hingen, sind nur noch helle Flecken an der beschädigten Tapete geblieben. Ob Rolf seine Zinnsoldaten und das Spielzeug-MG mit der scharfen Munition auch abgeben muss? Heimlich verstecke ich meine Büchse mit Papa-Paul-Schnappschüssen, Uniformknöpfen, zwei Ansichtskarten aus dem Felde, einem Foto vom Panzer, einer Kordelschnur, Steinen vom Elbestrand, gepressten Blumen von der Sommerwiese, Papa Pauls ausrangiertem Koppelschloss und weiterem angesammeltem Krimkrams.

Herr Dölling nickt herablassend, als Mama auch Helens Schulatlas ins Feuer wirft. »Wir werden neue Landkarten drucken«, sagt er gewichtig. »Wir« sagt er! Herr Dölling trägt ein rotes Band am Jackenärmel. Mama sagt, »er erfindet eine haarsträubende Mär, um sich der Nachkriegs-Hautevolee zu empfehlen«. Während sie mir künftig den Umgang mit den Zwillingen Rolf und Regina kategorisch untersagt, spöttelt Großmutter über Frau Döllings »rotes Fähnlein im Winde« mit den sowjetischen Symbolen – denn das eilig aufgenähte Hämmerchen ist krumm geraten und das Sichelchen vor dem Ährenkranz wirkt mickrig. »Frau Dölling wird noch ein bisschen üben müssen, wenn sie neuerdings den Russen imponieren will.«

Tage später stoppt ein Auto vor unserer Tür. Der aussteigende Rotarmist findet Herrn Dölling im hintersten Winkel des Gartens: »Du mitkommen!« Herr Dölling muss den Weg zum Gartentor vor dem Pistolenlauf im Eiltempo zurücklegen. »Einsteigen!«, lautet der Befehl. Dann quietscht der Wagen in der Kurve kurz auf und verschwindet mit ihm.

Mama war gerade dabei, die ungeliebten Luftschutzrollos, außen schwarz und innen dunkelgrün, von den Fenstern zu entfernen. Sie hatte die Szene genau beobachtet und rätselt nun mit Großmutter, was davon zu halten ist. Währenddessen wickeln Helen und ich die ausrangierten Rollos fest übereinander. Papa Paul hatte sie im März 1945 neu befestigt – wohl wissend, dass damals ein intaktes Gebäude inmitten einer Ruinenlandschaft kein wirklich tröstlicher Anblick war, denn es konnte schon in einer folgenden Nacht von der Luftmine oder der nächsten Brandbombe am Tag getroffen werden. Aber nun wird es keine Luftangriffe mehr geben. Keine Geschwaderblöcke werden den Himmel verfinstern. Mäntel, Jacken und derbes Schuhwerk müssen nicht griffbereit am Bett verwahrt werden, sondern gehören in den Schrank. Die Pappschilder mit unseren Namen und Adressen sind überflüssig. Kinder können nicht mehr nach einem Luftangriff verloren gehen. Wir müssen keiner brennenden Hölle mehr entkommen. Das sagt auch Herr Ballian und hält Mama nicht von einer Demontage der Rollos ab. Er ist kein Luftschutzbeauftragter und kein Blockwart mehr. Auch kein kleiner Pg. Herr Ballian arbeitet tagsüber – wie andere ehemalige kleine Pgs und »unbedeutende Mitläufer« – unter strenger Aufsicht auf einer Baustelle am Dresdner Hauptbahnhof und leistet mit »seinesgleichen« einen Beitrag bei der Wiederherstellung des Schienennetzes der Deutschen Reichsbahn. So viel wird nach den Säuberungsrichtlinien eines Antifaschistischen Ausschusses immerhin von ihm erwartet.

Ich verstehe nur so viel, dass Herr Ballian nur noch Herr Ballian ist. Jeden Abend möchte ich von dem heimkehrenden »Bauarbeiter« wissen, ob die Züge zwischen Dresden und Berlin wieder verkehren. Er aber antwortet viel zu ungenau: »Das wird schon werden.« Über dem Sofa in der guten Stube der kleinen Souterrainwohnung, wo noch vor Kurzem das Bild des Führers hing, entdecke ich ein Hochzeitsfoto. Darauf sind eine schlanke Frau zu sehen und ein gütig wirkender Mann. Die jungen Eheleute Ballian.

Wir sollen übrigens Herrn Ballian und seine »liebe Frau«, die so fleißig im Haus putzt und Ordnung hält, künftig nicht mehr mit »Heil Hitler«, sondern wie alle anderen Leute auch mit »Guten Tag« begrüßen, verlangt Mama. Sie spottet auch nicht mehr über »den Ärmsten« und sagt: »Wir stellen den Ballians keine Fragen und sind taktvoll.«

»Wieso sind wir ohne Fragen taktvoll?« Helen weiß darauf auch keine Antwort. Wir beiden Mädchen haben einige Mühe mit all den neuen

Verhaltensweisen und Begrifflichkeiten in dem sich verändernden, in vier Besatzungszonen aufgeteilten Deutschland.

Vom Leben anderswo in dem geschrumpften Deutschland erzählen die meist nur für wenige Tage in Trecks, kleinen Gruppen oder auch einzeln in unserer Stadt aufkreuzenden Fremden. Wie »wandernde Kuriere« scheinen sie offenbar Vorstellungen über die Verhältnisse zu besitzen: Ein alter Mann will mit seiner Tochter und den Enkelkindern unbedingt in südöstliche Richtung weiterziehen, weil er weiß, dass es in der amerikanischen Besatzungszone »noch am besten« ist. Eine Hamburgerin, die einst ausgebombt und obdachlos in Dresden unterschlüpfte, zieht es plötzlich nach Hause, weil die dort herrschenden »Engländer zwar Krämerseelen sind«, aber alles einigermaßen »korrekt« handhaben! Die Franzosen werden von einem sudetendeutschen Bauern aus dem Treck »selbstherrliche Despoten« genannt, die den »Schwarzwald abholzen«. »Nein«, sagt er, »zu den Verwandten ins Schwäbische zieht es mich nicht!«

Mit meinen aufgeschnappten »neuesten Nachrichten« platze ich entweder am Abendbrottisch heraus oder beschwatze sie mit Helen. Viele Einwohner unseres Viertels spintisieren sich dieser Tage aus dem zweifelhaften Volksgemurmel der Fremden im Stillen ihr eigenes Bild. Sie tauschen sich aus und rätseln darüber, was die Geschichte andernorts und manchmal auch nur nebenan bringt.

Dresden gehört zur Sowjetischen Besatzungszone (SBZ), in der neue Behörden versuchen, dass zivile Leben mit Erlassen und Proklamationen zu regeln. Bei uns »herrscht der Iwan«, heißt es. Das erleben wir nun aus eigener Anschauung. Am 28. Mai 1945 wird in der SBZ die Moskauer Zeit eingeführt, alle Bürger haben ihre Uhren – sofern sie nach den russischen Plünderungen noch eine besitzen – eine Stunde vorzustellen. Herr Dölling verkündet diese Maßnahme lauthals. Er wurde nicht, wie Mama schon befürchtet hatte, »arretiert«, sondern – wie sie nun vermutet – von den Russen zu »Handlangerdiensten« herangezogen. Frau Dölling berichtigt auch diese Annahme Mamas und gibt bekannt, dass ihrem Ehemann gerade ein verantwortlicher Posten im Versorgungsamt übertragen worden sei. »Er ist für eintausend eiligst und in Serie der Jurko-Bauweise zu errichtende Behelfsheime für obdachlose Dresdner und Flüchtlinge mitverantwortlich«, sagt sie. Darunter war der Bau primitiver Baracken zu verstehen, die im Auftrag der Stadtverwaltung in einem Schnellverfahren entstanden, um die auf der Straße oder in einsturzgefährdeten Ruinen hausenden Menschen in Notquartieren unterzubringen. Was Herr Dölling dabei wirklich zu tun hat, weiß im Haus niemand. Aber seine Frau klagt schrill, »mein Gatte kommt kaum noch aus den Kleidern« und gestattet keinen Zweifel an der hohen Verantwortung, die »ausgerechnet auf seinen Schultern« ruht!

Nicht weit von uns entfernt, auf dem von der Behörde beschlagnahmten Gelände einer Großgärtnerei, befindet sich eines der überfüllten Barackenlager. Auf dem Weg zum Behelfslädchen schaue ich gelegentlich hinüber. Zwischen langgestreckten Unterkünften stehen Karren und Wägelchen, lagern Gepäckstücke. Verschiedenste Gegenstände liegen herum. Kleider und Babywindeln hängen auf der Leine. In allem Durcheinander spielen Kinder, hasten Leute hin und her. Hinter einer Baracke meckert sogar eine Ziege und sucht auf dem zertrampelten Grundstück wahrscheinlich nach einem Grashalm. Mama hat mir verboten, mit den Lagerinsassen zu sprechen. Aber ich habe es ohnehin eilig. Denn ich will in den Schaukästen an der Straßenecke Neues erkunden. Man muss aufpassen und darf keinen Aufruf übersehen.

Erst Mitte Juli 1945 erscheint dann zweimal wöchentlich die *Volkszeitung*, die ab Oktober *Sächsische Volkszeitung* heißt. Befehle der sowjetischen Stadtkommandantur – die sich im ehemaligen Landgericht am Münchner Platz eingerichtet hat – und Maßnahmen der Stadtverwaltung werden seither nicht mehr nur durch Aushänge im Schaukasten, sondern durch die Presse publik. Sie gelten vor allem der Bekämpfung des Hungers. Die Versorgungslage in Dresden ist nach wie vor katastrophal. Es werden zwar wieder Lebensmittelkarten gedruckt, aber die Belieferung der Abschnitte, auf denen ein Mindestmaß an Kalorien für das Überleben der einzelnen Menschen vorgesehen ist, kann nicht garantiert werden. Es gibt kaum Vorräte. Auf den Feldern der russischen Zone haben sich die feindlichen Truppen noch in den letzten Kriegstagen erbitterte Schlachten geliefert. Die von Granatlöchern aufgerissene Erde ist vielfach verwüstet. Es können weder Korn noch Kartoffeln und Gemüse ausreichend eingefahren werden. Noch immer mangelt es an allem.

Wie ich inzwischen weiß, erhielt die Dresdner Bevölkerung in diesen ersten Nachkriegsmonaten beträchtliche Teile ihrer Grundnahrungsmittel aus russischen Armeedepots. Die Besatzungsmacht suchte damit eine halbwegs geordnete Versorgung in Gang zu bringen. Wenngleich das aus einem zuvor requirierten Verpflegungskontingent der deutschen Wehrmacht geschah, beeindruckte mich bei meinen späteren Recherchen zur damaligen Versorgungslage in der SBZ, dass sich »der Russe« um das Überleben der Bevölkerung kümmerte, obwohl die Deutschen in den ersten Kriegsjahren Hunderttausende sowjetischer Gefangene erbarmungslos verhungern ließen. Als dann Zwangsarbeiter aus dem Osten »kriegswichtig« geworden waren, hatten sie ein spezielles »Russenbrot« erfunden, das überwiegend aus Sägespänen hergestellt wurde. In der »Gräuel-Aufrechnung« mochte die mahnende Frage im ersten Nachkriegsaufruf der KPD vom Juni 1945, was wohl mit dem deutschen Volk geschähe, würde man »Gleiches mit Gleichem« vergelten, durchaus Bestand haben.

Damals wussten weder wir Kinder noch die meisten Erwachsenen, woher und auf welche Weise die ohnehin dürftige Belieferung der Lebensmittelverkaufsstellen erfolgte.

»Gegen Abtrennung des Sonderabschnittes A wird der Gemüsehändler ein halbes Kilogramm Kartoffeln abgeben«, buchstabiere ich in der *Volkszeitung*. Mama ist froh, dass auch wir Kinder darauf achten und uns mitverantwortlich fühlen.

Nachts stehen wir dann abwechselnd in einer langen Schlange. Zuerst Mama, dann Helen, später ich, dann wieder Mama … und so weiter. Andere Familien stehen auch »Schicht«. Mütter, Kinder, manchmal auch Familienväter, Großmütter und Großväter wechseln sich ab. Gerade bin ich an der Reihe. Der alte Mann vor mir steht im Wechsel mal auf dem rechten und mal auf dem linken Bein, dann trippelt er auf der Stelle und schlägt die Arme an den Körper. »Mach mit«, sagt er zu mir, »dann frierst du nicht.« Nun trippele auch ich und ahme seine Bewegungen nach. Dennoch zittere ich in der nächtlichen Kühle. Als Mama ihre »brave Platzhalterin« ablöst, bin ich froh über das spärliche Licht am nächtlichen Sternenhimmel. So kann sie die Tränen in meinen Augen nicht sehen. Ich habe ja nur ein ganz kleines bisschen geweint und weiß eigentlich gar nicht, warum. Mit steifen, kalten Beinen stakse ich endlich nach Hause ins warme Bett.

Als morgens der Lebensmittelladen öffnet, ist die Kundschaft enttäuscht. Die Wartenden werden nur mit einigen Nahrungsersatzmitteln und Ergänzungsstoffen »abgespeist«. Wieder ist kein Mehl, kein Zucker, kein Fett zu haben. Vielleicht ein paar schrumpelige Möhren oder ein Stück Tonseife gefällig? An einem guten Tag haben wir Kartoffeln im Netz und eine Tüte Haferflocken. Und der Abschnitt für einen Klecks Marmelade wurde auch bedient! Dann hat sich die schlaflose Nacht gelohnt. Unser Überlebenshorizont umfasst 24 Stunden, er reicht nur von einem Tag zum anderen.

Gelegentlich verteilen russische Soldaten an der Straßenecke aus einer Gulaschkanone heiße Nudelsuppe an die hungrige Bevölkerung. Von allen Seiten rennen dann Kinder und Erwachsene mit ihren Töpfen und Schüsseln herbei. Aber Mama erlaubt Helen und mir nicht, an der Volksspeisung teilzunehmen. »Noch halten wir uns über Wasser«, sagt sie, »und besitzen einen eigenen Kochherd. Wir wollen den Ärmsten der Armen den Vortritt lassen.« Es ist denkbar, dass unsere stolze Mama diese wohltätige Armenspeisung aus Siegerhand als Mitglied einer starken Großfamilie, die sich Jahrhunderte aus eigner Kraft behauptet hatte, wie eine Kränkung erlebte, also gegen eine empfundene Demütigung aufbegehrte und sich zu diesem Zeitpunkt der eigenen Bedürftigkeit noch nicht bis ins Letzte bewusst war. Zumindest kalkulierte sie insgeheim mit einer kleinen, in der Radebeuler Villa zwischengelagerten Lieferung von Großmutters Landgut. Aber damit hatte sie sich gründlich verrechnet!

Die Besatzungsmacht requiriert mit einem nummerierten Befehl in Radebeul alte Villenviertel, besetzt Häuser und Grundstücke.[25] Großmutters »Hospiz für Gestrandete« wird zum sowjetischen Postamt umfunktioniert. Ihre Bewohner haben innerhalb 24 Stunden und nur mit einem Handgepäck zugewiesene Ausweichquartiere zu beziehen.

Im September 1945 läuft auch die *Bodenreform* in der Ostzone auf Hochtouren.[26] Eine amtliche Verordnung jagt die andere. Grundeigentümer mit mehr als einhundert Hektar Landbesitz werden mit sofortiger Wirkung entschädigungslos enteignet. Grund und Boden wird in Parzellen vermessen und an landlose oder landarme Bauern, großteils aber an Umsiedler aus dem Osten verteilt, die sich jetzt *Neubauern* nennen. Großmutters Landgut ist von diesen Maßnahmen betroffen, unsere Großfamilie fühlt sich ihrer materiellen Lebensgrundlage beraubt.

Die *Volkszeitung* beschreibt die *Bodenreform* und die Zerschlagung des Großgrundbesitzes als notwendige Maßnahme zur »Beseitigung der Wurzeln sozialer Ungerechtigkeit« und als »Beitrag zur Demilitarisierung und zur Demokratisierung des Landes«. Wir Kinder wagen weder Mama noch die Großmutter darum zu bitten, uns diese schwer zu buchstabierenden und noch schwerer auszusprechenden, unbegreiflichen Formulierungen zu erklären. Dieses Mal muss uns Mama nicht zur Schweigsamkeit ermahnen, denn wir respektieren Großmutters stille, wortlose Traurigkeit. Ich beobachtete auch später bei meiner Großmutter hin und wieder verhaltene Augenblicke der schwermütigen Rückschau, aber keine lähmende Bitternis oder gar unversöhnlichen Zorn. Ich glaube, dass meine Großmutter nach dem Krieg akzeptierte, dass ein gesellschaftlicher Neubeginn im zerschundenen Deutschland schmerzhaft sein musste – auch wenn sich ihre Vorstellungen darüber zunehmend und immer grundsätzlicher von der Entwicklung in der SBZ unterschieden.

In diesen spätsommerlichen Septembertagen 1945 machte aber zunächst auch eine hoffnungsvolle Nachricht von sich reden! Mama rief ihre Töchter extra zusammen und las aus der *Volkszeitung* vor: »Wie das Nachrichtenbüro der Sowjetischen Militärverwaltung mitteilt, werden nach einem Beschluss der Sowjetregierung 420.000 Kriegsgefangene, vom Soldaten bis zum Unteroffizier, freigelassen und in die Heimat befördert. In erster Linie werden Invaliden und nicht arbeitsfähige Kriegsgefangene entlassen.«

Wir wussten inzwischen, dass Millionen deutscher Soldaten bei Kriegsende in Gefangenschaft der alliierten Militärmächte, auch in sowjetische Lager, gerieten. »Wir dürfen uns nicht zu sehr darauf verlassen, dass ausgerechnet unser Papa Paul unter den 420.000 Heimkehrern ist«, sagte Mama. All diese abstrakten Zahlen überforderten ohnehin mein kindliches Vorstellungsvermögen.

Wir verfolgten seither jede kleinste Information zur Rückkehr der Kriegsgefangenen in der Presse, in Aushängen, erlauschten mündliche Nachrichten, die sich später nicht selten als haltlose Gerüchte entpuppten. Aber so viel schien realistisch: Seit dem Spätsommer wurden aus den Weiten der Sowjetunion deutsche Soldaten sukzessive nach Brest überstellt und von dort in Güterwaggons durch die Deutsche Reichsbahn zunächst nach Frankfurt an der Oder gebracht, in einem sowjetischen Repatriierungslager formell aus der Kriegsgefangenschaft entlassen und in das sechs Kilometer vor dem Frankfurter Hauptbahnhof gelegene zentrale Entlassungslager Gronenfelde gebracht. Entlaust, rasiert, gewaschen, mit Entlassungspapieren versehen, wurde ihr Weitertransport in die Heimatstadt ermöglicht. Mit dieser Kenntnis bestimmte ein neuer Hoffnungsstrahl unsere Tage. Bis zum Jahresende 1945 fanden sich immerhin etwa 25.000 Heimkehrer in Dresden ein. Einige tauchten da und dort auch in unserem Umfeld auf.

Einer dieser Heimkehrer hält ganz unverhofft und plötzlich meine Spielfreundin Gudrun Wächtler väterlich umschlungen. Mit dem rechten Arm nur. Links hängt der leere Jackenärmel des Kriegsversehrten schlaff herab. Die Geschichte einer kaum noch für möglich gehaltenen Wiedersehensfreude einer Familie wird überall herumerzählt und facettenreich ausgeschmückt. Gerade weil die Ehefrau des bereits tot geglaubten ehemaligen Feldwebels vom rückwärtigen Dienst des Heeres seit Langem ohne jede Nachricht geblieben war. Die letzte Feldpost hatte er vor Jahr und Tag nach seinen eigenen Worten in einer »Kanakenhütte zwischen Dnepr und Bug« verfasst und darin betont: »Ich habe drei russische Winter überlebt. Ich werde weiter Glück haben.« Doch dann folgte die »Vermisstenmeldung« der Kompanie und sonst kein weiteres Wort.

Nun aber erfüllte sich die Voraussicht des Frontsoldaten. Vater, Mutter und Kind waren in diesem Krieg mit dem Leben davongekommen. Überlebt zu haben war das größte Glück. Im Krieg davongekommen zu sein erschien den meisten Menschen wie ein Synonym für den Glücksbegriff an sich! So dachten wohl auch alle, die sich nicht genug vom wundersamen Familienereignis in der Wächtler-Villa und von den berührenden Tränen der Freude erzählen konnten, die dem einarmigen Heimkehrer über die Wangen gelaufen waren. »So ein Schicksal stärkt den eigenen Glauben an die Rückkehr unserer Männer«, sagt Grußmutter und sucht Mama damit aufzumuntern.

Nur meine Spielfreundin Gudrun Wächtler wirkt etwas bedrückt und erzählt von dem »Fremden«, der jetzt daheim »alles besser machen will« als die Mutter. Mit anderen Kindern darf sie nun nicht mehr ohne seine ausdrückliche Erlaubnis spielen oder gar ohne erwachsene Begleitung in den Großen Garten laufen. Der »Fremde« hat es ihr verboten.

Auch die beiden Brüder, der zehnjährige Gerd und der achtjährige Klaus Schuster, haben seit Kurzem einen Heimkehrer zu Hause. Er liegt mit einer ansteckenden Krankheit in der Kammer. Die beiden Söhne dürfen nicht zu ihm. Klaus ist manchmal nicht ganz sicher, ob der klapperdürre Mann, der in stinkenden Klamotten plötzlich vor der Tür stand, wirklich sein Vater ist. Aber Gerd sagt: »Wenn der Vater gesund ist, wird alles so wie früher.«

Die fünfjährige Ingrid Schreiber weiß genau, dass der Mann zu Hause ihr Heimkehrer-Papa ist. Denn sie kann ihn nämlich riechen! Das behauptet sie stock und steif, während größere Kinder darüber kichern.

Der Weg des 17-jährigen Heimkehrers Gerhard Mattes, dessen Eltern einst der Kolonialwarenladen an der Ecke gehörte, führt durch gespenstische Geröllhalden und Trümmergebirge Dresdens, vorbei an geisterhaften Gebilden rauchgeschwärzter Ruinen, geplatzten Etagen, verkohlten Treppen, durch stinkendes Gestein. Er war vor Zeiten mit »seinem Haufen« als »Deutschlands letzte Hoffnung«, von manchen spöttisch belächelt oder auch bedauert, hinausgezogen, lernte, in jeder möglichen und unmöglichen Lage zu »pennen«, doppelläufige Maschinengewehre auf feindliche Geschwader auszurichten und damit loszuballern, auf allen Vieren zu kriechen und auf Befehl wieder aufzuspringen, Handgranaten zu entschärfen und zu werfen, sich auch mal in brenzliger Lage wegzumogeln, tote Kameraden in Erdlöchern zu begraben und sich am Ende des Krieges durchzuschlagen. Heimwärts. Bis er vor jenem zerstörten Haus verzweifelte, das seine Eltern unter sich begraben hatte. Wir erfahren die traurige Geschichte durch den mit uns befreundeten ehemaligen Lazarettarzt Dr. Behling, der uns dieser Tage besucht. Er hat als Arzt eines Dresdner Krankenhauses die dramatische Todesursache des Jungen bescheinigt: »Depressiver Verstimmungszustand, Suizid nach Pulsaderverschnitt, Schlafmittelvergiftung, Kreislauflähmung«. Das ist kein Einzelfall.

562 Heimkehrer werden 1945 in Dresden registriert, die in der Trümmerwüste ihren Angehörigen vergeblich nachspüren. Ihre Suchmeldungen hängen an Hausmauern, Ruinen und an Bäumen. Die eigens im Stadthaus, in der Theaterstraße 13 eingerichtete »Auskunftsstelle«, in der Informationen und Bekanntgaben zu den vermissten Personen zusammenlaufen, kann in diesen Fällen nicht weiterhelfen.

Manche der plötzlich alleinstehenden Heimkehrer entpuppen sich als scharwenzelnde Romeos und versuchen die Herzen der einsamen

Kriegswitwen zu erobern. Sie haben dann mit der Umschwärmten, wie Großmutter sagt, eine »Poussage« und werden zum »Intimus«. Ich glaube zu wissen, dass sie mit den für mich ungewohnten Wörtern jene neuen Mitbewohner, Hausfreunde und auch Vaterersätze meint, die bei alleinstehenden Frauen und Müttern »unterschlüpfen« und die von Männern entblößten Privathaushalte tatkräftig im allgemeinen Überlebenskampf unterstützen. Wahre Organisationsgenies sollen darunter sein, heißt es. Und dass sich die verwitwete Frau Wagner ein solches »aufgegabelt« hat! Die Frauen in der Schlange, in der ich eben nach magerer, bläulich schimmernder Milch anstehe, wispern etwas boshaft über den »ins Haus geschneiten Schmachtfetzen«, dem »eigentlich nicht zu trauen« sei und mit dem die »arme Frau Wagner« noch ihre »Erfahrungen machen« wird.

Wo immer von den Heimkehrern so oder anders gesprochen wird, von großer Wiedersehensfreude in den Familien, aber auch von physischen Wunden und psychischen Verletzungen, ihren Krankheiten infolge der Mangelernährung und all den seelischen Belastungen, lausche ich gespannt. Nicht immer sind mir die Schilderungen verständlich. Im Umgang mit den Kindern der Heimkehrer beginne ich Konflikte und Spannungen in den Familien zu ahnen. Aber meine Träume vom Wiedersehen mit Papa Paul beeinträchtigt das nicht.

Abends, wenn wir beiden Schwestern es wieder einmal nicht lassen können und hinauslauschen, um sicher zu gehen, dass die Sirenen schweigen, weil ja der »Krieg aus ist« und Helen fragt »ob das so bleibt«, sehne ich mich besonders nach der väterlichen Geborgenheit und erwache am nächsten Morgen mit dem Glauben an das Wunder der baldigen Heimkehr meines Papa Paul!

Dann kann es gut sein, dass ich wieder meine quengelige Frage stelle: »Ist jetzt Frieden?« Großmutter schüttelt dann meist wortlos den Kopf und denkt vermutlich an üppige Friedenszeiten im Kaiserreich, von denen sie uns aus ihrer Jugend erzählt hat. Und an die glanzvolle Barockstadt Dresden im verträumten Elbtal, die es nicht mehr gibt. Die Trümmer und brandgeschwärzten Fassaden der Residenz passen nicht zu ihren Erinnerungen an Frieden. Und ein Deutschland unter sowjetischer Besatzung und kommunistischem Regime auch nicht. Erst viel später kann ich mir das so ausmalen.

Mama scheint mitunter meine Frage gar nicht zu hören. Sie sitzt dann und wann auf dem Balkon, hält Henriette im Arm und schaut in die unbestimmte Ferne. Manchmal lächelt sie dabei. Vielleicht stellt sie sich gerade vor, wie sie ihrem Ehemann am Tag seiner Heimkehr ein warmes Schaumbad einlässt, ihm Handtücher reicht, das Rasierzeug und das duftende Eau de Cologne bereitstellt. So, wie sie es oft für ihren eitlen, gern wohlriechenden Mann getan hat, wenn er bei uns daheim war. Selbst nach den Bombennächten in Dresden, als es in dieser Stadt drunter und drüber gegangen war, hatte sich Papa Paul nach seinen Einsätzen im Badezimmer gepflegt, mit Pomade seine widerspenstigen Locken unter einer Kappe zu bändigen gesucht, seine Hände mit Creme eingerieben und mir davon einen kleinen weißen Klecks auf meine »neugierige Nase« getupft.

Ganz gewiss würde Papa Paul bei seiner Heimkehr nach dem Krieg zunächst im Bad verschwinden und sich erholen. Aber dieses Mal würde er nach Tagen und Wochen keine Waffe mehr aus dem Schrank nehmen und mit dem hölzernen Stiefelknecht seine gewichsten Militärstiefel anziehen, um an die Front zu fahren. Er würde zu Hause bleiben.

Mamas nur gelegentlich leise hingehauchtes »Noch nicht« auf meine Frage nach dem ersehnten Frieden enthielt so viel Hoffnung! Diese beiden Worte konnten ja bedeuten, dass ein Wiedersehen mit Papa Paul bald schon zu erwarten ist – denkt sich das Kind.

Draußen und drinnen

Der 1. Oktober 1945 ist für Dresdner Kinder ein aufregender und spannender Tag. Auf Anordnung der Behörden beginnt ein neues Schuljahr![27] Teilzerstörte Schulgebäude sind wieder instand gesetzt oder Ausweichobjekte sind für den Unterricht eingerichtet worden.

Unser Hausarzt und Freund Dr. Behling befindet meine Schwester Helen gesundheitlich für den Schulbetrieb tauglich, mich aber für »zu mager«, denn »meine Rippen kann man zählen und die hervortretenden Kniegelenke ähneln Kolben«, sagt er. Ich schlucke zwar tapfer widerlichen Lebertran, den er mir verschreibt, aber niemand kann mich von der Schule abhalten!

Ich drängele mich mit meiner neuen Freundin, dem Flüchtlingskind Annemarie von der Villa nebenan, und vielen anderen Kindern um das Schild der Klasse 2A auf dem alten Schulhof hinter dem Restgemäuer des traditionellen Gebäudes und entdecke manches bekannte Gesicht. Andere vermisse ich und schaue mich vergeblich nach ihnen um.

Es ist ein milder, überaus freundlicher Herbsttag. Die Sonne scheint warm, und alle Kinder sind leicht bekleidet. Aber ich schwitze tapfer in einem neuen Mantel. Großmutter hat ihn mir aus einem abgelegten Wehrmachtsmantel Papa Pauls geschneidert. Eine ganze Nacht ratterte ihre Singer-Nähmaschine in der Küche. »Aus Alt mach Neu« ist ihre Devise. Am Morgen drehe und wende ich mich vor dem Spiegel im »Feldgrauen« hin und her, schlage kokett meine Kapuze hoch und lasse links und rechts meine Zöpfe über die Schultern fallen. So »angemummelt« läuft sonst an diesem ersten Schultag nach dem Krieg niemand herum. Aber ich finde mich toll! Jeder soll meinen Papa-Paul-Mantel bewundern, auch wenn keinem der Sinn dafür steht oder gar Zeit bleibt.

Gerade tritt der neue Schuldirektor in die Mitte des Hofes und hält eine feierliche Ansprache, auf die ich kaum achte – denn ich will alles sehen, was da und dort auf dem Schulhof vor sich geht. Da drüben, auf der Hofseite der Großen, entdecke ich Helen. Sie hat offensichtlich ihre allerbeste Schulfreundin Ursula wiedergetroffen. Ich sehe die beiden Mädels miteinander kichern. Plötzlich tönt aus einem Lautsprecher eine mir unbekannte, sehr rhythmische Musik. Dabei treten Jungen aus oberen Klassen mit Hacke und Spaten hervor, um die Hitler-Eiche und den Gedenkstein zu entfernen, die einmal im Tausendjährigen Reich für alle »Ewigkeit« gesetzt wurden. Ein Apfelbaum soll an dieser Stelle nun Früchte tragen, erklärt Herr Hinrichsen, ein neuer Lehrer, der mit uns, seiner 2A, in einer nahen Behelfsbaracke das Klassenzimmer bezieht.

Den Kindern aus oberen Klassen wird ein weiterer Weg in die Nachbarschule zugemutet, den sie nun täglich zurücklegen müssen. Ihr Unterricht findet in einem Vormittags- und Nachmittags-Schichtbetrieb und im Wechsel mit den dort ohnehin unterrichteten Klassen statt. Wir Kleineren werden indes in unseren kaum isolierten Barackenzimmern in den nun folgenden Wochen, Monaten und Jahren ganz nach der gerade aktuellen Wetterlage schwitzen, frieren oder zusätzlich zu den amtlich festgesetzten Schulferien lange Wochen »kälte- oder hitzefrei«, also unterrichtsfreie Zeiten haben. An diesen Tagen werden wir nicht rechnen, nicht schreiben und auch sonst im Lehrprogramm nicht vorankommen. Aber mehr noch werden die Jungen und Mädchen ein warmes Essen vermissen, das seit Oktober 1945 zur großen Mittagspause gegen wenig Geld oder auch kostenlos verabreicht wird. Manchem Schulkind ist das mitgeführte, am Ranzen baumelnde Henkeltöpfchen wichtiger als das Papier und die Schreibstifte. Und die bald schon in der Frühstückspause verabreichte, 50 Gramm wiegende Schulsemmel – ein aus Roggenschrot gefertigtes Backwerk, das gewöhnlich ohne Belag verzehrt wird – fehlt den Kindern an unterrichtsfreien Tagen auch sehr!

An diesem 1. Oktober, unserem ersten Tag im neuen Schulbetrieb, erhalten wir einen Apfel, bevor dann alle Klassen, so wie unsere 2A, von ihren Räumen Besitz ergreifen. 52 Mädchen und Jungen finden in unserem viel zu kleinen Klassenzimmer Platz. Zweierbänke und Schultische teilen wir uns zu dritt. Und vorn steht ein Katheder für Herrn Hinrichsen. Er ist unser Neulehrer und gefällt mir sehr viel besser als das frühere Fräulein Richter. Annedora würde er auch besser gefallen, denke ich.

Neulehrer gelten als politisch unbelastet, weil sie keine Pgs. und überhaupt keine Nazis waren![28] Großmutter hatte das in der *Volkszeitung* gelesen und sich mit Mama im Beisein von uns Kindern über die dort beschriebene Entnazifizierung des Bildungswesens in der SBZ und die erforderlichen Maßnahmen zur Absicherung des neuen Schulbetriebes unterhalten. Die neuen Lehrer waren kaum akademisch gebildet, verfügten mitunter über eine handwerkliche Ausbildung oder einen Abschluss als Facharbeiter. Vielfach befanden sich aber auch junge Kriegsheimkehrer ohne Berufsausbildung darunter oder auch Kriegerwitwen, die nun für ihren Unterhalt sorgen mussten, da sie in der SBZ keine Renten erhielten. Diese angehende Lehrerschaft wurde in Dresden seit dem 23. August 1945 in einer Heimschule, die im Dritten Reich als Reichsführerschule des Arbeitsdienstes gedient hatte, mit einem Notprogramm in Schnellkursen auf ihren Grundschuldienst vorbereitet. Vier- bis sechswöchige Unterweisungen, die in der SBZ anfänglich auf reformpädagogischen Konzepten basierten, sollten diese Neulehrer qualifizieren! Mama war skeptisch, auch angesichts der neuen Lehrbücher, die der Pressemitteilung zufolge kostenlos an uns Kinder verteilt werden sollten. Sie warf zwar vor Wochen meine Erstlings-Lesefibel auf Herrn Ballians Scheiterhaufen und erklärte, ich solle nie mehr »Rr, rr, rataplan/Vorwärts/Feldschritt frisch voran« daraus vorlesen, und auch Helen brauche die Nutzlast eines deutschen Bombenflugzeuges nicht mehr auszurechnen. Oder über einer Divisionsaufgabe zu knobeln, in der es hieß: »36 Geschütze sind 1 Regiment. Wie viele Regimenter sind 988 Geschütze?« Ihr Rechenbuch hatte Mama auch den Flammen übergeben. Aber vor welche Aufgaben würden die Kinder mit dem neuen Lehrmaterial künftig gestellt? Das fragt Mama laut. Großmutter zuckt mit den Schultern und ergänzt nachdenklich: »Nicht einmal die Ländergrenzen auf dem Volksglobus sind noch gültig.« Der »Volksglobus« war ein Weihnachtsgeschenk für Helen gewesen, auf dem wir Kinder den winzigen roten Fleck, der Deutschland darstellte, entdeckt hatten. »So klein ist unser Land?«, hatte Helen damals ungläubig gefragt. Großmutter beteuert nun, dass Deutschland nach dem Krieg noch viel kleiner und begrenzter als auf dem »Volksglobus« dargestellt werden müsse.

»Man wird mit neuen Lehrprogrammen aktuell sein müssen«, meint sie zur Mama. Und zu ihren Enkelinnen, Helen und mir, sagt sie: »Ich bin sehr gespannt darauf, was ihr nach dem ersten Schultag daheim erzählen werdet.«

Ich kehre begeistert heim! Mir gefällt der Schulunterricht, und vor allem mag ich die Geschichten meines neuen Lehrers, der vor vielen Jahren einmal einer Wandervogelvereinigung angehörte und auf der Suche nach der »blauen Blume« durch Wälder und Felder strich. Davon erzählte er auch an den folgenden Tagen. Wir singen im Unterricht zu seiner Gitarre von einem Leben, das »anders werden« soll, lachen, schwatzen, spielen und lernen gelegentlich miteinander. Manchmal darf ich meinen Mitschülern Lieder vorsingen, die Großmutter uns lehrte. Ich erfahre von Herrn Hinrichsen, dass die Strophen der »Lorelei« und des vertonten Frühlingsgedichtes »Leise zieht durch mein Gemüt« aus der Feder von Heinrich Heine stammen, dessen Name in Nazi-Zeiten verschwiegen wurde, weil er jüdischer Herkunft war. Großmutter bestätigt mir das.

Mama bleibt misstrauisch. Als ich mit einer ausgewählten Schülergruppe der Kommunistin Olga Körner, der gewichtigen Amtsperson in einer der neuen Dresdner Behörden, anlässlich ihres Geburtstages ein Ständchen bringe und die *Sächsische Volkszeitung* ein Foto unseres Auftritts publiziert, reagiert Mama sogar zornig und murmelt unverständliche Worte. Was an der Begegnung mit der freundlichen Olga Körner, die Mama mit abwertendem Tonfall »Olscha« nennt, falsch gewesen sein könnte, sagt sie mir nicht.

Aber ich spüre Tag für Tag, dass die Erwachsenen dieses Leben zwischen Ruinen und Trümmerbergen, Fassaden ohne Dach und schwarzen Fensterlöchern, durch die der Wind pfeift, ganz unterschiedlich beurteilen. Eine Nachkriegswelt, in der einbeinige Heimkehrer auf Krücken zum alltäglichen Straßenbild gehören und die neuen Mitbürger mit schlesischem Dialekt ihre Habe im Koffer mit sich herumschleppen. Wenn Mama und Großmutter das zusammengebrochene Deutschland beklagen und sich über die eine oder andere ärgerliche Maßnahme der Russen und der neuen Machthaber empören, verrate ich besser nicht, dass sich Herr Hinrichsen darüber freut, dass uns die Sowjetsoldaten vom Faschismus befreit haben. Ich möchte Mama und Großmutter doch nicht verstimmen! Dafür verschweige ich meinem Lehrer Mamas Brummelei über die »Olscha« und auch sonst, was sie und Großmutter über das Nachkriegsdeutschland denken. Denn auch Herr Hinrichsen soll ja nicht traurig sein! Unterschiedliche Redeweisen sind für zwei Sorten von Ohren bestimmt, die man besser nicht verwechselt. Gänzlich neu war mir die Situation, in der es ein »Drinnen« und ein »Draußen« gab, in der es »keinen Menschen hinter der Wohnungs- und Haustür zu interessieren hatte, was drinnen gesprochen wurde«, letztlich ja nicht. Schon in Kriegszeiten gab es das.

Nur hatte es früher »draußen« keinen Herrn Hinrichsen gegeben, der mir über den Kopf streicht und sagt: »Du musst essen und wachsen«, sodass ich sogar die eklige Mondaminsuppe mit Klümpchen hinunterschlucke und den noch viel widerlicheren Graupenbrei. Und dem ich eines Tages von meinem Papa Paul erzähle und Geschichten vom »Irrwisch mit den blankgeputzten Augen«.

Herr Hinrichsen hatte mir aufmerksam zugehört. Sonst sprachen wir in der Schule viel von einer »besseren Zukunft«. Vergangenes haben wir, so hieß es, »überstanden« und vor allem »hinter uns gelassen«. Über gegenwärtige Alltagssorgen in den Familien tauschten wir uns in der Schule auch nicht aus. Sie blieben daheim, wenn wir früh mit den neuen Lehrbüchern, Heften und Stiften im Schulranzen, an dem das klapprige Henkeltöpfchen für die Schulspeisung baumelte, loszogen.

Helens Lehrer meinten das auch. Einen Aufsatz meiner Schwester reichte die Deutschlehrerin sogar unzensiert zurück. Das Thema hatte »Der Traum« geheißen. Helen beschrieb darin aufjaulende Luftschutzsirenen und die gewaltige Wucht der Sprengbombe, mit der das Haus einzustürzen drohte! Sie hatte sich in ihrem Traum angstvoll verkrochen …« Die Lehrerin reichte ihr den Klassenaufsatz kopfschüttelnd zurück. In das Thema hatte sie das Wörtchen »böse« eingefügt, sodass nun Helens Aufsatz »Der böse Traum« hieß. Die Lehrerin signierte die Niederschrift ohne Bewertung. Gute Noten erhielten Kinder, die sich mit ihrem Aufsatz eine wundervolle Welt von morgen »erträumt« hatten, in der alle satt wurden, mit ihren Eltern und Geschwistern warme und gemütliche Stuben bewohnten, weil inzwischen anstelle der Trümmer neue, helle Häuser standen und in den Fabriken und Handwerksbetrieben fleißige Arbeiter die benötigten Gebrauchsgüter herstellten.

Jeden Dienstag begegnete ich Helen im Schulchor. Dort sangen wir gemeinsam:

»Aus der Enge dieser Tage
brechen wir hervor.
Und der rückgewandten Klage
leih'n wir nicht das Ohr.
Unverzagt wir vorwärtsstreben,
kommt und reiht euch ein.
Denn ein neues, bessres Leben
will errungen sein!«

Das vermutlich dahinterstehende pädagogische Konzept der »Verdrängung als seelische Überlebensstrategie der Kriegskinder« funktionierte zumindest scheinbar. Klagen wurden nicht laut.

So wusste ich beispielsweise nicht sicher, wer von den Jungen und Mädchen aus meiner Schulklasse einer Flüchtlings- oder Umsiedlerfamilie entstammte und aus dem Barackenlager jeden Morgen zu uns kam. Welches Kind in Dresden, vielleicht auch anderswo in Deutschland, durch die Bomben sein Zuhause verlor und nun mit leiblichen Angehörigen zwischen den Ruinen in einem Notquartier hauste. Vielleicht auch bei Pflegeeltern lebte oder aus dem nahen Waisenheim zu uns kam, das aus einem »Auffanglager für Kinder« entstanden war. Wir gehörten einfach alle, so wie wir waren, gemeinsam zu unserer Klasse und zu unserem Neulehrer Herrn Hinrichsen, den wir, so glaube ich, ausnahmslos mochten.

Flüchtlingskinder erzählten in der Schule weder, woher sie kamen, noch von den vielfältigen Strapazen, die sie auf dem Weg nach Dresden zu bestehen hatten. Und keiner fragte sie danach. Dann und wann lachten wir vielleicht gutmütig über Gregor Navatniks »verdrehtes Deutsch« oder Lara Zenkers rollendes »Rrr«. Ich erriet, dass Anne Schuschlik mit »Kulisch« ein Osterbrot meinte und wusste, dass der »Bijosch«, den sie sich an der Essenausgabe der Schule in ihr Töpfchen schütten ließ, eigentlich ein Weißkrauteintopf war. Deshalb ahne ich heute, dass Gregor, Lara und Anne Flüchtlingskinder waren.

Annemarie aus der zugewanderten Familie von nebenan teilte mit mir mehrere Jahre die Schulbank. Aber ich weiß bis heute nicht, wo sie eigentlich geboren wurde. Als wir in der Nachbarvilla, ihrem neuen Zuhause, mal gemeinsam ihre Geburtstagstorte genossen, schmeckte sie wie Großmutters »nachgemachte Mandeltorte«, obwohl Annemaries Mutter das Backwerk als eine »Tort Migdalowy« auftischte und ich dieses komplizierte Wort nicht einmal nachsprechen konnte, um davon daheim zu schwärmen. Ein Napfkuchen wurde in dieser Familie »Babka« genannt, das erzählte sich einfacher und klang lustig.

Annemaries Mutter ermahnte ihre Tochter und die beiden Söhne beständig, zu uns Nachbarskindern »besonders nett« zu sein und im Spiel mit Helen und mir »klein beizugeben«. Auch in der Schule sollte Annemarie keineswegs »auffallen« und besonders »brav« sein. Ich konnte damals nicht ahnen, dass sich dieses Benehmen, das ich eigentlich nicht mochte und Mama ein »anbiederndes Gehabe« nannte, möglicherweise aus ihrer leidvollen Flüchtlingsgeschichte zu erklären war.

Auch wir Kinder der Trümmerstadt Dresden hüteten uns davor, in der Schule an die überstandenen Luftangriffe und dickbäuchigen Flugzeuge über uns zu erinnern, etwa von »Flammenstrahlbomben« und »Wohnblockknackern« zu sprechen. Oder von einer Feuerwalze, die alles ringsum zerstörte und der wir wie durch ein Wunder entkommen waren. Wir redeten in der Schule nicht von einem »gütigen Schicksal«, einem »Schutzengel in höchster Not«, einem »Glücksumstand«, dem wir unser Überleben verdankten. Oder davon, dass nur selten Tüchtigkeit, Umsicht und geplantes Kalkül für unser Überleben ausschlaggebend wurden. Unerwähnt blieb, dass der couragierte Zugriff des Papa Paul die Rettung unseres Hauses bedeutet hatte.

Und keiner fragte mehr nach Annedora! Und nach anderen Kindern aus unserer früheren Klasse 1A, die nicht mehr da waren. Auch die elternlose Karin Rothebusch wurde nicht bedauert, ihr Schicksal nicht hinterfragt, obwohl sie manchmal den Tränen nahe war. Sie bewohnte ein Barackenzimmer mit ihrer blinden, beständig häkelnden und strickenden Großmutter. Dort hatte ich Karin nur einmal besucht und dann beschlossen, mich eher mit ihr in unserem Haus zu verabreden.

Erst recht war die Vaterlosigkeit von Kindern ein weitverbreitetes Phänomen. Sozusagen ein »Allerweltsschicksal«. Ganz und gar nichts

Besonderes! Alle gefallenen, in Gefangenschaft geratenen oder verschollenen Väter waren abwesend. Ein Kind, das den Vater vermisste, bedurfte keiner besonderen Aufmerksamkeit oder Zuwendung. So schien es. Kein Wort sollte darüber verloren werden. Schließlich hatten 1945, so gibt heute der Psychoanalytiker Hartmut Radebold rückschauend zu bedenken, in den Schulklassen nur 2 von 20 Kindern einen Vater zu Hause. Erst 1950 waren vaterlose Mädchen und Jungen in der Minderheit (vgl. Bruhns 2010, S. 128).

Woher sollte ich also wissen, ob sich auch andere Mädchen und Jungen wie ich, heimlich, still und leise, ihre Wunschträume von einem Heimkehrer-Vater zusammenfantasierten? In meinen Hirngespinsten stand nicht nur einmal Papa Paul vor dem Schultor, um sein Räbchen abzuholen und zu fragen: »Na, wie war der Tag? Was habt ihr in der Schule gelernt?« Papa Paul trug dann keine abgewetzte Heimkehrer-Uniform, sondern einen seiner eleganten Sommeranzüge. Ganz zufällig kam in meinem Traum dann auch Herr Hinrichsen des Weges und sah mich an der Hand des Papa Paul! Beide Männer, mein Papa Paul und Herr Hinrichsen, begrüßten einander freundlich.

Für das dann zwischen beiden stattfindende Gespräch hatte ich mir verschiedene Varianten ausgemalt. In einem erfuhr Herr Hinrichsen voller Bewunderung vom großen Hilfseinsatz meines Vaters für notleidende Menschen, dessen Wohnhäuser er wieder instand gesetzt hatte. Das erklärte dann, warum er etwas verspätet nach Hause zurückkehrte.

In einer anderen Variante war er einer Gefangennahme durch feindliche Truppen nur dadurch entkommen, dass er sich in einem bäuerlichen Gehöft auf dem Lande verbarg, dann aber die Leute vor »Plünderern« beschützte. Die Bewohner hatten sich nur durch seine Anwesenheit sicher gefühlt und ihn gebeten, so lange bei ihnen zu bleiben, bis die Gefahr gebannt sei. Nun aber hatte ihn die Sehnsucht nach seiner Frau und seinen Töchtern nicht mehr in der Ferne gehalten.

In einer dritten Variante gelang Papa Paul die abenteuerliche Flucht aus einem Gefangenentransport, die ich in Gedanken stets heldenhaft und mit neuen Details ausschmückte. Meist hatte Papa Paul den weiten Weg von Russland bis nach Deutschland aufgrund kaputter Schienennetze großteils zu Fuß geschafft, war von einem Versteck ins andere unterwegs und nun endlich daheim! Es kam mir dabei gar nicht in den Sinn, dass

Herr Hinrichsen bei dieser Schilderung eine »Flucht aus sowjetischer Kriegsgefangenschaft« vermutlich nicht gutheißen würde …

In jeder Wunschtraumvariante freute sich Papa Paul am Ende darüber, dass Herr Hinrichsen die guten Leistungen seiner Tochter im Schulunterricht bestätigte und besonders ihre Musikalität hervorhob, die sie ja nur von ihrem Vater geerbt haben konnte!

Manchmal trödelte ich ganz traumverloren auf dem Heimweg. Ich ließ die brave Annemarie, die sich auf mütterliches Geheiß unverzüglich nach dem Unterricht wieder bei ihr melden musste, vorauslaufen. Dann begegnete ich zur Mittagszeit singenden Soldaten der Roten Armee, die jetzt überall nicht mehr »Iwans« oder Russen, sondern Sowjetsoldaten genannt wurden. Ihre fremd klingenden Lieder gefielen mir. »Kiputschaja, mogutschaja …« oder »Schiroka, strana moja rodnaja …« Ich konnte die Melodien und die mir unverständlichen Texte bereits mitsingen. Wie früher die Lieder der deutschen Soldaten und der Hitlerjugend.

An ein besonderes Erlebnis mit Sowjetsoldaten erinnere ich mich noch heute: Wieder einmal marschieren sie singend durch die Straßen. Einen Moment lang lasse ich mich von der Marschmusik mitreißen, schlenkere die Arme und laufe im Rhythmus mit, bis plötzlich das große Tor hinter mir zufällt, die Sowjetsoldaten nicht mehr im Zug marschieren, sondern lachend um mich herumstehen. Der blonde Aljoscha, dessen Käppi etwas schief auf dem dichten Borstenhaar sitzt, spielt auf einer einzigen Mandoline gleich mehrstimmig und tanzt noch dabei! Seine Musik fährt auch mir in die Glieder. Ich halte mich an seiner Bekleidung irgendwie fest und hopse, schwinge, drehe mich mit ihm. Ringsum klatschen Aljoschas Kameraden. Irgendwann legt der Musikant sein Instrument beiseite, kramt das Bild eines kleinen Mädchens hervor und zeigt es mir. Zu sehen ist Aljoschas kleine Schwester vor der Hütte seines Dorfes. Sie heißt Natascha, trägt zwei blonde Zöpfe, genauso wie ich. Das Mädchen soll mir angeblich ähnlich sehen. Das alles kann ich aus seinen Gesten und wenigen deutschen Wörtern erraten. Auch seine Kameraden schauen jetzt abwechselnd auf Aljoschas Foto und mich und nicken zustimmend. Sie schwenken mich herum und nennen mich nun auch »Natascha! Natascha!« Und »Malenkaja!« (Kleine). Währenddessen nimmt Aljoscha seine Mandoline wieder auf und spielt, spielt, spielt. Die Melodien verdrehen mir die Sinne! Ich bin ganz benommen, als mir Aljoscha irgendwann seine Mandoline in den Arm schiebt und sie mir schenken will. »Du darauf russische Musike spielen! Nimm!«, sagt Aljoscha.

»Do swidanija« heißt »Auf Wiedersehen«. Das lerne ich an diesem Tag. Ein russisches Wort. Aljoscha und die anderen Soldaten verabschieden mich. Als sich das schwere Tor hinter mir schließt, halte ich nicht nur die Mandoline, sondern auch ein Stück Brot, eingewickelt in Zeitungspapier, in den Händen. Aljoscha habe ich zuvor versprochen, am nächsten Tag nach der Schule wieder vorbeizukommen, denn er wird mich das Mandolinespiel lehren.

Großmutter rät mir, Mama vorerst besser nicht mit der Geschichte von Aljoscha und den singenden Russen zu »belasten«. Diese Begegnung sollte besser unser Geheimnis bleiben, sagt sie. Jetzt erst fällt mir die russische Pak ein, die den deutschen Panzer traf. An das zerklüftete Gesicht des Mongolen, der mit seiner Pistole vor unseren Nasen herumfuchtelte, denke ich auch. Und an den Mündungslauf einer Waffe des Wachsoldaten auf dem Gelände der Pferderennbahn.

Ganz heimlich laufe ich dennoch tags darauf nach dem Unterricht mit meiner Mandoline zur Kaserne. Das wiederhole ich und muss jedes Mal aufpassen, von Mama dabei nicht erwischt zu werden! Aljoscha zeigt mir auf der Mandoline erste Griffe und wie ich mit einem Plättchen meine erste russische Melodie tremolieren kann. Dann ist er eines Tages plötzlich nicht mehr da! Ein Stück Brot und auf dem beigefügten Pappfetzen das einzelne, offenbar eilig gekrakelte Wort »Druschba« hat er mir zum Abschied an der Pforte hinterlassen. Druschba heißt zu Deutsch Freundschaft. Das erfahre ich später von unserem Lehrer, Herrn Heinze, der die russische Sprache versteht.

»Es war kein feindlicher, sondern ein lustiger Russe«, vertraue ich, leise zweifelnd und im Zwiespalt mit mir selbst, meiner Schwester Helen an. Vielleicht einer von den Sowjetsoldaten, über die sich Herr Hinrichsen freut, weil sie uns »beim Aufbau eines neuen Deutschlands helfen«. Wir beiden Mädels schauen an diesem Abend das zerknautschte Foto von Papa Paul an, das ich in meiner Büchse verwahre. Es zeigt ihn in einem russischen Dorf. Es könnte sein, dass ihm dort Natascha begegnet ist! Vielleicht hatte auch er eine verblüffende Ähnlichkeit zwischen diesem russischen Kind und seiner Tochter, dem »blondbezopften Räbchen«, bemerkt?

Mit dieser Frage bleibe ich allein. Denn auch Großmutter zuckt nur lächelnd mit den Schultern. Aber sie hat inzwischen Mama davon überzeugt, dass ich meine Mandoline behalten und darauf spielen darf. Wie sie das wohl erreicht hat? Mama ist ohnehin gerade unschlüssig, ob sie dem Vorschlag Herrn Hinrichsens zustimmen soll, mich mit einem Gesangssolo im bunten Programm einer neuen »Initiative«, die als *Volkssolidarität*[29] bekannt wird, auftreten zu lassen. »Papa Paul hätte es erlaubt!«, drängele ich die Mama und bin verblüfft über die frappierende Wirkung meiner eigentlich nur gedankenverloren hingeworfenen Bemerkung. Sie nickt plötzlich, und ich darf nun also auftreten.

Herrn Hinrichsen erzähle ich später, dass ich auf der Bühne singen darf, weil es mein Papa Paul, wäre er schon wieder daheim, ganz bestimmt erlaubt hätte. Auf dem Programmzettel für die Kinderweihnachtsfeier im Dezember 1945 steht daher nun mein Name.

Großmutter, Mama und wir drei Mädels sind zu dieser Feier eingeladen. Auf der Bühne steht ein Tannenbaum. Kerzen tauchen den Saal in ein gedämpftes Licht. Ein Weihnachtsmann hat wie Jahre zuvor im roten Mantel und mit dem langen weißen Bart seine große Stunde. Alle anwesenden Kinder erhalten eine Tüte mit Pfeffernüssen und Äpfeln. Eine Instrumentalgruppe spielt Weihnachtslieder.

Dann aber kündigt Herr Hinrichsen mein Lied an, das ich »für alle Kinder, die auf die baldige Heimkehr ihrer Väter warten«, singen soll. Das Flüstern und Wispern im Saal verstummt, als ich beginne: »Leise rieselt der Schnee …«

Dieser öffentliche Auftritt, der sich noch mehrfach wiederholte, hat ganz unerwartete Nachfragen zur Folge. Menschen, die mir auf der Straße begegnen und oft kaum bekannt erscheinen, erkundigen sich mehr oder weniger behutsam nach der Heimkehr unseres Familienvaters. Dann antworte ich in Erinnerung an Mamas Worte den oft etwas verdutzten Leuten: »Noch nicht, aber schon bald, wenn wir wirklichen Frieden haben, wird er kommen!« Dabei schaue ich in diesen dunklen Wintertagen hinauf zu den alten Straßenlaternen, die nicht mehr blind sind, sondern in der ersten Nachkriegsweihnachtszeit wegweisend funkeln und leuchten dürfen.

Ich weiß nicht genau, wann ich über den alle Jahre wieder verkündeten Weihnachtsfrieden tiefgründiger nachzudenken begann, der nicht nur ein von Militärmächten unterzeichnetes Waffenstillstandsabkommen oder eine vertraglich von Obrigkeiten geregelte Friedenserklärung zwischen den Völkern meint, sondern den inneren Frieden der Menschen mit sich und der Welt. Ich vermag nicht zu sagen, wann ich noch im Kindes- oder Jugendalter zum ersten Mal die weihnachtliche Botschaft »Friede sei auf Erden und den Menschen ein Wohlgefallen« mit dem Abschiedswort Papa Pauls, das uns ein »Wiedersehen im Frieden« versprach, in einen Zusammenhang brachte und darüber zu grübeln begann. Zur ersten Nachkriegsweihnacht waren mir, der Siebenjährigen, diese Überlegungen noch fremd. Vielmehr lauschte ich in adventlichen Tagen hinaus und deutete Schritte in unserem Hausflur, die dann aber nicht zu Papa Paul gehörten.

Immerhin stapfte tatsächlich Knecht Ruprecht an Heiligabend mit schweren Stiefeln bis zu uns in den ersten Stock des Hauses, begehrte mit tiefer Stimme Einlass und erinnerte mich seltsam an einen alten Mann, der mir kurz zuvor auf der Straße begegnet war und dem ich zuversichtlich von der »baldigen Heimkehr Papa Pauls im wirklichen Frieden« erzählt hatte. Plastisch sehe ich noch immer die kleinen handgeschnitzten Figuren vor mir, mit denen Knecht Ruprecht uns Kinder damals beschenkte und sehr erfreute! Aus den einzelnen Schnitzereien ließ sich eine ländliche Szene gestalten: Bauersleute schafften auf dem Hof, Tiere weideten, die kleinen Häuschen, Stallungen, Bäume und Sträucher komplettierten ein dörfliches Bild.

Kaum waren die schweren Schritte des putzigen Alten verklungen, begannen wir drei Mädchen damit zu spielen, als es abermals zu später Stunde an unserer Tür polterte. Dieses Mal stand ein kleiner, leicht hinkender Mann mit rotem Mantel und wallendem grauem Bart vor der Tür, freute sich über unsere Weihnachtslieder, die wir auf sein Geheiß anstimmten, und beschenkte uns mit zuckrigen Plätzchen.

Ich erinnere mich an die geweiteten Augen Henriettes und an einiges Durcheinander, als an diesem Abend plötzlich mit lautem »Hoh-ho-ho« schließlich noch ein dritter Weihnachtsmann bei uns auftauchte. Wohl um der kindlichen Verwirrung ein Ende zu bereiten, behauptete Mama mit gespieltem Ernst später, dass diese dritte, gewiss eindrucksvollste Gestalt im roten Gewand der »einzig richtige Weihnachtsmann« gewesen sei, der zuvor allerdings »seine Kundschafter ausgesandt« habe. Papa Paul schien zu Mamas Erklärungen auf dem Bild im Wohnzimmer verschmitzt zu schmunzeln und – ich hätte schwören können – er zwinkerte uns zu!

In der Schule und daheim, »draußen und drinnen«, träumte ich ihn mir gerade zur Weihnachtszeit immer wieder herbei und erfand dabei Varianten seiner Heimkehr zu uns.

Momentan nicht zu Hause

In der alten Ruine gleich links neben der Postbaracke hatte sich eine schwarzhaarige alte Frau eingerichtet, die angeblich aus Ungarn stammen sollte. Kam ich auf meinem Weg zum Behelfslädchen an diesem dunklen Gemäuer vorbei, beschleunigte ich den Schritt. Denn es hieß, die Alte sei eine Wahrsagerin und könne die Zukunft voraussagen. Und das erschien mir nicht geheuer.

Einige Leute im Umkreis hatten »Dienstleistungen dieser kundigen Person«, die sie sich mit Lebensmitteln, Kleidern, Zigaretten, Alkohol und sonstigen Naturalien bezahlen ließ, bereits in Anspruch genommen. Man staunte, als dann der Heimkehrer Fritz Ebersbach – »wie es die Alte im Voraus gewusst hatte!« – seine Familie umarmte. Oder bei Herbrechts die Karte aus dem Lager eintraf und die Mutter nun bestätigt fand, was ihr zuvor geweissagt worden war: »Der Sohn lebte!«

Nicht nur das »Geschäft« dieser alten Frau in der nahen Ruine hatte in Nachkriegszeiten offenbar Hochkonjunktur! In unserer Stadt orakelten und unkten da und dort gefragte Männer oder Frauen als Zeichendeuter, Hellseher, Wahrsager, Propheten und Kundige. Sie legten Karten, würfelten, weissagten aus dem Kaffeesatz oder schauten als Pendler »in die Zukunft« und wussten angeblich um das Schicksal verschollener und schmerzlich vermisster Menschen …

Manche Leute schlichen nur im Verborgenen zur »weisen Frau« oder dem »Hellseher« und bestritten danach verlegen, dem »unsinnigen Allotria« auch nur einen Moment geglaubt zu haben.

Eines Tages mokierte sich auch Herr Dölling lauthals über seine »rappelige, nicht ganz recht gescheite« Frau, die »ausgerechnet zur Pendlerin!« unterwegs sei, um den Verbleib ihrer schlesischen Verwandtschaft aufzuhellen. »Na, was ist mit Lotte und Karl?«, hörte ich ihn dann aber seine Frau bei deren Rückkehr an der Gartenpforte hastig fragen. Er war ihr entgegengeeilt. »Leben sie? Wo stecken sie?«

Die Pendlerin hatte einen Ring Frau Döllings, ein altes Familienschmuckstück aus der schlesischen Sippe, am dünnen Wollfaden über das Foto der Verwandten hin- und herschwingen und auspendeln lassen, um danach sagen zu können, dass »schon sehr bald eine gute Nachricht von Lotte und Karl« ins Haus stünde! Frau Dölling erzählte davon ausführlich.

»Schade«, sagte Frau Ballian zu Helen und mir gewandt, »dass sich eure Mutter bei der Wahrsagerin nicht Gewissheit verschafft.« Frau Ballian hätte zu gern erfahren, »wo der umsichtige Herr Schultheiß abgeblieben sei«. Sie glaubte fest daran, dass er nur »irgendwo aufgehalten« würde. Zuversichtlich versicherte sie: »Euer Papa kommt bald nach Hause«, fügte dann aber hinzu: »So eine kundige Person wüsste allerdings Genaueres!«

Obwohl mir all die »übernatürlichen Zukunftsvisionen«, von denen erzählt wurde, nach wie vor unerklärlich, ja sogar gruselig erschienen, hätte auch ich andererseits gern gesehen, dass Mama eine Wahrsagerin nach Papa Paul befragte und vielleicht, wie Frau Dölling, mit einer guten Auskunft heimkehren konnte – ob sie nun viel, wenig oder auch gar nichts von der Pendlerin hielt. Ein kleiner Funken Hoffnung schwelte in all diesen unheimlichen Prophezeiungen! Aber Mama ließ sich auf diesen »Humbug« und das Gerede der »Vorgaukler und Orakler« nicht ein und verfolgte wesentlich handfestere Pläne.

Es war im Frühling 1946, als sich alle Hausbewohner um sie in unserem Garten versammelten. An einem Tag im März. Niemand hätte zuvor der stillen, eher zurückhaltenden Frau, unserer Mama, diese Initiative und solchen Sachverstand zugetraut, mit dem sie den Plan zur gemeinschaftlichen Umgestaltung der Blumenrabatten und Wiesenflächen unseres Gartens in eine landwirtschaftliche Nutzfläche zur Bekämpfung des Hungers nicht nur entwarf und allen Hausbewohnern nun geduldig erklärte, sondern auch die dazu nötigen Arbeitsschritte festlegte und die verfügbaren Arbeitskräfte »dirigierte«.

Dabei folgte Mama mit ihren Ideen eigentlich nur den öffentlichen Anregungen. Die Stadtverwaltung Dresden forderte ihre Bevölkerung schon seit Wochen auf, alle Möglichkeiten für den Anbau von Gemüse und Hackfrüchten aufzuspüren und zu nutzen, um die allgemeine Hungersnot abzumildern. Wie ich inzwischen weiß, erfassten damalige Maßnahmepläne der Behörde zu einer Brachland-Verordnung geeignete urbane Flächen: Dazu gehörten soeben beräumte Ruinengrundstücke, städtische Grünanlagen, Teilflächen der Parks und der Elbwiesen und eben jeder Quadratmeter Boden zwischen Häusern besiedelter Gebiete, der zu einem Gemüsebeet oder Kartoffelacker geeignet schien. Mit der Vergabe des städtischen Grabelandes an die Einwohner waren von der Behörde Erträge errechnet worden, die allerdings, wie sich schon bald herausstellte, zumeist angesichts des fehlenden Saatgutes, nicht vorhandener Geräte und mangels landwirtschaftlicher Erfahrungen der Neu-Gärtner illusorisch blieben.

Dennoch fühlten sich die Menschen überall in der Stadt animiert und griffen zu Hacke und Spaten. Rübenbeete und ein Möhrenacker befanden sich beispielsweise unweit des zertrümmerten Postplatzes inmitten des Zentrums. Ganz in der Nähe einiger Amtsstuben im teilzerstörten Neuen Rathaus wurden Kohlköpfe und Kartoffeln geerntet. Zwischen aufgeschichtetem Gestein in der Innenstadt wuchs Spinat. Gemüsebeete entstanden auf Trümmerhalden und Karnickelställe in ausgebrannten Gemäuern. Auf den Elbwiesen und auch in städtischen Anlagen blökten Schafe und Ziegen. Rings um das Pillnitzer Schloss und direkt auf dem Schlossgelände entdeckten wir bei einem Sonntagsausflug, ein gutes Jahrzehnt später, die damals parzellierten Gemüseäcker, die noch immer von den neuen Schlossbewohnern, den Flüchtlingen oder Umsiedlern, die dort 1945 und in Folgejahren untergekommen waren, bewirtschaftet wurden.

So gesehen entwickelte Mama also mit der Umgestaltung unseres Hausgartens sicher keine ausgefallene oder originäre Idee. Da und dort entdeckte man im Verlauf der folgenden Monate auch in unserem Umfeld Möhren-, Kraut- oder Kohlrabibeete in den kleinsten Vorgärtchen; auf den früheren Blumenrabatten wuchsen plötzlich Petersilie und Schnittlauch. Aber die Bewohner unseres Hauses gingen im Unterschied zu anderen Stadtbewohnern nicht sporadisch und unbedarft, sondern nach

Mamas Vorgaben planvoll, nach wohldurchdachten Kriterien der Agrikultur ans Werk. Großmutter sprach respektvoll von Mamas »Verstand und Gespür für das Machbare« und davon, dass sie sich als »Tochter eines Landwirtes« und eines großen Gutes, auf dem sie aufgewachsen war, würdig erwies.

Ich malte mir aus, wie stolz unser Heimkehrer Papa Paul eines Tages auf seine talentierte Landfrau, auf sein »blondes Kätchen« sein würde und wie dann seine übermütigen, schmachtenden Lieder klingen mochten.

Eigentlich spürten wir alle in der Familie erfreut, dass sich Mama nicht mehr mit ihren tiefsinnigen Grübeleien zurückzog, sich nicht mehr einigelte, wie sie das zuvor getan hatte. Ganz im Gegenteil erinnerte sie sich dann und wann im Familienkreis – meist am gemeinsamen Abendbrottisch, wenn Papa Pauls Platz leer blieb – ihrer gemeinsamen Erlebnisse mit dem Ehemann in »guten Tagen vor dem Luftangriff« und sprach sogar zu uns darüber! Sie wusste mitunter bis ins Detail, was er in dieser oder in jener oft belanglosen Situation gesagt hatte. Amüsierte sich darüber, dass es ihm nicht gelang, seine Lockenpracht unter der Badekappe zu bändigen. Oder dass er beispielsweise über diesen Mann im Bus »gewitzelt« hatte, der so frisiert war »wie der Führer persönlich und mit dem Schnauzer unter der Nase aber auch zu komisch aussah!« Sie hatte ihren Mann dann ermahnen müssen, leise zu sein. »Man konnte doch nun wirklich nicht wissen.« Mitunter erinnerte sie Helen und mich an Familienausflüge mit Papa Paul: »Als wir im Gänsemarsch einer hinter dem anderen über diese Wiese mit der Schafgarbe, dem Pestwurz, dem Kriechenden Günsel, der Kamille liefen! Wie es da geduftet hat! Die Luft war voll davon!« Jede unwiederbringliche Stunde mit Papa Paul, jede Minute, die kleinste Episode schien kostbar. »Daran denkt jetzt bestimmt auch euer Papa!«, schloss sie zumeist ihre Rede am Abend. Und mit den Worten »Wenn erst der Papa wieder da ist« begann sie gelegentlich am Morgen ihren Alltag.

Als das Kurhaus Bühlau, im Volksmund »die Scheune« genannt, im Juli 1945 mit einem »Sinfoniekonzert der ehemaligen Staatskapelle« unter Joseph Keilberth eine Veranstaltungsreihe eröffnete, hatte sich Mama in Begleitung der Großmutter wegen Ausfalls der Straßenbahn zu Fuß quer durch die Stadt auf den weiten Weg gemacht. Während sich Großmutter nach dem Konzert anerkennend über die musikalische

Darbietung äußerte, freute sich Mama vor allem darauf, schon »sehr bald mit ihrem Mann dieses niveauvolle kulturelle Angebot in der Scheune nutzen zu können«. Sie versuchte sogar, begehrte Eintrittskarten für die dort angekündigten Konzerte langfristig reservieren zu lassen. Eine »Programmvorschau« lag neben der stets gefüllten Blumenvase auf dem Tisch. Verließ Mama aus triftigem Grund tagsüber für längere Zeit das Haus, sorgte sie dafür, dass ein Familienmitglied – ob nun die Großmutter, Helen oder ich – da wäre, »wenn Papa Paul an unserer Tür läute«.

Bis zur Heimkehr ihres Ehemannes aus dem Krieg war Mama allerdings fest entschlossen, sich auch unter schwierigsten Umständen zu behaupten, ihre Kinder »durchzubringen« – das heißt, unser nacktes Dasein zu sichern! Mama wuchs zunehmend in die Rolle des Familienoberhauptes, organisierte unser Leben und beklagte sich niemals über all die Plackerei, wie wir das von anderen alleinstehenden Frauen manchmal hörten.

Unter dem Zwang der alltäglichen Lasten entwickelte Mama allerdings eine gewisse Härte im Umgang mit Helen und mir, ihren »beiden Großen«. Sie schloss uns weder in die Arme, noch besprach sie die Situation. Aber sie erwartete selbstverständlich, dass wir nach ihren Vorstellungen wie kleine Erwachsene funktionierten. Manchmal vermissten wir ihre Wärme und Zärtlichkeit, aber meist begriffen wir dann auch in solchen Momenten sehr schnell, dass die scheinbare Distanz und der zumeist sachlich-korrekte Ton Mamas ursächlich mit existenziellen Herausforderungen zu erklären war und fühlten uns mitverantwortlich für die Lösung elementarster Alltagsprobleme an ihrer Seite, selbstverständlich auch für Aufgaben beim Gemüseanbau auf unserem Grundstück.

Den Hausbewohnern erschien Mama in ihrer tragenden »Rolle als Landfrau« sehr »konsequent, sicher in ihren Empfehlungen oder Anweisungen und überzeugend durch ihren eigenen praktischen Anteil bei der mühevollen Feldbestellung«. So etwa äußerten sie sich noch Jahre später in einem Gespräch, das ich mit ihnen führte. Aber schon damals spürten wir Kinder den Respekt der Leute, der ihr ausnahmslos entgegengebracht wurde. Nicht nur die Familien Ballian, Dölling, Fischer, Helen und ich folgten widerspruchslos ihren Vorgaben. Der Nutzungsplan unseres Gartens schloss alle weiteren Bewohner des Hauses ein, die inzwischen zugezogen waren.

Da war zum einen die Großfamilie im Kellergeschoss. Die verhärmte und hilfsbedürftige Flüchtlingsfrau aus dem Osten mit dem urdeutschen Namen Lehmann hatte vor Monaten und mitten im klirrenden Winter mit einem Handwagen voller Kinder, fünf an der Zahl, unseren ehemaligen LSR und die daneben liegende Waschküche auf behördliche Weisung bezogen. Viele Jahre später – ich besuchte Frau Lehmann in einem Dresdner Feierabendheim – erinnerte sie sich an meine »couragierte Mama«, deren »Vorgaben für die Plantage (so nannte sie wohl etwas zu anspruchsvoll unseren umgemodelten Hausgarten) allen nützten«. Dann zeigte mir die schon betagte Frau Lehmann stolz ein Fotoalbum mit den Bildern ihrer inzwischen erwachsenen Kinder, die damals willig »auf dem Gemeinschaftsacker« mit uns rackerten und die sie in der Nachkriegszeit »alle großgekriegt« hatte – aus denen inzwischen »etwas geworden« war! Mich aber erschütterte ein einzelnes weißes Blatt im Erinnerungsalbum, das ein winziges Babyfoto in der Mitte allein nicht füllen konnte! Erstmals erzählte mir nun Frau Lehmann im fortgeschrittenen Lebensalter und nach Jahrzehnten von der »Vertreibung ihrer Familie aus der schlesischen Heimat« und von der kleinen Liese. Unterwegs und noch weit entfernt von Dresden, an einer Straßenböschung, hatte die damals junge Mutter den winzigen Körper im frostigen Boden beerdigt. »Die kleine leblose Gestalt war so federleicht gewesen, hauchzart, wie ein Lüftchen«, erinnerte sich Frau Lehmann, und ihr eigenes »Herz so schwer wie Blei!« Warum hatten wir eigentlich damals, als die Familie in unserem Kellergeschoss recht und schlecht hauste, nichts von Liese gewusst oder kaum über das Schicksal der Lehmanns wirklich nachgedacht? Warum fragten wir nicht danach? Vielleicht, weil auch unsere Probleme niemand erfragte? Wir lebten unter einem Dach: fraglos! Meine Mama stellte damals sehr bald zufrieden fest: »Lehmanns sind bescheidene und sehr fleißige Leute, die sich besonders geschickt beim Gemüseanbau anstellen!« Und das zählte.

Anders stand es um den schweigsamen Herrn Gruber, dem ehemaligen Häftling eines Konzentrationslagers, einem »ehemaligen KZ-ler«, der zur Jahreswende 1945/46 die Gartenzimmer der Döllings im Erdgeschoss unseres Hauses bezogen hatte. Wir Kinder wichen ihm scheu aus, während Mama nicht auf die Idee kam, diesen »abgemagerten und kränklichen Mann«, dem man nach ihren Worten nur wünschen konnte

»dass sich für ihn die Tore des Lagers noch rechtzeitig geöffnet hatten«, als Arbeitskraft im »Gartenprojekt« einzukalkulieren. (Ich habe übrigens Mama niemals befragt, was sie eigentlich während der Hitler-Ära von den Konzentrationslagern gewusst hatte und ob sie die leidvollen Erfahrungen des Herrn Gruber damals überhaupt zu ahnen vermochte. Helen und ich wussten zunächst mit dem Wort »KZ-ler« nichts anzufangen.) Herr Gruber lobte unser gemeinschaftliches Gartenprojekt, beteiligte sich aber nicht daran, denn er wurde »von Amts wegen« gebraucht. Kaum hatte er sein Häftlingsdrillich abgestreift, übertrug man ihm Verantwortung in einer Dresdner Kulturbehörde. Später bemühte er sich sehr engagiert um den Aufbau des örtlichen Volksbüchereiwesens, bis er 1950 verstarb. Erst bei seiner Beerdigung erfuhr ich, dass Herr Gruber, wie es in der DDR dann hieß, ein »anerkanntes Opfer des Faschismus« (OdF) und als Kommunist ein »Verfolgter des Naziregimes« (VdN) gewesen war.

Zu unserer Hausgemeinschaft und Mamas »Gartenbrigade« gehörte auch der elternlose Kriegsheimkehrer Gerhard Burmeister. Er lebte als Neuzugang in unserem Hause weiterhin in der engen Souterrainwohnung der Ballians und galt nicht nur als geschickter Handwerker, sondern befolgte auch zuverlässig die Anweisungen beim häuslichen Gemüseanbau. Nach Mamas Wertung erwies er sich dabei als »unentbehrlich«.

Das Ehepaar Fischer hatte inzwischen auf Anordnung der Sozialbehörde in seiner Dachwohnung die vierköpfige Familie Hiller aufgenommen, die der Bombenangriff in jener Februarnacht in der Dresdner Innenstadt »erwischt« hatte. Zwei Tage waren die drei kleinen Kinder mit ihrer Mutter verschüttet gewesen, dann erst wurden sie unter den Trümmern entdeckt und herausgezogen. Der dreijährige Peter erblindete danach. Frau Hiller war bemüht – den Kinderwagen mit ihrem Jüngsten im Blick – sich nach besten Kräften an der Gartenarbeit zu beteiligen. Wenn sie nicht gerade mit ihrem »Trümmerschein« loszog, der sie als »Bombenopfer« berechtigte, in der völlig zerstörten Wohngegend Dresden Johannstadt, aus der sie kam, nach Brauchbarem zu suchen, ohne als Plünderer verdächtigt oder bestraft zu werden.

Wir selbst teilten inzwischen die erste Etage des Hauses mit unserer seit den Luftangriffen über Dresden etwas verwirrten Tante Charlotte, dem dreijährigen Lothar und der einjährigen Erika. Die drei hatten, wie alle Bewohner von Großmutters »Hospiz für Gestrandete«, nach der

Requirierung der Villa durch die Besatzungsmacht von heute auf morgen anderweitig unterkommen müssen und bei uns Zuflucht gesucht und gefunden. Auch Tante Charlotte machte sich in Mamas »landwirtschaftlichem Kleinbetrieb« nützlich, brachte sich ein. Jeder kannte seinen Platz, übernahm neben dem ohnehin in jedem Falle anstrengenden Tagesprogramm Verpflichtungen im Hausgarten und erhoffte seinen Anteil an der gemeinschaftlichen Ernte.

Herr Dölling führte mit wichtigtuerischen Gesten Buch über den Einsatz des von ihm beschafften Saatgutes, später auch über die sich tatsächlich einstellenden Erträge. Er verfügte über die Einlagerung von Kartoffeln und Gemüse, selbstverständlich auch über die Verteilung unserer Produkte. Wenn er nicht noch »viel Bedeutsameres in seiner Behörde« zu erledigen hatte, schritt er von Zeit zu Zeit mit wichtiger Miene über die Scholle oder half gelegentlich seiner Frau, die, oft umringt und manchmal auch unterstützt von Kindern, im hintersten Winkel des ehemaligen Gartens – wie sie sagte – Viehzucht betrieb, also an den eingerichteten Karnickelställen zu tun hatte, sich um die eingepferchten Hühner kümmerte und die barthaarige Ziege Hulda versorgte, deren Milch vornehmlich den Kleinstkindern des Hauses vorbehalten war.

Alle anderen Hausbewohner bebauten das Land unter Beachtung der jahreszeitlichen Vegetation und den darauf abgestimmten Arbeitsschritten, sodass wir nach Mamas Vorgaben sogar ein einziges Fleckchen Erdreich gleich mehrfach im Jahr ausbeuten konnten: Radieschen und Rettiche, Sellerie, verschiedene Rüben, Kartoffeln, Möhren, Kohlrabi, Porree, unterschiedliche Sorten Kohl, Salate, Kräuter, Schnittlauch und Küchenzwiebeln wechselten sich ab. Die Kürbisse, Gurken und Tomaten gediehen besonders auf dem mit Dünger angereicherten Erdreich, das inzwischen das große Loch des Bombentrichters füllte. An der Südseite nahe der Hausmauer gediehen Sonnenblumen, aus denen Öl gewonnen werden sollte.

Alle Hände wurden gebraucht. Allzu häufig bescheinigte Mama Helen und mir auf fingierten Entschuldigungszetteln an die Lehrer eine angebliche Unpässlichkeit oder erfand irgendeine triftige Begründung, mit der sie das Fernbleiben ihrer Töchter vom Schulunterricht bedauerte, aber eigentlich unsere Arbeitskraft auf dem »Feld« oder unseren tatkräftigen Einsatz im Überlebenskampf sicherstellte. Als akzeptabler Grund für

meine Abwesenheit in der Schule galt beispielsweise eine scheinbar erkrankte und hilfsbedürftige Verwandte, ein erfundener Arztbesuch oder
bei nasskaltem Wetter über längere Zeit das fehlende Schuhwerk.

Während sich Helen meist über das zusätzliche »Schulfrei« freute,
wäre ich viel lieber dem Unterricht des Herrn Hinrichsen gefolgt, der
uns Kinder gütig durch seine Brille anblinzelnd vom Neuaufbau unserer
Stadt Dresden und des ganzen Landes vorschwärmte, in dem »Menschen
mit ihrer Hände Arbeit, wie der Vater unseres Mitschülers Karlheinz
Rebe als Schlosser, für unsere sorglose Zukunft im Frieden schafften«.
Dabei hatte er Karlheinz sanft über den Kopf gestreichelt und in seiner
Schülerschar Zutrauen geweckt.

Aber meine gegenwärtige Welt daheim setzte ihre unumstößlichen
Prioritäten. Statt mich nach den Bildern meines Wandervogellehrers
gedankenverloren in ein tröstliches »Morgen« wegzumogeln, mich der
Wirklichkeit zu entziehen, vielleicht sogar mit den Zukunftsbildern im
Schulunterricht einen Schutz gegen sie aufzubauen, zupfte ich also mit
den anderen Kindern unseres Hauses Unkraut auf einem sehr realen
Gemüsebeet, begoss die Pflanzen, las eklige Schädlinge von den Kohl-
köpfen, sammelte Früchte von den Beerensträuchern und wachte mit den
Erwachsenen darüber, dass keine ungebetenen Gäste auf unserem Feld
ernteten. Denn die »Langfinger sind überall«, sagte Frau Dölling.

Insgeheim verglich ich unsere Erträge mit den riesengroßen Erfolgen,
die der russische Biologe Mitschurin[30] angeblich in den weiten Gärten seiner fernen kommunistischen Heimat erzielt und die uns Herr Hinrichsen
in einem Lehrfilm vorgeführt hatte. Wir Schüler waren über die üppigen
und überdimensional großen Früchte in Mitschurins Paradiesgarten
extrem erstaunt! Unser Lehrer war sicher, dass künftig nach russischem
Vorbild auch unsere Landwirtschaft in Deutschland ertragreicher sein
werde. Begeistert erzählte ich Mama von den russischen Anbaumetho-
den. Aber sie spöttelte darüber, nahm mich nicht ernst und freute sich
über unsere vergleichsweise mickrigen Möhren und Kohlrabi. Von den
»großartigen Methoden des bereits verstorbenen russischen Biologen
Mitschurin«, dessen Nachfolger in der Sowjetunion »selbstlos auch für
das deutsche Volk ein großes Vorbild sein wollten«, hielt sie – wie von
anderen wunderbaren Zukunftsvisionen, die uns der Lehrer im Unterricht entwarf – ganz und gar nichts.

Dafür lobte Mama umso mehr »die liebe Frau Ballian«, die »tapfere Frau Lehmann« und die »fleißigen Flüchtlingskinder« aus dem Kellergeschoss, die Stunde um Stunde Zuckerrüben abbürsteten, die geschrubbten Wurzeln dann raspelten, im Waschkessel unter ständigem Rühren abkochten, bis sie zu Sirup eindickten. Mama duldete nicht einmal, dass ich mir die Nase zuhielt, weil es doch dann im ganzen Hause furchtbar stank. Sie reagierte gereizt, als ich die vor Sirup triefende dünne Brotscheibe nicht herunterwürgte. Helen und Henriette verspeisten das »süße Brot« aber genüsslich.

Frau Ballian verstand auch einen Möhrenkuchen zu backen und brillierte vor den Frauen im Haus mit immer neuen »Back- und Kochrezepten«. Unsere hauseigenen Ernteerträge ergaben dabei mit den im Handel erhältlichen Nahrungsersatzmitteln nach ihren Worten »wahre Köstlichkeiten«. Zumindest suchten alle das auf Lebensmittelkarten zugebilligte Deputat zu »strecken«. Das Repertoire der kursierenden Anstatt-Rezepte schien damals geradezu unerschöpflich. Verwandt wurden »Sowei«-Ei-Ersatzpulver, Wasser statt Milch, Kleie statt Mehl, Süßstoff statt Zucker, Natron statt Hefe. Unter Zusatz von Wasser und wenig Fett stellte Frau Ballian einen Mehlpamps her, würzte ihn dann mit Majoran und Beifuß und erklärte das Ganze als Gänseschmalzersatz oder nachgemachte Leberwurst und pries ein anderes Mal ihren Hefebrotaufstrich an. Mama empfahl sie eine bessere Versorgung ihrer Kinder mit Vitaminen durch das Aufbrühen von Kiefern- und Fichtennadel-Jungtrieben und ein Getränk aus gerösteten Eicheln, den Eichelkaffee. Und so weiter und so fort.

Manchmal glaube ich im Rückblick, dass der »Kleinbetrieb in unserem Garten« den Zusammenhalt der Bewohner unseres Hauses förderte. Zumindest sind mir bei uns keine der sonst in umliegenden Häusern schwelenden Einquartierungskonflikte erinnerlich, die mitunter zu offenem Zank und Streit zwischen den Alteingesessenen und den »ungebetenen Gästen« führten. Man versuchte in unserem Hause miteinander, und dann doch wieder jeder für sich und in der eigenen Familie, die Härten der Nachkriegszeit zu tragen und nach vorne zu schauen.

Oft war Mama in den umliegenden Dörfern unterwegs und kehrte nach einer anstrengenden Hamstertour, sofern sie erfolgreich war, mit einem Rucksack voller Nahrungsmittel zurück. Ein wahrer Strom von Stadtbewohnern ergoss sich alltäglich aufs Land. Zu Fuß, mit Lastwagen, mit Fahrrädern und Handkarren. Sie alle versuchten, etwas Essbares zu beschaffen, um mit ihren Familien überleben zu können, und ignorierten dabei die geltenden Gesetze und Verordnungen, auch mahnende Artikel in der *Sächsischen Volkszeitung*, die Hamsterer als Volksschädlinge bezeichneten und mit guten Argumenten an die Verantwortung eines jeden Einzelnen appellierten, den geordneten Ablauf der Versorgung nicht in Gefahr zu bringen. Am 6. März schrieb die *Sächsische Volkszeitung*: »Wenn im Augenblick nach den gesetzlichen Bestimmungen untersagt ist, dass Privatpersonen bei den Landwirten Kartoffeln ankaufen dürfen, so dienen diese Anordnungen der Sicherung der Ernährung des gesamten Volkes [...], denn es fehlt an Saatkartoffeln. Darum muss zu Kontrollen und zur Beschlagnahme geschritten werden [...]. Die im Landkreis [...] ankommenden Züge werden kontrolliert und die mitgebrachten Tauschwaren abgenommen.«

Wirkung zeigte die vernünftige Aufklärung in der Presse jedoch kaum, da die Alternative der tägliche Hunger war. Mama nahm die Presse zur Kenntnis, um noch bedachter und auf alle möglichen Hindernisse gefasst – sie nannte das Schikane – auf der Hamstertour Kontrollen zu entgehen.

Ab und zu begleiteten Helen und ich als Hamsterer unsere Mama, einzeln oder auch zu zweit. Ich erinnere mich an unsere langen Fußmärsche in das Dresdner Umland zur Erntezeit 1946. Selten ergab sich eine Mitfahrmöglichkeit per Anhalter. Ab und zu benutzten wir die überfüllten Hamsterzüge, froh darüber, dass seit Mitte Juli 1946 überhaupt wieder Fahrpläne der Reichsbahn galten. Helen und ich entwickelten beinahe artistische Fähigkeiten und gaunerhafte Fertigkeiten, um mitfahren zu können. Wir bevorzugten beispielsweise nicht den gewöhnlichen Einstieg für Reisende, sondern krochen durch die Abteilfenster in den Waggon, um in einem der schnell überfüllten Abteile oder im Gang noch einen Platz auch für die sich durch die Menge zu uns durchkämpfende Mama zu erwischen. Einmal landeten wir mit Müh und Not auf dem Dach einer Kleinbahn, ein weiteres Mal im windigen Viehwagen, ohne Fenster und Bänke. Wir lernten, rechtzeitig aufzuspringen und, im geeigneten Moment, an einer Kurve bei verringerter Geschwindigkeit des Zuges, wieder abzuspringen – schon um Kontrollen der Hamsterzüge auf den Bahnhöfen zu entgehen. Wir dachten nicht über unseren Sprung hinaus, der einfach gelingen musste.

Immer wieder zogen wir los, auch um auf den bereits abgeernteten und für hungrige Städter vom Bauern danach freigegebenen Feldern eine Nachernte zu halten, Kornähren zu lesen, zu »stoppeln«. Dann lauerten wir dicht gedrängt mit anderen Städtern am Feldrain, bis der Bauer seinen Acker verließ und unsere »Nachernte« erlaubt war. Wieder daheim angelangt, erlernten wir bei Mama, unserer Landfrau, sodann die schwierige Prozedur der Mehlgewinnung. Die Arbeit begann auf unserem Balkon oder im Freien, aber abgeschirmt vor neugierigen Blicken der »Amtspersonen« in unserem Haus. Wir stopften all unsere Kornähren in alte Kopfkissenbezüge und schlugen (droschen) mit Holzknüppeln darauf. Während wir Mädels danach das Korn im Wechsel von einer großen Schüssel in die andere schütteten und den Vorgang beständig wiederholten, trug der Wind Spreu und Spelzen davon – und mitunter in unsere tränenden Augen! Tante Charlotte, Mama und Großmutter mahlten später unsere Körner in der umfunktionierten Kaffeemühle zu Schrot. Sie wechselten sich bei ihrer schweren Arbeit ab. Alles wurde am Schluss durch ein Sieb gegeben und so entstand endlich das kostbare Mehl für unsere Küche.

An einem anderen Tag im Herbst spürten wir auf den bereits von Erntemaschinen durchkämmten Äckern nach zurückgelassenen Kartoffeln. Jeder Person wurde vom Bauer eine Feldfurche überlassen. Wir beiden Mädchen mühten uns rechts und links von der Mama, die mit ihrer Kartoffelhacke nicht nur in ihrer Furche, sondern auch gleich in denjenigen ihrer Töchter kaum eine der erdenen Knollen übersah, sodass wir stets weitaus erfolgreicher als andere Leute vom Acker gingen.

Einmal wollten wir bei Regen und Matsch mit unseren prallen Kartoffel-Rucksäcken nur für Augenblicke in einer einsamen Scheune verschnaufen und fanden dort ein klappriges Fahrrad, hingeworfene Uniformteile, darunter lederne Gamaschen, Mützen, viele Schulterstücke, auch Patronen, einen 12-mm-Trommelrevolver, eine Menge Fotos und einen ganzen Haufen beschriebenes Papier, das der Wind über die Runkelrüben und Kartoffelfurchen prustete, als wir eiligst davonrannten und nicht schnell genug die Tür hinter uns zuzusperren vermochten. Wir hasteten wortlos davon, als säße uns ein Schreckgespenst im Nacken! Mama hatte aber noch fix eine Ledergamasche eingesteckt, aus der die geschickte Tante Charlotte daheim »ordentliche Sohlen« für unsere löchrigen Kinderschuhe fabrizierte.

Langten wir unversehrt nach derart erfolgreichen Hamsterfahrten in Dresden an, waren wir überglücklich, wenn die prall gefüllten Rucksäcke beinahe größer zu sein schienen als wir selbst, gegen die Kniekehlen schlugen und eigentlich viel zu schwer für uns waren! Zu oft war das Gegenteil der Fall und die Enttäuschung dann groß.

Deprimierender erlebte ich die Hamsterfahrten außerhalb der Erntezeit, bei denen Mama für mitgebrachte Gegenstände, die einst den russischen Plünderern entgangen waren und vor allem aus Großmutters Reserven stammten, Mehl, Butter, Eier, Speck oder Kartoffeln und Brot einzuhandeln suchte. Besteck, Porzellan, Leuchter, Tischwäsche, Tafelsilber, Teppiche, Bettzeug und Schmuck gingen ins Eigentum der Bauern über. Großmutter nannte unsere »Handelsware« ironisch das »Familiengeschmeide«, das wir nun verhökerten. Und Mama sagte mitleidig: »Die Familie Lehmann im Keller hat nicht einmal etwas zum Tausch anzubieten. Wir sind noch gut dran.«

Bei diesem Tauschhandel wirkte das stille Gesetz von Angebot und Nachfrage. Die Konkurrenz der anderen Hungerleider, die mit ihrer letzten Habe um das Wohlverhalten und Interesse der Bauern feilschten, war groß.

Ich höre noch aus der Erinnerung die schrille Stimme einer Frau aus dem Schlesischen mit einem kompliziert auszusprechenden Familiennamen, die einem Bauern den Sonntagsanzug ihres bei Smolensk gefallenen Sohnes anbot und auf die »allerbeste Qualität« des Stoffes hinwies. Auf den sächsischen Dorfboulevards rivalisierten im Wettstreit alle möglichen deutschen Dialekte und unterschiedlichste Charaktere. Ich glaube nicht nur, dass sich unsere Mama beim Tauschhandel weniger gewieft als andere anstellte und nicht nur in den ohnehin höchst fragwürdigen, ungleichen Geschäften stets, wie andere Hamsterer auch, den Kürzeren zog, sondern von manchen Bauern weit über das übliche Maß übervorteilt wurde. Außerdem musste man sich vor Spitzeln und Anschwärzern hüten, die sich bei den neuen Ordnungshütern einzuschmeicheln suchten. Vorsicht war geboten. Die angebliche Mauschelei in den Dörfern konnte durch die oft widersprüchlichen Erlasse und Verordnungen auch als Straftatbestand ausgelegt werden; die versuchte Umgehung der Rationierungsvorschrift wurde dann ein Wirtschaftsverbrechen.

Aber oft wussten weder die Dorfbevölkerung noch die ausgemergelten Hungerleider aus der Stadt so genau, was eben gerade erlaubt oder verboten war. Man redete sich gelegentlich, auch wenn man aufgegriffen und zur Rede gestellt wurde, heraus und suchte das Herz des Kontrolleurs zu erweichen. Eingehandelte Lebensmittel wurden dann zwar meist beschlagnahmt, aber man entging einer härteren Strafe. Wir selbst, Mama und wir Kinder, hatten von diesem und jenem Vorkommnis gehört und lebten mit der berechtigten Furcht, erwischt zu werden, aber gerieten niemals in eine derartige Situation.

Manchmal zog unsere Schulklasse mit ausdrücklicher Erlaubnis der zuständigen Behörde zum anschaulichen Naturkundeunterricht mit unserem Wanderlehrer, Herrn Hinrichsen, durch Wiesen, Wald und Flur, sammelte unter sachkundiger Anleitung Beeren und Pilze, Brennnesseln, Sauerampfer und Spitzwegerich für die häuslichen Küchen. Oder wir brachten Linden- und Kamillenblüten, Schlüsselblumen und Brombeerblätter zur Apotheke und erhielten dort einen Obolus für die geplante nächste Klassenfahrt in ein Landschulheim der Oberlausitz. Ich mochte meinen Lehrer nach wie vor sehr!

Meine naturkundlichen Schulkenntnisse waren nützlich, wenn Mama mit uns Kindern, wie viele andere Familien, oft auch ohne behördliche Genehmigung zum Auflesen von Brennholz oder zum Sammeln von Beeren und Pilzen in den Wald zog. Mitunter war die inzwischen fast zweijährige Henriette dabei, die artig und völlig mit sich allein auf einer Decke spielte oder sich im Sportwagen in den Schlaf kullerte. Wir mussten allerdings mit ihrem Heißhunger auf alles, was ihr reizvoll erschien, rechnen. Daheim hatte plötzlich von der Hauswand herunterrieselnder Kalk und Mörtel zwischen ihren Zähnchen geknirscht. Unlängst hatte sie in ein Täfelchen Schuhputzmasse gebissen. Frau Ballians Sauerkrauttopf war ebenso wenig sicher vor ihr gewesen wie die bunten Knöpfe aus Großmutters Nähkiste! Nun mussten wir darauf achten, dass sie sich nicht mit ungebremstem Appetit den wilden Früchten des Waldes zuwandte. Wir behielten sie also im Auge.

Wurden wir auf unserem Heimweg dann von Ordnungskräften gestoppt, wirkte der besonders liebliche Anblick unserer Jüngsten, der blondgelockten Unschuld, wie eine Geheimwaffe der Weiblichkeit! Sie schaute zu der jeweiligen Amtsperson mit ihren großen blauen Augen unbekümmert und unbewusst kokett auf, und wir schafften es dann mit unserer Holzfuhre nicht nur einmal vorbei an einem durchaus bärbei-ßig wirkenden Uniformierten, der plötzlich lächeln konnte, bis nach Hause.

Einmal begleiteten uns sogar die guten Wünsche eines besonders kin-derlieben Russen, der Henriette auf die Wange küsste und mir im Ge-dächtnis blieb. Auch, weil er Blumen gepflückt hatte am Wegesrand, die er uns schenkte. Wir hatten den Sowjetsoldaten, der offenbar sinnierend über das verwilderte Brachland am Waldesrand schaute, schon aus der Ferne beobachtet. Dachte der russische Soldat an eine Sommerwiese seiner fernen Heimat? An sibirische Weiten, wo sich vielleicht gerade in diesem Moment sehr unfreiwillig unser Papa Paul aufhielt? Hatte er Heimweh nach seiner Familie, so, wie deutsche Männer nach ihren Müttern, Frauen, Kindern auch? Wir hatten bisher nie über Gefühle der Sowjetsoldaten, die vielleicht viel lieber in ihrer Heimat gewesen wären, als an der Stadtgrenze Dresdens Wache zu halten, nachgedacht. Jetzt taten wir es. An unsere Gespräche auf dem Weg nach Hause erinnere ich mich.

Genauso unvergesslich wie diese kleine Episode am Rande des Gesche-hens blieb mir ein anderer heißer Sommertag, an dem unsere Großmutter Helen und mich mit einem kargen Mittagessen für Mama losschickte, die mit anderen »Trümmerfrauen« bei der Wiedererrichtung der zerborstenen Albertbrücke eingesetzt war und sich dabei eine geringe Aufbesserung der Lebensmittelration für die Familie erhoffte. Nach Anordnungen des Alliierten Kontrollrates waren Männer und Frauen ausnahmslos zur Aufbauarbeit verpflichtet. Auch Frauen mit mehreren Kindern hatten Trümmerarbeit zu leisten. Manchmal halfen wir Kinder dabei, klopften Steine von Mörtel und Zement frei und stemmten die schweren Klamot-ten gegen die Schenkel, wie man es uns gezeigt hatte.

An diesem Tag war Mama ohne uns in der Trümmerkolonne. Wie Ameisen wirkten die Menschen von Weitem vor den gigantischen Über-resten der Elbbrücke. Zwei Strebebögen lagen flach im Wasser und ver-hinderten die Strömung des Flusses. Ein großer Bagger packte mit seiner Titanenfaust Sand und Steinkolosse. Pressluthämmer knatterten. Motor-sägen kreischten. Kleine Elektrowinden zogen mit Geklirr und Geklapper Feldbahnloren von der Elbe her die Böschung hinauf. Dort schaufelte eine Frauenkolonne Kies auf Förderbänder. Unter ihnen unsere Mama.

Ich sehe sie noch in der Erinnerung – erschöpft, deutlich überfordert von der ungewohnten Schwerstarbeit. Sehr, sehr still und in sich gekehrt.

Am Abend dieses Tages klingelte es an der Wohnungstür. Ohne das Anliegen des Besuchers zu verstehen, hörte ich Mama sagen: »Ich habe keine Zeit und mein Mann ist momentan nicht zu Hause!«

Ein Telegramm

Die alte Parkbank stand am Rande des Großen Gartens. Liefen dort Leute vorbei, konnte man sie gelegentlich wispern hören: »Dort hat er gesessen und keinen Mucks mehr von sich gegeben. Tot. In der lausigen Kälte ist er erfroren!«

Der alte Mann, von dem dann die Rede war, gehörte zu den vielen Todesopfern des kältesten Winters seit Menschengedenken, der 1946/47 ganz Deutschland in Atem hielt. Die Geschichtsbücher beschrieben die damit entstandene Situation später als eine »einzige humanitäre Katastrophe«, die von grassierendem Hunger, eisiger Kälte, kursierenden Krankheiten, von Tod und nur zaghafter Hoffnung bestimmt war. Sie machte den Menschen in allen vier Besatzungszonen schwer zu schaffen. Auch in der SBZ waren weder Politik noch Wirtschaft darauf gefasst gewesen.

Allerdings hatten die Dresdner noch im Frühjahr und Sommer 1946 auf stetige Besserung ihrer Lebenslage gehofft. Verheißungsvoll hatte auch für uns Kinder das neue Schuljahr 1946/47 zunächst bei sehr freundlichem Septemberwetter und mit bunten neuen Lehrbüchern begonnen. Aber bereits der Oktober/November 1946 brachte Frostwetter, wir Kinder behielten in den schwer zu beheizenden Unterrichtsräumen der Behelfsbaracke die Mäntel, Schals und Mützen an und froren dennoch bei unzureichendem Schuhwerk besonders an den Füßen. Bis dann Herr Hinrichsen »seine Barackenkinder« in den folgenden Wochen und Monaten bei klirrendem Frostwetter nach Hause schickte und der Schulbetrieb in der ganzen Stadt zum Erliegen kam. Die gerade erst in Gang gebrachten Kultur- und Bildungsstätten Dresdens machten wieder dicht.

Noch verheerender war, dass auch die Kraftwerke während der arktischen Kältewellen bei ungenügenden Brennstoffvorräten und ausbleibender Belieferung nur noch mit stark vermindertem Einsatz produzierten. Anhaltende Stromsperren bewirkten den zeitweiligen Stillstand der Industrieanlagen. Betriebe, die erst seit 1946 wieder arbeiteten, stagnierten.

Das alles wirkte sich naturgemäß auf die privaten Haushalte aus. Während der verkürzten, nur stundenweisen oder gänzlich ausbleibenden Stromversorgung funktionierten weder die elektrischen Geräte ausreichend, noch gab es in der jahreszeitlich bedingten frühen Dunkelheit elektrisches Licht. Bei funzeligen Tellerlichtern hockten die Familien eng beieinander in eiskalten Räumen ihrer oft dürftigen Behausungen. Die spärliche Zuteilung loser, teils verschlackter Rohbraunkohle oder Briketts und das im Wald gesammelte Holz hatten auch bei sparsamstem Verbrauch nicht lange gereicht. Die Keller waren leer und die Öfen kalt. Mit einer weiteren Versorgung des sogenannten Hausbrandes, also der Privathaushalte mit Kohle und Holz durch den Händler, war nicht zu rechnen. Damit kam nicht einmal das knapp bemessene Deputat der Kohlenkarten, das ohnehin nur ein Drittel des Normalverbrauchs der einzelnen Haushalte in einem Winter mit durchschnittlichen Temperaturen gedeckt hätte, zur Auslieferung. Und das bei fortwährendem Temperaturabfall!

In Sachsen herrschte klirrender Frost. Man verzeichnete minus 29 Grad Celsius. Ein Ende der Eiseskälte schien nicht absehbar. Die Menschen verheizten in ihren Wohnungen alle entbehrlich erscheinenden brennbaren Gegenstände und verschafften sich mitunter nur für Momente ein wenig Wärme in den Stuben. Zugleich schwanden bei chronischer Mangelernährung der Bevölkerung die Widerstandskräfte gegen Kälte und kursierende Infektionskrankheiten. Besonders alte Menschen und Kinder raffte es dahin. Die Zahl der Todesfälle stieg.

So fror und darbte also in diesem Notwinter nicht allein unsere Familie ganz erbärmlich! Ein oder zwei Stunden am Tage floss elektrischer Strom durch unsere Hausleitung, manchmal zu nächtlicher Uhrzeit. Wir mussten das Leben darauf einstellen, denn ein heißes Getränk oder die wärmende Suppe waren nur zu haben, wenn der Elektroherd funktionierte.

Auch den anderen Hausbewohnern und ringsum allen Menschen, die wir kannten, erging es keinen Deut besser. Allerdings waren wir in unserem Frauenhaushalt gegenüber den Familien benachteiligt, deren Männer zur Behebung der Not nachts im Schutz der Dunkelheit Äste von den Bäumen sägten oder auf uns unbekannten Schleichwegen Heizmaterial heranbugsierten.

Die nächtlichen Akteure mussten froh sein, nicht von der Polizeistreife als »Diebesgesindel« oder »Langfinger« gebrandmarkt und aufgegriffen zu werden, wie das in vielen Fällen geschah. Aus der *Sächsischen Volkszeitung* erfuhren wir, dass sich unter den Kohlendieben auch neue Staatsdiener oder ein evangelischer Pfarrer befanden, die nun mit Gefängnishaft zu rechnen hatten. In der Bevölkerung wuchs ein solidarisches Mitgefühl mit den Delinquenten. Die gestohlene Kohle war schließlich nicht nur ein Brennstoff. Von ihr hing das Leben der Menschen ab. Das war für die Bewertung der in der Presse dargestellten »Vorkommnisse« ausschlaggebend.

Jeder schien sich in der Not selbst der Nächste und musste sich zu helfen wissen. Wir hatten die Wasserleitungen in unserer Wohnung mit Teppichen umwickelt und dennoch die Eiszapfen an den Wasserhähnen nicht verhindern können. Irgendwann waren die Hauswasserleitungen eingefroren. Rohre platzten. Toiletten waren außer Funktion. Sofern in die Fenster bereits Glasscheiben eingesetzt waren, bildeten sich daran dicke Eisblumen. Erst recht kroch der Frost durch die mit Pappe und Holz vernagelten, undichten Fenster. Sogar die Gardinen hingen steif gefroren herab.

Eingemummelt in unsere Mäntel, Mützen, Handschuhe und Schals liefen wir Kinder mit unserer Mama und Tante Charlotte um den Wohnzimmertisch herum, verrenkten unsere Arme oder hüpften. Selbst Großmutter in ihrer Pelzjacke beteiligte sich an unserem »Sport«, manchmal sang sie aufmunternd im rhythmischen Lauf und animierte uns einzustimmen. Oder wir drängelten uns in der Küche um den kleinen Beistellherd. Das war die einzige Feuerstelle, die wir notdürftig noch zeitweilig am Glimmen hielten. Andere Tage verbrachten wir bekleidet mit dicken Pullovern, Wollhosen und Socken in unseren Betten und froren dann noch dabei! Die klammen Federdecken schützten oft nur unzureichend. Der Atem gefror. Nur mit ihrem kleinen Näschen lugte Henriette, eingehüllt in eine Pudelmütze, unter dem Federkissen und Wolldecken hervor. Sie war kaum noch zu sehen.

Wohl um den natürlichen Bewegungsdrang ihrer Kinder zu bändigen und uns in den Federbetten halten zu können, erzählte uns Mama häufig, in eine wollene Decke gehüllt und vor unseren Betten hockend, Geschichten, die sie mit ihrem Ehemann in Vorkriegszeiten, als »sein Räbchen noch gar nicht auf der Welt war«, erlebt hatte. Dabei ließ sie Papa Paul selbst zu Wort kommen, ahmte ganz trefflich seine Stimme, den berlinerischen Tonfall und seine Gesten nach. Fast schien es, sie erlebe die meist humorvoll wahrgenommenen Situationen noch einmal und könne die Welt mit Papa Pauls Augen sehen! Ich glaubte dann meinen Papa Paul schmunzeln zu sehen. Von Mamas Geschichten konnte ich nicht genug bekommen. Wenn sie uns dann allein zurückließ, überboten wir beiden Schwestern uns gegenseitig mit wilden Fantasiegebilden von einer paradiesischen Traumwelt, in der die Menschen weder hungerten noch froren – in der Eltern mit ihren Kindern unbeschwert leben und einander für alle Zeit nahe sein konnten. Nur für Momente mogelten wir uns da hinein.

An einem dieser klirrenden Wintertage des Januar 1947 hatten wir Kinder es nicht länger in unseren Betten ausgehalten und uns dick angemummelt im Wohnzimmer eingefunden. Mama beförderte gerade Teile eines zerlegten alten Möbels in den Ofen, um damit ein wenig Wärme in der Stube zu erzeugen. Helen und ich hauchten eben ein Guckloch in die Eisblumen am Fenster und lugten hinaus, als ein Postbote vor unserem Gartentor hielt. Er stoppte sein Fahrrad trotz der anhaltenden Straßenglätte mit einem gekonnten Schwung direkt vor unserem Grundstück und lehnte den Drahtesel lässig gegen die Eingangssäule. Beinahe wäre er über die achtlos am Weg liegende Schneeschaufel gestolpert, sprang dann aber leichtfüßig über sie hinweg, mit großen Sätzen die Treppe bis zu unserer Wohnungstür hinauf und klingelte Sturm. Mama nahm die eilige Nachricht schweigend zur Kenntnis.

Die »liebe Frau Ballian« stand mit offenem Mund im Treppenflur, beugte sich weit über das geschwungene Geländer vor, um Mamas Reaktion zu beobachten. Aber sie erfuhr kein Sterbenswörtchen über den

Inhalt des Telegramms. Von Neugier geplagt, löcherte sie wenig später Helen und mich ergebnislos mit ihrer Fragerei. Wir hatten genau wie sie keine Ahnung, warum Mama stehenden Fußes und scheinbar ohne einen weiteren Gedanken zu verschwenden bereits eine Stunde später unterwegs nach Berlin war. Und das bei Schneeverwehungen, vereisten Gleisen, dem vielfach unterbrochenen Bahnbetrieb und weiteren, in diesen Zeiten kaum voraussehbaren Hindernissen auf einer Reise! Sie hatte lediglich meiner Schwester und mir eine besondere Aufsicht über die kleine Henriette aufgetragen, um Großmutter und Tante Charlotte in ihrer Verantwortung für uns Kinder zu unterstützen. Dann war sie verschwunden. Großmutter blieb scheinbar ebenso ahnungslos zurück wie wir Kinder.

Aber etwas Ungewöhnliches lag in der Luft! Das ahnte nicht nur Frau Ballian. Helen und ich stellten dazu allerlei Vermutungen an. In Unkenntnis der Sachlage und nach jüngsten Alltagsgeschehnissen befürchtete meine Schwester neue Hiobskunde und Scherereien. »Man muss auf Schlimmes gefasst sein!«, meinte sie. Und davon war sie ganz und gar nicht abzubringen. Schließlich hatten gerade unerwartete Ereignisse und plötzliche Wendungen schon zu oft böse Folgen gehabt: Schlagartig und unerwartet dröhnten in jener niemals vergessenen Februarnacht Geschwaderblöcke über uns. In wenigen Stunden stand unsere Stadt, die für die Ewigkeit erbaut schien, in Flammen und zerbarst. Jählings waren wir vor einer Besatzungsmacht erzittert, die wir noch Stunden zuvor niemals zu Gesicht bekommen hatten. Schlagartig veränderte sich unser Alltag, nachdem die Waffen des Krieges schwiegen. Immer neue, ungeahnte Notsituationen waren entstanden. Vor dem Hintergrund dieser Erfahrungen steigerte sich Helen bei der unvermittelten Abreise Mamas in allerlei noch nicht abschätzbare Kümmernisse und in ihre panischen Attacken, mit denen sie sich ohnehin immer wieder quälte.

Ich hingegen verbiss mich, nicht weniger verbohrt als Helen, in die Annahme, das geheimnisvolle Telegramm stamme von Papa Paul! Ganz gewiss wollte er sich mit Mama in Berlin und vielleicht bei Großpapa Friedrich treffen, um mit ihr endlich wieder nach Dresden zurückzukehren und bei uns zu sein! Nur so schien mir Mamas überstürzter Aufbruch verständlich. Selbst Großmutter bezeichnete meine Vermutung, die ich in meiner Euphorie auch ihr plausibel zu machen suchte, »für nicht gänzlich unbegründet«, obwohl auch sie offenbar hin und her rätselte.

Ohnehin hatte unsere Familie in den vergangenen Wochen und Monaten die Hoffnung auf die bevorstehende Heimkehr Papa Pauls hochgehalten und bestärkt. Wären wir erst wieder alle beieinander, würde auch unser Alltag durchschaubarer und vor allem leichter zu ertragen sein, wiederholte die Großmutter beständig. Als Herr Ballian mit den beiden Jungen, dem Sohn Hans und Gerhard Burmeister, zu nächtlicher Stunde auf dem Rangierbahnhof Dresden-Reick Holz »beschaffte« und wir nur zufällig davon erfuhren, hörte ich sie flüstern: »Wenn unser Mann im Hause wäre! Der Hüter des Hauses fehlt hoffentlich nicht mehr lange.« Nicht anders verstand ich Mamas fortgesetzte Redewendungen »es wird schon werden« oder »wir müssen durchhalten«, mit denen sie sich wahrscheinlich am allermeisten selbst Mut zusprach. Gerade wenn sich ihr ganzes Tun und Treiben notgedrungen auf elementarste Überlebenskünste konzentrierte, schickte sie vermutlich manches heimliche Stoßgebet zum Himmel, das gelautet haben mochte: »Herrgott! Lass den Ehemann und Vater meiner Kinder heimkehren und an der Last mittragen.«

Beide – Großmutter und auch Mama – vertraten jeweils eigene Vorstellungen von der Rückkehr des Familienoberhauptes. Sooft sie darüber sprachen, stimmte ich ihnen so oder so zu, sehnte mich nach der von Papa Paul ausgehenden Gelassenheit und Wärme, aber vor allem nach dem Gefühl des Geborgenseins, das ich in seiner Nähe verspürt und ohne ihn verloren hatte.

Großmutter war nicht davon abzubringen, dass ihr »umsichtiger und findiger Schwiegersohn« ganz sicher noch vor dem offiziellen Ende des Krieges den rechten Moment und die passende Gelegenheit erfasst habe, um in den zivilen Untergrund abzutauchen. Nach Großmutters Darstellung hatte er genau das vorgehabt – damals, im März 1945, als er sich ein letztes Mal in der Uniform des Panzerfahrers von uns verabschiedete. Ich hörte Großmutter gern darüber philosophieren, dass »ihr Paul« schließlich alle Zeit nur widerwillig beim »Barras« gewesen sei und viel lieber bei Frau und Kindern geblieben wäre.

Bei aller gebotenen Umsicht, so betonte Großmutter, habe sie damals gerade ihm die erforderliche Courage und das nötige Gespür für die geeignete Situation zugetraut und ihren Schwiegersohn in seiner Fluchtabsicht bestärkt. Nun war sie nicht davon abzubringen, dass ihm sein Vorhaben auch gelungen sei! Gerade weil es schließlich Tausende Soldaten in den Wirren der letzten Kriegstage geschafft hatten, sich einzeln oder in Grüppchen unbemerkt von der Truppe zu entfernen, sich dabei dem wachsamen Auge der Militärjustiz zu entziehen und einer Gefangennahme durch die alliierten Militärs zu entgehen. »Wenn anderen Soldaten ein solches Unterfangen geglückt ist, dann doch erst recht deinem Papa Paul!«, meinte sie zu mir gewandt und in einer Art, als wolle sie sich dabei selbst und das eigene Gewissen beruhigen – angesichts ihrer geheimen und nun bekundeten Mitwisserschaft von dem beabsichtigten privaten Kriegsende des Panzerfahrers mit all den Risiken und Gefahren, denen sich ein Fahnenflüchtiger damals aussetzte. Nach Großmutters Auffassung war es nur noch eine Frage des von ihrem Schwiegersohn klug zu bestimmenden Zeitpunktes, bis er endlich wieder bei uns auftauchen werde.

Tatsächlich machten 1945 und mehr noch 1946/47 einige ehemalige Wehrmachtsangehörige von sich reden, denen das Risiko der Desertion geglückt war und die sich nun bis zu uns in die russische Besatzungszone herantasteten. Sie standen da und dort, zumeist ohne jede Vorankündigung, bei ihren Familien vor der Tür! Die dann vorherrschende Wiedersehensfreude machte ganz offenkundig die allgemeine Not in diesen Familien erträglicher, manche wagten inmitten des Chaos und in der zertrümmerten Welt Dresdens mit den heimgefundenen Vätern und Söhnen einen hoffnungsvollen Neubeginn. Man hörte immer wieder davon.

Zum Beispiel machte die Geschichte des 18-jährigen Arnold von Wolkenburg die Runde, den ich noch als Hitlerjungen in Erinnerung hatte. Er war nach einem vorgezogenen »Notabitur« seines Gymnasiums in aller Eile als Soldat ausgebildet, für die Front tauglich befunden und einer Truppe zugeteilt worden, die in letzter Minute den in Berlin bereits von der Roten Armee eingekesselten Führer aus misslicher Lage befreien sollte. Während die Einschläge russischer Granaten immer näher gerückt waren, so erzählte Arnold von Wolkenburg nun, hatte er sich mit zwei Kumpels von seiner Einheit entfernt. Tagelang waren die drei querfeldein immer nur gerannt, in der furchtbaren Angst, wegen »Feigheit vor dem Feind« von den Häschern der Feldgendarmerie an den Pranger gestellt zu werden, die selbst noch kurz vor Kriegsende behaupteten, »Soldat des

Führers« zu sein, hieße »Treue bis in den Tod«. Mindestens ebenso groß war ihre Furcht, in russische Gefangenschaft zu geraten, denn das jahrelang anerzogene Feindbild wirkte. Der Gedanke, diesen »entmenschten Bestien« in die Hände zu geraten, war einfach entsetzlich und jagte sie weiter, weiter, weiter …

Die Jungs hatten sich in einem Dorf Zivilsachen erbettelt, ihre Uniformen und Waffen weggeworfen, sich eine Weile versteckt und waren beinahe zu guter Letzt einem »hartgesottenen Nazi« in die Hände geraten. Nur beinahe! Denn Arnold von Wolkenburg hatte es zur Mutter nach Hause geschafft. Er hauste nun mit ihr und den kleineren Geschwistern im Keller eines teilzerstörten Hauses, in dessen repräsentativer Etage sie früher mit dem bereits 1944 an der Westfront gefallenen Oberstleutnant der Wehrmacht, dem Familienvater der von Wolkenburgs, gewohnt hatten. Gar nicht weit von uns. Manche Leute entsannen sich noch an ein besonders komfortables Begräbnis. Mit militärischen Ehrenbekundungen war der ranghohe Offizier beigesetzt worden. Man hatte ihm sogar noch nachträglich einen Verdienstorden verliehen. Nach der Zeremonie blieb die Kriegerwitwe mit ihren Kindern zurück. Ein knappes Jahr später war dann der älteste Sohn Arnold eingerückt und nach bangem Warten nun also endlich zu Hause! Ich sah Arnold von Wolkenburg gelegentlich zur Arbeit ins Gaswerk Dresden-Reick gehen. »Er bekommt nun eine Lebensmittelkarte für Schwerstarbeiter«, dazu »ein Kohle-Koksdeputat für den Winter«, und »Frau von Wolkenburg hat wirklich Glück«, sagten die Leute.

Der schlanke Arnold von Wolkenburg erinnerte mich irgendwie an meinen Papa Paul. Waren es die dichten Locken auf seinem Kopf? Oder seine flinken Bewegungen, die denen meines Papa Pauls ähnelten? Vielleicht die Art, wie er sprach? Und auch uns Kinder ernst nahm? Er hatte sich mit mir an einem Sommertag auf die aufgestapelten Ziegelsteine gesetzt und mir aufmerksam zugehört, als ich ihm von Papa Paul erzählte, der sich als Panzerfahrer in den Krieg verabschiedet hatte und nun – genau wie er – sehr bald zurück sein würde. Jedes Mal spann ich mir bei einer Begegnung mit Arnold von Wolkenburg meine eigenen Papa-Paul-Geschichten mit neuen Details weiter aus. In einer der Fantasiegeschichten bog plötzlich ein schlanker Mann im hellen Anzug lässig um die Straßenecke, steuerte auf unseren Hauseingang zu und stand, wie auf meinem Lieblingsfoto verschmitzt lächelnd, vor uns. »So wird es sein«, sagte Arnold von Wolkenburg.

Etwas anders und mit einigen dramatischeren Details reimte ich mir meine Heimkehrergeschichte nach Mamas Mutmaßung von der Rückkehr ihres Mannes aus russischer Gefangenschaft zusammen, in der wir uns am Ende aber nicht weniger glücklich in den Armen lagen.

Unsere Erwartungen nach jener ersten Pressemeldung von der Entlassung deutscher Gefangener – der Wojennoplennyje (WP) – im Sommer 1945 hatte sich zwar nicht erfüllt, aber Heimkehrerzüge aus dem Lager Gronenfelde bei Frankfurt an der Oder waren auch in den Jahren 1946/47 immer wieder in Dresden eingetroffen. Gelegentlich konnte man einzelne Heimkehrer, diese erschöpft und müde wirkenden Elendsgestalten, da und dort in ihrer zerrissenen Bekleidung sogar auf der Straße entdecken. Oft waren sie unterwegs zu ihren Angehörigen, auf der Suche nach einer Erwerbsquelle oder auf dem Weg zur zuständigen Polizeidienststelle, bei der sich manche von ihnen als »entlassene Kriegsgefangene« der Sowjetunion regelmäßig einzufinden hatten.

Einmal begleitete ich Mama zum Hauptbahnhof Dresdens, als eine Gruppe Heimkehrer aus dem Osten angekündigt war und wir beide glauben wollten, einer der Ankömmlinge müsse auf dem Foto, das wir herumzeigten, unseren Papa Paul erkennen. Aber alle Angesprochenen schüttelten nur bedauernd den Kopf. Die Wiedersehensfreude der anderen war plötzlich kaum noch zu ertragen gewesen.

Papa Paul war also dieses und auch die folgenden Male nicht unter den Kriegsgefangenen gewesen, die ihre Entlassungspapiere erhalten hatten. Keine portofreie Ankunftskarte aus dem Lager Gronenfelde traf bei uns ein. Uns wurde auch nicht, wie das in anderen Familien vorkam, sein derzeitiger Aufenthaltsort in einem der weltweiten Gefangenenlager durch die Behörden oder das Deutsche Rote Kreuz mitgeteilt. Die Familie meiner Schulfreundin Getraude Schuster erhielt sogar eine Karte des noch in Gefangenschaft befindlichen Vaters, eines PW – Prisoner of War –, der damit seinen Standort in amerikanischem Gewahrsam anzeigte und seine Frau und die Tochter grüßte. Wenige Wochen später stand er dann vor der Tür.

Nichts dergleichen geschah in unserem Haus. Und dennoch blieb Mama fest in ihrem Glauben, dass sich ihr Ehemann und der Vater der gemeinsamen Töchter gerade in einem dieser Lager und sehr wahrscheinlich im fernen Sibirien aufhielt. Jeder Tag, an dem der Postbote mit den verspäteten Gefallenenmeldungen und Todesnachrichten an unserem Haus vorüberzog, mochte sie darin bestärken, dass er am Leben sei. Papa Paul blieb zwar 1946/47 mit unbekanntem Schicksal verschollen. Aber gerade diese graue Ungewissheit nährte Mamas Hoffnung immer wieder neu.

Und nun war Mama Hals über Kopf nach Berlin unterwegs, um ihren Ehemann endlich heimzuholen! Nichts anderes konnte und wollte ich mir vorstellen. Wie würde sich Großpapa Friedrich über die Heimkehr seines Sohnes Paul freuen! Vielleicht organisierte Tante Else in ihrer Altberliner Wohnung im Stadtteil Steglitz, das sie »Neustehtnix« nannte, eine Willkommensfeier für den Schwager Paul, der dann sein »Kätchen« umarmte. Ich wurde nicht müde, mir all das vorzustellen!

Aber der schrille Aufschrei unserer Tante Charlotte holte mich dann vorübergehend aus meiner Fantasiewelt zurück in die Alltagswirklichkeit. Klagend saß unsere Verwandte in der Küche. In der erhobenen Hand hielt sie eine geöffnete Büchse, die nur mit einer obersten, zwei Zentimeter dicken Schicht unterm Deckel mit Schmalz gefüllt war, darunter befand sich eine eklige Mehlpampe. »Reingelegt! Er hat mich reingelegt!«, jammerte die Tante. Es stellte sich heraus, dass sie offenbar einem durchtriebenen Schieber des Schwarzmarktes in die Hände gefallen war, der ihre wertvolle Halskette wohlgefällig gegen ein Kilogramm Schweineschmalz einzutauschen versprach, sie aber schmählich betrogen hatte.

Niemand aus unserer Familie hätte geglaubt, dass ausgerechnet Tante Charlotte Erfahrungen auf dem Schwarzmarkt machen würde.[31] Sie hatte sich klammheimlich mit ihrem Schmuck als Handelsobjekt in dieses Abenteuer gestürzt, das beispielsweise unsere Mama bei aller Not stets vermieden hatte. Schließlich war bekannt, dass die auf dem Schwarzmarkt unter der Hand, abseits der Legalität entwickelte wirtschaftliche Verkehrsform nach geltendem Recht strafbar war. Strenge Kontrollen der Besatzungsmacht und deutscher Ordnungshüter fanden statt. Wer beim illegalen Tauschgeschäft angetroffen wurde, hatte mit Gefängnishaft zu rechnen. Man las in der Zeitung, dass sonst ehrbare Bürger der Stadt nun hinter Schloss und Riegel saßen! Weil die Zwangsbewirtschaftung im Nachkriegsdeutschland, das Markenwesen, die Bezugsscheinregelung und Sonderzuteilungen das nackte Leben allein nicht garantierten, hatten sie mit dem Schwarzmarkthandel zur Selbsthilfe gegriffen, das Risiko, dabei erwischt zu werden, auf sich genommen, und mussten nun mit den Konsequenzen fertig werden.

Hinzu kam, dass auf dem Schwarzmarkt mit einem ganzen Eldorado illegaler Machenschaften von kleinen und größeren Gaunern zu rechnen war. Wie man hörte, trieb sich dort allerlei undurchsichtiges Gelichter und Diebesgesindel herum. Ganze Banden verhökerten »heiße Ware«. Der Unbedarfte musste also beim Kaupeln, das heißt beim Tausch »Ware gegen Ware«, auf der Hut sein, wollte er nicht an Betrüger geraten, wie es eben Tante Charlotte passiert war.

In späteren Jahren erinnerten wir uns noch häufig gerade an diesen Tag, als die verwirrte und vielleicht auch etwas verschrobene Tante, wie wir dann mit zeitlichem Abstand fanden, nicht nur wie ein bedauernswertes Häufchen Unglück, sondern wie eine Närrin auf uns gewirkt hatte. Als dann überraschend noch der ebenfalls etwas absonderlich erscheinende Onkel Werner aus Radebeul aufgetaucht war, der zeitlebens als ein »eingefleischter Junggeselle« mit seinen skurrilen Eigenheiten in der Verwandtschaft beschmunzelt wurde, schien uns aus der Erinnerung die Situation geradezu komisch und zwerchfellerschütternd gewesen zu sein.

Aber damals verblüffte Onkel Werner die Familie doch vor allem – so meine ich heute rückschauend – mit seinem augenscheinlichen Erfolg auf dem Schwarzmarkt. Im Gegensatz zu Tante Charlotte hatte er sich dort »nicht von Ganoven täuschen lassen«, sondern ein Brot und eine Tüte Haferflocken in der Tasche: Lebensmittel, die er soeben gegen die in edles Leder gebundene Ausgabe deutscher Dichtkunst auf dem Schwarzmarkt ergattert hatte. Dieser nahrhafte Tausch überzeugte! Besonders Großmutter – die offenbar darauf bedacht war, die Rückkehr ihrer Tochter aus Berlin und an ihrer Seite vielleicht auch den Schwiegersohn mit einer lukullischen Köstlichkeit zu feiern – schmiedete mit Onkel Werner Pläne für ein Exempel im »Schieber-Milieu«. Wir beiden Mädels, Helen und ich, wurden als Warenträger und folgsame Begleitung des Onkels für unseren Einsatz vorbereitet. Großmutters Absichten für eine Wiedersehensfeier motivierten mich!

Dieser besondere Tag – unser Schwarzmarkt-Erlebnis – ist mir noch heute plastisch in Erinnerung: Zur frühen Morgenstunde des grimmigen Wintertages sind wir mit dem Onkel bereits unterwegs. Es herrschen viele Minusgrade. Die klirrende Kälte zwickt in die Nasen und macht uns steifbeinig.

»Wir sind da!«, sagt Onkel Werner. Ich schaue mich ungläubig um. Hier gibt es kein buntes Markttreiben, etwa Stände, hinter denen Verkäufer Ware feilbieten. Auch keine Marktschreier. Es herrscht eine verhaltene, eigentümliche Stille.

Menschen, die vor dem bombenbeschädigten Bahnhofsgebäude Dresden-Neustadt auf und ab flanieren, ziehen ihre steifen Hüte und Mützen tief in die Gesichter, mummeln sich in ihre hochgeschlagenen Mantelkragen. Der lausige Wind scheint sie keineswegs zur Eile zu treiben. Sie schleichen langsam aneinander vorbei, verhalten auch mal für Sekunden ihren Schritt. Dann pendeln sie weiter. Hin und zurück, hin und zurück. Scheinbar ohne sich gegenseitig wahrzunehmen. Denn sie blicken einander kaum an, schielen nur kurz einmal seitlich, blinzeln mit den Wimpern.

Es dauert eine Weile, bis wir, Helen und ich, ein leises, raunendes Gemurmel wahrnehmen. Halten die Menschen Selbstgespräche, wie der zerstreute Herr Fischer aus der Dachwohnung unseres Hauses, dem wir Kinder verstohlen hinterherlächeln?

Diese Menschen hier wirken zwar auch, wie Herr Fischer, irgendwie mit sich selbst beschäftigt. Aber das täuscht. Langsam kommen auch wir dahinter, dass sich die gewisperten, gelispelten, oft monoton wiederholten wenigen Worte an die vorbeiwandelnden Passanten richten und von ihnen verstanden werden sollen.

Der alte Mann in unserer Nähe wiederholt mit gedämpfter Stimme gerade »eine goldene Uhr«, »eine goldene Uhr«, »eine gol…« Schon ist er vorüber. Dafür murmelt die schwarzhaarige Frau plötzlich neben uns »Knöpfe und Garn«, »Knöpfe und Garn«, immer wieder nur diese drei Worte im Vorübergehen. So, wie die nachfolgenden scheinbaren Spaziergänger ihr jeweiliges Angebot wiederholen: »Eipulver«, »Kerzen«, »Magermilchmarken«, »Mantelstoff«, »Süßstoff«, »Marmelade«, »Nägel und Schrauben«, »Kunsthonig«, raunen sie. Und anderes mehr. Gerade so, dass es der andere daneben versteht. Sie tuscheln und murmeln sich auch mal einige Sätze zu, verständigen sich durch Zeichen. Wahrscheinlich verabreden sie einen möglichen Tauschhandel, aber ohne den Kopf zu heben oder lauter zu werden.

Gerade bietet ein Mann einen ganzen Zentner Kartoffeln und will dafür Kohle. Eine Frau bietet Gestricktes aus Omas Werkstatt gegen Hühnereier.

Jeder kennt sein Stichwort. Onkel Werners Wort heißt »Silberbesteck«, das er nun genau wie andere Schwarzmarktprofis und Schleichhändler leise aufsagt. »Silberbesteck«, »Silberbesteck«. Scheinbar ganz in sich versunken, spaziert er murmelnd über den Bahnhofsvorplatz, während wir Mädels uns mit der Ware scheinbar teilnahmslos abseitshalten. So ist es besprochen. Denn Kinder, so heißt es, würden selten von Ordnungskräften kontrolliert, sie lasse man in Ruhe. Würde der Onkel von einer Amtsperson angehalten, müssten wir beide losflitzen und notfalls bestreiten, ihn zu kennen. Auch das ist zwischen uns vereinbart. Aber dazu kommt es nicht.

Irgendwann erfolgt der Tauschhandel hinter der nahen Ruine eines früheren Geschäftshauses. Onkel Werner weiß, wie es geht. Die Not diktiert den Preis, auch hier. Wir packen anstelle der silbernen Gabeln, Messer und Löffel nun Speck, Mehl, Zucker und Brot in unsere Rucksäcke und kehren irgendwie »erleichtert« damit nach Hause zurück. Erst jetzt spüren wir das Kribbeln in den erstarrten Händen und reiben uns die kalten Füße warm.

»Das war unheimlich«, sagt Helen später, »eigentlich schrecklich.« Ich finde, sie hat recht. Ich kann mich an weitere Experimente unserer Familie auf dem Schwarzmarkt nicht erinnern. Es hat sie wahrscheinlich auch nicht gegeben.

Großmutter wird nach unserer Heimkehr aktiv. Ihr war es inzwischen gelungen, in den etwas »gehobeneren Läden« Dresdens – die sich außerhalb des zerstörten Zentrums am Schillerplatz und an der Peripherie in der Oschatzer und in der Kesselsdorfer Straße konzentrierten – Gewürze und »Sowei«-Ei-Ersatzstoffe zu ergattern! Nun probiert sie zu nachtschlafener Zeit im gerade funktionsfähigen Elektroherd ein neues Backrezept für zuckersüße »Makronen«, das sie von Frau Ballian übernimmt. Auf ihrem Zettel stehen benötigte Zutaten und wie damit umzugehen ist:

Haferflocken werden in Öl geröstet und dann mit einer Masse aus

Mehl, Backpulver, Milch, Wasser und Mandelaroma vermengt. Zum Schluss wird geschlagener Eischnee daruntergehoben. Der fertige Teig wird in kleinen Häufchen auf dem Blech im Herd gebacken. In Großmutters großer Keksdose bleiben sie frisch und duften!

Auch ein falscher »Bienenstich« aus Kunsthonig, Zucker und Haferflocken soll entstehen, wenn Mama erst zurück ist. Die Zutaten befinden sich im Küchenschrank! Ich male mir aus, wie Papa Paul und Mama unsere Köstlichkeiten bewundern und genießen werden. Vielleicht bringen sie auch Großpapa Friedrich und Tante Else mit! Dann feiern wir alle miteinander!

Ganz im Stillen habe ich mir meine Geschichte von ihrer endlichen Ankunft aus Berlin mit immer neuen Einzelheiten zusammengesponnen: Papa Paul wird übermütig mit seinem glücklichen »Kätchen« im Arm durchs Gartentor treten. Natürlich werde ich – schließlich bin ich Papa Pauls »Räbchen«! – die Haustür öffnen. Aufreißen werde ich sie und unserem Heimkehrer in die Arme laufen! Allen neugierig herbeieilenden Mitbewohnern erkläre ich dann stolz: »Der Hüter des Hauses ist endlich da!« Auch die inzwischen Zugezogenen sollen wissen, dass er alle Hausbewohner beschützen wird – wie damals, während das Feuer vom Himmel fiel und Papa Paul die Brandbombe noch rechtzeitig entdeckte. Daran erinnern sich Ballians und Frau Dölling oft und sprechen auch darüber.

Vielleicht wird die neugierige Frau Ballian heimlich an unserer Wohnungstür lauschen, wenn wir uns später zurückziehen und das Wiedersehen fröhlich nur in der Familie weiterfeiern …

Genau so wird alles sein! Auch wenn sich Helen sperrt und meine Voraussagen nicht glauben kann, wenn Großmutter noch leicht zweifelt und Tante Charlotte, wunderlich den Kopf schüttelnd, mit komischen Sprüchen warnt: »Übermut tut selten gut« und »Wer einmal rechnet, rechnet zweimal«.

Ich aber lebe in meiner Geschichte und darf das Klingelzeichen keinesfalls verpassen! Kein Geräusch im Treppenhaus entgeht mir. Ab und zu blinzeln Helen und ich durch einen geöffneten Spalt der Wohnungstür, bis Tante Charlotte schreit »Es ziieht!« und Großmutter uns Mädels mahnend in die Küche schickt. Dann wärmen wir unsere steifen Finger über dem glimmenden Beistellherd. Oder ich starre durch mein gehauchtes Guckloch am Eisblumenfenster hinaus auf die Straße.

Ich kann heute nicht mehr sagen, wie lange wir in dieser Anspannung warteten. Waren es Tage? Oder Wochen? Aber dann kehrt Mama aus Berlin allein zurück. Einsam biegt sie mit ihrem kleinen Köfferchen um die Straßenecke. Verwirrt starre ich durch das Fenster hinaus, ungläubig, fassungslos! Das Öffnen der Tür überlasse ich unserer Großmutter.

Mama ist abgespannt und kann sich nicht einmal an unserer Hausbäckerei freuen! So unendlich müde und matt ist sie! Auch einsilbiger als je zuvor. Mit keiner Menschenseele – auch mit Großmutter nicht? – spricht sie über ihre Reise. Fast scheint es, als sei sie im klirrenden Frost des Winters bis in das Herz hinein erstarrt. All unsere Fragen nach dem Inhalt des Telegramms, dem Grund ihres überstürzten Aufbruchs nach Berlin und dem Ergebnis ihrer Fahrt bleiben von ihr unbeantwortet. Auch später.

Das Leben geht weiter

Mama legte nach ihrer Rückkehr aus Berlin nicht nur ihr elegantes Reise-kostüm ab, sondern verschloss scheinbar auch alle Erinnerungen an ihren Aufenthalt in der fernen Stadt in den Tiefen ihrer Seele. Im Alltagskleid übernahm sie in gewohnter Weise Verantwortung für die Familie und für das Gemeinschaftsvorhaben der Hausbewohner, verweigerte sich aber zugleich jedem rückwärtsgewandten Gedanken an jüngste, aber auch – und das war neu – an weiter zurückliegende Geschehnisse. Sie gab wortlos, aber ganz unmissverständlich zu verstehen, dass sie von uns Distanz und Schweigsamkeit erwarte, wo sich Fragen nach ihrem Ermessen verboten.

Großmutter, die Tante, wir Kinder, wohl auch alle Mitbewohner im Hause respektierten sie. Das Tabu zu durchkreuzen wäre Helen und mir wie eine unerlaubte Grenzüberschreitung vorgekommen, die sich ihr gegenüber ganz einfach nicht gehörte. Sogar Frau Ballian verkniff sich ihre Neugier und akzeptierte, dass Mamas Blick künftig ausschließlich auf die Lösung nächstliegender Probleme gerichtet schien.

Ich fand mich allerdings im Stillen nur schwer damit ab und hoffte noch lange vergeblich, Mama werde – wie sie das vor ihrer Abreise nach Berlin gelegentlich getan hatte – uns Kinder in Dämmerstunden ermun-tern, kleinste Unternehmungen mit Papa Paul detailliert zu rekapitulieren: Wie die Sommerwiesen, Wälder und Felder gerochen hatten, die wir mit ihm durchstreiften! Was Papa Paul in dieser oder jener Situation gesagt und was er sonst noch getan hatte. Manchmal hatten wir mit Mama dabei freche Berlin-Lieder oder Melodien aus dem Repertoire des »Zupfgeigenhansels« und andere Volkslieder, die Papa Paul einst auf Wanderwegen anstimmte, ganz leise gesummt und uns dann im Flüsterton erinnert – so, als wollten wir seine Schritte nicht übertönen, wenn er sich unserer Tür nähern und endlich heimkehren würde. Ein Blick nur, ein tiefer Atemzug, eine Gebärde hatte uns Kindern Mamas innere Spannung verraten, mit der sie ihren Mann in solchen Momenten hoffnungsvoll erwartete. Und das sollte nun vorbei sein?

Was also war mit Mama inzwischen geschehen? Nach wie vor versteifte ich mich in meine Vorstellung, dass Mama mit dem festen Vorsatz nach Berlin geeilt war, Papa Paul in dem Durcheinander dieser zertrümmerten großen Stadt zu finden, ihn zu umarmen, mit ihm gemeinsam die Rückreise nach Dresden anzutreten. Das war offenbar misslungen. Gerade weil sie nicht mit uns darüber sprach, malte ich mir ihre Suche mit der Fantasie einer Neunjährigen bildlich aus und ließ mich auch von Helen, die nichts davon hielt und sich eher über mich lustig machte, nicht beirren: Ich sah Mama zwischen all dem Schutt und lädierten Häusern, die ich noch von Berlin in Erinnerung hatte, herumirren und vergeblich nach Papa Paul rufen. Aber ihre Stimme verhallte! In den unbekannten Häuserschluchten, über verwüstete Plätze stolperte sie in meiner zusammengereimten Dramatik orientierungslos dahin, pinnte ihre Suchmeldungen an Ruinen und Bretterwände. Niemand meldete sich! Sie lief zu den Ämtern, erkundigte sich vergebens in Krankenhäusern und Seuchenstationen. Das Personal zuckte mit den Achseln. Sie vermochte ihn auch in den überfüllten Krankensälen der Lazarette – in die »unser Panzersoldat« vielleicht während der letzten Kämpfe um Berlin verwundet geraten war und wie früher »wieder zusammengeflickt« werden musste – nicht zu finden! Das war ihr ja schon damals in Stendal schwergefallen. Daran dachte ich nun, nicht wissend, dass es die Lazarette der deutschen Wehrmacht zwei Jahre nach Kriegsende nicht mehr gab.

Vielleicht, so reimte ich mir weiter zusammen, befand sich Papa Paul in einem Berliner Kriegsgefangenenlager der Russen, vergleichbar mit diesem »menschlichen Elend hinter Drahtverhau und Gittern«, das mir aus Dresden-Seidnitz unvergesslich geblieben war. Hatte Mama ihren Ehemann in einer derart verzweifelten Situation zu finden geglaubt, wurde aber von russischen Bewachern mit dem Gewehr eingeschüchtert und davongejagt? Warum aber gab Mama die Suche nach ihm auf?

In einem unbeobachteten Augenblick sah ich Mama verloren an die Hauswand gelehnt, glaubte sie in ihrer Bedrängnis flüstern zu hören: »Er kommt nicht wieder nach Hause zurück.« Und ich schämte mich für ihre Trostlosigkeit, der sie sich überließ. Ich wollte ihre Verstörung nicht wahrhaben, mit der sie selbst zerbrechlich sein würde und an das Wiedersehen mit Papa Paul nicht länger zu glauben vermochte. Gegen ihre Schwäche bäumte ich mich mit der Grenzenlosigkeit meines kindlichen Gemütes und allem Unverstand trotzig auf, setzte dagegen meine naive Hoffnung, dass mein Papa Paul den Krieg überlebt habe und wir uns finden würden.

Onkel Theodor hatte mir vor Jahren, anlässlich meines sechsten Geburtstages, einen kleinen Kompass geschenkt, dessen zittrige Nadel verlässlich die Richtung beibehielt, wie man ihn auch drehen und wenden mochte. Als mich Großmutter dieses »kostbare Erinnerungsstück« gerade in diesen Tagen wieder einmal hervorholen ließ, erklärte sie mir, wie wichtig es sei, »auf Kurs« zu bleiben und sich auch in »unklarer Lage nicht entmutigen« zu lassen … Daran dachte ich nun bei meiner stummen Zwiesprache vor dem gerahmten Foto Papa Pauls in der Wohnstube. Manchmal gelang es mir dann, wie früher mit ihm auf einem »Lichtstrahl durch die Lüfte ins Land Irgendwo zu fliegen«, um dort den »Irrwisch mit den blankgeputzten Augen« nach den wahren Wundern der Welt zu befragen und – wie mir Papa Paul einst mit seinen Geschichten dringend ans Herz gelegt hatte – »darüber ausführlich zu staunen«.

In solchen traumverlorenen Momenten war mir Papa Paul besonders nahe. Bis mir dann eines Morgens der Schreck in die Glieder fuhr!

Auf dem Weg zur Schule war mein Blick auf der leeren Wand über der alten Vitrine haften geblieben, an der, solange ich denken konnte – und ich hätte schwören können, noch tags zuvor! – das sorgsam gerahmte Bild gehangen hatte. Ungläubig rieb ich mir die Augen. Das Konterfei des selbstbewussten jungen Mannes in eleganter Kleidung, mit dem Lockenkopf und einem unbekümmerten, frechen Lächeln, das meinem Papa Paul gehörte, war nicht mehr vorhanden. An der Tapete zeigten sich lediglich die Konturen des verschwundenen Bilderrahmens.

Mama konnte ich in diesem Augenblick nicht danach befragen, denn sie war trotz des noch immer desolaten Zustandes des Transportwesens infolge verheerender Winterschäden wieder nach Berlin, dieses Mal zur Beerdigung Großpapa Friedrichs, unterwegs. Er war in dem eisigen Januar 1947 gestorben. Da die Friedhöfe bei tiefem Frost die Gräber nicht ausheben konnten, wurden die gefrorenen Leichen über die Zeit »verwahrt«, bis nun endlich erst im März 1947 (!) eine Beisetzung im angetauten Boden möglich wurde. Wir sprachen daheim nicht über unseren Verlust. Ich stellte mir jedoch vor, dass unser Großpapa Friedrich Mama auf ihren beschwerlichen und verwirrenden Wegen durch Berlin zur Seite gestanden hatte, aber als alter Mann nicht mehr die Kraft aufbringen konnte, sich gegen Mamas fatale Hoffnungslosigkeit zu stemmen! So hatte wohl auch Großpapa Friedrich keine Möglichkeiten, sondern nur noch Unmöglichkeiten zu sehen vermocht. »Es war nur die Pumpe«, hatte er damals im Notquartier für Obdachlose gescherzt und auf sein krankes Herz gezeigt, dass nun über den Kummer um den verschollenen Sohn zerbrochen war. Das ging mir durch den Sinn, als uns in Dresden die Nachricht von seiner tödlichen Herzattacke erreichte.

Meine traurigen Gedanken an Großpapa Friedrich begleiteten Mama nach Berlin, und sie wusste das auch ohne jedes Gespräch zwischen uns. Wahrscheinlich ahnte sie, dass ich am allermeisten bedauerte, dass mein »ganz gewiss eines Tages heimkehrender Papa Paul« Großpapa Friedrich nicht mehr wiedersehen könne! Denn Mama erriet längst, dass ich im Stillen aufsässig ihre Mutlosigkeit in Bezug auf Papa Paul verwarf und mich gegen ihre innere Not sträubte. Sie wusste darum, auch ohne mein widerspenstiges Wort.

Und nun vermisste ich während ihrer Abwesenheit das gerahmte Foto von Papa Paul! Nach dem Unterricht bummelte ich nicht wie sonst in der Frühlingssonne mit meinen Schulfreundinnen, sondern hetzte nach Hause, um »mein Papa-Paul-Foto« zu suchen. Ich durchwühlte die Schubkästen der Schränke und Kommoden, fahndete hinter dem Klavier oder unterm Sofa. Keinen noch so abwegigen Platz ließ ich aus – bis ich nicht mehr daran glaubte, dass sich ein Mitglied der Familie einen Schabernack ausgedacht hatte, vielleicht ein lustig gemeintes Versteckspiel. Meiner Schwester Helen oder dem gelegentlich ebenfalls zu kleinen Streichen aufgelegten Cousin Lothar hätte ich das durchaus zugetraut! Aber beide beteuerten ihre Unschuld sehr überzeugend.

Helen suchte mich sogar zu beschwichtigen. »Es war doch nur ein Foto«, sagte sie und fügte noch hinzu: »Andere vermissen viel mehr als wir. Die Lehmanns haben alle Familienfotos verloren!« Helen hörte sich plötzlich wie Mama an, die bei allen möglichen Gelegenheiten Klagen ihrer Kinder mit dem Hinweis auf das stets größere Leid der anderen Leute im Keim zu ersticken suchte – manchmal noch bevor sie ausgesprochen waren. »Jammere nicht!«, hatte es geheißen, als Helen ihren beständigen Hunger nicht still ertrug. »Andere können sich nicht einmal eine Wassersuppe bereiten, sie besitzen keine eigene Kochstelle.« Als meine Schwester über ihre »verunstalteten Treter« lamentierte und die Schuhe, deren Kappen Mama kurzerhand abschnitt, um Helens nachgewachsenen Zehen Platz zu schaffen, weder zur Schule noch beim Spiel anziehen mochte, hatte sie kurzerhand erklärt: »Neue Schuhe gibt es nicht.« Und hinzugefügt: »Andere müssen weitaus Schlimmeres ertragen! Du hast ein eigenes Bett! Das haben nicht alle Kinder! Lehmanns jedenfalls nicht!« Durch solche hypothetischen Rechenexempel sollten wohl alltägliche Härten milder erscheinen. Helens Schuhe kamen uns dann ganz passabel vor, unsere Suppe wärmte spürbarer und vielleicht glaubten wir bei den Gedanken an die armselige Behausung im düsteren Keller, der Wind pfeife weniger kalt durch die Ritzen der mit Pappe und Holzlatten vernagelten Fenster unserer Wohnung. Alles war im Vergleich mit den Not leidenden anderen, die es ärger als uns selbst erwischt hatte, halbwegs hinnehmbar.

Vielleicht wollte mich meine Schwester Helen mit dem Hinweis auf das elende Los der armen Familie im Hauskeller einfach nur trösten. Aber ich wollte nicht getröstet werden! Ich war untröstlich! Und widerborstig gegen jedermann, der mich umzustimmen suchte. Auch wenn das Tante Charlotte mit ihren Kunststücken auf dem Klavier und der Geige versuchte, dabei Grimassen schnitt oder ihre merkwürdigen und, wie ich fand, unpassenden Spruchweisheiten zum Besten gab: »Suchet, so werdet ihr finden« oder »Unverhofft kommt oft« und dann noch »Hoffnung ist die Freude im Geiste«. Ich ließ die Tante einfach wütend stehen!

Großmutter konnte sich das plötzliche Verschwinden des Papa-Paul-Fotos auch nicht erklären. Aber sie riet mir, meine »unnütze Suche« danach aufzugeben.

Um meine Mama auf das vermisste Foto ansprechen zu können, musste ich nach ihrer Rückkehr aus Berlin einen geeigneten Augenblick finden. Ich zögerte damit. Sie war traurig, in sich gekehrt, schweigsamer und unnahbarer als je zuvor. Alle Familienmitglieder, ja selbst die anderen Hausbewohner respektierten ihre ohnehin einsilbige Art im Umgang mit jedermann, auch weil sie sich weiter den Problemen des Alltags stellte. Denn weiterhin dirigierte sie verlässlich und erfolgreich anfallende Aufgaben, die bei der landwirtschaftlichen Nutzung des Hausgrundstückes anfielen. Ballians, Döllings Fischers, Lehmanns und Frau Hiller stellten Fragen, und Mama antwortete knapp und präzise.

Ansonsten war sie viel unterwegs. Wie andere Frauen beteiligte sie sich weiter an der Enttrümmerung der Stadt oder zog im Sommer wiederholt mit oder ohne uns Kinder zum Hamstern über die Dörfer. Schließlich übernahm sie im Sommer 1947 eine Arbeitsstelle in einem Büro. Gleichzeitig unterstützte sie Tante Charlotte bei ihrer Heimarbeit. In den beiden Zimmern der Tante sah es verwirrend aus und es roch muffig. Zwischen Tischen, auf denen bunte Stoffreste, Pappe, Garn, Leimtöpfe und Schneiderkreide lagerten, hauste die dreiköpfige Familie – die Tante mit ihrem Sohn und der kleinen Tochter. Kinderbetten standen zwischen voll beladenen Körben, einer Nähmaschine und irdenem Geschirr.

Hergestellt wurden in Tante Charlottes »Werkstatt« Hausschuhe, um damit Geschäfte zu beliefern. Das Management der »Produktion«, die Beschaffung des Materials und der Absatz der Fertigware waren Mamas Aufgabe. Der schmale Verdienst trug zum gemeinschaftlichen Unterhalt der Großfamilie bei. Auf Mamas Geheiß wurden Helen und ich in der Schuhproduktion gelegentlich als angelernte Hilfskräfte der Tante eingesetzt, flochten aus Nylon-Material lange Zöpfe, um sie danach mit dicker Stopfnadel sehr mühsam auf die vorgefertigten Pappsohlen unterschiedlichster Größen aufzunähen, während Tante Charlotte aus Stoffresten fantasievolle und mit Watte gepolsterte Oberteile fabrizierte, um sie dann mit unseren Sohlen zu verbinden.

In den Sommermonaten und Schulferien schlossen wir beiden Schwestern uns mit Mamas stiller Billigung außerdem einer Kindergruppe an, die nach den Erlebnissen der klirrenden Frostperioden im vergangenen Winter Vorsorge für die kalte Jahreszeit 1947/48 treffen wollte. Mit diesen Katastrophenbildern des Vorjahres in den Köpfen, waren wir ausreichend motiviert in dieser von größeren Jungen angeführten Kindertruppe zur Beschaffung von Brennstoff mitzumachen. Dabei war alles nach Plan unserer »Anführer« organisiert: Wir verbargen uns an der Straßenbiegung hinter einem kleinen Stromhaus unweit des Güterbahnhofs Dresden-Reick, um großen und kleinen Lastkraftwagen aufzulauern, die auf dem Umschlagplatz Braunkohle geladen hatten, dann mit vermindertem Tempo die Kurve nahmen und dabei von ihrer Fracht verloren. Genau auf diesen Moment lauerten wir. Während die größeren und geschickten Jungen flink aufsprangen und noch weitere Braunkohle von den Anhängern der Lkw abwarfen, rannten wir mit unseren Säcken und Wägelchen hinterdrein, um die Brocken aufzusammeln. Sobald die Autos nach der Straßenbiegung ihr Tempo wieder beschleunigten, sprangen unsere mutigen Kletterer wieder vom fahrenden Auto herab. Diese halsbrecherischen Verrenkungen wiederholten sich im Verlauf des Tages. Es erschien beinahe wie ein Wunder, dass es dabei zu keinem Unfall kam. Andernorts passierte gerade bei solcher illegalen Kohlebeschaffung Kindern immer mal wieder etwas. Man hörte davon.

Wir aber hatten Glück. Allabendlich zockelte unsere kleine – von den Fahrern der geplünderten Kohleautos zumeist geduldete – »Kinderbande« müde, mit verschmierten Gesichtern und staubigen Kleidern den weiten Weg heimwärts, bunkerten »unsere Schätze« und wuschen mit dem Kohledreck auch die bestandenen Mühen und Eskapaden von unseren Gesichtern und Händen. Helen und ich waren spätestens am Abendbrottisch wieder brave Mädels, wie es auch in diesen schweren Zeiten in unserer Familie Sitte war.

Um den Kohlevorrat für kommende Wintermonate besorgt, bemühte sich auch Mama durch einen Tauschhandel das dürftige Deputat der schlecht belieferten Kohlenkarten aufzubessern. Sie kam mit Arnold von Wolkenburg ins Geschäft, der als Arbeiter im Gaswerk Dresden-Reick Koks beschaffen konnte und dafür Herrenbekleidung eintauschen wollte. So gelangten nach und nach Papa Pauls Anzüge, Mäntel, Pullover, Westen und Schuhe in dessen Besitz, dabei würden sie doch ganz bestimmt – davon war ich überzeugt! – von dem heimkehrenden Papa Paul selbst benötigt! Dieses Mal protestierte ich lauthals, dass Mama die Kleidungsstücke für entbehrlich hielt und auf diese Weise ihre verlorene Hoffnung auf ein baldiges Wiedersehen mit Papa Paul spüren ließ.

Während Mama aber ihren Tauschhandel vor der Familie als eine lebenserhaltende Maßnahme darstellte, stand ich bekümmert vor dem leeren Kleiderschrank, als sei mit jedem Stück der Garderobe ein Stück von meinem Papa Paul verloren gegangen! Ich zürnte und haderte insgeheim mit Mama. Niemals mochte ich später mit Arnold von Wolkenburg auch nur ein einziges Wort wechseln. Kam er in einem der mir vertrauten Kleidungsstücke freundlich winkend einher, suchte ich das Weite. Zu sehr schmerzte mich jede Begegnung mit diesem Mann, der meinem Papa Paul nun noch mehr ähnelte und es doch nicht war!

Mama erzählte gelegentlich, wie mir schien zur Rechtfertigung ihres »krummen Handels«, von dramatischen Schicksalen jener Menschen, die während der bitteren Kälte in den zurückliegenden Wintermonaten mit schweren Erfrierungen in überfüllten Krankenhäusern nur unzureichend versorgt wurden, oder von anderen Menschen, die man sogar in ihren Betten tot auffand. Oder von dem alten Mann auf der Bank am Großen Garten. »Wir sollten dankbar sein, auch diese Prüfungen des harten Hungerwinters überstanden zu haben«, meinte Mama.

Als ich mich endlich bei dieser Gelegenheit traute, Mama auf das vermisste Papa-Paul-Foto und die leere Wand über der Vitrine anzusprechen, hielt sie für einen Bruchteil in ihrer Bewegung inne, schaute mir nicht ins Gesicht und murmelte im Weggehen: »Es gibt Wichtigeres zu tun, als einem Foto nachzuspüren! Das Leben geht weiter!«

Das stimmte natürlich, und ich wusste nichts darauf zu erwidern. Wir beiden Schwestern mussten gerade in Mamas Bürozeiten, in denen sie nicht daheim war, rechtzeitig zur Stelle sein, um keinen Aufruf einer Lebensmitteldekade zu verpassen. Alltäglich ließen wir uns im Behelfslädchen einen dreiviertel Liter Magermilch – pro Kind ein Viertel – in unsere Kanne abfüllen. An »guten Tagen« erfolgte die Belieferung von Grundnahrungsmitteln nach dem geltenden Markensystem. Dabei mussten wir höllisch aufpassen, nicht »beschummelt« zu werden, wenn der zugebilligte Klecks Marmelade in unser mitgeführtes Gefäß grammgenau eingewogen wurde.

1947 war ohnehin ein Tiefpunkt in der Ernährungsversorgung der Bevölkerung erreicht. Die Bevorratung mit Kartoffeln wurde beispielsweise zu einer Überlebensfrage! Helen und ich hievten mit hochrotem Kopf stinkende Markenkartoffeln, die uns der Gemüsemann auf entsprechende Abschnitte der Lebensmittelkarte verkauft hatte, wie ein besonderes »Gut« vom Handwagen in den Keller. Oder wir machten uns auf den weiten Weg zum Fleischermeister Wiedemann im fernen Stadtteil Dresden-Gruna, der inmitten einer Ruinenlandschaft im teilzerstörten Gebäude seinen Laden wiedereröffnet hatte und nun ohne Abgabe von Lebensmittelmarken an seine Kunden Wurstbrühe verkaufte. Die gefüllten Kannen schleppten wir hocherfreut und wagehalsig über ein ausgedehntes Trümmergelände in der inzwischen herrschenden Sommerhitze möglichst rasch nach Hause. Dem bitterkalten Hungerwinter und den kurzen Frühlingswochen war längst der Glutsommer 1947 gefolgt. Mit Temperaturen von 40 Grad im Schatten herrschte besonders im Juli/ August eine ausgeprägte Dürreperiode. Der Sommer 1947 wurde zum heißesten und trockensten in Deutschland seit 1921, so las es Großmutter aus der *Sächsischen Volkszeitung* vor.

Wassermangel und anhaltende Trockenheit hatten verheerende Auswirkungen auf die Ernte, vielerorts zerbrach die Erde in große Brocken. Die Felder ließen sich kaum noch pflügen.

Selbstverständlich hatte das auch Auswirkungen auf unseren Hausgarten, der nach Mamas Anweisungen ständig begossen und bearbeitet werden musste, um den Ernteausfall zu mildern.

Immer schwieriger gestalteten sich Mamas Hamsterfahrten, bei denen Helen und ich sie gelegentlich begleiteten. Bei den ohnehin niedrigsten Ernteerträgen der Nachkriegsjahre und –wie später errechnet wurde – des gesamten Jahrhunderts, ging auch Mama oft leer aus. Wir mussten noch froh sein, nicht erwischt zu werden. Denn die sowjetische Besatzungsmacht setzte verstärkt Ordnungspolizei auf dem Lande ein und ahndete die Lebensmittelhinterziehung der Bauern. Durchsuchungen der Gehöfte, Begehungen der Örtlichkeiten fanden statt. Massenschlachtungen wurden angeordnet. Auf den Bahnhöfen verschärften sich die Kontrollen. Die von Hamsterern herangeschleppten Lebensmittel wurden sichergestellt.

Zu Hause gab die kleine Henriette Anlass zur Sorge. Sie fieberte und kränkelte ständig. Mama wich in jeder freien Minute kaum noch von ihrer Seite. Henriette war inzwischen dem Babybettchen entwachsen, schlief im Ehebett neben der Mama. Dieses »Vorrecht« beanspruchte sie nachdrücklich, wie alle besonderen Zuwendungen, die wohl Mütter gelegentlich ihrem »Nesthäkchen« zuteilwerden lassen. Ab und zu kam unser Hausarzt und Freund der Familie, Doktor Behling, zur Stippvisite und schaute nach dem Sorgenkind. Wenn er bei solcher Gelegenheit fragte: »Gibt's eine Nachricht von Paul?«, schüttelte Mama wortlos den Kopf. Und immer fühlte ich mich dann diesem ehemaligen Frontkameraden Papa Pauls besonders nahe, der seinen Freund nicht vergaß.

Mama hatte dem Arzt das Fahrrad Papa Pauls zur Verfügung gestellt. Denn ein Auto ließ sich für den Mediziner in den ersten Nachkriegsjahren nicht auftreiben. So war der unermüdliche Arzt auf Papa Pauls altem Drahtesel bereits im Winter bei eisigem Wind und Sturm und nun auch in der Sommerhitze Tag und Nacht unterwegs zu seinen Patienten. Krankheiten und Seuchen breiteten sich immer wieder epidemisch unter der Bevölkerung aus. Diphtherie, Scharlach, Typhus, Ruhr, Kinderlähmung, Lungenerkrankungen kursierten. Auch einige Fälle von Hirnhautentzündung wurden bekannt. Doktor Behling schlürfte bei uns stets in aller Eile einen heißen Tee oder im Sommer ein erfrischendes Getränk, um gleich darauf weiterzuhasten.

Vielfach kam jedoch seine ärztliche Hilfe zu spät. Auch vor unserem Haus hielt eines Tages der Transport des Seuchenkrankenhauses – eine fahrbare Holzpritsche, auf der die erkrankte Frau Fischer aus dem oberen Stockwerk von medizinischem Hilfspersonal weggeschoben wurde. War man erst, wie Frau Fischer, auf der Station der Ruhrerkrankten gelandet, hatte man kaum eine Chance wieder heimzukehren. Die zumeist unterernährten und geschwächten Menschen schienen bereits bei den ersten Anzeichen der scheußlichen Krankheit verloren. Zudem mangelte es den Krankhäusern oft an der hygienischen Ausstattung und vor allem an den notwendigen Medikamenten. So liefen der betagte Herr Fischer und mit ihm Bewohner unseres Hauses schon kurze Zeit später erneut hinter einer von Hand gezogenen Karre her, mit der der schlichte Sarg seiner Frau auf den Friedhof gebracht wurde. Von dieser Frau Fischer, der unnahbar scheinenden Dame aus dem Dachgeschoss, mit der sich Mama gut verstanden hatte, blieb mir der schrille Aufschrei in unserem Luftschutzraum während der Bombennacht in Erinnerung, als dieser scharfe Pfeifton von einem fauchenden Missklang und einem grausigen Rauschen begleitet wurde und die Grundmauern unseres Hauses unter Detonationen und Explosionen erzitterten.

Ein anderer kleiner Trauerzug schwirrt mir noch durchs Gedächtnis: Dieses Mal lagen zwei Tote nebeneinander auf der schwarz bemalten

Handkarre. Dahinter fuhr ein junges Paar einen verstorbenen Säugling im Kinderwagen zu Grabe. Straßenbilder, die sich unauslöschlich einprägten.

Mama lebte in der beständigen Sorge, eines ihrer Kinder könne sich im Umgang mit den Gleichaltrigen anstecken, und hielt uns auch deshalb – als nach den Sommerferien im September 1947 der Schulunterricht wieder einsetzte, aber ansteckende Krankheiten kursierten – mit Entschuldigungszetteln daheim. Unsere Fehltage in der Schule waren rekordverdächtig! Im Nachkriegswinter 1947/48 schloss die Schule angesichts des unzureichenden Heizmaterials ohnehin häufig.

Eingehüllt in unsere Decken und Mäntel hockten wir großen und die kleineren Kinder mit den Erwachsenen um den großen Familientisch und halfen mit klammen Fingern bei Tante Charlottes Schuhproduktion.

Vor allem aber sind mir Nachmittage im Gedächtnis geblieben, an denen Großmutter uns Kindern mit einer geschickten Auswahl aus unserer Hausbibliothek Klassiker der Weltliteratur nahebrachte. Sie las dann Auszüge aus Werken unterschiedlicher Schriftsteller und Dichter vor oder erzählte Details aus dem Leben der jeweiligen Autoren, die zeitweilig auch in Dresden gelebt und gewirkt hatten – an Orten, die wir kannten. Die Rede war dann von Friedrich Schiller, Theodor Körner, Gotthold Ephraim Lessing und anderen mehr.

Manchmal lasen wir unter Großmutters Regie auch Texte aus Schauspielen und Dramen mit verteilten Rollen. Dabei eignete sich besonders Tante Charlotte mit ihrer seufzenden Stimme für tragische Szenen. Aber auch Helen und ich wetteiferten um »tragende Rollen«, deklamierten unsere Textpassagen ausdrucksvoll und freuten uns über ein Lob der Großmutter. Gelegentlich tauchte Onkel Werner bei uns auf und übernahm dann mit Vorliebe den Part männlicher Bösewichte in den Stücken. Oder er gab zum Spaß von uns Kindern Balladen in sächsischer Mundart zum Besten, während Großmutter dabei eher unmutig den Kopf schüttelte.

Eines Tages kramte Großmutter aus Papa Pauls Bücherschrank einige Literatur hervor, die – wie sie uns nun erzählte – im Dritten Reich nicht erwünscht, missliebig oder verboten gewesen war. Bücher kamen zum Vorschein, die in einer versteckten zweiten Reihe überdauert hatten, mit Bleistift vermerkte Randnotizen enthielten und uns – nach Großmutters Einschätzung – zu anderer Zeit einmal interessieren könnten. Als ich nach Jahren darauf zurückkam und in diesem Nachlass stöbern wollte, blieb der damals beiseite gepackte Stapel leider unauffindbar. Nur so viel erfuhr ich von der Großmutter, dass es sich dabei insbesondere um Reden, Aufsätze und anderes Schriftgut deutscher Pazifisten und Systemkritiker der Weimarer Republik wie Carl von Ossietzky, Kurt Tucholsky, Ernst Julius Gumbel, aber auch um Aufsätze von Karl Kautsky, Eduard Bernstein, Karl Liebknecht und Rosa Luxemburg gehandelt habe und um Ausgaben der Zeitschrift *Die Weltbühne*. Auch Bücher von Egon Erwin Kisch sollten darunter gewesen sein. Ich hätte gern darin geblättert und Papa Pauls Notizen gelesen.

Gelegentlich fanden sich zu unseren Lesestunden auch Freunde und Verwandte der Familie ein. Später, in den hereinbrechenden Dämmerstunden, saßen wir dann bei Stromsperre um ein Tellerlicht. In der flachen Pappschale schwamm das bräunliche und übel riechende Wachs und erhellte den Raum nur notdürftig. Dann wurde nicht mehr gelesen, rezitiert oder deklamiert, sondern viel erzählt. Manchmal merkten wir bei all diesen erfundenen oder wahren Geschichten nicht einmal, dass das Feuerchen im Ofen langsam verglimmte und uns die Kälte in die steifen Glieder kroch.

Großmutter verlieh ihren geschilderten Episoden aus den vergangenen Kriegsjahren – wohl um die Stimmung zu heben – heitere Seiten, die dann in der Runde belacht wurden. Von einem Räucherschinken war etwa die Rede, der nach der Dresdner Bombennacht im herausgerissenen Fensterkreuz unversehrt über dem Granatloch im Hausgarten baumelte, vom Schwiegersohn Paul aufwendig gerettet wurde und uns später in arger Notzeit herrlich geschmeckt hatte.

Auch das erste Gebrabbel von Henriette war Großmutter noch in Erinnerung geblieben. Bevor die Kleine nach Mama und Papa rufen konnte, hatte sie die Worte »Bombe«, »Flieger« und »bumbum« gesprochen. Ganz deutlich. Henriette freute sich über diese und weitere scheinbar lustigen Episoden ihrer Kleinstkinderzeit und genoss die Aufmerksamkeit in der Tischrunde sichtlich.

Selbst die Geschichte der Großmutter, die in den schrecklichsten Momenten unseres Lebens »unmittelbar vor dem großen Angriff« ihre »zu einem Brett erstarrte Enkelin«, die mit »aufgerissenen Augen scheinbar durch die Großmutter hindurchgesehen« hatte, für den Luftschutzkeller anzukleiden suchte, erschien, mit komischen Akzenten versehen, wie eine possenhaft anmutende Schnurre. Die »in Schweiß badende«, in »arger Not agierende« Großmutter, die sich um dieses »kleine Gespenst« mühte, wurde dann ebenso gutmütig belacht, wie bei einer anderen Schilderung der »etwas verschlagen wirkende Lausebengel«, der sich im Radebeuler »Hospiz für Gestrandete« nächtens in der Vorratskammer einschließen ließ, um sich klammheimlich über den Fleischtopf herzumachen.

Die vermutlich burlesk erscheinenden oder als tragikomisch empfundenen Situationen lösten in der Tischrunde nicht nur Heiterkeit aus. Ich vermute heute rückschauend, dass sich in unserer kleinen Gesellschaft damals das erhabene Gefühl breit machte, dem Schicksal ein Schnippchen geschlagen zu haben. Immerhin hatten wir alle das Dresdner Inferno, auch Nachkriegsnöte und -strapazen überlebt. Wie mein Cousin Martin. Er lebte mit seinen Eltern in der britischen Besatzungszone und hielt sich nur für kurze Zeit bei uns auf. Martin war als 18-jähriger Soldat – zur Armee Wenk gehörend – in russische Gefangenschaft geraten, dann aber mithilfe seiner Kameraden aus einem Zug geflohen, der Gefangene nach Sibirien bringen sollte. Monatelang war er nachts in Richtung Westen unterwegs gewesen, immer den Schienen nach. Die geschilderten Gefahren während dieser Flucht ließen mich schaudern. Meine Heimkehrer-Fantasien um Papa Paul erhielten mit diesem Bericht neue Nahrung.

Und Großmutter? Würde sie nicht gerade in diesem Moment ihre Papa-Paul-Heimkehrerversion zum Besten geben und sagen: »Wenn deutschen Soldaten die Flucht gelang, dann doch erst recht meinem Schwiegersohn!« Aber Großmutter sprach schon lange nicht mehr darüber. Auch Mama verriet mit keinem Wort, dass sie vor Zeiten auf die Rückkehr unseres Familienvaters aus einem russischen Gefangenenlager in dunklen sibirischen Wäldern gehofft hatte. Sie blieb in dieser Runde stumm.

Das war mir besonders unverständlich, weil doch gerade 1947 und 1948 die Zahl der entlassenen deutschen Kriegsgefangenen anstieg und Heimkehrer auch in Dresden aus allen Himmelsrichtungen anlangten. Gelegentlich begegnete man diesen Männern auf der Straße, konnte in ihren Gesichtern eine vage Hoffnung auf einen Neubeginn im Nachkriegsdeutschland lesen. Vielfach traf man dabei auf Kriegsversehrte. Von einem Heimkehrer wurde erzählt, er trage eine kunstvoll in seine Schädeldecke eingefügte Metallplatte, was mir besonders unheimlich erschien. Über andere Kopfverletzte flüsterten die Leute erschrocken hinter der Hand: »Wie der aussieht ...« Einarmige und Einbeinige, darunter viele junge Burschen, bewegten sich mühsam auf Krücken und Holzprothesen vorwärts. Es gab auch Einäugige und Kriegsblinde unter den ehemaligen Soldaten. Oder zahlreiche Kriegskrüppel im Rollstuhl. Sie alle gehörten zum alltäglichen Straßenbild. Deutschland perfektionierte in der zweiten Hälfte der 40er Jahre und in den 50ern die Produktion von Prothesen, fand großen Absatz im eigenen Land und wurde zugleich ein anerkannter Exporteur, belieferte zum Beispiel Griechenland und Korea. Eine deutsche Firma beschäftigte in Lehrwerkstätten Dresdens junge Menschen aus den damals Krieg führenden Ländern, die wir mit unserem Lehrer einmal besuchten und die ich schon deshalb sehr stark bemitleidete, weil in deren ferner Heimat der Krieg tobte und meine Erinnerungen an Luftangriffe, Tiefflieger am Elbufer, Gefangenenlager und an die Willkür einmarschierender Sieger bei dieser Begegnung auflebten.

Natürlich wünschte ich mir sehr, Papa Paul werde unversehrt in unser Land, in dem die Waffen ruhten, mit gesunden Armen und Beinen heimkehren. Mit Händen, die zupacken konnten und nicht verkrüppelt waren, wie die unseres Russischlehrers in der Schule, der weder die Kreide halten noch unsere schriftlichen Übungen korrigieren konnte. Immerhin tauchten in unserer Wohngegend ja auch Heimkehrer mit heilen Gliedmaßen auf!

Ich traf einen mir unbekannten, aber offenbar unverletzten Mann vor unserem Milchladen. Er trug ein schwarzes Hemd mit dem ausgewaschenen »PW«, dem Stigma Gefangener aus amerikanischem Lager, auf dem Rücken. Überrascht begegnete ich ihm wenig später in unserem Haus: Herr Hiller hatte zu seiner jungen Frau und den Kindern Annelies, Katrin und Peter zurückgefunden und lebte fortan mit seiner Familie bei dem verwitweten Herrn Fischer in der Dachetage.

Anderntags sah ich von Weitem den plötzlich nach langem Lazarettaufenthalt und aus russischer Gefangenschaft heimgekehrten Sohn des Brotbäckers Forner. Der junge Mann humpelte stark in unförmigen Schuhen. Später hörte ich, er habe sich am Orjolbogen die Zehen abgefroren.

Dann wieder gab mir ein hergelaufener Mann im verblichenen Jackett, der sich auf unserer Straße umschaute und tatsächlich vor unserer Haustür stehen blieb, Rätsel auf. Alles klärte sich schnell auf. Heimgekehrt war an diesem Tag Onkel Maximilian, der Ehemann unserer Tante Charlotte. Als der Vater seine beiden Kinder Lothar und Erika in die Arme schließen wollte, brachen sie in ängstliches Geschrei aus.

Onkel Maximilian war nur gekommen, um seine Frau und die Kinder in die amerikanische Zone zu begleiten. Mit einigem Geschick war es ihm gelungen, geeignete Ausreisepapiere für seine Familie zu beschaffen. Alle zusammen würden künftig in Oberbayern auf dem Gut eines ehemaligen Kriegskameraden leben. Sie waren schon bald dorthin unterwegs.

Die Familie Lehmann in der Kellerwohnung erreichte inzwischen eine Nachricht des Suchdienstes vom Deutschen Roten Kreuz: »Plötzlicher Tod durch Volltreffer auf Flugabwehr-Panzer« hieß es zum Schicksal Karl Lehmanns, der lange Zeit als »vermisst« gegolten hatte. Der 14-jährige Gert, sein Ältester, erzählte Helen und mir mit ausholender Handbewegung und in einem sonderbar leichten Tonfall: »Mein Vater liegt irgendwo in einem Kameradengrab.« Das klang aus seinem Mund fast beruhigend – so, als habe der Vater ein trauliches Plätzchen für sich ergattert, an dem alles im rechten Geschick sei. Als erübrige sich mit diesem Wissen künftig jeder sorgenvolle Gedanke an ihn. Mir stockte der Atem und verschlug es die Sprache.

Mehrfach meldeten sich 1947 und 1948 bei uns ehemalige Kriegskameraden Papa Pauls, die ihn längst daheim vermuteten. »Auf den Paul ist Verlass«, meinten die Kumpels. »Der wird bald wieder zu Hause sein!« Man kannte ihn schließlich. Denn mit ihm war man vorgestoßen, über russische Steppen, polnische Weiten und hatte gekämpft auf heimatlicher Erde. Glücklich über einen Zigarettenstummel, über das ergatterte Hühnerei, zwei Arme Heu und eine Mulde für die Nacht unterm Panzer. Man hatte auf Paul gezählt, damals, beim Rückzug! Als alles drunter und drüber ging.

Derart stimuliert, hörte ich weiter in der Frühe die Namenslisten der Heimkehrer, die das Radio mit dem Sender RIAS regelmäßig um 7.00 Uhr übertrug. Aber weder durch den Rundfunksender noch aus der eingehenden Post ergaben sich Hinweise auf den Verschollenen.

Selbst das Foto, das so lange im Wohnzimmer gehangen hatte, tauchte nicht wieder auf. Ich hatte inzwischen sogar herausgefunden, dass auch das Bild unseres Panzerfahrers auf Mamas Nachttisch verschwunden war. Selbst die goldene Armbanduhr – jenes besondere Erbstück, das ich so oft blank geputzt und dessen Mechanik Mama auf mein Drängen aktiviert hatte – lag nicht mehr in Papa Pauls Nachttischfach, das Henriette jetzt mit kleinkindlichem Krimskrams besetzt hielt. Vor den russischen Plünderern war es Mama noch gelungen, Papa Pauls Uhr zu verstecken. Und nun? Hatte sie auch dieses Erinnerungsstück gegen Brot oder Kohle eingetauscht?

Abends erfasste mich von Zeit zu Zeit panische Angst – nämlich immer dann, wenn ich mir plötzlich einredete, nicht nur das Foto aus der Wohnstube bleibe unauffindbar, sondern das Bild Papa Pauls könne mir auch aus meinem Gedächtnis entschwinden. Meine Erinnerungen an sein übermütiges Lachen würden sich verflüchtigen. Unwiederbringlich! In einem immer wiederkehrenden Albtraum presste Papa Paul seine Hände vor das Gesicht und blieb unkenntlich, als er die Arme irgendwann sinken ließ und den Kopf hob. Dann war sein Gesicht leer, grau, unscharf. Ich erwachte entsetzt. Der gesichtslose Papa Paul verfolgte mich weiter in der schlaflosen Nacht. Dann versuchte ich, mich an einzelne Erlebnisse mit ihm zu erinnern, an seine Lieder und an die Geschichten vom »Irrwisch mit den blankgeputzten Augen«. Ich schloss die Augen und zog mich auf meine »Inseln der Erinnerung« mit ihm zurück. Das half.

In einer meiner Erinnerungen wehte ein lauer Sommerwind. Am Weg wiegten sich blaue Glockenblumen, wilde Stiefmütterchen und Veilchen. Die feuchten Zweige des Waldes und der dampfende Boden dufteten. Papa Paul sprang pfeifend voran, ich folgte ihm vergnüglich auf seinen Spuren, purzelte auch mal auf seiner Fährte, während Papa Paul sich einen Spaß machte, mit immer weiter ausholenden Schritten vorwärtszulaufen und meine Sprünge von seinem Stiefelabdruck zum nächsten kurioser und ulkiger wurden. Mama würde später sagen: »Wie der Papa, so die Tochter. Ein Kiek, ein Ei!«

Abdrücke, Eindrücke, Spuren, die Papa Paul zurückließ, damals. Und die in meinem Gedächtnis herumgeisterten.

Auch in jener späten Stunde war es mir gerade gelungen, Papa Paul wieder nahe zu sein, als sich die Tür zu unserem Mädchenzimmer plötzlich öffnete und Mama still ihre vermeintlich schlafenden Töchter betrachtete. Allein stand sie im Raum, ohne den Ehemann und Kindesvater an ihrer Seite. Obwohl ich die Augen fest geschlossen hielt, empfand ich ihre Einsamkeit, ihre heimlich geweinten Tränen. Ich spürte, wie sehr gerade wir beide, Mama und ich, wie sonst keiner in der Familie Papa Paul vermissten und wie uns dieser stetige Trennungsschmerz eigentlich verband, obwohl wir nicht miteinander darüber sprachen. Vielleicht begann ich in diesem Augenblick zu ahnen, wie bitter Mama meine aufdringliche Fragerei nach dem verschwundenen Foto empfunden haben mochte. Und wie viel Kraft und Überwindung es sie gekostet hatte, darauf zu antworten: »Das Leben geht weiter!«

Das Tabu

Tags darauf und in folgenden Wochen und Monaten erschöpften sich Mamas Kräfte im grauen Einerlei der Überlebenskämpfe. So schien es mir.

Viel später erinnerte sich Großmutter einmal anerkennend an die Contenance und Disziplin unserer Mama in diesen »verlotterten ersten Nachkriegsjahren« und sah in dieser »respektablen Haltung« ein »mütterliches Vermächtnis« und ein »moralisches Angebot«, mit dem wir drei Töchter unseren eigenständigen Weg im Nachkriegsdeutschland suchen und finden könnten. Diese Betrachtungsweise der Großmutter verstärkte lange Zeit mein unklares, schales, wohl auch schmerzliches Empfinden, die besonderen Lebensleistungen meiner Mama ungenügend erkannt und ihre Verdienste niemals ausreichend gewürdigt zu haben.

Ganz sicher hätte ich das allerdings damals, als Zehnjährige, auch noch nicht vermocht. Mich irritierte und schockierte eher Mamas scheinbar emotionslose Reaktion auf eine publik werdende Übereinkunft der Alliierten, die bis spätestens Jahresende 1948 die Entlassung aller noch in den Kriegsgefangenenlagern verbliebenen Deutschen vorsah. Während sonst in allen Bevölkerungskreisen der vier Besatzungszonen, so auch in unserem Dresdner Umfeld, die Heimkehr der Männer gespannt und sehnsüchtig erwartet, mitunter auch erregt kommentiert wurde und sich Familien, die vom baldigen Eintreffen ihrer Angehörigen durch eine Karte des DRK oder ein Telegramm Kenntnis hatten, emsig auf das Wiedersehen vorbereiteten, blieb Mama nahezu teilnahmslos und schweigsam.

Sie äußerte sich auch nicht, als nach Ablauf der Frist eine Benachrichtigung zur Heimkehr unseres Papa Paul ausblieb, und ignorierte ein anschwellendes Volksgemurmel zu den noch immer unvollständigen Transporten entlassener Häftlinge aus Kriegsgefangenenlagern in die deutsche Heimat.[32] Denn tatsächlich waren zwar bis zur Jahreswende 1948/49 aus amerikanischen, englischen und französischen Lagern alle inhaftierten deutschen Ex-Soldaten in das inzwischen geschrumpfte »Reichsgebiet« zurückgelangt, aber die deutschen Kriegsgefangenen aus der Sowjetunion bis dahin nur teilweise freigekommen.[33]

Eine simple Addition ergab dieses Bild: Bis zum Ende des Jahres 1945 hatten die zuständigen Ämter in den vier Besatzungszonen etwa eine Million deutsche Heimkehrer aus sowjetischen Kriegsgefangenenlagern gezählt. Hunderttausende deutsche Kriegsgefangene waren nachweislich in den Folgejahren 1946/47 mit Transportzügen aus der Sowjetunion zurückgeführt und entlassen worden. Ihre Repatriierung wurde mitunter zu politischen Anlässen in der SBZ-Presse als »großmütige Tat der sowjetischen Sieger über den Faschismus« angekündigt und gepriesen. Im Jahre 1948 erhielten dann 890.000 Kriegsgefangene aus sowjetischen Lagern ihre Entlassungspapiere und trafen im zerrissenen Nachkriegsdeutschland ein. Wenn nun aber die Sowjetregierung vorgab, sich ebenfalls an die internationalen Abmachungen gehalten zu haben, und die Nachrichtenagentur TASS konstatierte, bis Ende des Jahres 1948 sei auch der letzte Kriegsgefangene aus sowjetischen Lagern wieder auf freiem Fuß, widersprach das den Daten und Fakten der Heimkehrerstatistik. Denn nur zwei Drittel jener drei Millionen Deutschen, die sich nach offizieller Meldung bei Kriegsende in sowjetischer Gefangenschaft befunden hatten, waren darin verzeichnet und wieder zurück in Deutschland. Ein Million deutsche Kriegsgefangene blieben nach den jüngsten Meldungen aus der Sowjetunion einfach verschwunden. Menschen, die auf ihre Ehemänner, Familienväter, nahe und ferne Verwandte und Freunde warteten, wiesen tief beunruhigt auf diesen Widerspruch. Helle Aufregung griff um sich!

Als Kind verstand ich zwar weder den Wortlaut und die Bedeutung der internationalen Abkommen, noch wusste ich statistische Erhebungen zu interpretieren. Ich vermochte mir auch kaum eine Million Menschen – eine derart große Anzahl Kriegsgefangener, weit mehr, als ich damals auf der Dresdner Pferderennbahn zusammengepfercht erlebt hatte! – überhaupt vorzustellen. Aber die um sich greifende, allgemeine Unruhe übertrug sich. Ich befürchtete, dass sich mein Papa Paul im fernen Russland möglicherweise unter jenen Deutschen befand, deren Spuren sich scheinbar in der Sowjetunion verloren und über die sich nach Auslegung der Ballians zum Jahreswechsel 1948/49 »ein undurchsichtiger Schleier senkte«. Ich reagierte aber auch hellhörig auf Erwachsene, die wider amtliche Meldungen in der SBZ von weiteren Kriegsgefangenen sprachen, die demnächst doch noch eintreffen mussten!

Divergierende Mutmaßungen und allerlei Geschwätz zur Heimkehrerproblematik auch unter unseren Hausbewohnern stimmten mich bald hoffnungsvoll oder wirkten auf mich niederschmetternd und stürzten mich in heftige Grübeleien.

Ich erinnere mich an eine Szene in Ballians guter Stube mit der Blümchentapete, die ich miterlebte. Eine mir unbekannte Frau und Verwandte des Gerhard Burmeister erzählte vom traurigen Ende ihres bislang vermissten Ehemannes, der im russischen Lager eine böse Lungenentzündung noch überstand, dann aber unterernährt nicht mehr zu Kräften kam. »Er verhungerte und liegt in einem fernen Grab!«, klagte die trauernde Witwe. Ein Heimkehrer hatte ihr unlängst einen Abschiedsbrief übergeben und diese traurige Gewissheit verschafft. Die amtliche Benachrichtigung stand noch aus.

Einem Feldbeutel, den »der getreue Kamerad und Leidensgefährte aus dem Lager« dagelassen hatte, entnahm sie ein zusammenklappbares Feldbesteck, wie ich es auch im Marschgepäck unseres Papa-Paul-Soldaten gesehen hatte, einen Bleistiftstummel, ein abgegriffenes Urlaubsfoto von der Familie, bekritzeltes Papier, eine klapprige Büchse. »Das blieb«, murmelte die Frau.

Betretenes Schweigen folgte, bevor dann weiter über das unklare Schicksal angeblich Verschollener hinter vorgehaltener Hand gemutmaßt oder finster und vage gerätselt wurde. Dieses Mal ermahnte mich Frau Ballian, die »geheimen Gedanken vor denen da draußen« zu hüten. »Sonst werden wir noch abgeholt«, flüsterte sie. Ich hatte davon gehört, dass »Andersdenkende«, also Menschen, deren Meinung mit jener der SBZ-Obrigkeit nicht konform schien, »abgeholt« wurden, dann eine Zeit lang oder gänzlich verschwanden. Damals »abgeholt« zu werden, hatte nichts mit dem rechtsstaatlichen Begriff einer Verhaftung zu tun. Gerade weil ich als Kind diese Geschehnisse noch nicht zu bewerten und kaum zu überblicken vermochte, verunsicherten und ängstigten mich diese Vorkommnisse. Selbstverständlich respektierte ich schon deshalb die Warnung Frau Ballians. Kein Sterbenswörtchen zum vertrauten Geflüster in der Kellerwohnung und über die dabei noch in Russland vermuteten deutschen Kriegsgefangenen kam über meine Lippen. Nicht daheim und schon gar nicht in der Schule oder im Freundeskreis.

Es dauerte noch weitere Jahre, bis ich im Rückblick auf diese ersten Nachkriegsjahre vorsichtige Erklärungen dafür fand, warum damals die eine oder andere Nachricht zur Heimkehrerproblematik unserer neuen Staatsobrigkeit im Osten Deutschlands zusagte oder missfiel, sie ihre eigenen Angaben dann und wann in der Folgezeit korrigieren musste. Bis ich verstand, dass widersprüchliche Meldungen der Medien – beispielsweise die der verschiedenen Rundfunksender, die ich weiterhin an unserem Küchenradio hörte – politische Sichtweisen unterschiedlicher Gesellschaftssysteme reflektierten, die sich unter den Besatzungsmächten in Deutschland etablierten. Denn mittlerweile hatten sich mit der neuen Kräftekonstellation der Weltmächte nach dem Inferno und mit Beginn des *Kalten Krieges* in Deutschland zwei konträre, miteinander konkurrierende politische Lager gebildet: die *Trizone*, bestehend aus den amerikanischen, britischen und französischen Besatzungszonen, auf der einen und die *Sowjetische Besatzungszone* auf der anderen Seite. 1949 war zuerst aus der *Trizone* die *Bundesrepublik Deutschland* (BRD) entstanden, in der fortan eine bürgerlich-demokratische Verfassung galt. Als Monate darauf aus der Ostzone die *Deutsche Demokratische Republik* (DDR) hervorging, verfügten die aus sowjetischer Emigration heimgekehrten deutschen Kommunisten dort bereits über ihre Vormachtstellung und suchten die gesellschaftlichen Verhältnisse dem Modell der UdSSR anzupassen.[34]

Zum Anlass der DDR-Gründung tauchten urplötzlich, entgegen vorheriger Verlautbarungen aus der UdSSR, freigelassene deutsche Kriegsgefangene aus sowjetischen Lagern auf. Stalin selbst erklärte 1950 allerdings, nunmehr sei die Rückführung der Deutschen tatsächlich ein für alle Mal erfolgt. Weitere deutsche Kriegsgefangene befänden sich nicht mehr in der Sowjetunion. Eine Behauptung, die später abermals ad absurdum geführt wurde.

Die DDR-Regierung gab von Anbeginn vor, einen ersten deutschen Arbeiter-und-Bauernstaat zu repräsentieren.[35] Die neue Obrigkeit verbarg damit ihren totalen Herrschaftsanspruch vor der Bevölkerung und natürlich auch vor uns, den heranwachsenden Kindern und Jugendlichen, hinter einer volksdemokratischen Fassade. Nach offizieller Redensart sollte jungen Menschen eine »selbstbestimmte Zukunft gehören«. So lasen wir es jedenfalls, in vielfältigen Varianten geschickt formuliert, auf Plakaten und Spruchbändern, die verrauchte Ruinen und Trümmerplätze oder Fassaden der ersten Neubauten zierten, und in den Zeitungen. In populären Liedern hieß es »Jugend erwach, erhebe dich jetzt/die grausame Nacht hat ein End …« oder »Fort mit alltagsgrauen Sorgen, wo wir sind, ist Sonnenschein«. Sollen und Wollen schien übereinzustimmen. Unter einem lebendigen Teil der Schuljugend verbreitete sich gelegentlich Aufbruchstimmung für eine, wie es damals hieß, »antifaschistisch-demokratische Zukunft«, die auch mich als Kind und im frühen Jugendalter gelegentlich animierte, mitzutun.

Und dennoch wuchs mit dem *Wirtschaftswunder* der Bundesrepublik in den 50erJahren auch die Anziehungskraft des »goldenen Westens« auf die Bürger der DDR und besonders auf viele junge Menschen. Lehrer in den Schulen hatten oft Mühe, der ihnen anvertrauten Jugend die vielversprechenden Visionen vom fernen »roten Paradies« zu vermitteln und sie für das ebenfalls damals häufig besungene »Ziel vor den Augen« zu gewinnen oder perspektivisch festzulegen.

Mit den neuen Bildungs- und Erziehungskonzepten für die Schuljugend der DDR erschienen auch Erinnerungen der Kriegskinder an Gestriges eher deplatziert – wohl auch all meine fantasievollen Gedanken an Papa Paul. Ohnehin galten nun die deutschen Soldaten, deren Verbleib während des Weltkriegsgeschehens bislang ungeklärt geblieben war und die nach offiziellen Verlautbarungen der DDR auch nicht als verspätete Heimkehrer aus einem sowjetischen Gefangenenlager zu erwarten waren, vor dem Gesetz als Gefallene. Auf Antrag erhielten Familienangehörige von den DDR-Behörden eine Sterbeurkunde für den Vermissten.

Die Reaktion der betroffenen Eltern, Ehefrauen und Nachkommen waren unterschiedlich. Statistisch ist nicht erfasst worden, wie viele ehemalige Soldaten mit nebulösem Schicksal nun auf diese Weise als Gefallene beurkundet wurden und dann doch noch zu den Spätheimkehrern gehörten. Niemand weiß also genau, wie viele Familienangehörige mit einem amtlichen Papier alle Hoffnung auf die Rückkehr Verschollener aufgaben.

Gehörte ausgerechnet meine Mama dazu? Musste ich das nicht vermuten, als sie ihren Ehemann und unseren Papa Paul 1951 von der Behörde für tot erklären ließ? Sie galt danach rein juristisch als Kriegerwitwe, wir Kinder als Halbwaisen. Für Kriegerwitwen wurde in der DDR, anders als in der BRD, zwar keine Rente gezahlt, aber für uns Kinder bezog sie fortan eine sehr bescheidene Halbwaisenrente, die zum Unterhalt der Familie beitrug. Ich bin jedoch ganz sicher, dass materielle Interessen meine Mama nur peripher zu diesem Schritt motivierten, zumal sie inzwischen ihren beruflichen Einstieg in einem Büro gefunden hatte und damit ein geregeltes Einkommen bezog. Vielmehr glaubte ich lange Zeit, dass meine Mama das bange Hoffen auf den Heimkehrer und die damit verbundenen ständigen Rückschläge und Enttäuschungen einfach nicht länger ertrug – diese bittere Erkenntnis, dass ihr Ehemann wieder einmal nicht unter den Heimkehrern gewesen war, wenn sich der Zug auf einem der Dresdner Bahnhöfe geleert hatte. Ohnehin äußerte sie sich ja bereits seit Jahren mit keinem Wort zur erwarteten Rückkehr unseres Papa Paul aus einem der fernen sibirischen Lager und hielt nicht mehr an Vorstellungen fest, mit denen sie in den ersten beiden Nachkriegsjahren anderen Versionen der Großmutter heftig widersprochen hatte. Nun verschaffte sie sich mit dem amtlich beglaubigten Totenschein ihre eigene, konstruierte Gewissheit über den Verbleib ihres Gatten. Damit gedachte sie sich einzurichten und hoffte wahrscheinlich, ihre Ruhe zu finden.

Ob Mama damals auch beabsichtigte, ihren Töchtern mit der vermeintlichen »Wahrheit« die familiäre Situation übersichtlicher erscheinen zu lassen, bleibt ungewiss. Zumindest hatte ihre Entscheidung für meine beiden Schwestern diese Wirkung, ob nun von Mama gewollt oder nicht.

Helen, die mit der möglichen Heimkehr des Vaters, wie sie mir einmal vertrauensvoll eingestand, nur »neue Komplikationen und Scherereien« befürchtete und ihn »ja eigentlich auch nicht brauche«, reagierte zunächst auf die amtliche Todeserklärung scheinbar gleichgültig. Sie hatte den verschlissenen Rock abgelegt, lief nicht mehr in verhassten »verunstalteten Tretern«, sondern in »vernünftigem Schuhwerk« und fescher Kleidung umher, war 1951 bereits zu einem bildhübschen 17-jährigen

Mädchen herangewachsen und erklärte mir eines Tages selbstbewusst: Sie beabsichtige sich nicht länger den »drückenden Schatten der Vergangenheit auszusetzen!« Erinnerungen an familiäre Katastrophen, die »nur den Hals zuschnürten und sie nach Luft schnappen ließen«, seien ihr hinderlich bei einem »beruflichen Fortkommen«, das sie andernorts anstrebe. Ich empfand sehr wohl, dass Helen nun auch von mir erwartete, sie mit meiner, wie sie es nannte, »Papa-Paul-Faselei« nicht mehr zu behelligen. So gesehen passte Mamas Entscheidung, von der Behörde die Todeserklärung für ihren Ehemann und unseren Vater amtlich besiegeln zu lassen, durchaus in die beachtliche Perspektivplanung meiner großen Schwester.

Unsere Jüngste, meine kleine Schwester Henriette, hatte ohnehin keine Erinnerungen an einen Vater, konnte und wollte ihn also auch nicht vermissen. Sie orientierte sich an Mama und vertraute ihr bedingungslos. Mamas Entscheidung im Jahre 1951, allem Rätselraten um den Verbleib und das Schicksal ihres Ehemannes zumindest nach außen hin ein Ende zu bereiten und sich fortan als Kriegerwitwe zu sehen und zu behaupten, erschien der damals gerade siebenjährigen Henriette also keineswegs zweifelhaft. Mamas »Wahrheit« war ganz selbstverständlich auch die ihre. Wieso sollte sie jemals daran zweifeln? Auch in späteren Jahren blieb die innige Nähe der beiden spürbar. Als sich daraus eine klammernde und vereinnahmende Mutterliebe entwickelte, die Henriette in ihrer Entwicklung als Jugendliche behindern konnte, löste sie sich nicht daraus, sondern suchte mit Mama nach Problemlösungen und blieb ihr alle Zeit genau die Tochter, die sich unsere Mama gewünscht hatte.

Ich aber opponierte damals gegen Mamas Entscheidung heftig und hartnäckig. Ich wollte keine Halbwaise sein! Widerspenstig und verbissen pflegte ich weiter meine heimlichen Papa-Paul-Traumgebilde und erhoffte seine Heimkehr mehr denn je! Mama ignorierte mein aufbegehrendes Wesen, war zu keinem Gespräch und zu keiner Auseinandersetzung mit mir bereit. Aus der Wortlosigkeit entstand mit den Jahren eine gewisse Distanz zwischen Mutter und Tochter und später eine stille Akzeptanz.

Zunächst gewährte Mama aber gerade mir, ihrer eigensinnigen Tochter, ungewöhnliche Freiheiten. Damals war ich gerade 13 Jahre alt. Während meine gleichaltrigen Freunde und Freundinnen für die Mitwirkung in außerschulischen Arbeitsgemeinschaften und Zirkeln der elterlichen Erlaubnis bedurften, schienen mir dafür von zu Hause weder durch Verbote noch irgendwelche Vorschriften klare Grenzen gesetzt. Meine experimentelle Neugier hatte freie Bahn! Ich wurde 1951 aus eigener Entscheidung, ganz ohne elterliche Zustimmung und noch bevor Lehrer die ihnen anvertrauten Kinder dazu drängten, Mitglied der »Jungen Pioniere« unserer Schule und ahnte, dass sich Mama bei meinen neuen Liedern vom »Leben, das anders« werden sollte, in dem es »keinen Hunger, kein Elend« geben würde, die ich auch daheim manchmal trällerte, ihren Teil dachte. Nur einmal, als ich lauthals schmetterte »Komm mit Kamerad, steh nicht abseits Kamerad/unser Kampf, Kamerad, ist auch dein Kampf!/ Halte Schritt, halte Schritt, komm ins neue Leben mit/Auf dich kommt es an, auf uns alle!«, hörte ich sie Unverständliches brummen.

Großmutter hingegen war sogar eines Tages sehr gerührt, als sie – einer Einladung zum Schulkonzert folgend – meinen solistischen Auftritt mit einem 1950 entstandenen Lied nach einem Text von Johannes R. Becher und der Melodie von Hanns Eisler erlebte. Sie beschaffte sich sogar die Noten aus der Sammlung *Neue deutsche Volkslieder*, sodass wir beide in ihrer Radebeuler Villa miteinander musizieren konnten.

> »Es sind die alten Weisen,
> die neu in uns ersteh'n,
> und die im Wind, dem leisen,
> von fern herüberweh'n.
> Wenn sich die Wipfel neigen
> allabendlich im Wind,
> dann gehen durch unser Schweigen
> sie, die gefallen sind.
> Es sind die alten Lieder,
> die singen neu aus mir,
> und wie vorzeiten wieder
> am Abend singen wir.
> Es ist in uns ein Raunen
> und wird zum großen Chor,
> und zu den Sternen staunen,
> staunen wir empor.«

Helga (1953)

Nicht selten sang ich zu Hause aber auch die einst aufgeschnappten Lieder von Papa Paul, ahmte dabei seine Mimik und sein Gehabe nach und glaubte, ihm nahe zu sein. Das vor allem wollte ich Mama spüren lassen. Wohl auch, dass ich Papa Paul die Treue hielt. Ich war wiederholt zur Stelle, als dieser oder jener vermeintliche Freund der Familie sich plötzlich und ganz offensichtlich darum bemühte, das Herz der angeblichen Kriegerwitwe zu erobern, und seinen Männerarm um Mamas Schulter legte. Vielleicht gar mit einer zusätzlichen Lebensmittelration auftrumpfte, mit einem Sack voll Holz für den Ofen, oder mit zwei geschickten Händen im Haus zupackte. Dann schaute ich einmal mehr, so wie es mir Papa Paul aufgetragen hatte, zum Sicherungskasten des Hauses, schleppte eifrig Mamas schwere Tasche zur Wohnung, kümmerte mich betont aufmerksam um die Auslieferung der neuen Lebensmitteldekade und gab Mamas »Verehrer« zu verstehen, wie überflüssig ich seine Anwesenheit eigentlich empfand. Wenn das alles nichts half, ahmte ich in kuriosen Szenen meinen Papa Paul nach, scherzte in seiner Art und besetzte den am Tisch freigehaltenen Platz des Familienoberhauptes – ohne dass mich Mama zur Ordnung rief.

Die Geschichte mit Erwin Pietschmann ist mir noch besonders gegenwärtig. Er gehörte zu jenen 1948 freigekommenen Kriegsgefangenen, die ihre Angehörigen nach dem großen Bombenangriff auf Dresden nicht mehr angetroffen hatten. Als Papa Pauls langjähriger Berufskollege und Freund der Familie war er bei uns daheim ein gern gesehener Gast – nicht nur, weil er sich gelegentlich sogar mit handwerklichem Geschick in unserem Haushalt einbrachte.

Sein Verhalten zu unserer Mama veränderte sich deutlich, als sie 1951 als amtlich erklärte Kriegerwitwe galt. Er machte ihr seither allerlei Avancen und schließlich einen Heiratsantrag. Aber Erwin Pietschmann warb nicht nur mit den Gesten eines Verliebten, sondern behauptete sogar, damit ein geleistetes Versprechen an seinen Freund Paul erfüllen zu wollen, das angeblich gelautet habe: »Sollte einer von uns beiden an der Front fallen, kümmert sich der Überlebende verantwortlich um die Witwe und hinterbliebenen Kinder des anderen!« Mama, Großmutter, auch wir Kinder hielten im konkreten Fall ein derartiges Arrangement zwischen Frontkameraden und Freunden eher für eine Hochstapelei des Heiratskandidaten. Vor allem Mama zeigte, dass sie von einer derartigen Solidarität unter Freunden – selbst wenn sie angedacht gewesen sei – ganz und gar nichts hielt. Ihre Konsequenz beruhigte mich sehr, sodass sich mein kindlicher Widerstand gegen das behauptete Nachfolgerecht des ungebetenen Ersatzfamilienvaters und Ersatzehemannes Erwin Pietschmann in Grenzen hielt.

Man hörte allerdings in den Nachkriegsjahren immer mal wieder davon, dass sogenannte Zweckehen, die auf Absprachen einer eingeschworenen Männerkumpanei von Frontsoldaten zurückführten, tatsächlich zustande kamen. Frontkämpfer hatten während des Krieges die eigene Vergänglichkeit und Auswechslung des Gefallenen durch den nachrückenden Soldaten vor Augen gehabt – gemeinsam war man dann offenbar zu dem Schluss gelangt, auch im zivilen Leben entstehende Lücken auffüllen zu können. Jedenfalls galten derartig vorausschauende Übereinkünfte der ehemaligen Kriegskameraden damals nicht etwa als peinlich oder makaber. Ein nachfolgender Ehemann, der einen Freundesschwur erfüllte, erschien dem gesellschaftlichen Umfeld der betroffenen Familien eher besonders anständig und verantwortungsbewusst zu sein.

So glaubte sich Erwin Pietschmann gewiss verkannt und zog sich enttäuscht aus unserem Leben zurück. Mama schien erleichtert. Mir entging nicht, dass sie über meine parodierenden Spottgesänge vom nicht erhörten »Freiersmann«, die Erwin Pietschmann ganz sicher nicht verdient hatte, verstohlen schmunzelte.

Mit einigen schauspielerischen und musikalischen Talenten, die auch eine väterliche Vererbung vermuten ließen, übte ich mich nicht nur daheim, sondern war damit auch in der Schule auffällig. Als Mitglied des Chores und verschiedener Gruppen eines Ensembles wirkte ich innerhalb und außerhalb der Schule in Kinderprogrammen vor unterschiedlichem Publikum mit, ohne dass mir Mama eine Erlaubnis dafür erteilte oder verweigerte, wie sie das zuvor getan hatte. Als ich in der neu gegründeten Volksmusikschule die Aufnahmeprüfung bestand und fortan dreimal in der Woche kostenlos musiktheoretischen und instrumentalen Förderunterricht erhielt, verringerten sich meine zeitlichen Möglichkeiten für die praktische Hilfe im Haushalt und im fortgesetzten Überlebenskampf, dem Mama sich vor allem für uns Kinder stellte. Aber auch daraus entstand kein Disput.

Mit Helen erlernte ich zudem bei dem russischen Lehrer Leonid Buske, der mich an mein Erlebnis mit Aljoscha nach dem Krieg erinnerte, das Mandolinespiel. Wir wurden Mitglieder einer Instrumentalgruppe, die häufig bei »bunten Veranstaltungen« auftrat.

Im Frühjahr 1952, kurz nach meiner Konfirmation, wechselte unsere Familie den Wohnsitz. Zuerst erhielt Großmutter eine behördliche Erlaubnis, mit ihrer Schwester, unserer Tante Elisabeth, die inzwischen von der Sowjetischen Militäradministration (SMAD) geräumte Radebeuler Villa wieder beziehen zu dürfen. Zugebilligt wurden den beiden Eigentümerinnen des Hauses zwei Wohnräume, die Küche und ein Sanitärtrakt. Dieses Zugeständnis war an die Auflage geknüpft, in allen übrigen Räumlichkeiten des Hauses vom Amt zugewiesene Flüchtlingsfamilien aufzunehmen. Trotz aller Einschränkungen reagierte Großmutter erfreut, bis sie dann ihre Villa, die seit Generationen von der Familie bewohnt gewesen war, in einem völlig verwahrlosten und verwüsteten Zustand vorfand.

Ich sehe mich noch selbst in einer Menschenkette, die aus dem großen Entree des Hauses einen stinkenden Haufen Unrat, der bis zum 4,80 Meter hohen Deckengewölbe reicht, Eimer für Eimer abträgt. Am Anfang des mit Kot durchsetzten Gebildes stochert Onkel Werner mit einem Holz, um darin für möglich gehaltene scharfe Munition, die »unsere Besatzer«, wie sich der Onkel ausdrückt, »dem Klassenfeind« zugedacht haben könnten, vor einer befürchteten Explosion zu entdecken. Er wird zum Glück nicht fündig. Im Hof steht Bruno, ein ehemaliger Hausangestellter der Familie, der meine Großmutter verehrt und ihr in diesen »schweren Zeiten« ganz selbstverständlich ohne jede Lohnzahlung beistehen möchte. Er verbrennt in einem hoch aufschießenden Feuer all den verpesteten Abfall, Müll und Kot. Onkel Werner und Bruno sind unsere einzigen Männer und leisten am Anfang und am Ende unserer Schlange entscheidende Arbeit. Ausschließlich Frauen und Kinder aus der Großfamilie reichen die mit ekelhaft stinkendem Inhalt bis zum Rand gefüllten Eimer von Hand zu Hand. Wir bekämpfen dabei beständig die entsetzliche Übelkeit. Und das Stunde um Stunde, tagelang. Ob der Gestank jemals aus dem Gemäuer weichen wird? Ob hier eines Tages ein menschenwürdiges Dasein wieder möglich ist?

Großmutters Entsetzen bleibt stumm. Ich werde ihre geweiteten Augen beim Anblick der verwüsteten Räume des Hauses nicht vergessen. Polstermöbel sind aufgeschlitzt. Stilmöbel zertrümmert. Nippes zerschellt. Bilder zerstochen oder überpinselt. Verstopfte Toilettenbecken und ein Waschzuber sind bis zum Rand mit zerkochten Nudeln gefüllt. Großmutter reagiert auch nicht, als Onkel Werner mit den damals in der SBZ/DDR kursierenden, wohl etwas boshaften Witzen über das rückständige russische Bauernvolk und deren Unverständnis für einfachste Erfindungen der Zivilisation aufwartet, dabei sattsam bekannte Geschichten vom »Sieger« hervorkramt, der im Lande des »unterworfenen deutschen Feindes« vor Wasserhähnen, Steckdosen, Lichtschaltern kapitulierte, der eine Lachnummer auf dem Fahrrad abgab, wie ein Affe den Fotoapparat beglotzte oder eben – wie man nun sah – mit einem simplen Wasserklosett nicht umzugehen vermochte. Vielleicht empfand Onkel Werner die Hohnepiepelei wie eine kleine Revanche für das uns umgebende Chaos, für die damit empfundene Erniedrigung. Gewöhnlich lösten derartige Russenwitze in vertrautem Kreis ein befreiendes Spottgelächter aus. Nicht so in unserer Radebeuler Runde. Alle verharrten in einem wortlosen Entsetzen.

Es hat eine Weile gedauert, bis Großmutter und Tante Elisabeth sich in ihrer Radebeuler Villa mit all den zugezogenen, vornehmlich aus Ungarn stammenden Flüchtlingsfamilien einrichteten. Die Villa schien auch nach dem Krieg ein »Hospiz für Gestrandete« zu bleiben.

Während Großmutter in Radebeul vorübergehend unabkömmlich war, bereitete Mama auch für unsere zurückbleibende Familie, für sich und ihre drei Töchter, einen Umzug vor. Sie erwarb in Hainsberg, am Ende einer Dresdner Straßenbahnlinie und in unmittelbarer Nähe des Tharandter Waldes, ein kleines, an einem Hang gebautes Einfamilienhaus mit Garten, unser Berghäusel, und folgte dabei, wie sie vorgab, dem besonderen Rat eines Kinderarztes, der für die häufig kränkelnde Henriette frische Landluft für das Beste hielt. Schon damals bezweifelte ich diese vorgebrachte Begründung für ihren Entschluss, mit dem sie uns Kinder nun fast überrumpelte. Wir nahmen also Abschied von Ballians, Herrn Fischer, den Döllings, Hillers, Lehmanns im Haus und von vielen Freunden und uns vertrauten Bekannten im Wohnviertel am Dresdner Großen Garten, während ich meiner Freundin Annemarie die neue Hainsberger Anschrift hinterließ und sie mir hoch und heilig versichern musste, meinem »alsbald schon in unserer Wohngegend zu erwartenden Papa Paul« beim raschen Auffinden seiner Familie zu helfen.

Bis zu den Sommerferien 1952 beendete ich die 8. Klassenstufe noch bei Herrn Hinrichsen – was jeden Tag eine dreistündige Straßenbahnfahrt mit sich brachte –, musste dann aber wohl oder übel nicht nur die Schule verlassen, sondern auch all meine musischen und sportlichen Ambitionen in dem mir vertrauten Umfeld aufgeben.

Helen hatte bereits 1949 die Grundschule abgeschlossen und beendete zu diesem Zeitpunkt eine Lehre als Fotografin. In allen Jahren nach dem Krieg hielt sie mit der Familie ihrer Pflegeeltern aus frühkindlicher Zeit Kontakt, verbrachte dort ihre Ferien und übersiedelte 1953 gänzlich zu dieser Wahlverwandtschaft und damit in die Bundesrepublik Deutschland. Sie entwickelte in den Folgejahren eine anwachsende Distanz zu uns hinter dem *Eisernen Vorhang*. Ich vermisste meine große Schwester sehr, vermutlich weit mehr, als sie sich je nach meiner Gesellschaft gesehnt haben mag.

Henriette ging nun in Hainsberg zur Schule, fand dort ihren Freundeskreis und blieb die besonders brave und sehr liebenswerte Tochter des Hauses, um das nun ein Selbstversorgergarten nach Mamas Plan für uns allein wucherte und blühte, in dem es einen großen Hund und Katzen gab, dazu Hühner und gelegentlich ein Schaf.

So verstrichen die Hainsberger Jahre. Mama managte perfekt unsere »Parzelle« und ging ihrer Berufstätigkeit nach. Ihr verstecktes, selbstzufriedenes Schmunzeln war mir nicht entgangen, als ich in Hainsberg nach der Zeit bei den *Jungen Pionieren* (JP) nicht wie üblich der *Freien Deutschen Jugend* (FDJ) beitrat, sondern mich der evangelischen Jungen Gemeinde des Ortes anschloss und im Sohn des dort tätigen Gemeindepfarrers meine erste romantische Liebe fand.

Mama hielt mich jedoch auch nicht zurück, als ich mir nach einem durchaus erfolgreichen und interessanten Intermezzo als Praktikantin in der Dresdner Stadtbibliothek ein staatliches Stipendium der DDR erkämpfte und, wirtschaftlich auf eigenen Füßen stehend, mein Abitur und eine universitäre Ausbildung anstrebte. Dabei halfen mir die Fürsprache meines getreuen Lehrers Hinrichsen und die besondere Förderung Ruth Blumenthals, der leitenden Bibliothekarin. Sie war als jüdische Emigrantin den Nazis entkommen und inzwischen aus London zurückgekehrt. Und gerade ihr war das blonde Mädchen aufgefallen, das sich im Lesesaal hinter dickleibige Folianten klemmte und darin bis in späte Stunden schwartete. Das auch klammheimlich in Büchern las, die gerade von einer offiziellen Kommission aus den Magazinen der Städtischen Leihbüchereien als »unliebsame Literatur« für den Reißwolf aussortiert worden waren, und das sich bei dieser »Missetat« auch noch erwischen ließ. »Schade um die schönen Bücher«, hatte dieses »unmögliche junge Ding« zu seiner Entschuldigung gestammelt und dann ihres Schutzes bedurft, damit die kleine Episode von dem zuständigen Kulturreferat nicht zu einem »strafbaren Vergehen« hochstilisiert wurde. Unter diesen etwas schwierigen Umständen begegnete ich also Ruth Blumenthal und fasste zu ihr Vertrauen. Eines Tages erzählte ich ihr auch die Geschichte Papa Pauls und seines »Räbchens«. 1955 übersiedelte ich vom Hainsberger Berghäusel in ein Internat am entgegengesetzten Ende der Stadt, nach Dresden-Bühlau, und wohnte nun mit Mädchen meines Alters in der Nähe meiner mütterlichen Freundin Ruth Blumenthal.

Zehn lange Nachkriegsjahre waren inzwischen vergangen. Meine kleinen Rattenschwänze hatten sich inzwischen zu zwei stattlichen Zöpfen ausgewachsen, die ich dann und wann als 17-jähriger Teenager und angehende Abiturientin modisch zu einem wippenden Pferdeschwanz band. Ansonsten versuchte ich mich ohne Begleitung Papa Pauls, der noch immer auf sich warten ließ, in diesen angespannten Zeiten zu orientieren und mit wachen Sinnen eigenwillig umzuschauen. Ich blieb eine Pendlerin zwischen zwei Welten, meiner Familie einerseits und der Schule andererseits, zwischen »drinnen« und »draußen«. Das Alltagsleben in den sich ringsum verändernden gesellschaftlichen Verhältnissen erschien mir und meinen Schulfreunden und -freundinnen im zweigeteilten Nachkriegsdeutschland Herausforderung genug.

Ganz sicherlich enttäuschte ich gerade im Frühjahr 1955 unseren Deutschlehrer, Herrn Rübsam, mit meinem Aufsatz zum Thema »Wie ich mir meine Zukunft vorstelle«, weil ich darin nicht Luftschlösser in das ferne »leuchtende Morgen im Sozialismus« baute und mir darin einen Platz einräumte. Stattdessen malte ich mir wieder einmal die Heimkehr meines Papa Paul aus der russischen Kriegsgefangenschaft aus. Denn meine Fantasie erhielt gerade neue Nahrung, die Rückführung der letzten deutschen Gefangenen aus der Sowjetunion schien, wollte man dem heimlichen Volksgemurmel oder Nachrichten aus dem RIAS glauben, tatsächlich absehbar. Die Kunde ging von Mund zu Mund. Eine Flüsterpropaganda ohne Hand und Fuß? Manche fragten sich das, denn eine offizielle Verlautbarung der DDR-Regierung dazu stand zunächst noch aus.

In meinem Aufsatz schwärmte ich – trotz aller Zweifel der Hoffnungslosen, die das Geflüster und Raunen für haltloses Geschwätz hielten – von der endlichen Heimkehr unseres Familienvaters im »wirklichen Frieden«. Ich formulierte am Schluss meines Aufsatzes:

> »Die endlich heimgekehrten Männer werden tags fleißig beim Wiederaufbau unseres Landes mitarbeiten und abends am Familientisch Platz nehmen. Nachts schlafen sie in ihren Wohnungen am offenen Fenster und schauen frühmorgens arglos in den Himmel. Ihre Frauen werden sie flüsternd beim Namen rufen und sich nicht sorgen müssen, sie zu verlieren und nie wieder von ihnen zu hören, weil sie ein Krieg verschlang. Die Zukunftsträume der Eltern vom Haus mit Garten, in dem ihre Kinder ungestört aufwachsen, und ihre Visionen vom Leben der noch ungeborenen Enkel werden dann wahr! Denn keine Bombengeschwader verfinstern den Himmel,

kein Kugelregen pfeift durch die Luft und Paul, der ehemalige Panzerfahrer, hat seine Uniform und seine Waffe längst abgelegt. Sein Herz wird nie mehr angstvoll vor den Molotowcocktails erzittern. Niemals wieder! Denn es wird wirklicher Frieden auf der Welt sein. So stelle ich mir die Zukunft vor!«

Ich hatte in meiner Niederschrift nicht nur das bis dahin noch in der DDR offiziell verpönte Gewisper und Geflüster von der Rückführung der Deutschen aus sowjetischer Gefangenschaft einfach für real gehalten, sondern auch versäumt, das von meinem Lehrer normativ erwartete Bild des perspektivisch gewandelten oder erneuerten Deutschlands näher auszuspinnen, und schon deshalb seine Kritik herausgefordert.

In den folgenden Wochen und Monaten 1955 verdichteten sich in der DDR allerdings zuerst geheime, dann auch offizielle Nachrichten von der zu erwartenden Ankunft bislang noch in sowjetischen Gefangenenlagern weilender Deutscher. Die Bevölkerung diskutierte emotional aufgewühlt.

Ich war dabei und erinnere mich noch sehr genau: Leute betuscheln immer detaillierter die verheißungsvollen Neuigkeiten. Nachdem der Kanzler der Bundesrepublik Deutschland (BRD), Konrad Adenauer, im September 1955 von einem ersten Besuch in Moskau zurückgekehrt ist, scheint es amtlich! Alle noch in der Sowjetunion festgehaltenen Kriegsgefangenen und 20.000 deutsche Zivilinternierte werden freikommen und dürfen nach Hause zurückkehren. Der Bundeskanzler hat seinen größten politischen Erfolg und lässt sich von der deutschen Bevölkerung als Held feiern.

Bald schon kommentieren westdeutsche Rundfunkstationen das Eintreffen der Spätheimkehrer in Deutschland. Sie übertragen herzergreifende Szenen! Auch die Presseorgane der BRD publizieren dramatische und anrührende Berichte. Sie schildern, wie zur nächtlichen Stunde ein Zug mit Vertretern höherer Ränge der ehemaligen deutschen Wehrmacht, die bisher im sowjetischen Lager Woikowo festsaßen, nun im »Auffanglager Friedland« am 7. Oktober 1955 einrollt. Bereits zwei Tage später kommen die ersten 600 ehemaligen Wehrmachtsangehörigen niederer Dienstränge und werden von Zehntausenden Menschen empfangen. Weitere Transporte folgen. Ich betrachte zutiefst berührt Pressefotos westdeutscher Tageszeitungen, die ich mir mithilfe von Freunden in der DDR heimlich »beschaffen« muss. Ergreifende Szenen und Momente sind darauf festgehalten. Abgebildet sind Menschen, die sich auf dem Bahnhof Herleshausen und auch andernorts in der BRD weinend in den Armen liegen! Das Bild einer Mutter wird populär, die vor dem Bundeskanzler Adenauer niederkniet, um sich für die Heimkehr ihres Sohnes zu bedanken …

Weniger spektakulär wird die Ankunft der von der Sowjetunion entlassenen Kriegsgefangenen in der DDR ins publizistische Licht gerückt. Ein Propagandarummel bleibt aus. Aber Spätheimkehrer werden auch hier von ihren Eltern, Ehefrauen, Geliebten, Kindern und Freunden nicht weniger herzlich erwartet und in die Arme geschlossen, auch wenn die Journalisten das Wiedersehen nicht ausführlich kommentieren. Mit oder ohne Begleitung der Medien berühren die Ereignisse die Seele des deutschen Volkes, in der BRD und in der DDR, von den Mächtigen gewollt und ungewollt. Ein ganzes Volk scheint mit den betroffenen Familien im geteilten Deutschland, für die das lange Warten auf die Heimkehr nun ein Ende findet, aufzuschluchzen.

Inzwischen hat ein neues Jahr begonnen, 1956. Noch immer kehren die oft von ihren Angehörigen nicht mehr am Leben geglaubten ehemaligen Soldaten der deutschen Wehrmacht auch nach Dresden zurück. Ich verpasse seit Wochen und Monaten keinen Zug, in dem möglicherweise »unser Heimkehrer« ankommen könnte, selbst wenn ich dafür die Schule schwänzen oder mich zu ungewöhnlicher Uhrzeit aus dem Internat mogeln muss.

Ich treffe auf Heimkehrer in den ausgebrannten Wartehallen der noch immer teilzerstörten Dresdner Bahnhöfe und unter der Kuppel des von tausenden gebündelten Brandbomben zerschlagenen und noch immer nicht völlig instandgesetzten Glasdaches im Hauptbahnhof. Ich begegne ihnen an provisorischen Meldestellen und in den städtischen Suchzentralen. Ich erlebe die Ankunft einer Gruppe zerlumpter Männer, die mit wattierten lehmfarbenen Jacken und Hosen, Russenmützen und erbärmlichem Schuhwerk von der Ladefläche eines holzgasbetriebenen Lastwagens klettern. Gebannt beobachte ich die erste Bestandsaufnahme der Ankömmlinge: Sie umarmen ihre Familien, tauschen untereinander und mit herbeieilenden Bekannten Adressen aus oder suchen nach Spuren Angehöriger, hoffen herauszufinden, wohin sie der Krieg verschlug. Keinem dieser Heimkehrer war der Mann auf meinem Soldatenfoto bekannt ...

Immer wieder erlebe ich diese ersten erregenden Momente der Begegnung ausgemergelter Männer mit ihren Familien in der heiß ersehnten, vermeintlichen Freiheit! Einzelne Szenen prägen sich in mein Gedächtnis. Und was für ein Gefühlswirrwarr! Ich pendele beständig hin und her. Zwischen der Vorfreude auf die fantasievoll vorgestellte Umarmung mit Papa Paul bis zu der ernüchternden Einsicht, dass er auch dieses Mal nicht dabei ist. Noch nicht!

Aber an diesem einen späten Tag im März 1956 ist die seelische Anspannung fast unerträglich! Die Nachrichtensprecher des in der DDR offiziell verpönten RIAS geben am Morgen bekannt, dass nunmehr die allerletzten 9.626 Spätheimkehrer in Deutschland eingetroffen sind. Restlos alle Transporte wurden inzwischen – so heißt es weiter – von dem Ausgangslager Gronenfelde bei Frankfurt an der Oder entweder ins westdeutsche Friedland überführt oder sind bereits in die jeweilige Heimatstadt der DDR unterwegs.

Nur noch an diesem einen Frühlingstag ist mit den Heimkehrern in Dresden zu rechnen! Wer heute nicht dabei ist, hat den Weltkrieg und die Gefangenschaft nicht überlebt! Dieser Tag bringt die Gewissheit!

Bevor ich zum Bahnhof unterwegs bin, lese ich unsere *Sächsische Volkszeitung* besonders gewissenhaft. Aber auch heute werden die Ankömmlinge darin nicht avisiert. Schon in den zurückliegenden Wochen und Monaten kommentierte unsere Regionalpresse das plötzliche Auftauchen der vermissten Deutschen elf Jahre nach Kriegsende nur gelegentlich als ein Resultat »vertrauensvoller und freundschaftlicher Beziehungen der Sowjetunion zur DDR«, um zugleich die »angeblichen Verdienste um die Familienzusammenführung Konrad Adenauers« zu leugnen oder zu verschweigen.

Das Thema wird in der Dresdner Bevölkerung dennoch lebhafter debattiert, als es der Staatsobrigkeit der DDR genehm ist. Ich begegne an diesem bewegten Tag auf dem Bahnhof vielen sehr unterschiedlichen Menschen, schaue in ihre Gesichter oder komme ins Gespräch. Manche wagen sich nur zaghaft hervor. Oftmals hatten sie sich in ihrer Trauer um den Vermissten eingerichtet, vielleicht damit abgefunden, dass der

Ehemann oder Vater irgendwo im Schlamm zwischen Granatlöchern und Panzerwracks sterben musste oder sich vermutlich unter jenen geschwächten, ausgehungerten und todkranken Soldaten befand, die während der sowjetischen Kriegsgefangenschaft ums Leben kamen. Man hatte schließlich von diesen und ähnlichen Schicksalen immer wieder gehört und wusste, dass Tausende und Abertausende so oder anders ihrem Tod beim Ausgang des Weltkrieges nicht entkommen waren! Diese bittere, vermeintliche Wahrheit zu akzeptieren, hatte vor allem Frauen viel Kraft gekostet. Und doch stehen viele von ihnen auch ohne eine amtliche Benachrichtigungskarte heute erwartungsvoll hier – darum wissend, dass die Post des DRK, die den Familien eintreffende Spätheimkehrer nach Möglichkeit avisiert, nicht in jedem Fall im zerstörten Dresden den Adressaten erreichen konnte. An diesen letzten Hoffnungsschimmer klammern sie sich, wohl ahnend, dass sie sich damit auch einer ernüchternden Gewissheit schutzlos aussetzen könnten. Auch ich bleibe dabei, dass der Wohnungswechsel unserer Familie ins Hainsberger Berghäusel und mein Aufenthalt im Internat eine schriftliche Ankündigung »des Heimkehrers Papa Paul« unmöglich machte.

Ich denke in diesem Moment an Mama. Würde auch sie heute noch einmal auf die Heimkehr ihres Ehemannes zu hoffen wagen? Befindet sie sich in der zusammengedrängten Menge auf dem Bahnsteig? Unter den Frauen, die ihre Männer umarmen werden oder es auch aushalten müssen, wenn sich der Personenzug, in dem sich zum allerletzten Male auch Heimkehrer befinden, leert und der Erwartete nicht dabei gewesen ist?

Einige der Menschen auf dem Bahnsteig, die jedem erneuten Risiko einer Enttäuschung ausgewichen wären, wissen inzwischen sogar ganz genau, dass der lange vermisste Anverwandte dabei sein wird, wenn der Zug einfährt. Eine Karte oder ein Telegramm aus Gronenfelde bestätigt es. Sie halten das Glück des alsbaldigen Wiedersehens buchstäblich in den Händen!

Ich beobachte eine junge, sehr hübsche und modisch herausgeputzte Frau auf dem Bahnsteig, die ihre »Rot-Kreuz-Karte« mit der beglückenden Botschaft immer wieder hervorholt und gleich darauf wieder wegsteckt, dann nervös an der schmucken Jacke des etwa elf- oder zwölfjährigen Sohnes zupft, dem Jungen mehrfach das Haar kämmt, um dann eindringlich auf ihn einzuflüstern. Was wird die aufgeregte Mutter ihrem

Kind, wenige Minuten vor dieser schicksalhaften ersten Begegnung mit seinem Vater, mitzuteilen haben? Vielleicht ermuntert sie ihren Sohn und sagt »Sei freundlich und brav zu unserem Heimkehrer!« oder »Sei unbesorgt, der Fremde ist nicht fremd, er ist dein Vater!« und »Dein Vater wird stolz auf seinen großen Jungen sein. Sehr stolz sogar!« Der Junge wirkt verschlossen, zeigt keine Regung, steht brav neben der Mutter, lässt an sich herumzupfen und schweigt. Was mag in ihm vorgehen? Ob er froh sein wird, nun auch wie andere Schulkameraden und Freunde einen Vater zu haben, auf den er sich verlassen kann? Der ihn beschützt? Der mit ihm spielt und ihm die Welt erklärt? Vielleicht Fortsetzungsgeschichten erzählt? Hat er sich den Vater irgendwann herbeigeträumt? Wird dieser Mann, der nun sehr bald aus dem Zug steigt, seinem Traumbild entsprechen? Oder hat er ihn gar nicht vermisst? Ist ihm vielleicht unbehaglich zu Mute, weil er doch einfach nicht ahnen kann, ob und wie sich sein Leben nun mit dem Familienvater verändert?

Bevor ich mich in diese und andere Fragen hineinmanövriere, auf die ich ohnehin keine Antwort erwarten kann, schaue ich mich weiter auf dem Bahnhof unter den Menschen um, die vielleicht wie ich, ohne schriftliche Bestätigung, verwegen und wagehalsig an ein Wunder glauben! Manche haben wahrscheinlich in den zurückliegenden elf Jahren unbeirrt weitergehofft – gegen alle Prophezeiungen, wider die Erklärungen der allmächtigen Politiker und deren raffiniertes Kalkül, gegen die Auflistung der Kriegsopfer und die erschütternden Todesstatistiken. Sie haben – wie ich auch – Wahrscheinlichkeitsrechnungen der Pessimisten, Optimisten und Realisten einfach ignoriert.

Gerade am heutigen Tag ist meine Hoffnung alles, was ich noch in die Waagschale werfen kann! Das weiß ich.

Da durchzuckt mich ein Gedanke: Wird mich unser Heimkehrer überhaupt als seine Tochter erkennen? Das 18-jährige Mädchen im schwingenden Rock und dem blonden Pferdeschwanz, das »seinem Räbchen« kaum noch ähnelt. Auch das dichte Haar seines blonden Kätchens durchziehen – wie ich kürzlich bemerkte – erste graue Strähnen, und im Berghäusel am Tharandter Wald springt ein munteres Henriette-Kind umher und ist der Babywiege längst entwachsen! Ich entsinne mich heute nicht, dass mir auch nur für eine Sekunde damals durch den Sinn ging, dass auch Papa Paul inzwischen älter geworden war, ihn die Stra-

pazen einer Kriegsgefangenschaft verändert haben mussten. Papa Paul
blieb in meinem Gedächtnis einfach jung, schlank, elegant, mit seinem
unverwechselbaren jungenhaften Lächeln im Gesicht und seinem dichten
Lockenschopf. Genau so erwartete ich ihn auch an diesem Tag!

Lange vor der angenommenen Uhrzeit, zu der »unser« Zug eintreffen
wird, verdichtet sich das Menschengewimmel auf dem vom Bomben-
hagel noch immer beschädigten Bahnhofsgelände. Nervöse Spannung
liegt in der Luft. Ich habe mir einen Platz ergattert, von dem ich nach
allen Seiten Ausschau halten kann. Darin bin ich in den letzten Monaten
schon geübt.

Und plötzlich schnauft und ächzt die Dampflok mit ihren Waggons
heran, näher und näher. Die undeutlich schnarrende Ansage des Lautspre-
chers bleibt unbeachtet, wird übertönt. Der Zug bremst quietschend, hält.
Gewöhnliche Fahrgäste entsteigen zuerst und eilen davon, entschwinden
rasch dem Blickfeld. Umständlicher, auch zögerlicher verlassen die erwarteten Heimkehrer mit allerlei Sack und Pack ihre Zugabteile. Verharren, schauen sich um. Der Bahnsteig scheint plötzlich zu beben. Rufe,
Freudenschreie des Erkennens, Stimmengewirr der Begrüßung … alles
durcheinander. Man liegt sich mit Tränen in den Armen. Andere wortlos,
stumm, einfach überwältigt. Mancher der Ankömmlinge sucht, wirkt
verunsichert …

Ich sehe sie. Die Erschöpften, Ausgemergelten, Verletzten und Geschundenen, die Fröstelnden und Gequälten, auch die Hoffnungsvollen,
Wachen, Sehnsüchtigen … Alle, alle, alle!

Langsam, ganz allmählich lichtet sich das Gedränge. Einige Menschen,
die sich nach langer Trennung wiederfanden, haben es plötzlich eilig.
Andere halten noch inne, verlassen dann aber auch den Bahnhof, streben
in ihre oft notdürftigen Behausungen in der Ruinenstadt. Irgendwann
wenden sich auch die letzten Ankömmlinge zur Bahnhofsvorhalle und
zum Ausgang. Manche allein und auf sich gestellt.

Ganz hinten, am nicht mehr überdachten Gleis, steht ein zurückge-
kehrter »Landser« von einst. Unschlüssig. Zaghaft. Diesen Fremden
in schlotternden Kleidern, mit einem kleinen Holzkoffer und einem
Geruch, der nicht der Papa Pauls ist, umarme ich. Ihm gebe ich meine
Blumen und diesen Zweig von einem ganz besonderen Strauch an den
Elbwiesen, in dem einst in starrer Winterskälte Leben keimte, das Papa

Paul damals als »ein hoffnungsvolles Zeichen mitten im Krieg« deutete. Diesem verloren wirkenden Mann, der sich eben auf dem vom Kriegsgeschehen gezeichneten Bahnhof seiner zertrümmerten Heimatstadt vorsichtig umschaut, sich noch zurechtfinden muss, zeige ich das aus Kindertagen verwahrte, inzwischen noch mehr zerknitterte kleine Foto, diesen schnellen Schnappschuss. Aber auch dieser Heimkehrer schüttelt den Kopf.

Am Abend stehe ich im Hainsberger Berghäusel. Mein angesammelter Schmerz entlädt sich in der einzigen, unerbittlichen und anmaßenden Frage an meine Mama: »Warum hast du die Hoffnung auf Papa Pauls Heimkehr schon so frühzeitig aufgegeben?« Meine inquisitorische Frage bricht wie ein Unwetter über Mama herein. Ich frage mit dem Verstand eines Teenagers und einer Hartnäckigkeit, als müsse sich aus der geforderten Antwort diese letzte Gewissheit erklären, gegen die ich mich noch immer stemme. Denn der letzte Heimkehrer-Zug hat sich endgültig geleert. Papa Paul ist nicht mit ihm in Dresden eingetroffen. Er wird niemals aus der Kriegsgefangenschaft nach Hause zurückkehren. Niemals!

Mama erleidet an diesem Tag einen Nervenzusammenbruch. Ich bin zutiefst erschrocken, schockiert, beschämt, und vor allem voller Schuldgefühle! Nie wieder werde ich mich bei Mama nach meinem Papa Paul erkundigen. Nie wieder! Ich verspreche es hoch und heilig! Denn mit jeder weiteren Frage nach dem Verschollenen riskiere ich Mamas Gesundheit. Das weiß ich nun. Ich habe einen Moment in Mamas Seele geschaut, ihren Kummer und Gram darin erkannt. Sie könnte daran sterben!

»Oh, bitte, bitte, liebe Mama! Verzeih mir mein Unbedachtsein, meine Dummheit!«

Das Heimkehrerthema ist künftig zwischen Mama und mir tabu. Daran halte ich mich. Alle Jahre, die uns miteinander bleiben – geblieben sind.

Eine verschlossene Blechschachtel

Ein gutes Jahr später, an einem lauen Sommertag des Jahres 1957, stand ich auf dem Hainsberger Backofenfelsen und schaute weit über das Tal. Unten schlängelte sich die Bimmelbahn zwischen Häuschen und Gärten, durch üppige Wiesen ins freie Feld, tauchte in Waldungen und schnaufte dem Rabenauer Grund entgegen. Nur wenige Meter entfernt, etwa auf gleicher luftiger Höhe des Backofenfelsens, ragte ein bizarrer Gesteinszipfel aus der schroffen Wand. Eine knorrige alte Kiefer krallte sich wagemutig in den zerklüfteten Vorsprung. Dorthin hatte ich mich vor Jahren, bevor ich ins Internat nach Dresden gezogen war, häufig mit meinen pubertären Mädchenträumen und Wünschen in eine selbst gewählte Einsamkeit oder in die Gesellschaft eines Jugendfreundes geflüchtet. Hierher konnten mir weder Mama noch Henriette folgen, da beide eine angeborene Höhenangst davon abhielt.

Zuweilen hatte mich eine kalte Hundeschnauze in die Wirklichkeit gestupst. Am Halsband unseres Airedaleterriers Benno steckten dann Mamas Zettel, die mich an häusliche Pflichten erinnerten, aber wahrscheinlich eher der mütterlichen Sorge um das »unbedarfte Kind« angesichts der nahen Russenkaserne geschuldet waren, deren Insassen manchmal nach einem Kartoffelschnaps-Gelage in der privaten Brennerei eines kleinen Bauernhofes feuchtfröhlich die Felsenklippen erklommen, mich dabei aber niemals entdeckt hatten. »Man kann nie wissen!«, mahnte Mama, obwohl »gewisse Untaten« ja eigentlich nicht mehr vorkamen.

Nur ein einziges Mal kletterte ein kleiner Mongole – wir bezeichneten damals auch Turkmenen oder Tadschiken so – in die steile Felswand, ließ sich unterhalb meines Gipfels nieder und blies hingebungsvoll auf einer verbeulten blechernen Trompete eine schwermütige Melodie. Ein Zauber hatte plötzlich bei dieser Musik in der Luft gelegen und mich seltsam an ein russisches Märchenland erinnert, in das ich vor geraumer Zeit einmal geraten war. Es musste 1946 oder 1947 gewesen sein, als in weiten Bevölkerungskreisen unserer Stadt eine russenfeindliche Stimmung vorherrschte. Eine weißhaarige Märchentante hatte Jungen und Mädchen in einer Baracke um sich geschart und mit einschmeichelnder Stimme erzählt. Am Ende ihrer Geschichten von den tapferen und gerechten Helden mit der russischen Seele waren eigene schreckhafte Erfahrungen mit der Besatzungsmacht verblasst. Gepackt vom Märchenzauber konnte ich mir in kindlicher Einfalt sogar vorstellen, dass mein Papa Paul einstmals im weiten russischen Land Sympathie für dieses Volk verspürt haben musste. An diese magischen Momente war ich dann also Jahre später auf dem Hainsberger Felsengipfel ganz seltsam durch die Trompetenmusik wieder erinnert worden. Der Bläser hatte noch dort gesessen und war sichtlich erschrocken, als ich den Heimweg antrat und er mich oberhalb seines eigenen Platzes bemerken musste.

Als ich nun in sommerlicher Atmosphäre abermals hoch oben auf der Felsenklippe stand, war auch die betörende Melodie des kleinen Trompeters längst verhallt. Inzwischen sträubte ich mich sogar gegen meine Erinnerungen, wollte Gestriges vergessen und vor allem Gedanken an Papa Paul verbannen! Sie gehörten in einen »Zeitraum vor dem allerletzten Heimkehrertransport«, den ich inzwischen für »abgeschlossen« erklärte. Für die Abspaltung meines vergangenen Lebensabschnittes von meinem künftigen Dasein hatte ich mich entschieden, als dieser Zug keuchend und schnaufend ohne Papa Paul im Dresdner Hauptbahnhof ein- und leer wieder hinausgefahren war, während mein Blick verloren zwischen den Waggons und dem Bahnsteig umherirrte und meine Hoffnungen zerstoben. Vielleicht auch erst, als dieser besondere Tag im März 1956 so schmerzhaft im Berghäusel geendet und mir Mamas Reaktion auf meine hochnotpeinliche Fragerei schreckhaft in die Glieder gefahren war. Spätestens in diesem Moment hatte ich beschlossen, meine Wunschträume von der Heimkehr Papa Pauls, auch all meine Verlustängste und das quälende Traurigsein um sein Ausbleiben, ja selbst die immer wieder heraufbeschworenen Erinnerungsbilder an vertraute Augenblicke zwischen Vater und Tochter hinter mir zu lassen.

Ich hatte dann kurzerhand einige fotografische Schnappschüsse, die Papa Paul in der Uniform des Soldaten der Wehrmacht zeigten, ein von ihm zurückgelassenes, silbernes Zigarettenetui, das ich irgendwann einmal stibitzte, zwei Ansichtskarten aus dem »Felde«, gepresste Margeritenblüten als Andenken an unseren besonderen Elbspaziergang, meine Tagebuchnotizen und Fotos, die Papa Paul selbst von seinem »Räbchen« geknipst hatte, in eine Blechbüchse gepackt. Auch ein Uniformknopf war nun darin verwahrt. An ihm hatte ich mich festgekrallt, als sich der Himmel verfinsterte, spitznasige Flugzeuge über uns kreisten, dieses männliche Gesicht über mir im Mordseifer grinste und die Schüsse knackten. Als mich der Soldat, der dann doch nicht Papa Paul gewesen war, schützend umfing und ich seine Wärme spürte, seine menschliche Nähe inmitten des Höllenszenariums.

Bevor ich den Deckel verschloss, legte ich noch einige gesammelte Steine dazu, die dem Vater und seiner kleinen Tochter einmal vom feuchten Grund eines Baches farbig entgegengeleuchtet hatten, die ich damals einsteckte und mitnahm. Sie waren längst getrocknet und beschwerten nun – grau, glanzlos und scheinbar erloschen – all diese Überbleibsel in der mit breitem Gummiband mehrfach umwickelten Büchse, die ich beiseiteschob und aus meinem Blickfeld verbannte. So, als könne ich damit zugleich Gedanken und Emotionen »wegknipsen« oder »ablegen« wie den Mantel, dem ich entwachsen war, der nicht mehr zur Mode passte und in dessen Tasche ein zerknautschtes Soldatenfoto zurückblieb. Ein Teil meines Lebens war zur Sperrzone geworden und meine neue Zeitrechnung hatte begonnen.

Seither war ich höchst selten, ich glaube nur zum Weihnachtsfest, im Berghäusel und Mama hatte mich weder davor noch in dem folgenden Jahr kein einziges Mal im Internat besucht. In meinem damaligen Umfeld, vor allem von meinen Lehrern und Freunden, wurde das oft als Desinteresse der Mutter an der Entwicklung ihres Kindes missverstanden. Ich konnte Außenstehenden kaum verständlich machen, dass sich in der Distanz zwischen Mutter und Tochter auch Nähe verbarg, dass dieses »Sich-aus-dem-Weg-Gehen« Verständnis füreinander ausdrückte. Dazu hätte ich erklären müssen, dass wir beide Papa Paul – den Ehemann und den Vater – besonders vermissten und uns ein Kummer verband, über den wir miteinander nicht sprechen konnten und auch nicht wollten! Dass wir beide ganz absichtlich eine tabuisierte Schmerzzone mieden.

Denn gerade Mamas Nervenzusammenbruch hatte mir bewusst gemacht, wie sehr sie während des Krieges und bei allen Gefahren und Härten des Alltags danach überfordert war. Ärzte diagnostizierten bei ihr ein böses Nervenrheuma als Folge psychischer Anspannungen. Ich verstand, dass sie trotz ihrer nach außen demonstrierten Tapferkeit und Stärke an Leib und Seele beschädigt war, an Selbstvertrauen verloren hatte und uns Kindern nicht die Mutter sein konnte, die sie vielleicht zu normalen Zeiten an der Seite ihres Mannes gewesen wäre. So deutete ich damals instinktiv auch ihre zeitweilige innere und äußere Abwesenheit.

Weil mir aber die ganze Familie in meiner Kindheit und in meinen Jugendjahren das Gefühl vermittelt hatte, ich sei dem Vater »wie aus dem Gesicht geschnitten«, bewege mich »in seiner Gangart« oder gliche besonders »seinem Wesen«, glaubte ich, allein mein »Da-Sein« und meine Ähnlichkeit mit Papa Paul hielten Erinnerungen wach, die Mama nicht zur Ruhe kommen ließen, und blieb auch deshalb von ihr fern.

Mutter und Tochter respektierten die jeweils eigene Art, mit der jede mit ihrem Verlustschmerz umging – ohne jemals darüber ein Wort auszutauschen. Diese stumme Ambivalenz kennzeichnete unser Mutter-Tochter-Verhältnis ein Leben lang.

Auch Großmutter vermisste ihren Schwiegersohn Paul, aber das machte uns nicht wechselseitig sprachlos. Zu ihr fand ich in guten wie in schlechten Tagen einen Kontakt. Gerade in emotional angespannten Situationen konnte ich mit ihr rechnen und traf auf offene Ohren. In den Nachkriegsjahren und vor meiner »neuen Zeitrechnung« hatte ich mich mit der Großmutter allzu gern über meinen Papa Paul unterhalten, der ihr vor Jahren seine Vorstellungen von einem »anderen Deutschland nach dem Krieg« anvertraute. Begierig hatte ich zugehört, wenn sie sich der problemhaften und tiefgründigen Gespräche mit dem Schwiegersohn in den finsteren Jahren des Hitlerreiches entsann und von einem »gesellschaftlichen Optimismus« sprach, den sie so, wie er ihn einst vertrat, allerdings nicht zu teilen vermochte.

Auch auf die realen veränderten gesellschaftlichen Verhältnisse im Nachkriegsdeutschland reagierte Großmutter niemals nur ablehnend oder verbittert. Sie gestand mir meine grundsätzliche Offenheit für Neues zu und schien gefasst auf Wechsel und Wandel der Zeiten. Nur dann und wann bemerkte ich an ihr für kurze Augenblicke ein verstecktes Traurigsein. Aber keine lähmende Niedergeschlagenheit oder gar unversöhnliche Wut und Zorn.

Tolerant akzeptierte sie nun meine abrupte Kehrtwendung, mit der ich künftig – ohne jede weitere Reminiszenz an zurückliegende Tage mit Papa Paul – ausschließlich nach ungewohnten, eigenen Wegen suchen wollte. In gewisser Weise schien ihr das sogar ganz recht, denn sie hatte lange befürchtet, ich könne mich in meinem Kummer um Papa Paul »einspinnen«, oder – wie sie sich ausdrückte – gar von einem »väterlichen Schatten erdrückt« werden.

Andererseits reagierte Großmutter auf meinen »Kurswechsel« sehr nachdenklich. Vorsichtig wies sie darauf hin, dass die Zukunft mit Hypotheken belastet war und auch ich aus einer traditionsreichen Familiengeschichte, vor allem aus der eigenen Vergangenheit als Kind Papa Pauls nicht unberührt aussteigen könne, denn meine künftigen Entschlüsse und Entscheidungen würden beabsichtigt oder unbewusst davon geprägt sein. Derart vorausschauende Denkanstöße der Großmutter wollte ich damals allerdings nicht wahrhaben – in einem Moment, in dem Gestriges von der Gegenwart scheinbar überrollt wurde, und mir das Morgen unergründlich, aber anziehend erschien. Und Großmutter erwartete das auch nicht von mir. Aber sie erinnerte sich weiterhin an die »lebhaften Begegnungen im Geiste«, wie Großmutter ihre Gespräche mit dem Schwiegersohn bezeichnete, auch wenn ich ihr nun dabei auswich. Wenn Großmutter Parallelen zwischen den »humanistischen Glaubensbekenntnissen des Vaters und der Aufgeschlossenheit der Tochter für idealistische Vorstellungen von einer künftigen Lebensart« zu entdecken glaubte, suchte ich wegzuhören. Dennoch prägte ich mir, wie ich heute weiß, ihre Worte ein.

Ich vermute sogar, dass mich diese Erinnerungen der Großmutter an meinen Papa Paul instinktiv in der Auffassung oder dem Glauben bestärkten, selbst ganz im Einklang mit ihm und in seinem Sinne offen für die Welt zu sein, und mich dieses Empfinden während des Selbstfindungsprozesses in meine frühe Eigenständigkeit begleitete und bestärkte.

Wenn ich mich unter Gleichaltrigen in der Schule, im Internat oder im erweiterten Freundeskreis mit einigen buntschillernden Visionen von einer menschenfreundlichen »anderen Gesellschaft« in einem »einigen Deutschland« und von einer »Welt ohne Krieg« engagierte, trug mich wohl auch ein unbestimmtes Gefühl, dass ich meinem Papa Paul damit gefallen könnte, ohne dass ich mir das in meiner »neuen, allein auf die Zukunft ausgerichteten Lebensphase« eingestehen mochte.

Manchmal sprach ich in aller Öffentlichkeit auf lebendigen Jugendforen, die in den 50er Jahren in der DDR stattfanden. Diese damals populären und gut besuchten Versammlungen waren thematisch nicht festgelegt, sondern fanden unter dem Motto statt »Auf jede Frage eine Antwort«, die uns von den ausgewählten Vertretern im Podium, den neuen Staats-, Partei- oder FDJ-Funktionären und ehemaligen antifaschistischen Widerstandskämpfern versprochen wurde. Ich stritt an der Seite eines Dresdner Jugendpfarrers[36], trug noch nicht wie andere engagierte Mädchen und Jungen das Abzeichen der *Freien Deutschen Jugend* (FDJ) mit der aufgehenden Sonne, sondern das der *Jungen Gemeinde* der evangelischen Kirche, das silberne Kreuz über der Weltkugel. Nicht immer konnten wir mit den Vertretern des Podiums einig werden. Manchmal erhob sich Tumult im Saal. Es ging hoch her! Aber noch wurden unsere oft unausgewogenen und spontanen Ansichten nicht als zu provokativ, feindlich oder gar faschistisch diffamiert und von den Podiumsvertretern disqualifiziert[37], sondern in der Auseinandersetzung konstruktiv streitbar aufgegriffen. Diese Debatten, die schon kurze Zeit später »einschliefen« oder zumindest nicht mehr in dieser offenen Form erwünscht waren, vermittelten Lust, aktiv zu sein und uns – wie es in der Tageszeitung *Junge Welt*[38] unter der Rubrik »Ein offenes Wort« hieß – dem neuen Leben zuzuwenden. Sogar die Presse reagierte auf unsere oft aufbrausenden Redeweisen! Mehrfach waren wir sogar auf den Titelblättern der Dresdner Tageszeitungen in streitbaren Positionen abgebildet.

Von diesen öffentlichen Disputen erzählte ich dann und wann der Großmutter. Noch einmal durchdachten wir beide im stillen Kämmerlein der Radebeuler Villa die unterschiedlichen Standpunkte. Sie nahm mich in jedem Falle ernst, auch wenn ich mit einem ganzen Sammelsurium von oft spontanen Eindrücken und Fakten aufwartete, daraus noch längst keine Muster zu knüpfen und wirkliche Zusammenhänge abzuleiten verstand.

Ich bewundere heute im Rückblick, wie souverän und gelassen sie in den Gespinsten und Vorstellungen ihrer Enkelin von »einem Weg zu sozialer Gerechtigkeit, Freiheit, Frieden und Freundschaft der Völker dieser Welt« eine »immerhin liebenswerte Utopie« sah, mir dabei vermutlich mein jugendliches Alter zugutehielt und auch den Anspruch der Nachhut zubilligte, auf der Suche zu sein und eigene Lebensformen zu wollen. Wenn ich im Überschwang glaubte, dass die Aufbaubrigaden Dresdens, in denen junge Leute wie ich in ihrer Freizeit Gesteinsbrocken und altes Geröll aus dem Weg räumten, nicht nur den zu rekonstruierenden Gebäuden oder modernen Bauvorhaben Raum verschafften, sondern auch einer dem Frieden verpflichteten erneuerten Gesellschaft, in der ich einen Platz beanspruchte, ließ sie mich meist nur zurückhaltend spüren, dass sich meine Weltsicht drastisch von der ihren unterschied.

Großmutter war an meinen Berichten vom Fortgang der Enttrümmerung der Stadt und den Aufbaueinsätzen ehrenamtlicher Jugendbrigaden, zu denen auch ich gehörte, durchaus interessiert. Sie lächelte, wenn ich den trotzig klingenden Refrain unseres Aufbauliedes sang:

> »Fort mit den Trümmern und was Neues hingebaut!
> Um uns selber müssen wir uns selber kümmern,
> und heraus gegen uns, wer sich traut.«

Wir Jugendlichen trällerten allerdings nicht nur diese Strophen des 1948 von Bertolt Brecht gedichteten und von Paul Dessau komponierten Liedes, sondern packten auch praktisch mit an. Der bereits im Sommer 1945 begonnene Wiederaufbau des barocken Zwingers war an der Landgalerie mit dem Kronentor, am Mathematisch-Physikalischen Salon und den Gebäudekomplexen der Porzellansammlung bereits weitgehend abgeschlossen, als wir bei der Freilegung des Galeriegebäudes im Ostflügel des Zwingers halfen.

Unweit des »Großen Hauses« und vis-à-vis des Zwingers beräumte unsere Jugendbrigade außerdem eine Rotunde von Schrott und Geröll, sodass dort nun Blumen blühten. Im Zoogelände begradigten wir das von den Bomben zerklüftete Gelände und beteiligten uns bei der Einrichtung neuer Gehege. Ich stand nachdenklich vor dem verunstalteten, bizarren Elefantenhaus, dessen Kuppel eine Sprengbombe emporgeschleudert und

verdreht auf das Dach zurückgeworfen hatte, vor zerfetzten Drahtge-
flechten, verrosteten Gitterknäueln, zerbrochenen Zäunen, chaotischen
Erd- und Steinhaufen, zerborstenen Mauern und vor Baumfragmenten,
denen die obere Stammhälfte wie von einem mutwilligen Titanen abgedreht worden war. Manchmal schienen die markerschütternden Schreie
der Zootiere aus jener Bombennacht noch immer durch die Atmosphäre
zu geistern. Dabei musste ich an die entsetzlichen Geschichten von den in
der Feuerhölle jener Bombennacht in panischem Schrecken frei im Großen Garten und unmittelbar in unserer Nähe herumirrenden wilden Tiere
denken, die von Augenzeugen mit schrecklichen Details erzählt wurden.
Sofern die Zootiere das Inferno überlebt hatten, waren sie unmittelbar
nach dem Angriff von den Ordnungskräften eingefangen und getötet
worden, da man sie im Februar 1945 in Dresden weder unterbringen
noch ernähren konnte und anfängliche Versuche für einen Tiertransport
nach Leipzig mit dem vernichtenden Bombenangriff vom 17. Februar
1945 auf Dresden endgültig gescheitert waren. Seit Juni 1946 hatte dann
der Zoo mit einem sehr bescheidenen Kleintierbestand wieder geöffnet
und sich mit Aufbauplänen allen Zweiflern in der Stadtverwaltung zum
Trotz durchgesetzt. Nun hielten mit unserem Zutun 1956 zuerst die
Elefantendame Carla, später auch andere wilde Tiere Einzug und der
Dresdner Zoo konnte immer mehr interessierte Besucher empfangen.

Auch bei Aufbaueinsätzen in anderen Stadtvierteln schwirrten mir
dann und wann Erinnerungen an die fürchterlichen Schreckenstage durch
den Kopf. Aber wir standen gemeinschaftlich in langer Reihe auf Trümmerbergen und Steinhaufen, reichten Ziegel von Hand zu Hand weiter,
um sie in die bereitstehenden Loren zu befördern und dachten vor allem
an den Aufbau einer neuen Stadt.

Wir trugen mit diesen und mit vielen weiteren Einsätzen dazu bei, dass
Dresden nach dem Engagement nahezu aller arbeitsfähigen Bewohner
und vor allem der legendären Trümmerfrauen elf Jahre nach Kriegsende
als »aufgeräumte und trümmerfreie Stadt« galt. Die politischen Vertreter
Dresdens verkündeten den Aufbauerfolg im Juni 1956 zum 750. Stadt-
jubiläum offiziell. Zu diesem festlichen Anlass hatte man sogar das Rei-
terstandbild August des Starken – restauriert und frisch vergoldet – auf
seinen alten Platz am Neustädter Markt auf den Sockel gehoben.

Jeden unserer Aufräumeinsätze kommentierte Großmutter lebhaft und war ohnehin über die jeweils aktuellen, oft auch divergierenden Auseinandersetzungen um das Aufbauprogramm Dresdens informiert. Um die Prioritätensetzung und den neuen Baustil wurde heftig gestritten. Einerseits war die Wohnungsnot unermesslich groß. Im Amt des Bürgermeisters stapelten sich Jahr um Jahr Klagebriefe der noch immer in Kellerverliesen, in windigen Notunterkünften teilzerstörter Gebäude und in überfüllten Baracken vegetierenden Menschen, denen geholfen werden musste! Auch auf die notwendige Wiederherstellung ruinierter Wirtschaftszentren Dresdens konzentrierte sich die gesammelte Aufmerksamkeit der Stadtplaner. Zugleich durfte man andererseits nicht aus dem Auge verlieren, dass auch ein zertrümmertes Residenzschloss und andere Überbleibsel der barocken Baukunst selbst als Ruinen einen zu schützenden Denkmalwert besaßen. Aber die Reste der alten Fassaden, der Gewölbe und des Skulpturschmuckes waren der Witterung ausgesetzt und mussten zudem unbedingt vor unbedachten, rigorosen Enttrümmerungsaktionen und vor Plünderungen bewahrt werden. Die institutionelle Denkmalpflege steckte jedoch noch in den Anfängen und sah sich im Widerspruch zu den Leitlinien des zeitgemäßen Städtebaus der klassischen Moderne. Seit 1950 heizten Einflüsse aus Moskau den Meinungsstreit noch zusätzlich an.

Großmutter unterstützte seit Jahren einen aktiven Kreis, der sich mehr oder weniger erfolgreich gegen Sprengkommandos, übereilte Spitzhackengeschwader in der Stadt und für den Erhalt der Ruinen einsetzte, aber an Restaurierungsprogramme glauben wollte, sofern sich überhaupt noch rekonstruierbare Überbleibsel anboten. Die ehemals berühmte Innenstadt bildete ja nach den Luftangriffen im Februar 1945 ein einziges Trümmermeer.

Eines Tages begleitete ich die Großmutter bei einem Besuch ins städtische Bauamt, das in einem teilzerstörten Flügel des Dresdner Neuen Rathauses amtierte. Am Eingang des öffentlichen Gebäudes entdeckte ich Spuren des inzwischen herausgeschlagenen Nazi- Emblems – als Negativ noch immer dabei! Und ich erinnere mich an einen niederschmetternden Ausblick in wüstes Niemandsland, in dem es weithin einfach nichts, aber auch gar nichts an Altbausubstanz zu retten gab. Wir schauten benommen aus den hohen Rathausfenstern. So weit das Auge reichte – vom Hauptbahnhof bis zur Kreuzkirche – war nach den Bombenangriffen kein Stein mehr auf dem anderen geblieben. Mit den Bildern der alten Residenzstadt im Kopf beschauten wir mit gemischten Gefühlen die völlige Neugestaltung des Altmarktes, nachdem 1953 bereits der Grundstein dazu gelegt und erste Neubauten hochgezogen worden waren.

Die Kreuzkirche am Altmarkt, in der nach überlieferter Tradition auch wichtige Feste unserer Familie stattgefunden und sich meine Großeltern und Eltern das eheliche »Ja-Wort« gegeben hatten, wurde zu unserer großen Freude nach aufwendigen Rekonstruktionsmaßnahmen 1955 wieder eingeweiht. Unvergesslich bleibt mir, wie wir als Familie – Großmutter, Mama, Henriette und ich – etwa zehn Jahre nach dem Krieg dort schaudernd und aufgewühlt der Motette »Wie liegt die Stadt so wüst« lauschten, die der Kreuzkantor Rudolf Mauersberger 1945 nach dem Klagelied des Jeremias komponiert hatte. Bis heute ergreift mich diese Musik zutiefst, wann immer ich sie höre.

An Großmutters Seite beobachtete auch ich den Fortgang der Restauration alter Bauwerke, freute mich am 3. Juni 1956 mit ihr über die Einweihung der Gemäldegalerie im rekonstruierten Ostflügel des Zwingers. Wir lasen in der Presse von der eben in Gang gebrachten Rückgabe verschiedener Kunstschätze und Exponate des Dresdner Grünen Gewölbes durch die Sowjetunion. Zu meinen besonderen Erinnerungen an gemeinsame Unternehmungen mit der Großmutter gehören auch die Theater- und Opernbesuche im »Großen Haus«, die Operettenaufführungen im Apollotheater oder auch die Kinobesuche in der »Schauburg« oder im »Faunpalast«.

Sowjetischen Kriegsfilmen verweigerte sich Großmutter allerdings. Sie bezeichnete diese »Machwerke« als einen »Gipfel des schlechten Geschmacks unserer Besatzer«, sodass ich nicht wagte, sie auf die im Kino gezeigte *Stalingrader Schlacht* und die auch in anderen Filmen gerühmten »Heldentaten der Sowjetarmee« anzusprechen, auf Rotarmisten, die nach den zuvor plastisch in Szene gesetzten schandbaren Grausamkeiten »deutscher Faschisten« am Ende als stolze Sieger aufmarschierten und von blumengeschmückten Panzern winkten. Diese Filme besuchten wir mit unseren Lehrern, sie führten aber zu keiner problemorientierten Auseinandersetzung in der Schule. Auf mich allein gestellt, machten mir diese propagandistisch aufbereiteten Kriegsdarstellungen aber schwer zu schaffen, versetzten mich in eine innere Abwehrhaltung gegen die uns aufgedrängten Betrachtungsweisen. Gerade weil ich inzwischen wusste, dass die Deutschen den Zweiten Weltkrieg ausgelöst und drückende Schuld auf sich geladen hatten, reagierte ich auf eine verzeichnete Wiedergabe der jüngsten Geschichte empfindlich, ohne mein ungenaues Gespür mit sachlicher Argumentation stützen zu können.

Ähnlich erging es mir mit der Pflichtlektüre zur Weltkriegsthematik im Schulunterricht. Die »Helden« der Sowjetliteratur rührten mich einerseits zu Tränen, obwohl ich andererseits der suggestiven Darstellungsweise zutiefst misstraute und in meinem noch kindlichen Zwiespalt, ohne solides Geschichtswissen, sehr mit mir allein war.

Damals wurden im Kino aber auch Klassiker gezeigt, wie *Casablanca* und der sowjetische Film *Wenn die Kraniche ziehen*, Aufführungen, die ich später nicht nur mit der Großmutter, sondern vor allem im Freundeskreis heftig diskutierte.

Ich trug meinen Pferdeschwanz, wippte mit meinem Petticoat, den ich mir bei einer abenteuerlichen Spritztour mit Freundinnen nach Berlin besorgt hatte, mochte den in der DDR eigentlich ungeliebten Swing und Jazz, tanzte Rock'n'Roll, kannte die Titel von Elvis Presley, trällerte aktuelle Schlager von Caterina Valente und Vico Torriani und viel weniger populäre Musik der DDR. Mit meinen Freundinnen bummelte ich über die Dresdner Vogelwiese, zeigte mich mit meinem tollkühnen »Überschlag« auf der Luftschaukel, hüpfte und wiegte mich ausgelassen nach heißen Rhythmen in einem anrüchigen Kellerlokal – bis eine »DDR-Obrigkeit« unserer »Rock-'n'-Roll-Rebellion« ein Ende bereitete. Bei allem schaute ich nicht zurück, sondern im forschen Bescheidwissen einer 19-Jährigen vorwärts.

Und immer noch genoss ich die großzügigen Sympathien meiner Freundin Ruth Blumenthal und die meines Grundschullehrers Hinrichsen, deren gelegentliche Ratschläge ich berücksichtigte oder verwarf. Beide engagierten sich wiederholt für mich, als meine Zugehörigkeit zur evangelischen *Jungen Gemeinde* in der Schule Anstoß erregte. Ich hatte zwar erst 1954 das dafür erforderliche Jugendalter erreicht und mich dazu bekannt, als die ärgsten Anschuldigungen aus dem Jahr zuvor offiziell ausgeräumt schienen. Aber wir Mädchen und Jungen blieben mit der *Jungen Gemeinde* offenbar in der DDR »verdächtig« und deshalb nicht »förderungswürdig für ein Studium«. So verdankte ich es

269

vor allem meinen beiden erwachsenen Freunden und ihrem Einsatz oder ihrer gelegentlichen Intervention bei maßgeblichen Gremien, dass ich nun mit einer Immatrikulationsurkunde der Humboldt-Universität Berlin und der Zusage für ein Stipendium ermuntert und bestärkt in die Selbstständigkeit starten konnte. Herr Hinrichsen betonte in einem feierlichen Moment – und vielleicht etwas theatralischer, als das sonst seine Art war –, dass »Arbeiter an den Werkbänken volkseigener Betriebe der DDR und Genossenschaftsbauern mit ihren Händen schafften und dafür Sorge trugen, dass ich wie andere junge Leute in den Universitäten nun studieren könnte! Künftige Akademiker sollten sich dessen immer bewusst bleiben!«

Mit den Mädchen im Dresdner Internat feierte ich zuallererst und sehr spontan als künftige Studentin meinen intellektuellen Aufbruch! Kurz darauf winkte mir die Großmutter ermunternd von der Veranda der Radebeuler Villa hinterher. Neben ihr stand die hochbetagte Tante Elisabeth, Großmutters zehn Jahre ältere Schwester. Diese Tante hatte einmal an meiner Wiege Pate gestanden und fühlte sich alle Zeit, wie sie sagte, für meine Erziehung mitverantwortlich. Als kleines Mädchen verbrachte ich mehrfach Schulferientage bei ihr. Dann umsorgte sie ihr Patenkind mit Hingabe und ich genoss diese besondere Zuwendung. Ich beobachtete die alte, gewiss etwas wunderliche Tante einmal heimlich, als sie verschämt und sehr darauf bedacht, von Passanten nicht bemerkt zu werden, auf der Straße Fallobst aufklaubte, um mir wenig später in silbernen Schalen ein Dessert zu servieren. Hauchdünne Scheiben Brot mit ein wenig Zucker bestreut verspeisten wir miteinander in ihrem Zimmer, das sie noch immer den »grünen Salon« nannte, von edlem Porzellan und mit Silberbesteck, das sie bei ihrer Ausweisung durch die sowjetische Besatzungsmacht auf einem Handwägelchen dem Zugriff der Russen entzogen hatte. Alten Familiengeschichten, die sie mir vor dem Schlafengehen am hohen und verschnörkelten Kachelofen erzählte, lauschte ich als Kind wie spannenden Gutenachtgeschichten und übte mit ihr tags darauf, wie in einem unterhaltsamen Märchenspiel, den »Hofknicks« und »feines Benehmen«. Ganz so, wie es die Tante aus alter Zeit erinnerte.

Nun aber nahm ich auch von der wunderlichen, lieben Tante aus meinem Märchenreich Abschied, das sich inmitten der DDR in der Radebeuler Villa verbarg und dem ich schon geraume Zeit entwachsen war.

Nur noch Stunden blieben mir in Hainsberg bei Mama und meiner kleinen Schwester Henriette, bevor ich meine Reise antreten und mein neues Leben beginnen konnte. »Du gehst also nach Berlin«, sagte Mama. Sonst nichts.

Erst später vermutete ich, sie könnte damals irrtümlich angenommen haben, mich zöge es in die Stadt der Kindheit und Jugendzeit meines Papa Paul, ich wolle fortan dort auf seinen Spuren wandeln. Einer derartigen Vermutung hätte ich allerdings in diesem Augenblick ganz energisch widersprochen! Ich war bei der Auswahl meines Studienplatzes einer spontanen Eingebung gefolgt. Es war mir gar nicht in den Sinn gekommen, mich an einer Universität oder Hochschule in Dresden, Leipzig, Halle, Jena oder sonst irgendwo in der DDR zu bewerben. Ich entschied mich für die Hauptstadt der DDR, bei noch offenen Grenzen zum Westen, schon um mich näher am Puls der Zeit zu fühlen.

Aber Mama stellte ohnehin an diesem Tag keine Fragen. Sie nickte mit dem Kopf. Auch dieses Mal nahm sie mich nicht zum Abschied in den Arm – so, wie sie das auch früher nicht getan hatte. Das war nicht üblich. Ihre guten Wünsche für meine Studienzeit in Berlin ahnte ich nur. Sie blieben unausgesprochen.

Ich habe viele Jahre gebraucht, um zu vermuten, dass Mama damals, als sie mich, ihre Tochter und das Kind ihres Mannes, widerspruchslos ziehen ließ und mir zutraute, mein Leben selbst in die Hand zu nehmen, einen besonderen Beweis für ihre Liebe erbrachte. Ohne große Worte hatte sie ihre drei Kinder großgezogen, ohne Standpauken und Erläuterungen ihrer pädagogischen Prinzipien und auch ohne jeden »Klaps« oder Ohrfeigen, die es in anderen Familien – so beispielsweise bei Döllings, Hillers und Lehmanns im Hause – gelegentlich gab. Sie hatte uns Kindern ihr Selbstverständnis von Anstand und Moral vorgelebt und glaubte, dass dieses »pädagogische Leitmotiv« uns nun weiterführen werde. Sie legte mich aber nicht auf Lebensmuster und vorgeprägte Regeln der Familie fest, aus der sie stammte und der sie sich verpflichtet fühlte.

Nun war ich unterwegs nach Berlin und Mama hielt mich nicht zurück. So vertrauen zu können, ist Stärke. Und sie vertraute mir offenbar.

Als an jenem Tag meines Aufbruchs das Gartentor des Hainsberger Berghäusels hinter mir zuklappte, winkte mir mein Schwesterlein Henriette in der ihr eigenen, herzerfrischenden Offenheit lange nach. Mit ihren aschblonden Locken ähnelte unser Nesthäkchen, manchmal nur in Sekunden, einem Kinderbild Papa Pauls. Aber das wusste Henriette nicht und ich würde es ihr auch nicht sagen.

Mama war im Haus geblieben. Wohltuend empfand ich gerade in diesem Moment Henriettes Nähe zu ihr. Dieses Wissen besänftigte meine aufkeimenden Gewissenskonflikte – immerhin würde ich Mama mit ihren Alltagsmühen bei zerrütteter Gesundheit und verletzter Seele zurücklassen. Meine kleine Schwester aber blieb bei ihr. Mit dieser Gewissheit durfte ich meinen Start ins ferne Berlin wagen. Henriettes kindliches »Lebewohl« linderte gerade deshalb meinen Abschiedsschmerz. Ich würde ihr dafür dankbar bleiben.

Stunden später ruckelte mein Zug in Richtung Berlin. Vom Dresdner Hauptbahnhof ging es zunächst nach Dresden-Mitte, über eine Elbbrücke zur neustädtischen Seite hinüber.

Ich schaute aus meinem Zugfenster. Wie oft war ich in vergangenen Jahren mit der Straßenbahn durch diese von Schutt, Geröll und einsturzgefährdeten Mauerresten befreiten Häuserschluchten gefahren, vorbei an zerklüfteten Kirchenportalen, ausgebrannten, rauchgeschwärzten Gebäuderesten mit leeren Balkongestellen und abgesprengten Erkern. Zu Fuß war ich durch Stadtgebiete gelaufen, in denen Ruinen weiter vor sich hin bröckelten, sich unbemerkt Fugen lösten. Die Zerstörung unserer Stadt war durchaus kein abgeschlossenes Ereignis. Erst kürzlich war die verkohlte und zerklüftete Giebelwand eines dereinst prächtigen Bauwerkes ohne jede Sprengung oder sonstige Gewalteinwirkung zusammengestürzt! Steine waren auf den Gehweg geprasselt. Augenzeugen, die mit dem Schrecken davongekommen waren, berichteten in der Tageszeitung von einem »schauerlichen Moment«, in dem sich das »Ecktürmchen mit der Mörtelfigur« beinahe »gravitätisch« herabgesenkt hatte. Eine Staubwolke und geisterhafte Stille waren gefolgt. Der kommentierende Journalist hatte in der Presse von »unbemerkt wirksamen Gesetzen des Zerfalls« und sogar von einer »Eigendynamik des geschundenen Bauwerkes« gesprochen. Inzwischen befanden sich noch erhalten gebliebene Sandsteinfiguren und Stuckelemente dieses einstigen Kleinodes der Dresdner Architektur auf einem der umzäunten Plätze, auf denen zur späteren Restauration abgelegte, vom Ruß verschmierte, oft schwer beschädigte Putten und Skulpturen aufbewahrt wurden.

Unweit davon und auf vielen weiteren geräumten Trümmerfeldern lagerten die abgeputzten und nun zu großen Gebilden sorgsam aufgestapelten Ziegelsteine zum Wiederaufbau Dresdens. Ich weiß nicht, warum ich ausgerechnet in diesem Augenblick meines Aufbruchs ins neue Leben mein Prinzip des Nur-noch-nach-vorne-Schauens durchbrach und mir ungewollt eine vergessen geglaubte Szene so plastisch vor Augen stand: Ganze Häuserzeilen brennen lichterloh, Stabbrandbomben liegen dicht auf dicht auf der Straße. Rauch brennt in den Augen. Eine mörderische Brandwand versperrt den Weg und ein Sog reißt Menschen in seinen höllischen Schlund. Das Kind zieht seinen Mundschutz bis über die Augen, will nicht in dieser Welt voller Schrecken sein und stolpert dann doch vorwärts. Ihm wird gerade die Gnade des Überlebens zuteil.

Unser Zug passierte Straßenzüge der neustädtischen Elbseite, als ich plötzlich daran dachte, dass erst vor zwei Jahren Räumkommandos auch die Reste jener Ruine abgetragen hatten, in der zwei, drei Jahre nach dem Krieg eine neugierige oder auch leichtfertige Kinderbande auf Entdeckungstour gewesen war, bis es schwer rumste! Eine Wand sackte damals zusammen, die Zwischendecken brachen ein. Das Tosen in der Luft verschluckte die Schreie der Kinder, die ums Leben kamen. Die *Sächsische Volkszeitung* berichtete von diesem schrecklichen Unfall, der anderen ähnelte, die Trümmerkindern in unserer Stadt passierten. Während nun Jahre später mein Zug durch die Dresdner Ruinenlandschaft schnaufte, erinnerte ich mich plötzlich an diese Kinder, die später nicht mehr neben uns auf den Schulbänken gesessen hatten, und auch an die Menschen, die während des Bombenangriffs unter dem Gestein dieses geborstenen Gebäudes und nicht sehr weit von unserem Haus entfernt den Tod fanden. Aufbaubrigaden hatten das Grundstück, auf dem sich vor Jahren die Ruine befand, inzwischen mit Rasen und Blumen bepflanzt. Bänke standen dort. In einer nahen Buddelkiste krabbelte der Dresdner Nachwuchs.

Überall in dieser Stadt würden neue Anlagen und neue Häuserkomplexe entstehen, alte Gebäude rekonstruiert und in neuem Glanz erstrahlen. Die toten Menschen blieben unersetzlich verloren und massenhaft anonym – wie meine Freundin Annedora.

Nicht zum ersten Mal philosophierte ich in dieser Weise wie eben am offenen Zugfenster, durch das der Wind mit zunehmendem Tempo der Lokomotive heftiger hereinwehte. Oft hatten mich kleine Zeichen vergangenen Lebens zwischen den Trümmern bei unseren Räumarbeiten nachdenklich gestimmt – ein zerborstenes Möbel unter dem Gestein, eine zersprungene Kanne, ein verrostetes Kochgestell, ein zerbeulter Pfeifkessel, ein Koffer mit Kleidern, ein einzelner Schuh, ein Kinderspielzeug. Dann tauchten plötzlich Bilder von Menschen vor mir auf, deren Habseligkeiten wir vielleicht gerade bargen. Eine Familie, die um den runden Tisch gesessen haben mochte, der im eingestürzten Haus noch heil geblieben war und den wir nun einem Altenheim zur Verfügung stellten. Kinder, denen die Mutter vielleicht gerade an diesem Tisch einen sehnlichst erwarteten Feldpostbrief des Vaters von der Ostfront vorlas. Oder die Feldpostkarte des Jungen, der wie Roland Ballian »fürführervolkundvaterland« hinausgezogen und dann auf einem Schlachtfeld gefallen war. Ich stellte mir den Familienvater vor, der dem Gemetzel an der Front entkommen und irgendwann heimgekehrt war, aber vergeblich auf ein Wiedersehen mit seiner Frau und den Kindern gehofft hatte. Denn seine Angehörigen gehörten zu den ungezählten Toten des Luftangriffs auf Dresden, für die es kein bestimmtes Grab gab, an dem der späte Heimkehrer seine Blumen hätte niederlegen können.

Viele Einwohner Dresdens vermuteten immer noch unter den Ruinen Tote, selbst da, wo bereits auf eilig beräumten Flächen neue Häuser entstanden. Man sagte: »Da und dort liegen sie drunter.« Es wurde auch erzählt, Bauarbeiter hätten auf altem Straßengestein des Stadtzentrums Umrisse von Menschen erkannt, die dort während der Feuersbrunst verglühten. Erst kürzlich entdeckte ich bei einem Stadtspaziergang im Eingangsbereich eines alten, lädierten Wohnhauses die inzwischen verblasste Inschrift LSR (Luftschutzraum) und ganz in der Nähe dann auch die kreisrunden Abdrücke im Gestein der Straße – Spuren der Stabbrandbomben jener Nacht, in der mich Papa Paul aus dem verqualmten Kellerverlies mit seinem festen Griff ins Freie beförderte und in der Annedora plötzlich verschwand.

Unser Zug hatte bereits Radebeul gestreift und die Dörfer, in denen wir als Kinder mit Mama auf den Feldern gestoppelt, dann mit der Nachernte in Hamsterzügen einen Platz ergattert hatten und uns bei der Ankunft in Dresden mit unseren Rucksäcken vor den Ordnungspolizisten verstecken mussten. Würden diese Bilder in meinem neuen Leben, dem ich entgegenfuhr, zunehmend verblassen? Wollte oder konnte ich sie gänzlich vergessen? Kann ein Krieg im Gedächtnis Überlebender jemals zu Ende sein? Und was würde aus der Liebe eines kleinen Mädchens zu seinem in Kriegstagen verschollenen Vater?

Die Zugfenster hatte ich inzwischen fest verschlossen. Die Landschaft draußen veränderte sich und meine Gedanken auch.

Angekommen im Studentenwohnheim Berlin-Biesdorf, blieb mir ohnehin keine Zeit für rückwärtsgewandte Fragen. Die mit Gummiband umwickelte Blechbüchse mit allerlei Relikten aus der Papa-Paul-Zeit landete in der

Helga als Studentin in Berlin

hintersten Ecke meines Schrankfaches. Ganz vornan stand ein erstes Buch meiner Studienbibliothek, das mir Ruth Blumenthal geschenkt hatte und das von einer neuen Epoche der Menschheit sprach, die nach der Oktoberrevolution 1917 in Russland eingeleitet worden sei. Der Autor John Reed hatte dieses Buch *Zehn Tage, die die Welt erschütterten* betitelt. Weitere problematische, aber der Zukunft zugewandte Literatur würde folgen.

Seine Majestät der Zufall

Irgendwann legte eine kleine Gruppe angehender Diplomanden der DDR-Geschichtswissenschaft in Begleitung ihres Universitätsprofessors auf den Seelower Höhen Blumen am Massengrab der namenlosen deutschen und russischen Soldaten nieder, die nur Tage vor dem Ende des Zweiten Weltkrieges im Kampf um Berlin diesseits und jenseits der Frontlinie gefallen waren – im April 1945, als der Krieg längst unaufhaltsam dorthin zurückkroch, woher er gekommen war. Die Studenten wollten sich mit den Ursachen, Auswirkungen und Ergebnissen des Zweiten Weltkrieges auseinandersetzen und mit eigenen Betrachtungen zur weiteren historiografischen Aufarbeitung des Themas beitragen.

Niemand erfragte damals meine persönliche Motivation, mit der ich mich dieser Studiengruppe angeschlossen hatte. Ich hätte wohl darauf auch keineswegs ursächlich in meiner individuellen Lebensgeschichte eine Antwort gesucht oder gar davon gesprochen, dass mein Vater in die letzten Schlachten um Berlin, die vom 16. April bis zum 2. Mai 1945 tobten, verwickelt war, die nach Schätzungen 250.000 Tote, darunter etwa 100.000 tote Zivilisten, dazu noch 450.000 Verwundete zur Folge hatten und nach denen 480.000 deutsche Soldaten in sowjetische Gefangenschaft gerieten.

Während unserer Gedenkminuten auf den Seelower Höhen erinnerte ich mich nicht daran, dass unsere Familie gerade in jenen vier Apriltagen – als sich genau an diesem Ort knapp eine Million Rotarmisten den Weg nach Berlin freikämpften und den erbitterten Widerstand der dort eingesetzten 100.000 deutschen Soldaten durchbrachen – mit stockendem Atem die Frontberichte der deutschen Wehrmacht aus der »Goebbels-Schnauze« gehört hatte, weil »unser Panzerfahrer« dabei war, als es im Radio hieß: »Der Großangriff hat im zähen und erbitterten Ringen an drei Stellen zu einer äußerst gespannten Lage geführt.« Ich dachte in memoriam an alle Gefallenen, die der Krieg verschlang und niemals wieder hergab, aber nicht an den *einen* Panzerfahrer, der mein Papa Paul war. Dass er inmitten dieser schweren, verlustreichen Kämpfe gesteckt hatte, die den Zweiten Weltkrieg beendeten und das Schicksal Deutschlands besiegelten. Mir kam nicht in den Sinn, dass ich meine Blumen an einem Grab niederlegte, das möglicherweise auch das seine war.

Wäre ich damals als Geschichtsstudentin befragt worden, was mich zur Auseinandersetzung mit diesem düsteren Kapitel der Weltgeschichte veranlasse, hätte ich vermutlich eine kuriose Geschichte zum Besten gegeben, in der nach meiner Betrachtungsweise »seine Majestät der Zufall« in mehreren Etappen eine Hauptrolle spielte.

Alles hatte an der Humboldt-Universität in Berlin damit begonnen, dass ich nur durch einen simplen Schreibfehler des Immatrikulationsbüros nicht, wie es in meiner Zulassung hieß, als künftige Germanistikstudentin geführt wurde, sondern unvermutet in den Listen der Studienanfänger für Historiografie auftauchte. Dieser kleine Flüchtigkeitsfehler einer Schreibkraft wäre ohne großen Aufwand zu korrigieren gewesen. Aber mir gefiel plötzlich die Vorstellung, Fragen der menschlichen Geschichte näher zu betrachten, ausnehmend gut. Ich hielt meine irrtümliche Registratur für einen Zufall, vielleicht gar einen Wink des Schicksals. Also bemühte ich mich mit einiger Anstrengung darum, dass es bei meiner Zugehörigkeit zu den Studenten der Geschichtswissenschaft auch bleiben konnte! Zumal mir damals ein quicklebendig erscheinender Kreis zukünftiger Historiker, mit dem ich schnell bekannt wurde, sofort sehr gefiel. Quer durch alle Semester trafen sich diese männlichen und weiblichen Kommilitonen der Geschichtlichen Fakultät 1957 nahe der Humboldt-Universität in einer verqualmten Kneipe in der Französischen Straße, oft bis in die späte Nacht. Sie waren Mitglieder der *Freien Deutschen Jugend* (FDJ), aber begehrten gegen die Bevormundung durch den Zentralrat der FDJ auf und forderten die Zulassung einer eigenen studentischen Jugendorganisation. Ich trat nun auch der FDJ bei und gesellte mich als neugierige Beobachterin des Erstsemesters dann und wann dazu. Zumal mir Streitschriften imponierten, die Wortführer dieses Kreises lange vor meiner Zeit, also schon in zurückliegenden Monaten, verfasst hatten. Darin empörten sie sich gegen den Vorwurf des »Sektierertums« oder der ihnen unterstellten »Klassenfeindlichkeit« und hatten dabei ihre Exmatrikulation riskiert. Denn jedermann, der damals nur im Geringsten mit eigenwilliger Meinung von der vorgegebenen »Linie« abzuweichen schien, geriet in den »schlimmen Verdacht«, zu den »Saboteuren, Spionen, Schädlingen, Diversanten und sonstigen Agenten des amerikanisch-englischen Imperialismus« zu gehören. Und genau die wollte die FDJ-Universitätsleitung »entlarven«. Aber irgendwann erkannten die universitäre Obrigkeit und die in ihr vertretenen FDJ-Funktionäre wohl, dass diesen zahlreichen, emphatischen Pamphleten keine Aktionen folgten und dass den Akteuren der Atem ausging. Alles verlief mit der Zeit im Sande. Andere streitbare Geister aus Nachbardisziplinen, beispielsweise der Humanmedizinischen und Veterinärmedizinischen Fakultät, die Studentenräte bildeten und weitergehende Forderungen erhoben, fesselten ihre Aufmerksamkeit vermutlich mehr.

Mit den Jahren lichteten sich die Reihen der Geschichtsstudenten ohnehin, da einige in den Westen abwanderten. Obwohl wir uns bei Studienantritt schriftlich verpflichtet hatten, niemals den Schritt über die damals noch offene Grenze nach Westberlin zu tun, hielt sich kaum jemand daran. Einige Studenten, aber auch universitäres Lehrpersonal, folgten den »Verlockungen des goldenen Westens« oder hatten schwerwiegendere Gründe für ihren Entschluss, in Hörsälen der *Freien Universität* Platz zu nehmen.

Ich aber begegnete bereits zu Beginn meiner Berliner Studienzeit – wiederum durch eine zufällige Fügung – Georg Gotschlich aus Ostberlin. Er imponierte mir durch seine ungenierte Fröhlichkeit, mit der er als Moderator eine recht dogmatisch angelegte Veranstaltung der Erziehungswissenschaftler aufhellte, die ich außerhalb meines regulären Studienprogramms wahrnahm.

Ein befreiendes gemeinsames Lachen nach der Veranstaltung brachte uns beide, Georg und mich, an diesem Tage spontan zusammen und schon wenige Monate später waren wir miteinander verheiratet!

Was uns verband, waren auch prägende Erlebnisse während des Krieges, über die wir aber vornehmlich schwiegen. Georg verstand allerdings ohne ein erklärendes Wort, warum ich in einer romantischen Sommernacht nicht in den Sternenhimmel schauen mochte und mir die blinkenden Lichter hoch droben Albträume verursachen konnten.

Ich wiederum erkannte in ihm auch den Jungen aus der Reichshauptstadt, der vor Zeiten, allzu früh elterlicher Fürsorge entrissen, zur *NS-Kinderlandverschickung* (KLV) aus dem ständig durch alliierte Bomber bedrohten Berlin ins scheinbar sichere tschechische Böhmerland, ins Protektorat Böhmen und Mähren aufgebrochen war. Georg begriff erst Jahre später, dass damit Kriegskinder nicht nur vor drohenden Gefahren aus der Luft beschützt wurden, sondern dass sie, vom Elternhaus getrennt und allein der Erziehung von Pädagogen und HJ-Führern des Lagers ausgesetzt, perfekter durch das System des Dritten Reiches indoktriniert werden sollten.

Als 11-, 12- und 13-jähriger Junge hatte er sich in der Gemeinschaft seiner Kameraden aufgehoben gefühlt, sich ohne Not dem Reglement des Lagers gefügt. Er genoss die gelegentliche Anerkennung seiner sportlichen Leistungen durch den Lagermannschaftsführer der HJ, aber auch die Zuwendung des Lagerleiters und Lehrers für den »gelehrigen Zögling«. Nur nachts vergoss er auf seinem Strohsack verstohlen Tränen des Heimwehs. Tage, Wochen, Monate, Jahre vergingen. Bis sich das KLV-Lager plötzlich im Chaos auflöste. Georg datierte das ihn schockierende Kriegsende mit jenem Augenblick, als sich der russische Soldat vor der kleinen Gruppe verdreckter, verlauster, zerlumpter 13-jähriger Jungen aufpflanzte, die sich seit Wochen ohne ihre Lagerführer auf eigene Faust nach Hause durchzuschlagen suchten.

Er gelangte Monate später aus dem »DRK-Auffanglager für herumirrende Kinder« im sächsischen Riesa wieder zu seiner Mutter in das völlig zerstörte Berlin und vermisste den im Krieg gefallenen Familienvater, von dem kaum mehr als das silberne Verwundetenabzeichen geblieben war, sehr. In den Hosen und Jacken des Vaters, die seine Mutter dem 13-jährigen Sohn umgeschneidert hatte, und in den noch viel zu großen Schuhen des in einem Feldlazarett verstorbenen älteren Bruders war er in der Nachkriegszeit bemüht, der Mutter die beiden Männer zu ersetzen. Im Heer der ausgebombten und beständig hungrigen Bewohner Berlins stellte sich der Halbwüchsige den existenziellen Herausforderungen und sollte nach Ansicht seiner Mutter vor allem glücklich sein, den Krieg überlebt zu haben.

So viel hatte ich immerhin mühsam aus Georg »herausgekitzelt«, ansonsten erschien ihm dieses »Dutzendschicksal eines Berliner Kriegskindes« kaum erwähnenswert. Auch seine sehnsuchtsvollen Gedanken an den verlorenen Vater, die vermutlich einst meinen eigenen kindlichen Wünschen und Hoffnungen auf ein Wiedersehen mit unserem Verschollenen geähnelt hatten, verbannte er längst, wie ich meine Erinnerungen an Papa Paul auch, in ein Reich des Vergessens.

Mein Mann vermerkte ganz selbstverständlich bei Beginn seiner Berufslaufbahn in den Personalunterlagen den Tag, an dem der Soldatenvater an der Front gefallen war, während ich – unbeirrt von der amtlichen Sterbeurkunde – trotzig mein »vermisst« in die entsprechende Spalte des Bogens eintrug. Dieses Detail erschien mir allerdings inzwischen sekundär. Gefallene Väter waren schließlich ebenso abwesend wie die auf dem Transport ins Gefangenenlager elend zugrunde gegangenen. Oder jene, die in den Kriegsgefangenenlagern zwar ankamen, aber dann an Unterernährung, Seuchen und Krankheiten verstarben, von Wachhabenden über den Haufen geknallt wurden, der Folter oder der eigenen Verzweiflung erlagen und deren Familienangehörige dies niemals erfahren würden. Auch Soldaten, die als Kriegsversehrte heimkehrten und dann an den Folgen ihrer Verletzungen starben, fehlten ihren Kindern als Väter, und solche, die nach dem kriegerischen Gemetzel zwar daheim mit gesunden Gliedern anlangten, aber die – von erlebten Traumata eingeholt – im zivilen Familienleben einfach nicht mehr Tritt fassen konnten. Und natürlich wurden Väter vermisst, die als Soldat im Krieg und danach unauffindbar blieben – darunter jene, die auf Schlachtfeldern nicht mehr identifizierbar gewesen waren und in Massengräbern namenlos bestattet wurden. Aber darüber fiel zwischen Georg und mir kaum ein Wort. Wir Eheleute übten uns alle Tage im vertrauten Gespräch über Gott und die Welt, aber unsere kriegsbedingten Vaterdefizite waren zu keiner Zeit ein Thema. Emotionen und rückwärtsgewandte Grübeleien vermieden wir, um frei zu atmen und weiterzuleben. Das funktionierte.

Erst heute, nach Jahrzehnten unserer Ehe, erinnern mich plötzlich gerade der Berliner Humor meines Mannes, seine kessen Redewendungen und sein ansteckend fröhliches Wesen an meinen Papa Paul und an dessen ganz besonderes Lächeln. Dieser Vergleich ist mir zuvor nicht in den Sinn gekommen.

Während übrigens mein Mann das Thema jener Veranstaltung der Erziehungswissenschaftler, auf der wir uns das erste Mal begegnet waren – »Die Militarisierung Jugendlicher vor dem Zweiten Weltkrieg« – in seiner beruflichen Karriere nie wieder aufgriff, widmete ich mich später mit analytischen Studien zur Schulpädagogik und zu gültigen Bildungs- und Erziehungskonzepten in unterschiedlichen deutschen Staaten des 20. Jahrhunderts gerade der Frage, wie junge Menschen für Weltkriege vorbereitet und von ihren Lehrern – wie der Schriftsteller Wolfgang Borchert sagte – »benäselt« und »präpariert« wurden. Mir kam dabei aber nicht der Gedanke, dass auch mein Papa Paul zu einer Kriegskindergeneration gehört hatte, mit der einst Ideologen, Politiker und eine Generalität vorausschauend kalkulierten und die bereits als künftiges Kanonenfutter in Schlachtplänen für die noch nicht entfachten Weltkriege einen Stellenwert besessen hatte. Es war mir keineswegs bewusst, dass ich mit meiner Auswertung der relevanten Archivquellen auch zeitgeschichtliche Hintergründe und Aspekte der Biografie Papa Pauls verfolgte. Solche Betrachtungen stelle ich erst heute an.

Weit von einer derartigen Einordnung des Lebens von Papa Paul in meine historiografischen Untersuchungen entfernt, schien eher erneut »seine Majestät der Zufall« in mein Leben einzugreifen, als wir Eheleute vom Amt, das die Wohnungsnot in der DDR verwaltete, nach langer Wartezeit gerade in einem Moment die Zuweisung für »ordentliche Räumlichkeiten« – für eine erste gemeinsame Heimstatt – erhielten, als wir Geschichtsstudenten uns für die »Hauptprüfung zum Diplom« – eine Art Rigorosum – vorzubereiten hatten, um die Zulassung für die anzufertigende Diplomarbeit zu erwerben. Während sich meine Mitstudenten mit ganzem Einsatz auf diese Herausforderung vorbereiteten, unterstützte ich meinen Mann bei Renovierungsarbeiten in unserem neuen Zuhause und kratzte von den Wänden die Makulatur, die der Vormieter hinterlassen hatte. Dort, wo schwere Schränke gestanden hatten, klebten Zeitungen des Jahres 1928, die ich nun – bevor ich sie entfernte – las und mit denen ich auf Probleme der Weimarer Republik stieß. Die politische Auseinandersetzung in diesem Jahr 1928 konzentrierte sich auf den von der Regierung begonnenen Bau des ersten 10.000-Tonnen-Schiffes und der geplanten Kriegsschiffserie. Die grundsätzlichen Debatten zu Wiederaufrüstungsplänen der Deutschen und der damit offen oder verdeckt erstrebten Revision des Versailler Vertrages spitzten sich zu. Mit einem Volksentscheid gegen den Panzerkreuzerbau versuchten herausragende Persönlichkeiten nach den Erfahrungen des Weltkrieges, der später der erste genannt wurde, neue Rüstungsvorhaben zu stoppen. Wäre das Dritte Reich und der Zweite Weltkrieg damals zu verhindern gewesen? Mir schien diese Frage noch nie so wichtig wie in diesem Moment, als ich in der Kluft des Hilfshandwerkers mit meinem Spachtel eine Wand unserer ersten Wohnung von bedrucktem Papier befreite ...

Tage später trat ich angesichts meiner mangelhaften Vorbereitung fürs mündliche Examen mit schlechtem Gewissen vor die Prüfungskommission. Auf die Frage des Professors, welche Thematik mich während meines Studiums besonders interessiert habe, antwortete ich nicht mit einem Hinweis auf die Geschichte des Mittelalters, die mich während meiner fünfjährigen Studienzeit immer wieder fasziniert hatte, sondern folgte plötzlich einer spontanen Eingebung. Ich warf Fragen nach der besonderen Bewährungsprobe der Weimarer Republik beziehungsweise nach den Ursachen des gescheiterten Engagements der Friedensbewegungen jener Zeit auf und verwies dabei auf herausragende Persönlichkeiten wie Albert Einstein, Carl von Ossietzky, Kurt Tucholsky, Heinrich Mann und Käthe Kollwitz. Von ihnen hatten Zeitungen im Jahre 1928, die ich hinter dem Schrank unseres Vormieters gefunden hatte, ausführlich berichtet.

Mein Auftreten vor der Prüfungskommission muss immerhin so überzeugend gewesen sein, dass mir die Fakultät ein entsprechendes Forschungsthema für meine Diplomarbeit anvertraute und ich zu einer besonders geförderten Projektgruppe gehörte, die sich eines Tages veranlasst sah, der Gefallenen des Zweiten Weltkrieges auf den Seelower Höhen zu gedenken, während ich meinen Schmerz um den verschollenen Papa Paul fest in meiner Blechbüchse im hintersten Winkel meines Schrankes unter Verschluss hielt, zusammen mit all den kleinen gegenständlichen Relikten und Bildern. So als habe ich mich als angehende Geschichtswissenschaftlerin sehr theoretisch und professionell zur vorgegebenen Thematik zu verhalten – als gehörten die 82.000 auf den Seelower Höhen Gefallenen, darunter 70.000 Rotarmisten und 12.000 deutsche Soldaten, zu den vielen schwer fassbaren, anonymen Zahlenangaben. Als müsse ich mich bei der Auseinandersetzung mit dem Kriegsgeschehen ausschließlich auf sachlich nachweisbare Ereignisse, aktenkundige Fakten und schriftlich fixierte Daten konzentrieren. Als habe ich möglichst emotionslos in aufgestellten Kriegsstatistiken den Einsatz und die Verluste an Menschen und Material zur Kenntnis zu nehmen. Als hätten bei der Geschichtsanalyse mein eigenes Betroffensein und meine Gefühle einfach keinen Raum.

Ohnehin war es damals unter uns Studenten eher unüblich, persönliche Kriegserlebnisse auszutauschen. Vielleicht hätten sonst auch meine Kommilitonen auf den Seelower Höhen sehr individuelle Überlegungen anstellen können und wären dabei auf Bezugspunkte zur eigenen Familiengeschichte gestoßen. Das scheint mir inzwischen sogar sicher! Aber erst im heutigen Rückblick mache ich mir zum Beispiel bewusst, dass eine Studentin unserer Gruppe aus Tannenwalde bei Königsberg stammte – einer Stadt, die am 9. April 1945 nach schweren Kämpfen von der Roten Armee, der 2. Weißrussischen Front, eingenommen wurde. Gerade diese Einheiten der Roten Armee konnten erst danach an das Ostufer der Oder vorrücken, also nordöstlich der Seelower Höhen Stellung beziehen. Während unserer gemeinsamen Studienzeit wusste ich eigentlich nur aus einer beiläufigen Randbemerkung, dass meine Studienfreundin eine »Vertriebene«, nach DDR-Verständnis eine »Umsiedlerin«, aus dieser Küstenregion war und ihre frühere Heimat damals, als wir uns beide kennenlernten, längst wie fast der gesamte Nordteil Ostpreußens inzwischen zu einer Unionsrepublik der Sowjetunion gehörte. Aus der Stadt Königsberg war 1946 Kaliningrad geworden. Aber die Umstände und Ereignisse ihrer »Vertreibung« oder Deportation, die Befindlichkeit meiner Studienkollegin und das Schicksal ihrer Familie waren zwischen uns nie ein Thema gewesen. Es ist dennoch möglich, dass sie vor diesem Massengrab auf den Seelower Höhen oder bei der späteren Auseinandersetzung mit unserem Forschungsthema von ihren privaten Erinnerungen eingeholt wurde oder sie, wie ich selbst auch, verdrängte. Zur Sprache kamen sie zwischen uns nicht.

Eine weitere Studienfreundin stammte, wie ich ebenfalls nur beiläufig erfuhr, aus Westpreußen. Es entzieht sich meiner Kenntnis, ob der Bleistiftbürokrat eines »Umsiedlerbüros« die ganze Familie willkürlich in ein zwischen Freienwalde und Lebus gelegenes Dörfchen und eben gar nicht sehr weit von den Seelower Höhen entfernt platzierte, und den Ort für ihr neues Zuhause geeignet befand. Oder ob sie dort mit einem Treck zufällig oder aus eigenem Antrieb zielbewusst angekommen war und versucht hatte, nach dem Krieg gerade in diesem Landstrich Wurzeln zu schlagen. Es ist in jedem Falle möglich, dass die aus dieser Familie stammende und nun zu unserer Studiengruppe gehörende, angehende Historikerin damals der Gedanke bewegte, dass ihre Eltern als Neubauern gerade ein Ackerland bewirtschafteten, das im April 1945 von Granatschauern umgepflügt und von Panzerkolossen überrollt wurde. Gesagt hat sie damals dazu nichts.

Jeder von uns hatte schließlich seine meist ins Unterbewusstsein verdrängte eigene Erinnerung an Kriegs- und Nachkriegszeiten. Dazu gehörten Brüche in den noch jungen Biografien, kriegsbedingte, radikale Veränderungen der Lebenskoordinaten Einzelner. Ich kann also gar nicht wissen, ob es vielleicht weitere private Zusammenhänge im Leben meiner Studienfreunde gab, die bei unserer Auseinandersetzung mit dem dramatischen Geschehen in dieser Region am Ende des Zweiten Weltkrieges erinnert wurden, aber an diesem Tag auf den Seelower Höhen unausgesprochen blieben und nicht der Rede wert erschienen.

Ich galt in meiner Seminargruppe und unter meinen neuen Freunden in Berlin zunächst als alleinstehend, ohne verwandtschaftlichen Anhang, als Waise. Vielleicht, weil ich weder von meiner Mutter noch von einem Vater im Studentenwohnheim Briefpost oder – wie meine Zimmergenossinnen – die sonst üblichen »Päckchen von daheim« erhielt. Alle vermieden sensibel, mich nach meiner familiären Herkunft zu befragen, denn ich tabuisierte meine sehr individuelle Geschichte und wurde schweigend akzeptiert. Da ich bereits am Ende des ersten Studienjahres heiratete und seither den Familiennamen meines Mannes trug, erinnerte sich am Ende meiner Studentenzeit ohnehin kaum jemand meines Mädchennamens. Nicht einmal bei meinem richtigen Vornamen, sondern mit Spitznamen wurde ich während meiner Studienzeit gerufen. Mein Start in ein »neues Leben« schien somit auch äußerlich perfekt gelungen!

Bei meiner Diplomarbeit stützte ich mich sachlich auf Primär- und Sekundärliteratur, vor allem auf umfängliches Quellenmaterial der Archive, konnte meine theoretische Analyse damit faktitiv und kausativ gut absichern und logische Betrachtungen und Schlüsse ziehen. In der freundlichen Bewertung meiner Gutachter wurde noch einmal das »herausragende Interesse der Diplomandin für den Zeitraum der Weimarer Republik, des Dritten Reiches und die Weltkriegsproblematik« betont und dabei auf das Protokoll der mündlichen Prüfung verwiesen, bei der ich mit meiner »Presseauswertung des Jahrgangs 1928« besonders aufgefallen war. Sie empfahlen mich für die historiografische Forschung an der Akademie der Wissenschaften der DDR (AdW).

Wieder schien seine »Majestät der Zufall« im Spiel zu sein, als mich sodann ein besonders liberaler und gestandener Historiker von Format in die Akademie der Wissenschaften zum Vorstellungsgespräch bat. Ich traf auf einen Menschen mit einer seinem Umfeld »Respekt« abnötigenden Biografie. Auf die Frage dieses Professors nach meinem speziellen Interesse für die deutsche Geschichte in der ersten Hälfte des 20. Jahrhunderts antwortete ich mit dem Hinweis auf das Forschungsthema meiner Diplomarbeit, auf noch zu erschließende Quellen, auf vorliegende gängige Fachliteratur und natürlich auf die aus seiner Feder stammenden einschlägigen Titel, aber erzählte auch von meiner zufälligen Zeitungsschau als Hilfshandwerkerin beim Entfernen einer Makulatur hinterm Schrank. Die in diesem Gespräch aufkommende Heiterkeit war der Beginn einer Freundschaft, durch die ich außergewöhnlich bereichert wurde und die ein Leben lang hielt.

Meine akademische Laufbahn an der AdW begann ich als Doktorandin mit einem Stipendium für eine planmäßige Aspirantur, aus der nach Abschluss der Qualifikation die Festeinstellung als Historikerin, die spätere Abteilungsleiterin und weitere Jahre darauf die Direktorin eines Forschungsinstituts wurde. In dieser gesamten Zeit meines Berufslebens konzentrierte ich mich – mit unterschiedlichen thematischen Schwerpunkten – auf die Geschichte der Weimarer Republik, des Dritten Reiches und auf die Ursachen, Geschehnisse und Auswirkungen des Zweiten Weltkrieges. Ich habe in weit mehr als 30 Jahren viele Aktenberge unterschiedlicher Archive ausgewertet, zeitgenössische Presse studiert, Literatur zum Thema gewälzt. Schließlich interviewte ich auch Zeitzeugen und wollte Menschen nach der selbst erlebten Geschichte und nur scheinbar Nebensächlichem befragen. Meine Familie oder mich selbst dabei einzubeziehen, eigene Erfahrungen zu hinterfragen, kam mir allerdings überhaupt nicht in den Sinn, wenn ich nun von meinen Interviewpartnern wissen wollte, wo sich der Einzelne während des Krieges befand, in welche Situationen er geriet, was in ihm vorgegangen war, was ihn motivierte oder behinderte. Ich begriff die Summe der protokollierten Aussagen Einzelner als unverzichtbaren Beitrag zur wirklichkeitsnahen Geschichtsbetrachtung, denn sie können der Nachwelt das vergangene Geschehen mitunter vorstellbarer machen als beispielsweise manche aufwendig kalkulierte Statistik der »Ungeheuerlichkeiten« und unfassbaren Gräuel des Krieges.

Außerdem war mir im Verlauf meines beruflichen Engagements nicht entgangen, dass sich in der publizierten Geschichtsschreibung Zahlen und Sachbezüge fanden, die im Widerspruch zu schriftlichen Quellen in den Archiven standen, aber ins gewünschte Bild aktueller Politik passten, dass sich einige auf der Grundlage von Zahlenwerten erbrachte Aussagen der Historiografie wie die Resultate einer ausbalancierten Mathematikaufgabe ausnahmen. Ein Beispiel waren die mehrfach korrigierten Zahlen zu Verlusten auf den Seelower Höhen, die wir seinerzeit als Studenten nicht angezweifelt hatten. Schon gar nicht Angaben zu den Opfern der »ruhmreichen Roten Armee«, die mit dem Kurs auf die deutsche Reichshauptstadt dem Kriegswahnsinn ein Ende setzte. Wir ahnten als Studenten nicht, dass Verluste aufseiten der Sowjetunion heruntergemogelt worden waren, um die »Heldenhaftigkeit der Rotarmisten« zu Lebzeiten Stalins wirksamer erscheinen zu lassen. Die Zahlen und Fakten wurden später mehrfach korrigiert, inzwischen richtiggestellt.

Vielleicht lässt unsere damalige Leichtgläubigkeit vermuten, sie sei Studenten unsere Jahrgänge schon in frühen Kindertagen im Dritten Reich anerzogen worden, wir hätten uns auch später in der DDR nicht darin üben können, Lehrmeinungen kritisch zu hinterfragen. Blutjung und lenkbar wären wir nach dem Krieg von einem autoritären Regime ins andere hineingewachsen und hätten gelernt, Vorgaben bedenkenlos zu akzeptieren. Aber diese simple Auslegung stimmt so nicht. Wir steckten auch voller Skepsis, schon weil wir, zur Kriegskindergeneration gehörend, unsere selbst erfahrenen, wenn auch meist verdrängten Geschichten mit uns herumschleppten, die ein verfrühtes, ein dramatisches, ein falsches oder gar kein Ende gefunden hatten. Geschichten, mit denen Hoffnungen zerplatzten und sich Erwartungen nicht erfüllten. Eher unbewusst sensibilisierten uns die eigenen Lebenserfahrungen, die wir während der

Kriegs- und Nachkriegszeit gerade außerhalb der offiziellen Berichterstattung gemacht hatten, bei der Rückschau auf dieses finstere Kapitel deutscher Vergangenheit. Ich glaube, darin lag sogar für uns eine besondere Chance, die freilich unterschiedlich oder gar nicht genutzt wurde.

Mir erschien die Arbeit mit Zeitzeugen damals und heute ein Weg zu sein, »errechneten und mit Fakten angereicherten Geschichtsbildern« Leben einzuhauchen oder sie gelegentlich auch mal infrage zu stellen. Zu einer Zeit, als in Deutschland maßgebliche Geschichtswissenschaftler den Aussagewert der »Oral History« bezweifelten, also eine mündliche Befragung von Zeitzeugen als »unwissenschaftliche Methode« ablehnten oder strikt verwarfen, interviewte ich dennoch vor allem ehemalige Wehrmachtssoldaten, die den Krieg überlebt hatten. Ich wollte nicht nur mit einem Panoramablick des Historikers zurückschauen, sondern herausfinden, wie sich das Weltkriegsgeschehen aus der Augenhöhe des einfachen Landsers darstellte, wie es aus seiner Sicht »wirklich gewesen ist«. Die von mir gewählte Methode wurde später vielerorts angewandt, seriös in der Geschichtswissenschaft etabliert, und ist inzwischen längst – auch im Zusammenwirken mit sozialwissenschaftlichen Nachbardisziplinen – gängige Praxis.

Mit großzügiger Förderung der Akademie der Wissenschaften konnte ich seither einzelne Fallstudien und Lebensverläufe einfacher Soldaten im Zweiten Weltkrieg vor dem Hintergrund der Zeitgeschichte weiter verfolgen und war immer wieder mit den Traumata der Interviewten konfrontiert, die das Inferno überlebt haben und die bis in unsere Tage die physischen und psychischen Folgen mit sich herumschleppen.

Wiederholt wurde ich auf Konferenzen und bei Lesungen zu Publikationen gefragt, warum ich nicht Mädchen und Frauen, sondern gezielt vor allem Männer zum Weltkriegsgeschehen interviewt habe. Ich hatte dafür zwar einige Antworten parat, aber – wie ich heute glaube – niemals die einzig wahrhaftige.

Inzwischen bin ich davon überzeugt, dass ich nicht nur mit den Vorzügen der »Oral History« zur wirklichkeitsnahen Geschichtsbetrachtung beitragen wollte, sondern mir in unterschiedlicher Gestalt der Interviewten immer wieder auch mein Papa Paul begegnete. Wenn ein ehemaliger Wehrmachtssoldat im Gespräch die Wucht seiner Erlebnisse bildhaft reflektierte, die existenziellen Bedrohungen und Grenzsituationen beschrieb, suchte ich stets nach den Folgen jener erlittenen Geschichte für den betroffenen Mann und dessen Familie. Aus jeder geschilderten Episode wollte ich heraushören, in welchem Maß sie sich prägend auf die Persönlichkeit des Interviewten ausgewirkt und auch seine nachfolgenden Handlungen bestimmt hatte.

Instinktiv war ich gedanklich und emotional dabei den verschlungenen Pfaden meines Papa Pauls gefolgt. Das weiß ich jetzt. Denn der Tag ist noch nicht lange her, an dem ich urplötzlich ganz sicher zu spüren glaubte, dass er den Weltkrieg überlebt hatte – irgendwie und irgendwo.

Hatte mich bis dahin wirklich allein »seine Majestät der Zufall« auf meine wissenschaftlichen Forschungsthemen gebracht?

Gesprengte Fesseln

Zum nördlichen Stadtgebiet Berlins gehört – für den ortsunkundigen Besucher der Metropole unvermutet – eine ländliche Oase. Um hinzufinden, muss man nur die verkehrsdichte Ausfallstraße auf der Höhe des Ortsteils Blankenfelde nach links verlassen und das Auto abstellen. In wenigen Minuten geht es dann zu Fuß über Felder und Auen, vorbei an Pferdekoppeln, Viehweiden und Tümpeln mit Entengeschwadern zum »Dorfboulevard« von Lübars. Bauerngehöfte imponieren mit ihren beachtlich weiten Stallungen. Aus den Gewächshäusern einer alten Gärtnerei duften Kräuter und Blumen. Man bummelt weiter unter uralten knorrigen Eichen, Kastanien und Ahornbäumen, schnuppert die Blüten des Wilden Jasmins, tangiert den Weg zur Schule und entdeckt einige schattige Gartenrestaurants. Irgendwann steht man dann auf dem Anger.

An einem Sommertag des Jahres 2005 lockte mich das freundliche Wetter genau dorthin. Unterwegs hatte ich noch eine Weile vor einem lang gestreckten Sonnenblumenfeld gestanden, bevor ich meinen Weg bei dem Glockengeläut der Dorfkirche auf den buckligen Pflastersteinen fortsetzte und mich plötzlich in einer Menschenmenge befand, die vor dem geöffneten Kirchenportal einer Braut zuwinkte, die an der Hand ihres Vaters einer Hochzeitskutsche entstieg und, von ihm geleitet, feierlich zum Altar schritt, wo sie der Bräutigam erwartete.

Jeder hat wohl schon eine vergleichbare Zeremonie erlebt: entweder selbst beteiligt, zur Hochzeitsgesellschaft gehörend oder auch nur, wie ich gerade, als zufälliger Augenzeuge.

Allerdings berührte mich diese Szene heftiger als sonst. Und das nicht nur, weil ich für einen Moment – wie vielleicht auch andere Zuschauer – an meine eigene Hochzeit dachte oder an Festlichkeiten in meiner Familie, unter Freunden. Georg und ich hatten uns vor Jahrzehnten ohne Trauzeugen und festlichen Trubel das Ja-Wort gegeben. Erst danach lernte ich seine unkomplizierte und liebenswerte Mutter kennen, eine alteingesessene Berlinerin. Weitere Verwandte gab es in seiner Familie nicht.

An meine Familie in Dresden schickten wir als Frischvermählte schriftliche Hochzeitsanzeigen. Seit Jahr und Tag gingen ohnehin nur gelegentlich Geburtstags- oder Weihnachtsgrüße hin und her. Großmutter gratulierte Georg und mir mit der ihr eigenen Herzlichkeit – ohne Anspielung auf etwaige Erwartungshaltungen der Familie an eine Hochzeitszeremonie, die dem Spross ihrer Sippe entsprochen hätte. Auch Mamas Gratulationskarte traf ohne jeden Kommentar in Berlin ein.

Es ist immerhin denkbar, dass beide damals stärker als ich selbst ahnten, wie sehr der abwesende Papa Paul mir bei einer traditionellen Hochzeitsfeier gefehlt hätte.

Diese Interpretationsmöglichkeit ging mir erst in diesem Augenblick, am sonnigen Vormittag vor der alten Dorfkirche in Lübars, also Jahrzehnte nach meiner eigenen Eheschließung, durch den Sinn. Nie zuvor hatte mich eine Hochzeitszeremonie derart berührt und nachdenklich gestimmt. Das Geschehen überwältigte mich geradezu! Ich konnte mich meiner Tränen, die nicht allein dem hübschen und alle Leute ringsum berührenden Brautpaar galten, nicht erwehren. Als sei ein Damm gebrochen, als ergössen sich all die Tränen, »die einst ein tapferes Mädchen nicht weinen durfte« – ein angestauter Tränenfluss.

Ich weinte an diesem Tag um meinen Papa Paul, der mich nicht – wie der Brautvater in der Lübarser Kirche – an die Hand genommen und ins Leben geleitet hatte. Der anscheinend im Tumult der letzten Kriegstage verloren gegangen war. Denn bei uns, den Angehörigen, war niemals eine offizielle Gefallenmeldung zuständiger Behörden und Institutionen eingetroffen. Auch der Hinweis auf ein Grabkreuz an irgendeinem gottverlassenen Ort in der Einöde russischer Steppen hatte nicht uns gegolten, sondern beispielsweise Lehmanns. Die Familie in unserem Hauskeller hatte sich dann mit dieser traurigen Gewissheit arrangiert.

Bei uns hatte sich das DRK nicht gemeldet. Auch nicht die Kriegsgräberfürsorge, die bis in unsere heutige Zeit hinein Gefallenen des Zweiten Weltkrieges nachspürt und oft grausige Entdeckungen registriert. Ihre aufwendige Suche erbrachte keinen Fund eines Knochenrestes um die rostige Metallmarke mit der Kennnummer 3568-2, die meinem Papa Paul bei seinem Dienstantritt in der deutschen Wehrmacht als Soldat zugeteilt worden war.

Auch unter dem verstreut aufgefundenen gegenständlichen Nachlass gefallener Soldaten, der inzwischen in der WASt sorgsam registriert ist und als umfänglicher und mich sehr berührender »Sonderbestand des Archivs« geführt wird, fand sich kein Hinweis auf ihn. Keine der längst nicht mehr tickenden Taschenuhren gehörte einst dem Panzersoldaten Paul Schultheiß. Die dort archivierten Eheringe, Fotos, Briefschaften, Kalenderblätter, Tagebuchnotizen, Brotbeutel, Feldflaschen, Ranzen, Helme, Liederheftchen und Musikinstrumente, abgewetzten Bleistifte und Rilke-Gedichtbändchen sind anderen Ursprungs, deuten auf andere Eigentümer.

Es gab in all den Nachkriegsjahrzehnten keine Todesnachricht, aber auch nicht das geringste Lebenszeichen von dem Verschollenen, keinen noch so winzigen Hinweis auf den Verbleib Papa Pauls nach dem Krieg. Das versprochene »Wiedersehen im Frieden« hatte nicht stattgefunden. Auch das wurde mir zu meiner eigenen Verwunderung nach so langer Zeit – 60 Jahre nach Kriegsende! – ausgerechnet an diesem Sommertag in Lübars sehr bewusst!

Meine ungelenken Kinderbriefe, die den gewünschten Empfänger mit unbekanntem Aufenthaltsort nicht erreichen konnten, fielen mir urplötzlich ein. Im Juni 1945 war darin zu lesen gewesen: »Lieber Papa Paul! Du kannst jetzt nach Hause kommen. Es ist womöglich Frieden. Sagen kann man aber noch nichts.« Besonders dieses »Sagen kann man aber noch nichts«, das ich – vermutlich unter dem Eindruck der wütenden Besatzungsmacht, dessen gesammelter Ingrimm sich unmittelbar nach Kriegsende besonders gegen deutsche Uniformträger entlud – besorgt um den »Panzerfahrer außer Dienst« hinzugefügt hatte, zitierte Großmutter häufig scherzhaft in der Familienrunde und machte diese naive Bemerkung ihrer Enkelin im vertrauten Kreise zur allgemeinen Floskel bei ironischen Anspielungen auf gesellschaftliche Verhältnisse in der SBZ und in der späteren DDR.

Nun bezog ich dieses »Sagen kann man aber noch nichts« ganz unvermittelt vor dem Kirchenportal von Lübars auf das mir schleierhaft gebliebene Schicksal meines Vaters. Ein Gefühlswirrwarr holte mich ein, überrumpelte mich! Meine Tränen galten dem verschollenen Papa Paul, an den ich mich nicht hatte anlehnen können, der aus meinem Umkreis verschwand und mir die Welt nicht weiter erklärt hatte. Der nicht da war, als ich seinen Rat brauchte. Er hatte sich auch nicht an den Erfolgen seiner Tochter freuen können, nie ihren wilden Schwung auf einer Luftschaukel der Dresdner Vogelwiese bewundert, keinen ihrer selbstständigen Schritte ins Leben verfolgt! Er hatte sie dabei weder unterstützt noch von ihrem Weg abzuhalten versucht – niemals widersprach er ihren Lebensentscheidungen. Denn er hatte nach dem Krieg keinen Anteil an ihrem Werdegang genommen.

Lange Jahre später empfand ich bei meinem Ehemann Georg ein vergleichbares Gefühl des »Aufgehobenseins« wie einst bei Papa Paul. Aber diese zwei wichtigen Männer in meinem Leben waren sich nie begegnet. Papa Paul war als Brautvater nicht zur Stelle gewesen. Er sah auch seine Enkelkinder, Ulrike, Julius und den Lockenkopf Mirko, nicht aufwachsen. Vielleicht hätte der Großpapa Freude daran gehabt, mit dieser quicklebendigen Nachhut eines Tages die Geschichten vom »Irrwisch mit den blankgeputzten Augen« weiterzuspinnen, deren letzte Folge er mir schuldig geblieben war, die er mir hätte erzählen sollen, wenn er aus dem Krieg zurückgekehrt wäre, nach Hause, zu seiner Familie. Dann hätten meine drei Kinder auch ihren Großpapa kennengelernt.

Als blitze mir urplötzlich – während die Braut am Arm ihres Vaters auf den Altar der Lübarser Kirche zuschritt – ein Diaskop durch mein Gedächtnis, sah ich wieder den Panzersoldaten, der mein Papa Paul war und dessen Uniform klar zu machen schien, dass seine kriegerischen Verpflichtungen stärker waren als seine familiäre Einbindung, dass er ohne sie für seine Tochter nicht zu haben war. Wieder hatte ich den Klang der genagelten Stiefel im Ohr, mit denen er in jenen letzten Kriegstagen von uns wegmarschiert war.

Der Panzersoldat marschierte in den Zweiten Weltkrieg, der 55 Millionen Menschenleben kostete. 18,2 Millionen Männer waren zur deutschen Wehrmacht eingezogen, davon sind 5,2 Millionen als Gefallene registriert. 1,4 Millionen bleiben bis auf den heutigen Tag vermisst. Wie viele Familienväter unter den Gefallenen waren, wird in den Statistiken nicht exakt ausgewiesen. Bekannt ist, dass sie 1,7 Millionen Kriegerwitwen, 2,5 Millionen Halbwaisen und 100.000 Vollwaisen hinterließen. Die Historiografie kennt viele Zahlen und Fakten, und jede Tragik hat anscheinend ihre Statistik. Ich habe mir die Hochrechnungen in all den Jahren vor Augen geführt, gelegentlich meine kritischen Betrachtungen dazu angestellt.

Aber an diesem Tag in Lübars hatten all diese Daten und Fakten der Historiografie für mich keine Bedeutung. Ich fragte auch nicht danach, wie viele der vaterlosen Kriegskinder sich in Zeiten während und nach dem Inferno verlassen fühlten, das männliche Familienoberhaupt vermissten oder betrauerten, sich in ihrer Entwicklung durch den Verlust beeinträchtigt fühlten. Wie groß die Zahl der Kriegskinder sein mochte, die den abwesenden Vater, an dem man nicht wachsen konnte, mit dem man nicht gelacht hatte, inzwischen einfach vergessen haben mochten, ihn nicht beweinten, weil ja das Leben weiterging. Wie viele der Kriegswaisen niemals oder irgendwann nicht mehr über ihren Verlust nachdachten und kaum ermessen konnten, was er für ihren eigenen Werdegang bedeutete. Ob sich Kriegskinder vielleicht noch kleine gegenständliche Andenken und Fotos vom Vater bewahrten oder sich nur ein Bild von ihm nach überlieferten Erzählungen der hinterbliebenen Erwachsenen zusammenreimten. Alles ist möglich.

Ich sann an diesem Tag in Lübars auch nicht darüber nach, ob es so etwas wie eine »Gnade des Vergessens« gibt oder ob »Erinnerungen befreien« können (vgl. Dörr 2007, Bd. 2, S. 108ff.). Mich überwältigten meine bis dahin verdrängten Emotionen wie ein Naturereignis. Eine schmerzende Wunde lag urplötzlich bloß. Fragen schwirrten mir im Kopf. Vor allem die eine: Wo war Papa Paul geblieben?

Von den Schachtfeldern des Oder-Neiße-Gebietes hatte Papa Paul in jenen Apriltagen 1945 einen letzten Feldpostbrief an sein »tapferes Weib, das liebe Kätchen« und »seine Mädels« geschrieben. Nun musste ich als seine Tochter unbedingt herausfinden, ob mein Papa Paul zu dem unübersehbaren Heer der Gefallenen in den Wäldern des Berliner Umlands gehört hatte und er sich deshalb nie wieder melden konnte. Ob er in einem der Massengräber Namenloser ruhte. Ob der Panzersoldat zu jenen gefallenen Soldaten zählte, die zusammen mit den Kameraden aus der eigenen Truppe oder mit den einstigen russischen Gegnern bereits mehr als sechs Jahrzehnte in einem Gemeinschaftsgrab auf den Seelower Höhen bestattet lagen, an dem ich als angehende Historikerin vor Jahrzehnten meine Blumen niedergelegt hatte. Alle Jahre hatte ich mich hartnäckig gegen diese und ähnliche Gedanken gesträubt, sie nicht zugelassen.

Nun aber stand mein Entschluss unversehens fest und nichts konnte mich aufhalten: Ich würde meinem Vater nachspüren. Ich wollte endlich Gewissheit!

Mich überraschte die Reaktion meiner Verwandten und Freunde, denen ich mein Vorhaben behutsam ankündigte und mit deren Widerspruch ich rechnete. Aber keiner wunderte sich oder versuchte mich aufzuhalten. Man hielt meine späte Spurensuche offenbar für unvermeidbar und respektierte sie.

Mit meiner Großmutter konnte ich mich leider nicht mehr beraten. Sie war 98-jährig, geistig hellwach, nach überstandener Lungenentzündung an Herzschwäche im Jahre 1978 verstorben. Bei meinen seltenen Besuchen in Dresden/Radebeul hatte ich ihre warmherzige Zuneigung und ein gleichbleibendes Interesse an meinem Fortkommen immer empfunden. Unsere Gespräche waren stets besonders tiefgründig und nachhaltig. Ich vermisste sie sehr.

Jetzt aber dachte ich an die Nähe, die zwischen meinem Papa Paul und seiner »schwiegermütterlichen Katharina« zu spüren gewesen war. Fast schien es mir, als habe auch Großmutter alle Jahre ganz selbstverständlich auf meine Nachforschungen gesetzt, vielleicht sogar mit meinen professionellen Möglichkeiten als Historikerin gerechnet, obwohl sie mich niemals darauf ansprach. Bei diesen Überlegungen stimmte mich der Gedanke unendlich traurig, dass Papa Paul nie erfahren hatte, welche Hochachtung meine Großmutter für ihren Schwiegersohn Paul bewahrt hatte, wie sehr sie ihm zeit ihres Lebens zugetan blieb.

Auch meine Mama war bereits 1985 infolge eines Unfalls verstorben und konnte nicht mehr befragt werden. Zu ihren Lebzeiten hatte ich mich loyal gezeigt, mein Versprechen gehalten und nie wieder ein Wort mit ihr über den verschollenen Ehemann gewechselt. Auch ihretwegen hatte ich meine eigenen Erinnerungen und die verspürte Sehnsucht Mamas nach dem »Kann-alles-Paul« in eine Blechbüchse gebannt.

In Mamas Sterbestunde und an ihrem Grab hatte ich unser distanziertes oder auch ambivalentes Verhältnis beweint, das im gemeinsamen Schmerz um Papa Paul wurzelte und mit dem Mutter und Tochter im Umgang miteinander sprachlos geblieben waren. Nun aber konnte ich meine Spurensuche aufnehmen, ohne Gefahr zu laufen, meiner seelisch und physisch verletzten Mama weiteren Kummer zu bereiten und ein schlechtes Gewissen haben zu müssen.

Ich würde ohne Schuldgefühle über die nicht gelebte Nähe meiner Eltern nachdenken, über ihre vom Kriegsgeschehen beeinträchtigte, vielleicht auch zerstörte Ehe. Ich wollte verstehen, warum Mama in stummem Kummer um den verschollenen Gatten starb und seinen Verbleib zu keiner Zeit aufzuhellen suchte. Sie hatte nicht wie andere Frauen alle möglichen Suchdienste, Ämter und Behörden bemüht oder Nachforschungen des Roten Kreuzes in Anspruch genommen. Sie war auch vereinzelten Hinweisen ehemaliger Kriegskameraden ihres Mannes nicht nachgegangen. Und niemand wusste besser als ich, dass dieses Verhalten keinesfalls Gleichgültigkeit oder mangelndes Interesse bezeugte.

Vierzig Jahre nach Kriegsende fand sich allerdings im Nachlass meiner Mama kein einziger Hinweis auf den Ehemann, unseren Papa Paul. Fotos und die zahlreichen Feldpostbriefe waren verschwunden. Weder Aufzeichnungen, Dokumente noch gegenständliche Erinnerungsstücke bezeugten das Familienleben mit ihm oder ermöglichten uns Kindern Rückschlüsse auf die partnerschaftliche Beziehung unserer Eltern. Auch meine ungelenken Kinderbriefe an Papa Paul, die kleinen Kinderzeichnungen und Basteleien, die in den Nachkriegsjahren für Papa Paul unter dem Weihnachtsbaum lagen und die Mama für den »Heimkehrer« aufzubewahren versprach, blieben unauffindbar. Fast scheint es, als habe Mama ihre Erinnerungen an ihren »Kann-alles-Paul« nicht nur verdrängt, sondern getilgt. Mit einer Bilderzerstörung? Vielleicht konnte sie nur so weiterleben und nach erfahrenem Leid wieder souverän Tritt fassen.

Meine Schwester Henriette, die allein über den Nachlass meiner Mama verfügte, durchsuchte auf meine Bitte hin gründlich – aber vergeblich – die schmale Hinterlassenschaft. Sie war nicht überrascht, dass ich als eine inzwischen pensionierte Historikerin nun die eigene Familiengeschichte erkunden würde. Als ich meiner Schwester am Telefon eine beabsichtigte »Recherche« andeutete, reagierte sie sogar hellauf begeistert – bis sie begriff, dass ich damit nicht dem altehrwürdigen Geschlecht, unseren Vorfahren aus dem Sachsenland, also der mütterlichen und großmütterlichen Sippe nachzuspüren gedachte, sondern den Spuren Papa Pauls vor dem Krieg und vor allem in der Nachkriegszeit. Sie akzeptierte und tolerierte zwar meinen ohnehin unabänderlichen Entschluss, ließ mich aber wissen, dass sie an Mamas offizieller Version von dem im Krieg Gefallenen festzuhalten gedenke und auch bei möglichen, anders lautenden Ergebnissen meiner Nachforschung dabei bleiben werde.

Dennoch stellte sie sich meiner Nachfrage, stand Rede und Antwort zu ihrem Verhältnis zu unserem Papa Paul: Für Henriette blieb der Familienvater eine fremde Autorität. Eine Respektsperson, von der in ihrer frühen Kindheit gelegentlich die Rede war. Als Jüngste von unserem »Dreimädelhaus« hatte sie einfach keine Chance gehabt, Papa Paul kennenzulernen. Mit den Jahren reimte sie sich ihr Bild aus unseren spärlichen Bemerkungen zusammen. Wirklich vermisst hat sie den Vater, mit dem sie keine eigenen Erinnerungen verbinden, niemals. Wohl aber spürte Henriette das Leid der Mama um den Verschollenen, und vielleicht machte sie dieser Schmerz gelegentlich gar wütend auf »den Fremden«. Nur in Bruchteilen von Sekunden glaubte ich im Gespräch mit Henriette den verhaltenen Zorn über den Verschollenen, der nicht da war, als Mama ihn so sehr gebraucht hätte, noch zu spüren.

Ich respektierte Henriettes Haltung nicht nur sofort, sondern war dankbar für die mir bei meiner Spurensuche erwiesene Toleranz. Denn mir war von Anbeginn meines Vorhabens klar, dass ich mich nicht nur selbst einem Wagnis zu stellen hatte, sondern ich wusste um meine Verantwortung für den Gesuchten und für alle Nachfahren Papa Pauls, die meine Nachforschungen berühren könnten.

Henriette bewohnt mit ihrem Ehemann und der Familie ihrer einzigen Tochter eine Villa in Radebeul, nur zwei Straßenzüge von Großmutters ehemaligem Domizil entfernt, und lebte dort viele Jahre mit unserer Mama bis zu deren Tod unter einem Dach. Die Einrichtung ihrer Wohnung erinnert an längst vergangene Tage. Von Generation zu Generation weitergereichte Möbelstücke, Bilder, Vasen, Schalen, Nippes symbolisieren Beständigkeit. Der legendäre Sekretär stammt vom herrschaftlichen Rittergut. Um ihn sind wir als Kinder heimlich geschlichen, um das wundersame »Geheimfach« zu entdecken. Den Kaffee kredenzt die Hausfrau aus jenem hauchfeinem Porzellan, in dem einst die alte, längst verstorbene Tante Elisabeth das »köstliche Getränk« – was in der Nachkriegswirklichkeit nur ein aufgebrühter Eichelextrakt sein konnte – auf den Tisch brachte. Familienbilder an der Wand erzählen dem aufmerksamen Betrachter Geschichten, die mit »Es war einmal …« beginnen und vielleicht auch daran erinnern, dass sich der Clan unserer mütterlichen Herkunft in grimmigsten Zeiten nach hergebrachter Art und Weise zusammenfand und Kraft schöpfte.

An Silvesterabenden gießt Henriette nach heidnischem Brauch Blei durch den alten, verschnörkelten Schlüssel des verlorenen Familienbesitzes der mütterlichen und großmütterlichen Sippe und orakelt mit ihrer Nachhut in die Zukunft hinein. Vielleicht ermöglicht dieser alte Schlüssel für Henriette den Zugang zu Geschichten, denen sie sich verbunden fühlt – auch wenn durch das Eingangstor, zu dem er einst passte, längst keine Nachkommen der verzweigten Sippe mehr gehen.

Keiner vermisst im Radebeuler Familienhaus meiner Schwester Henriette Papa Paul, obwohl doch auch von ihm Spuren in diesem Kreis zu finden sein könnten.

Irgendwann konfrontierte ich auch meine ältere Schwester Helen mit meiner Absicht der Spurensuche nach Papa Paul. Auch sie schien sich keineswegs zu wundern, äußerte ein eher höfliches Interesse, blieb aber scheinbar unbeteiligt. Ich brauchte einige Zeit, um in Gesprächen herauszufinden, dass Helen mit Papa Paul vor allem Ängste verbindet, die er ihr als Kind eingeflößt hatte, dass sie sich in seiner Abwesenheit stets »ungezwungener« fühlte. Als unsere Mama 1951 mit der amtlichen Todeserklärung einer »vergeblichen Warterei auf die Heimkehr des Verschollenen ein Ende zu setzen suchte«, empfand Helen dieses »Vaterlos-Sein« nicht schmerzlich, sondern war damals scheinbar den Vater »los« geworden, hatte ihr Leben nach eigenem Plan ausgerichtet und sich »befreit gefühlt« von einer, wie sie sagte, »unerbittlichen Bevormundung«. Und sie hat ihre Chance in die Eigenständigkeit auch genutzt!

Helen kann auf eine sehr erfolgreiche Berufskarriere als technische Fotografin einer Universität und Meisterin ihres Faches zurückblicken. Für ihr ehrenamtliches Engagement zur Förderung des beruflichen Nachwuchses erhielt sie 2005 das »Bundesverdienstkreuz am Bande«. Privat blieb sie kinderlos und lebt inzwischen verwitwet, aber keineswegs zurückgezogen, sondern mit Angehörigen ihrer Wahlfamilie und Verwandten ihres verstorbenen Ehegatten in vertrautem Umgang.

Wir beiden Schwestern sehen einander selten, telefonieren gelegentlich miteinander, erinnern uns gemeinsamer Kindertage und versuchen immer wieder aufeinander zuzugehen. Dabei erschien mir Helen hinsichtlich meiner Spurensuche lange Zeit robust – ganz so, als könnte sie keine der möglichen Informationen zum Verbleib des Vaters erschüttern und schockieren. Aber unlängst, als ich sie bei ihrem Besuch in Berlin rücksichtslos mit meinen Rechercheergebnissen konfrontierte, korrigierte ich meine Einschätzung sehr erschrocken. Meine Schwester erzitterte plötzlich, wie früher das kleine Kriegskind Helen, und meine Enthüllungen raubten ihr den Nachtschlaf.

Im Unterschied zu meinen Schwestern hatte ich seit jenem Tag in Lübars, als unversehens ein Schweigegelübde von mir wich und ich gleich darauf in meiner Blechbüchse zu kramen begann, das Gefühl, alle wieder heraufbeschworenen Fragen nach Papa Paul berührten zutiefst auch mich selbst. Als habe alle Jahre unbewusst ein großes, brennendes Geheimnis in mir geschwelt, dass sich nicht länger vor mir selbst verwahren ließ. Die Zeit schien vorbei, in der es vermutlich hilfreich gewesen war, meine Erinnerungen an Kriegszeiten zu verdrängen, um in nachfolgenden Lebensphasen besser zu bestehen. Auch Mamas »Strafmaß des Totschweigens einer Unperson« – die Nichterwähnung des Ehemannes und Familienvaters, mit der sie den Eindruck erwecken konnte, es habe ihn niemals gegeben – musste inzwischen zeitlich abgegolten sein.

Unvermittelt geisterten mir Episoden meiner Kriegskindheit mit Papa Paul wieder durch den Sinn, erlangten retrospektiv erneut Raum und Zeit und bedurften einer Ausdrucksform. Ich schrieb sie auf, wie sie sich dem kleinen Mädchen eingeprägt hatten. Wohl wissend, dass alle Versuche, die im Gedächtnis haftenden Bilder, Szenen und damit verbundenen Emotionen in Worten festzuhalten, schon deshalb die Wahrheit nur unvollständig reflektieren konnten, da sich auch ungewollt aktuelle Gedanken mit der Rückschau vermengten.

Am Ende erschien es mir allerdings doch, als fügten sich die zu Papier gebrachten Erinnerungen, die Momentaufnahmen meiner Kindertage, wie von selbst ineinander, lösten sich auf, während mir Papa Paul im Rückblick neu begegnete. Beispielsweise im Andenken an Mamas

»Kann-alles-Paul«. In der Erinnerung an den Schmerz und die Trostlosigkeit meiner Mama, an ihre Hoffnungslosigkeit und an ihren stillen Zorn, an ihre stolze Abkehr. Papa Paul schien erneut gegenwärtig in den nachhaltigen Gesprächen mit der Großmutter, an die ich zurückdachte. Auch in den vielgestaltigen Andeutungen und bedeutsamen Blicken meiner mütterlichen Verwandtschaft, die mir plötzlich im Gedächtnis herumschwirrten. Er war mir in den Unterhaltungen mit Freunden und Bekannten präsent, an die ich mich plötzlich entsann, und in den Schilderungen der Kriegskameraden, die sich scheinbar mühelos aus meinem Gedächtnis hervorkramen ließen.

Auch wenn nun nach Jahrzehnten gerade nicht von ihm die Rede war, trug ich in mir sein unverwechselbares Bild. Es erhielt mit den Schnappschüssen und sonstigen Utensilien aus meiner geöffneten Blechschachtel aus der zeitlichen Distanz neue Konturen.

Und in allem lag eine Chance, ihn finden zu können. Denn am Ende meiner aufgezeichneten Kindheitserinnerungen erschien es mir nicht nur überfällig zu sein, den Verbleib Papa Pauls nach dem Krieg aufzuklären und mich von einem auf mir lastenden Druck beklemmender Ungewissheiten zu befreien. In den Mittelpunkt rückte plötzlich ein starkes Interesse an der Persönlichkeit des Paul Karl Johann Schultheiß. Die Frage »Wer war eigentlich mein Vater?« stand im Raum, berührte mich zutiefst. So, als hinterfrage ich damit auch Leerstellen meines Selbstverständnisses, die eigene Identität.

Das Wagnis einer Spurensuche nach meinem Vater, der in zurückliegenden Zeiten meines Lebens abwesend und doch anwesend gewesen war, stellte sich mir also wie eine zwingende Herausforderung!

Noch schien alles unendlich grau und ungewiss. Mögliche Resultate meiner Nachforschungen würde ich aushalten müssen – um danach wieder freier atmen zu können. Eigentlich hatte ich keine Wahl.

Das Kind in der langen Jacke

Drei längst vergessene Fotos, die Jahrzehnte vor »meiner Papa-Paul-Zeit« entstanden waren, entdeckte ich in meiner geöffneten Blechschachtel. Weiß der Himmel, wie sie da hineingeraten waren! Zwei davon gehörten wahrscheinlich zu den sogenannten »Kunstlicht-Aufnahmen« eines von der Familie Schultheiß zu besonderen Anlässen wiederholt ins Haus bestellten Berliner Fotografen. Ich erinnere mich dunkel an Großpapa Friedrichs sorgfältig gestaltete, wuchtige Alben, in denen er diese »gekonnten Abbildungen des Fachmannes« aufbewahrte. Andere laienhafte Momentaufnahmen der Familie, die meist im Blitzlicht seiner eigenen Kamera entstanden waren, fand er in diversen Schachteln oder in Mappen und behauptete, dass ein mir fremd erscheinender kleiner Junge auf seinen Bildern einmal mein Papa Paul gewesen sei. Sehr ungläubig beschaute ich als fünfjähriges Kind dann diese Aufnahmen. Aber Großpapa Friedrichs Geschichten von dem »verflixten Burschen«, der doch tatsächlich den um Jahre älteren Vetter beim Wettrennen mit den Holzfahrzeugen, die man damals »Holländer« nannte und mit Holzhebeln bewegte, ausgetrickst hatte, gefielen mir. Auf einem Foto war dann »der pfiffige Sieger« zu sehen! Auf einer anderen Aufnahme turnte der Steppke am Reck. »Nur schade, dass der Schnappschuss so verwackelt ist«, meinte damals Großpapa Friedrich, wenn die Bilder mitunter unscharf waren. Schattenhaft erinnere ich mich auch der fotografisch festgehaltenen »Kinderszenen im Pommerland«, wo die Familie regelmäßig ihre Ferien – die »Sommerfrische« – verlebt hatte. Eigentlich blieben mir weniger diese Bildchen als

die lustigen Episoden im Gedächtnis, die Großpapa Friedrich dazu einfielen – bis dann im Krieg die Bombe das Haus traf. »Alles futsch«, hatte
Tante Else gesagt, als ich an Mamas Hand unseren Großpapa Friedrich
im Notquartier der zertrümmerten Reichshauptstadt Berlin besuchte
– nachdem die Feuersbrunst gewütet und auch all diese fotografischen
Zeugnisse eines Familienlebens verschlungen hatte.

Aber diese drei Kinderfotos von Großpapa Friedrichs ältestem Sohn,
der später mein Papa Paul war, haben in meiner Blechschachtel die Zeiten überdauert. Nun erst betrachtete ich diese seltenen Zeugnisse seines
frühen Lebensabschnittes aufmerksam, suchte in seinem Gesicht zu
lesen, seine Haltung zu deuten. Nie zuvor gestellte Fragen tauchten
auf, die mir bei einer Fotoschau mit dem Großpapa gar nicht kommen
konnten. Denn es liegt wahrscheinlich in der Natur, dass ich als Kind
im noch frühen Lebensalter dem eigenen Vater vor allem ichbezogen
begegnet war. Ob er selbst einmal als schutzbedürftiger kleiner Junge
eigene Erfahrungen sammelte, eigenen Träumen nachhing, wie er als Her-
anwachsender fühlte und ob er glücklich war, blieb außen vor. Ich glaube,
die inspirative Nähe und vertrauensvolle Hinwendung zu meinem Papa
Paul war damals insbesondere oder gar ausschließlich meinem kindlich-
egozentrischen Bedürfnis geschuldet, sich der väterlichen Ressourcen zu
versichern, gerade von ihm Wärme, Schutz und Hilfe zu erwarten, seine
bevorzugte Zuneigung, Liebe, Fürsorglichkeit, Förderung und Begleitung zu beanspruchen. Über diese naturgegebene Erwartungshaltung
hinausgehende Wahrnehmungen von seiner Persönlichkeit hatte ich bis
zu meinem siebten Lebensjahr also nur bedingt. Im reiferen Lebensalter
war ich ihm dann nicht begegnet und wusste inzwischen sehr wohl, dass
er mehr war, als meine Fantasiegeschichten um Papa Paul hergaben, oder
die später sorgsam umschiffte, tabuisierte Schmerzzone.

Mit verändertem Blick versuchte ich nun als Erwachsene die vorliegenden fotografischen Aufnahmen des Kindes auf mich wirken zu lassen.

Auf dem ältesten der drei Fotos war der kleine Paul nicht allein zu
sehen. Die Aufnahme stammte aus dem Jahre 1908 und zeigte ein einträchtiges Geschwisterpaar – den siebenjährigen Paul und die sechsjährige Margarete (genannt Grete). Nach der Mode gut betuchter Familien
bekleidet, schauen beide artig, mir will scheinen etwas zu traurig, in die
Kamera. Das pausbäckige, etwas kräftig gebaute kleine Mädchen Grete

Paul und Margarete   *Paul, 14 Jahre alt*

hat kaum Ähnlichkeit mit dem eher zierlich wirkenden Jungen Paul, den der Fotograf hinter das sitzende Schwesterchen platziert hat. Seine fein geschnittenen Gesichtszüge werden von Locken umrahmt. Der Junge wirkt verträumt und will kaum zu den erinnerten derben Lausbubengeschichten passen, die der in sich hineinschmunzelnde Großpapa Friedrich mir, seiner Enkelin, einst ausplauderte.

Die zweite Aufnahme zeigt den 14-jährigen Paul im Herrenanzug. Er wirkt im derben eichenen Sitzmöbel etwas schmächtig, weniger liebenswürdig, aber durchaus wohlerzogen, vielleicht etwas altklug und scheinbar von sich überzeugt. Das offenbar pubertierende Kerlchen, dem der erste Bart noch nicht wachsen will, befindet sich wahrscheinlich im Widerstreit mit sich selbst und versucht das mit schneidigem Gehabe auftrumpfend zu überspielen.

Mein großes Rätselraten steigert sich mit dem dritten Foto aus dem Jahre 1916. Dieses Mal steckt der angestrengt in eine unbestimmte Ferne schauende, schmal gebaute, kleine 15-Jährige – erst später wird er zu einem 1,78 Meter großen, schlanken Mann heranwachsen – in einer offenbar viel zu langen Jacke, wie mir scheint, in der recht seltsamen Bekleidung eines Berliner Gymnasiasten – oder in Pfadfinderklamotten? –, zu der offenbar eine noch merkwürdigere Kopfbedeckung gehört.

Drei erhalten gebliebene Kinderbilder, die ich kaum zu deuten wagte, und eine erinnerte Großpapa-Friedrich-Plauderei mit der Enkelin über den »verflixten Burschen«, der »unter seinen krausen Locken allerlei Schabernack ausheckte«, waren allzu spärliche Indizien, um sich ein Bild von dem heranwachsenden Jungen machen zu können. Mir wurde aber gerade klar, dass meine beabsichtigte Spurensuche mit einer Rückschau auf die Altvordern der Familie und die frühen Lebensjahre Papa Pauls beginnen müsste, um mehr über seine Persönlichkeit zu erfahren, in der ich mich selbst spiegeln und von der ich mich abgrenzen wollte.

Erste Einsichten brachte die Auswertung einiger Bestände unterschiedlichster Archive. Unvermutet begegnete mir in den Akten, beim Blättern in alten Folianten und dickleibigen Kirchenbüchern, ein ehrwürdiges und stolzes Geschlecht, dessen Geschichte sich bis in das 12. Jahrhundert verfolgen lässt. Es nahm in Niederbayern seinen Ausgang, machte dort mit einem sozialen Engagement und gemeinnützigen Spenden von sich reden, ist geachtet und geehrt in dieser und jener Stadtchronik vermerkt und besetzt in alten Kirchengemäuern bis in unsere Zeit reserviertes Gestühl.

Hilfreiche Archivare waren gelegentlich enttäuscht, dass ich mich bei üppiger Quellenlage mit dieser Aussage vorerst zufriedengab und zunächst nur einem Spross der Sippe nachging, der im 19. Jahrhundert mit seinem für damalige Verhältnisse beachtlichen Vermögen ins Preußische abwanderte und in Berlin Fuß fasste. Während andere Abkömmlinge der Familie nach alter Tradition in Bayern ein Braurecht in Anspruch nahmen, weiterhin wohltätig und spendabel auftraten und mit dem Titel »Kommerzienrat« und anderen Ehrungen gewürdigt wurden, gründete dieser nun im Jahre 1842 in Berlin eine Bierbrauerei, die sich im Aufwind der industriellen Revolution und dem allgemeinen wirtschaftlichen Aufschwung zu einem großen deutschen Konzern entwickelte, der nicht nur die Geschichte der Reichshauptstadt mitschrieb, sondern sich in ganz Europa als Exporteur einen Namen machte. Obwohl sich der Betrieb längst nicht mehr im Familienbesitz befindet, trägt das Produkt noch heute als Markenzeichen seinen Namen.

Zu den weitverzweigten Abkömmlingen der Familie gehörten auch jene Herrschaften, darunter Industriemagnaten oder ranghohe Uniformträger, die sich in Frack und Zylinder oder mit den Epauletten kaisertreuer Militärs erwartungsvoll über die Wiege eines Stammhalters beugten, der dem verpflichtenden Namen des Geschlechts Ehre machen sollte, während der stolze Vater, der später mein Großpapa Friedrich wurde, nach handschriftlich vorliegendem Protokoll vor den Leiter des zuständigen Standesbeamten trat, um nach einjähriger Ehe mit seiner Frau Lina-Franziska die Hausgeburt seines ersten Kindes am 23. Februar 1901 bekannt zu geben und den Sohn mit den Vornamen der beiden Großväter Paul Karl Johann eintragen zu lassen. Mein Papa Paul war geboren.

Geschichtsdarstellungen charakterisieren die damaligen gesellschaftlichen Verhältnisse im Deutschen Kaiserreich und die Atmosphäre in der Reichshauptstadt Berlin, die den Neuankömmling mitprägen würden. Schriftgut zur Familiengeschichte in den Archiven und diverse Unterlagen, die mir inzwischen von einer nie zuvor oder nur flüchtig gekannten väterlichen Verwandtschaft nach meiner Kontaktaufnahme bereitwillig aus den Katakomben der weitverzweigten Sippe für notwendige Recherchen zur Verfügung gestellt, gelegentlich auch erklärt und mit Erinnerungsberichten ergänzt wurden, beschreiben einen privaten Hintergrund. Ich versuchte die Wesensart der »fremden« Menschen, die auch mit mir blutsverwandt und meine Vorfahren waren, in diesem »Schriftkram« zu erkennen, sie zu verstehen.

Und ich vermochte mir bei meinem Ausflug in die Vergangenheit von dem heranwachsenden Paul nun tatsächlich eine Vorstellung zu machen: Mit seinem dichten Lockenschopf ähnelte er den Ahnen und Urahnen väterlicherseits! Weniger mit der schlanken Statur und mit allerlei musischen Ambitionen, die er wohl der mütterlichen Linie verdankte. Alsbald entwickelte der Junge auch eine auffällige Affinität für naturwissenschaftlich-technische Erfindungen und Neuerungen, die gerade Anfang des 20. Jahrhunderts in Deutschland und in der Welt von sich reden machten. Damit imponierte Paul offenbar seinem Großvater mütterlicherseits, dem Stahlindustriellen Paul Steinhaus, aber weniger seinem Vater, der in ihm einen gewieften Kaufmann und sachverständigen Nachfolger im eigenen Familienbetrieb, der aus verschiedenen Niederlassungen im Cafe- und Gaststättengewerbe bestand, großziehen wollte und keinen, wie er sagte, »verträumten Luftikus mit Spinnereien im Kopf«. Für ihn stand frühzeitig fest, dass Paul eines Tages die Geschäfte des Familienunternehmens mit Bravour führen und sich mannhaft nach seinem Bilde beweisen werde! Darauf konzentrierte er seine väterliche Pädagogik, die wohl auch dem damaligen Zeitgeist entsprach. Im Hause galten seine harten und kernigen Erziehungsgrundsätze, die Prügelstrafen einschlossen und keine Tränen des Jungen duldeten. Der kleine Mann sollte schließlich nicht »verzärtelt« werden, sondern einmal zäh und resistent gegen alle möglichen Anfechtungen des Lebens sein! Der Patriarch glaubte wahrscheinlich, so paradox das heute klingen mag, dem Sohn Paul damit einen besonderen Liebesdienst zu erweisen. Ihn auf Widerwärtigkeiten des Daseins vorzubereiten, ihn zu stählen, damit er den künftigen Herausforderungen gewachsen sei. »Wer seine Kinder liebt, züchtigt sie!«, hieß es damals. »Gelobt sei, was hart macht!«

Dieser auf sein familiäres Umfeld streng wirkende Herr Papa mag vermutlich selbst mit dieser heute finster wirkenden Pädagogik gelegentlich in inneren Widerspruch geraten sein. Zumindest habe ich ihn viel später als meinen grundgütigen und warmherzigen Großpapa Friedrich kennengelernt, der seiner Enkeltochter geduldig farbige kleine Bildchen vom Kaiser hervorkramte, die früher dem im Familienbetrieb hergestellten, köstlichen Gebäck in einer glanzvollen Verpackung für die Kundschaft beigefügt worden waren. Die Abbildungen von seiner Majestät im roten Samtmantel, mit Krone und Zepter, wirkten damals auf mich wie eine imponierende Märchengestalt und ebenso unwirklich wie Großpapa Friedrichs Geschichten vom »kleinen Paul« oder die Bilder seiner jungen Frau Lina-Franziska, meiner nie gekannten Großmama, von der mir der Großpapa Friedrich auch erzählte.

Allerlei schmeichelhafte, vielleicht auch zusammengesponnene Geschichten von der legendären Schönheit seiner viel bewunderten Lina-Franziska kursieren bis in die heutige Zeit in der weiten Familienrunde Schultheiß. Auch, dass sich der Ehemann gern um seine Gattin und Mutter seiner Kinder in der Gesellschaft beneiden ließ. Er gestand ihr auch eine feingeistige, seiner Meinung nach sehr weibliche Rührseligkeit und romantische Schwärmerei zu, sah ihr aber keine »Gefühlsduselei« im Umgang mit Paul nach. Im Dilemma elterlicher Konflikte und Zerwürfnisse über pädagogische Prinzipien lebten Paul und die ihm wenig später nachfolgenden drei Geschwister. Ein Hinweis darauf ist möglicherweise gerade jenes Foto, das ich nach so langer Zeit in meiner Blechschachtel entdeckte und auf dem mich die besonders traurigen Augen des Geschwisterpärchens Paul und Grete nachdenklich gestimmt hatten. Es wurde mir in der Familie von den beiden erzählt, dass sie besonders »in brenzligen Situationen«, was immer darunter zu verstehen war, »unzertrennlich« schienen.

Lina-Franziska war vor der Ehe als einzige Tochter des Stahlindustriellen und Fabrikbesitzers Paul Steinhaus in dem Bekannten- und Freundeskreis der Familie sehr umworben gewesen. Sie setzte auch als Gattin des Friedrich Christian Johann Schultheiß, des eher bodenständigen und sparsamen Geschäftsmannes, ihren luxuriösen und verschwenderischen Lebenswandel fort. In der feinen Gesellschaft ließ sie sich, ihrer Wirkung auf die Männer durchaus bewusst, bewundern und hofieren. Großzügig förderte sie zudem mit den Geldern ihres Gatten, dessen Ermahnungen in wirtschaftlichen Krisenzeiten in den Wind schlagend, aufstrebende Intellektuelle und Künstler in Berlin.

Schon im zarten Knabenalter führte sie den musikalisch talentierten Sohn Paul – sehr zum Ärger ihres Mannes – in diese Kreise ein, während die eher praktisch begabte Grete den beiden in die Welt der Künste und der Fantasien nicht zu folgen vermochte, sie aber umso mehr bewunderte und gerade dadurch mit dem Vater kollidierte, der autoritär dazwischenfuhr, wenn er glaubte, seine Frau »verdrehe Paul mit Illusionen den Kopf«. Als dann auch noch Vallenthin, der um vier Jahre jüngere Bruder Pauls, schwächlich und scheinbar ungeschickt, ohne sonderliche Begabung fortwährend kränkelte, wuchs der väterliche Druck auf den ältesten Sohn weiter an. Ohnehin hatte in jener gehobenen Gesellschaft, in der die Familie damals verkehrte, der Erstgeborene eine explizite Rolle einzunehmen und die Familie zu repräsentieren. So war es Tradition. Mit dieser Vorstellung versuchte der Vater autoritär und im Einklang mit dem pädagogischen Programm jenes altehrwürdigen Berliner Gymnasiums, das Paul auf sein Geheiß besuchte, diese gesellschaftliche Erwartungshaltung durchzusetzen, und duldete keine pubertäre Widerspenstigkeit seines Ältesten, während er für Margarete, Vallenthin und für den 1910 geborenen jüngsten Sohn Eugen geringeres Interesse zeigte.

Erzählt wurde mir, wie sehr mein Großpapa Friedrich als glühender

Patriot und Monarchist darunter gelitten habe, mit einem schweren Herzleiden wehruntauglich, dem Ruf seines Kaisers in den großen Krieg 1914 nicht folgen zu können, obwohl das nach seiner Auffassung seine nationale Pflicht gewesen wäre. Er vermochte daher seinen Vorfahren nicht nachzueifern, die bereits im Deutsch-Französischen Krieg 1870/71 unter Waffen gestanden hatten. Im Ausgang dieser kriegerischen Konfrontation mit den Franzosen, die damals schon vier Jahrzehnte zurücklag, war Deutschland erstarkt und ließ Zeitgenossen glauben, nationale Sehnsüchte, ehrgeizige Großmachtpläne und ein vermehrter Wohlstand, auch für die durch Stand und soziale Herkunft weniger privilegierten Klassen und Schichten der Bevölkerung, seien durch einen Krieg erfüllbar.

Ein ähnlicher Zeitgeist herrschte im 19. Jahrhundert auch in anderen europäischen Nationen. Militärische Auseinandersetzungen verloren dabei ihre Schrecken und wurden heroisiert. Stimmen gegen die Kriegsstrategien waren zu schwach oder verstummten im Juni 1914, als die deutsche Tagespresse von der Ermordung des österreichisch-ungarischen Thronfolgers Franz Ferdinand und dessen Gemahlin berichtete. Erwartungsgemäß wurde diese Tat zum äußeren Anlass für eine Kettenreaktion der jeweiligen Militärbünde. Die Mobilmachung und die Kriegserklärung der Deutschen folgten.

Die Truppen zogen im August 1914 ohne meinen mit sich und seinem Schicksal hadernden Großpapa Friedrich streitbar ins Feld, während sein gerade 13-jähriger Sohn Paul noch die Schulbank drückte. Schulatlanten und Lehrbücher aus Kaiser Wilhelms Zeiten, die ich zur Hand nahm, dokumentieren Eroberungsabsichten und Herrschaftspläne im Visier der Deutschen. In den vergilbten Schulakten jener Tage, die das Landesarchiv Berlin noch immer verwahrt, befindet sich der Bericht eines Oberstudienrates, der sich im Sommer 1914 mit den ihm anvertrauten Schulbuben offenbar auf den Straßen der Reichshauptstadt unter die Bevölkerung mischte, die den Kriegsfreiwilligen und Wehrpflichtigen, die gerade nach Belgien, Luxemburg und Frankreich zogen, in einer Stimmung des übersteigerten Patriotismus und Nationalismus begeistert zujubelte.

War der Schuljunge Paul Schultheiß dabei? Wahrscheinlich war er auch unter jenen Gymnasiasten zu finden, die nach einem Lehrplan mit ihren Studienräten jährlich das Sedan-Fest feierten, um sich der deutschen Überlegenheit im Krieg 1870/71 immer wieder neu zu erinnern, und daran, dass man den französischen Gegner in der entscheidenden Schlacht in jener Stadt an der Maas eingeschlossen, »ruhmreich« geschlagen und zur Kapitulation gezwungen hatte.

Mit dieser Überlegung betrat ich das alte, die Zeiten überdauernde Gemäuer jenes Berliner Gymnasiums, das Paul besucht hatte. Ich bestieg das erste Stockwerk und fand Zutritt zur Aula. Wahrscheinlich hatte damals dort ein Gemälde des deutschen Kaisers und obersten Feldherrn geprangt und an den Wänden der weitläufigen Gänge die in heldenhafter Pose abgebildete deutsche Generalität. Das war denkbar. In den Klassenzimmern wurden die Jungs für den Weltkrieg begeistert und mit der hochgemuten Vorstellung erzogen, dass man für einen angestrebten »Platz an der Sonne« und für eine verheißungsvolle Zukunft streitbar auf die »Felder der Ehre« ziehen müsse. Auch eine Ideologie »deutschen Sendungsbewusstseins« und »schwärmerischer Heldengesang« gehörten, wie die archivierten Schulunterlagen bezeugen, zur langen Tradition dieser Bildungsstätte. Daran wurde festgehalten. Jahrzehnte später würde der Schriftsteller Wolfgang Borchert einmal schreiben »Zwischen Langemarck und Stalingrad lag nur eine Mathematikstunde« (Borchert 1996, S. 119).

Ich verließ das Schulhaus, durchstreifte Straßen und Plätze des angrenzenden Stadtbezirks und stand schließlich vor einem Neubau, der nach dem Zweiten Weltkrieg anstelle des mit vielen Verschnörkelungen verzierten, etwas protzig wirkenden Wohnhauses der Familie Schultheiß errichtet worden war. Genau da, wo die Sprengbombe das repräsentative Gebäude zur Straße und auch die Remise mit den angebauten Pferdeställen zerstört und das Erdreich zerfetzt hatte. In den Händen hielt ich alte Fotos, die mich an Besuche bei Großpapa Friedrich erinnerten, und die aktuellen Pläne des Liegenschaftsamtes, in denen das Areal neu vermessen war. Eingezeichnet waren darin einige alte, knorrige Laubbäume, die verflossene Zeiten überdauert hatten. Unter ihnen mochte schon mein Vater als Schuljunge herumgetollt sein.

Gerade wollte ich mir ausmalen, womit der damals im Jahre 1914 als Vorbild gelten wollende Familienpatriarch, der Jahrzehnte später mein Großpapa Friedrich war, vor der Ehefrau Lina-Franziska und den heranwachsenden Kindern, also auch vor dem ältesten Sohn Paul, sein selbst als Makel empfundenes Herzleiden kompensiert haben mochte, als mich der Fund eines Dokumentes in einem Berliner Archiv völlig überraschte! Es handelte sich um einen mehrseitigen Lazarettbericht, der beweist, dass sich mein Vater im Oktober 1916 – er wurde erst vier Monate danach 16 Jahre alt! – von der Schulbank weg an die Front gemeldet hatte. In einem lebensbedrohlichen Schockzustand und vom Malaria-Fieber geschüttelt wurde der Hilfsdienstfreiwillige am 12. November 1917 von einem deutschen Kriegslazarett im fernen Afrika aufgelesen. Der Arzt vermerkt, dass der mit 40 Kilogramm untergewichtige Kranke während oder nach einer Kampfhandlung »umgekippt ist und im kalten Wasser gelegen hat« und nun mit einer ausgemachten Rippenfellentzündung, einem diagnostizierten Darmkatarrh und vor allem einer ausgemachten Körperschwäche völlig daniederliege.

Ich benötigte einige Zeit, um diese – wie ich fand – Ungeheuerlichkeit glauben zu lernen! Noch einmal betrachtete ich auf dem zweiten Foto meiner Blechschachtel das vermutlich früh pubertierende Kerlchen, das mir auf den ersten Blick noch nicht trocken hinter den Ohren erschienen war! Mit dem Wissen um seine Freiwilligenmeldung könnte man vermuten, der selbstgerecht dreinschauende Knabe möchte vor allem nicht unterschätzt werden. Denn seiner Spielzeuguniform, mit der er – das Heureka-Gewehr mit der Gummikappen-Munition schulternd – im Berliner Stadtpark aufmarschierte, war er ja mit seinen 14 Lenzen längst entwachsen! Er hatte inzwischen bereits bei den organisierten Wehrersatzübungen für Schuljugendliche seiner Altersklasse gelernt, dass ein »richtiger Mann« auf Kommando stillzustehen oder sich zu rühren hat, und dass niemand ein Held des Krieges werden kann, der den Stechschritt des Friedens nicht wie im Schlaf beherrscht. Nun sah er vermutlich die Zeit herannahen, sich endlich mannhaft im wirklichen Leben und offenbar gerade in diesem großen Krieg zu beweisen, und scharrte im schweren Sitzmöbel erhobenen Hauptes und mit stolz geschwellter Brust ungeduldig mit den Hufen.

Das ganze Ausmaß einer Tragödie ahnte ich nun allerdings mit Bild Nummer drei aus der Blechschachtel. Paul, das schmale Jungelchen, steckte darauf nicht etwa, wie ich geglaubt hatte, in einer viel zu groß ausgefallenen Schuluniform. Diese mir anfangs merkwürdig erscheinende, viel zu lange Jacke gehörte offenbar zur Bekleidung des hilfsdienstfreiwilligen Kriegers, von dem der stolze Vater vermutlich in aller Eile, bevor sein Sohn mit gleichgesinnten Schulkameraden in die Welt hinauszog, noch einen seiner unscharfen Schnappschüsse geknipst hatte, während der Direktor des Jungengymnasiums der vorgesetzten Behörde meldete, dass seine »Schule dem vaterländischen Dienst nicht im Wege stehe« und die Zöglinge mit vorgezogenem »Notexamen« nunmehr »freudig ihre Pflicht erfüllen« könnten. Man hatte sie Tage zuvor – so der Bericht – mit dem Lied »Wie ein stolzer Adler« feierlich an die Front verabschiedet. Dahin, wo vielleicht gerade »Schrapnells den Abhang bestrichen« und die Gruppe nachts »aneinandergekauert im schlammigen Unterstand schlief. Zu zehnt, am nächsten Abend waren es noch sechs. Vier verröchelten zwischen den Gräben im Drahtverhau« (Toller 2010, S. 45ff.). So und noch weitaus dramatischer las man es später in Schilderungen der damals Dabeigewesenen und kann sich dennoch kaum eine Vorstellung machen. Von diesem Krieg, der auf Schlachtfeldern vornehmlich nicht von den Alten ausgefochten wurde, die ihn herbeigewünscht und ersonnen hatten, sondern von Kindern oder Jünglingen, die vor dem Gesetz großteils noch minderjährig, nicht als mündige Staatsbürger galten, noch nicht einmal wahlberechtigt waren oder niemals zuvor ein Mädchen in den Armen gehalten und geliebt hatten.

Der Gedanke daran, dass ein Missbrauch von Kindern und Jugendlichen auch in anderen Kriegen erfolgte und der amerikanische Schriftsteller Kurt Vonnegut völlig legitim und zu Recht in seiner Darstellung der späteren Geschehnisse im Zweiten Weltkrieg vom »Kinderkreuzzug« spricht – das Durchschnittsalter der amerikanischen und britischen Piloten und Bordschützen im Luftkrieg über Dresden im Februar 1945 war erschreckend niedrig –, lässt mich nicht los.

Mit einiger Mühe musste ich die Haltung jener Eltern und Großeltern zur Kenntnis nehmen, die dereinst diesseits und jenseits der Frontlinien den soldatischen Einsatz ihrer Nachhut als eine patriotische Pflicht vor dem jeweiligen Vaterland verstehen wollten.

Auch wenn also Pauls Elternhaus und Schule offenbar erwarteten, dass ein Jüngling, sobald er irgend kann, den Dienst an der Waffe versieht, hätte ich doch gern gewusst, ob er dabei in Zwänge geraten war oder aus eigenem Willen entschied. Hatten ihn Heldenberichte von Freiwilligenregimentern, die bereits zum Zeitpunkt seiner Kriegsdienstverpflichtung in Bixschoote und vor Ypern verblutet waren, dazu animiert? War die Legende von Langemarck, nach der man das englische Maschinengewehrfeuer mit dem Deutschlandlied auf den Lippen beantwortet habe, ausschlaggebend für seinen Entschluss? Schließlich hatten sich damals ganze Gymnasialklassen mit dieser und anderen Heldensagen im Kopf, ermuntert von ihren Lehrern, kriegsfreiwillig gemeldet, von denen dann, wie es heißt »jeder zweite draußen geblieben« sei! Oder zählte bei Paul, wie bei anderen Jungen seines Jahrgangs, die sich später erinnerten, ein »großes Sehnen nach der Gefahr«, die »Lust auf ein Abenteuer und das Ungewöhnliche«? Vielleicht hatten die schaurig-mystischen, schwermütigen Todesstrophen der Soldatenlieder ihre Wirkung gezeigt? Lockten ihn romantisch verklärte Vorstellungen von der soldatischen Kameradschaft der Männer im Kampf? Vielleicht auch nur die Gelegenheit, sich endlich mannhaft vor dem Vater als Held zu beweisen? Am Ende war er vielleicht sogar ausschließlich einem Geheiß des Vaters gefolgt und wollte es dieses Mal richtig, vielleicht sogar besser machen als er! Auch das ist vorstellbar. Oder, dass er dem daheim viel gerühmten Onkel aus dem Brandenburgischen, den die Familie im feldgrauen Rock eines ranghohen Militärs mit drei Hurras auf Kaiser und Vaterland zum Tor hinausbegleitet hatte, imponieren wollte. Es ist sogar möglich, dass ein der Familie nahestehender Offizier, der dem Gesetz nach »vom Kriegsamt bevollmächtigt, nach Benehmen mit der zuständigen Reichs- und Landeszentralbehörde über den Einsatz der Kriegsdienstleistenden bestimmte«, großzügig seine Hände im Spiel hatte. Paul, der Gymnasiast, wurde von einem Militärarzt für »felddiensttauglich« befunden, durfte als noch minderjähriger Knabe ungehindert »ausrücken« und gehörte fortan zu einem »Fußartillerieregiment«.

Eine verlässliche Antwort auf diese Fragen ist nach Aktenlage und spärlichen Erinnerungsfetzen der Zeitzeugen, die eine Geschichte des »tapferen Paul« auch nur vom Hörensagen kennen, nicht zu haben. Sicher erscheint allein, dass weder der Vater noch die Mutter den Sohn zurückhielten, der im zarten Knabenalter nicht einmal nach dem Gesetz über den »vaterländischen Hilfsdienst«, das männliche Deutsche vom vollendeten siebzehnten bis zum vollendeten sechzigsten Lebensjahr – soweit sie nicht bereits zum »Dienst in der bewaffneten Macht« einberufen waren – während des Krieges bei Bedarf zu Hilfsdiensten verpflichtete. Schließlich sah der »Hindenburg-Plan«, der dieses Gesetz begründet hatte, vor, die »letzten Reserven« an den Fronten einzusetzen.[39]

Es ist auch nicht überliefert, wann und unter welchen Umständen Paul Schultheiß bei Ausgang des Ersten Weltkrieges in die Heimat und in den Schoß der Familie – vermutlich wie andere »geschlagene Krieger« geschockt, kaputt, zerschunden, an Leib und Seele lädiert – zurückkehrte. Ich glaube auch nicht, dass er sich jemals mit den Daheimgebliebenen über das »tagelange wechselseitige Trommelfeuer« unterhielt, über »den Feuerriegel, der die Hölle gewesen war, über Waffengattungen, über das Abblasen von Chlorgas, gestaffelte Grabensysteme samt Schulter-, Brust- und Rückenwehr, über Sappenköpfe, erdabgedeckte Unterstände, tief ins Erdreich gestufte Stollen, unterirdische Laufgänge, bis dicht an die feindlichen Linien herangetriebene Horch- und Minierstollen, das Geflecht der Stacheldrahtverhaue« (Grass 1999, S 60).

Solche Erinnerungsberichte liegen mir von anderen Zeitzeugen vor, die sich meist erst sehr viel später sachkundig miteinander austauschten. Kein schriftliches Zeugnis von Paul Schultheiß. Ich glaube nicht einmal, dass er in seinem Elternhaus über Ängste, Panik, Horror und Entsetzen sprechen konnte oder wollte, das Frontsoldaten und Hilfsdienstleute, vermutlich auch ihn selbst, gepackt hatte. Eher hat er wie andere Kriegsteilnehmer mit schnoddriger Erzählweise auf glückliche Momente des Schicksals verwiesen, die ihn am Leben ließen, und dabei die eine oder andere Schnurre zum Besten gegeben – schon um damit aufgewühlte Emotionen zum Schweigen zu bringen. Das entspräche, so glaube ich, seinem Naturell am ehesten.

Erst mit der scheinbar notwendigen zeitlichen Distanz vertraute er sich nachweislich seiner Schwester Grete an. Aus den späteren Lebensverläufen von Grete und Paul wäre zumindest zu schließen, dass sie sich mit diesem Krieg durchaus auseinandersetzten, in dem der totale Einsatz von Mensch, Maschine und Material dazu geführt hatte, dass die Schlachtfelder und Schützengräben zu Orten des sich über Jahre hinziehenden Massensterbens wurden und sich die »Felder der Ehre« als Orte der Finsternis erwiesen.

Ich wüsste allerdings gern, ob sich Paul, der Hilfsdienstfreiwillige und Kriegsheimkehrer, bereits im November 1918 wieder in Berlin aufhielt und auf eine Atmosphäre traf, die so gar nicht jener bei Kriegsausbruch glich. Der hurra-patriotischen Stimmung in der Bevölkerung war inzwischen eine lähmende Resignation gefolgt, die unmittelbar nach dem erbärmlichen Kriegsende in einen Volkszorn umschlug.

Menschenmassen zogen, gegen die gesittete Preußenherrlichkeit aufbegehrend, durch Berlins Straßen. Arbeiterfäuste hämmerten an die verrammelten Tore des Kriegsministeriums. Rote Fahnen flatterten. Die Menge rebellierte gegen die kaiserliche Regierung, während der Hofzug mit dem Exmonarchen möglichst unauffällig nach Holland entschwand, sich alle regierenden Fürstenhäuser im Deutschen Reich nahezu in Luft auflösten, Untertanen in den Kirchen nicht mehr für den deutschen Kaiser beteten und die Deutsche Monarchie mit jedem weiteren Tag zur unumkehrbaren Geschichte wurde. Wo mochte sich Paul aufgehalten haben, als Soldaten vielerorts in Berlin und in Deutschland darüber diskutierten, ob sie nach Hause gehen oder sich der Revolution anschließen sollten? Als am 9. November 1918 Philipp Scheidemann die »deutsche Republik« und Karl Liebknecht die »sozialistische Republik Deutschland« ausriefen? Ob sich Paul in der jubelnden Menge vor dem Reichstag oder vor dem Berliner Schloss befand und auch nur akustisch die Redner im allgemeinen Trubel überhaupt zu verstehen vermochte? Wo steckte er, als revoltierende Soldaten und Arbeiter den Offizieren Kokarden und Rangabzeichen von den Uniformen rissen?

Das alles musste fraglich, anderes unterbelichtet bleiben. Sehr wahrscheinlich ist allerdings, dass Erschütterungen seiner Seele während des Krieges sein künftiges Verhalten beeinflussten und dass weitere Lebensentscheidungen meines Vaters immer auch im Zusammenhang mit seinem Kriegseinsatz im zarten Knabenalter zu betrachten sind.

Ich wage allerdings nicht einzuschätzen, ob oder wie sich bei ihm nach den Erfahrungen im Krieg ein »gestörtes Gefühlsleben« manifestierte oder auch eine »Frustration, mit der er sich im Umgang mit seinen Nächsten Härte abverlangte« und sich gegen »Zuneigung und Zärtlichkeit abschottete«. Etwa so, wie das unlängst als eine verheerende Folge des Ersten Weltkrieges in einschlägiger Literatur beschrieben und verallgemeinernd für Frontsoldaten der kaiserlichen Armee geschlussfolgert wurde. Psychologische Darstellungen sprechen in diesem Zusammenhang von einem »Vakuum«, einer lebenslangen »Bindungsunfähigkeit«, einer furchtbaren »todesähnlichen Erstarrtheit und Leere«, von einem »Unterdruck der Seele« (Scheub 2007, S. 72ff.).

Ich vermochte die fragmentarische, vage Skizze einer Kindheit, die sich mir wie aus einem Puzzle zusammengefügt hatte, ohnehin nur mit den Augen einer sehr betroffenen Tochter zu sehen. Könnte mir Papa Paul heute selbst anvertrauen, was ihm damals geschah, würde ich ihm zuhören. Ich würde ihn zu trösten versuchen.

Unerfüllte Erwartungen

Die Geschichte von der Uhr erfuhr ich eher beiläufig von einer um sieben Ecken mit mir verwandten Großcousine, die sie wiederum auch nur als Kind von ihrem Vater gehört hatte. Sie passte zu den vielen »Legenden von der schönen Lina-Franziska Schultheiß«, die in der Verwandtschaft kursierten und die man sich immer mal wieder gutmütig lächelnd in Erinnerung rief. Sie soll sich im dritten Jahr des großen Krieges, also 1916, zugetragen haben.

Lina-Franziska, so wurde erzählt, war an einem trüben Novembertag auf ausdrückliches Geheiß ihres Gatten in der Stunde »deutscher Not« mit einer »Spende« zur Sammelstelle unterwegs, um – wie es damals hieß – den Goldschatz der Reichsbank und damit die finanzielle Wehrkraft des deutschen Vaterlandes zu stärken. Wahrscheinlich hatte der Gatte zu ihr gesagt: »Wir sollten mit gutem Beispiel vorangehen, wenn deutsche Männer und unser Sohn Paul bereit sind, ihr Leben hinzugeben.«

Man hatte sich dann in der Verwandtschaft nur vorstellen können, wie schmerzlich sich die eitle Lina-Franziska von den oft künstlerisch wertvollen Erinnerungsstücken trennte. Darunter befanden sich immerhin Armbänder, Halsschmuck, Ringe, das verzierte Lorgnon und die Kette mit den Taufdukaten aus ihrer eigenen Schatulle! Aber der Ehegatte hatte entschieden und zum Schluss noch seine Manschettenknöpfe und Pauls reich verzierte Uhr mit der schweren goldenen Kette dazugelegt. Niemand konnte später genau sagen, wie es Lina-Franziska fertiggebracht hatte, den gewissenhaften Ehegatten zu täuschen und diese Herrenuhr, ein altes Erbstück aus der Hinterlassenschaft eines längst verstorbenen Urahnen, das ein besonderes Konfirmationsgeschenk an Paul gewesen war, »abzuzweigen« und damit ihrer »Ehrenpflicht für den Kaiser und das Vaterland« an diesem Tag nur unvollkommen zu genügen. Dem alten Herren daheim war offenbar später entgangen, dass dieses Stück auf der dem Spender verliehenen Urkunde und in den Gutschriften mit der Überschrift »Gold gab ich für Eisen« nicht aufgeführt war. Keiner weiß, wie er reagierte, als Lina-Franziska den Jahre später heimgekehrten »Kriegermann« Paul ein zweites Mal mit der Uhr beschenkte und dabei wahrscheinlich gehofft hatte, dass sie ihrem Sohn nach all den hinter ihm liegenden Schrecknissen künftig nur noch Friedenszeiten anzeigen möge.

Ich wusste selbst aus eigener Erinnerung bei dieser Erzählung hinzuzufügen, dass mein Papa Paul gerade diese Uhr fortan in Ehren hielt, und sah mich als kleines Mädchen beim sonntäglichen Ritual: Papa Paul holte seine Taschenuhr aus dem Nachtschrank hervor, zog sie feierlich auf, ließ sie an meinem Ohr ticken und uns alle am Familientisch spüren, dass es damit eine besondere Bewandtnis haben musste.

Später, als »unser Soldat« im Zweiten Weltkrieg an die Front musste und der Platz unseres Familienoberhauptes am Tisch leer blieb, hatte ich mir meinen Papa Paul manchmal herbeigeträumt, deponierte dann seine Tageszeitung auf dem gewohnten Platz, wienerte seine Uhr blank und erbat Mamas Unterstützung, um ihr Ticken hören zu können.

Diese kleine Geschichte von der Uhr deutete, so glaube ich, auf eine besondere Nähe zwischen Lina-Franziska und dem Sohn Paul. Dafür sprach auch das Engagement der Mutter, Paul mit seiner Rückkehr ins Zivilleben unabhängig von der Familie eine Eigenverantwortlichkeit zuzutrauen und seine Selbstständigkeit zu ermöglichen. Die Pläne des Familienoberhauptes, der seinen Ältesten nach wie vor unter eigener Regie als Nachfolger im Familienbetrieb sah, schlug sie damit in den Wind. Allerdings verblassten die Gegenargumente des Vaters, als in den Jahren der Nachkriegskrise zwischen 1919 und 1923 auch das Familienunternehmen ins Rutschen und in den Strudel allerorts zusammenbrechender Unternehmen geriet. So erschien es bald auch ihm akzeptabel, als der Sohn im Betrieb des Großvaters, seines Schwiegervaters, der sich in Krisenzeiten eben noch über Wasser hielt, immerhin eine Lehre als

Elektriker abschloss, um sich später darauf aufbauend weiterqualifizieren zu können. Zumal allgemeine Lehrstellenknappheit herrschte, denn die aus dem Krieg heimkehrenden jungen Männer drängten in die Berufe.

Aber nicht nur der berufliche Einstieg Pauls widersprach den langfristig angedachten Lebensentwürfen des Vaters für seinen ältesten Sohn, auch die politischen Ansichten der beiden wichen voneinander ab. Der Vater machte große Worte, argumentierte, ohne Mitglied einer Partei zu sein, »vaterländisch« und »konservativ«, sah die deutsche Nation im Ergebnis des Weltkrieges territorial und kulturell infrage gestellt, sprach vom »Diktat-Frieden von Versailles« und machte »innere und äußere Kriegsgegner« dafür verantwortlich, dass Deutschland den Krieg und in der Welt an Ansehen verlor. Vergeblich erwartete er dabei die Zustimmung seines Sohnes Paul, der auch dem Gedanken einer »Wiedergeburt der deutschen Nation« nichts abzugewinnen vermochte und sich von dem »kriegsunerfahrenen Wohnzimmer-Strategen« nicht mehr belehren lassen wollte, der nie im Schützengraben gelegen, nie in das gelbfeurige Licht der Geschosse geschaut und nie die Schreie der Sterbenden gehört hatte.

Paul widersetzte sich jedem Revanchegedanken, denn er hatte erlebt, dass im Krieg die großen Worte klein wurden, die Gefühle stumpf, der Alltag des Soldatenhandwerks absurd und das Morden widersinnig. Seit er das verstanden hatte, wollte er nur noch vergessen – den ganzen Krieg! Er besuchte Literaturveranstaltungen, begleitete seine Mutter Lina-Franziska in Museen, Galerien, in die Oper und in Konzerte. Hörte mit ihr Bach, Telemann, Beethoven, Mozart und Haydn. Spielte mit der Mutter vierhändig auf dem Klavier und wollte wahrscheinlich den Gefechtslärm übertönen, der in seinem Innern, ob er wollte oder nicht, nachhallte. Auch im Trubel Berlins suchte er »abzuschalten«, saß in Kaffeehäusern, schäkerte mit den Mädchen und konnte im Sommerwind Erinnerungen loswerden – nur kurz, minutenlang.

So etwa glaubte ich mir die Situation vorstellen zu müssen, als sich Lina-Franziska nun offenbar zur Kuppelmutter aufschwang und dem Sohn Paul das Eheleben mit einem 17-jährigen Mädchen, Berta-Antonia, aus gutbürgerlichem Hause schmackhaft zu machen suchte. »Mit knapp 21 Jahren kann sich der Junge nicht mit traumatischen Kriegserlebnissen auf Dauer einkapseln«, mochte sie gedacht haben. Überlebensstrategien mussten her! Ich vermute, dass sie dem Sohn helfen wollte, mit veränderten Rahmenbedingungen seinem Dasein – möglichst fern von aller Politik und seines Vaters Ambitionen – einen neuen Sinn zu geben und ruhiger zu werden. Ganz bestimmt beabsichtigte sie auch, ihn damit dem Fokus des noch immer gestrengen Familienpatriarchen und beständig schwelenden häuslichen Konflikten zu entziehen.

Dafür nahm Lina-Franziska selbst einen ehelichen Zwist auf sich! Denn ihr Gatte soll den Heiratsplänen ungewöhnlich heftig, aber vergeblich widersprochen haben. Seine Argumentation, der Sohn wäre zu jung und sein Einkommen und beruflicher Status seien zu schwach, um bereits Verantwortung für eine Ehe und Familie tragen zu können, wirkte auf Paul wahrscheinlich grotesk, gerade weil ihm der Vater bereits Jahre zuvor das »Kriegshandwerk« zugetraut hatte und ihn bedenkenlos ziehen ließ.

Unterlagen auf dem Standesamt Berlin-Zehlendorf bezeugen, dass der Heiratskandidat gerade sein 21. Lebensjahr vollendet hatte. Der Volljährige bedurfte deshalb keiner ausdrücklichen väterlichen Erlaubnis mehr. Vor dem Gesetz blieb der Widerspruch des Vaters bedeutungslos. Aber die Beamten bezweifelten die Ehetauglichkeit der noch kindlich erscheinenden Braut. Diese Skepsis legte sich erst nach Gesprächen mit der Mutter und dem Großvater des Bräutigams, Lina-Franziska Schultheiß und Paul Steinhaus, in der Behörde. Das wird aus den inzwischen archivierten Aufzeichnungen des Beamten erkennbar. Die protokollierten Vorverhandlungen lassen spüren, dass der Stahlindustrielle Steinhaus, Besitzer einer herrschaftlichen Villa in Berlin-Dahlem, Ansehen in der Behörde genoss und offenbar Einfluss genug besaß, um schließlich alle Bedenken zu zerstreuen.

Die astronomische Höhe der vermutlich von den Brauteltern getragenen Zeche der Hochzeitsgesellschaft in einem vornehmen Restaurant Berlin-Zehlendorfs könnte den Eindruck erwecken, Paul habe in Kreise wohlhabender Multimillionäre eingeheiratet – wüsste man nicht um die finanzpolitischen Kapriolen im Inflationsjahr 1923 und die damit verbundenen Trugbilder. Nie und nirgends zuvor hatte die deutsche Währung solche schwindelerregenden Sprünge gemacht. Die Banknotenpressen, von 300 auf Hochtouren laufenden Papierfabriken unermüdlich gespeist, spuckten Tag und Nacht Millionen- und Milliardenscheine aus, die kaum

getrocknet schon wieder wertlos waren und nur noch durch den Über-
druck neuer, noch mehr Nullen aufweisender Zahlen als kurzlebige
Geldscheine in Umlauf gebracht werden konnten.

Das Hochzeitsgelage mochte üppig gewirkt haben, aber der wirtschaftliche Start der jungen Eheleute blieb mehr als bescheiden und schien von
der wohlgefälligen und schon alsbald sehr begrenzten Unterstützung
des großväterlichen Stahlindustriellen abhängig, der im Herbst 1923 mit
seinem Werk von einem Konzern aufgekauft wurde und dort nur noch
als Betriebsleiter fungierte, bis er 1926 starb.

Es ist schwer nachvollziehbar, ob die mütterlichen Hoffnungen auf-
gingen und es Paul wirklich nach der Hochzeit gelang, die quälenden
Horrorbilder des Krieges zu verdrängen und mit seiner neuen Verantwortung als Ehemann und im Beruf zu funktionieren. Einige Wochen
vielleicht? Monate? Vielleicht ein Jahr? Das ist im Rückblick nicht mehr
herauszufinden. Aber es wird aus dem späteren Verhalten der Eheleute
ersichtlich, dass irgendwann Pauls Erinnerungen an das Kriegsgeschehen
wieder aufgekommen waren und dominierten. Vielleicht nachts, als er
plötzlich daran denken musste, dass man die Toten im Gemeinschaftsgrab
ohne Särge bestattet hatte, und er zu fröstelln begann? Oder als er die
Kriegskrüppel auf der Straße und die vergrämten, schwarz gekleideten
Frauen unerträglich fand. Oder am Grab seines ehemaligen Schulfreundes
und Kriegskameraden, an dem er Blumen niederlegte.

Vielleicht hatte er in einem solchen Augenblick plötzlich gewusst,
dass die im Krieg Gefallenen nicht nur tote Deutsche, tote Polen, tote
Russen, tote Belgier, tote Franzosen … gewesen waren, sondern vor allem
Menschen, die alle angeblich ihre Pflicht erfüllten und ihr Vaterland verteidigten. Der Franzose Frankreich, der Deutsche Deutschland … Einige
erhalten gebliebene Schriftstücke weisen darauf hin, dass Paul Schultheiß
etwa 1923/24 mit einem »Internationalen freiwilligen Hilfsdienst« in
Verbindung trat, mit Männern aus unterschiedlichen Ländern, die der
große Krieg zu Kriegsgegnern gemacht hatte und die nach Wegen suchten,
den Friedensgedanken eindrucksvoll und überzeugend zu verbreiten.[40]
Im November 1920 hatten sie nahe der französischen Stadt Verdun ein
erstes Vorhaben gestartet. In das kriegszerstörte Dörfchen Esnes sollte
wieder Leben einkehren. Neue Behausungen entstanden. Noch explosive
Geschosse wurden aus dem Boden entfernt. Auf dem Ackerland konnte

danach wieder geerntet werden. Weitere vergleichbare Initiativen Frei-
williger, die ehemals im Krieg in unterschiedlichen Armeen mit- oder
gegeneinander gekämpft hatten und nun gemeinschaftlich ein Wieder-
aufbauwerk organisierten, waren gefolgt und von der internationalen
Öffentlichkeit befürwortet, bezweifelt und gebremst, gelobt, abgewertet
und verteufelt worden. Belegt ist eine besondere Anteilnahme meines
Vaters an diesen Aktionen. Unklar bleibt, ob, wann und wo er sich selbst
dabei einbrachte, um sich möglicherweise in einem praktischen Ver-
söhnungswerk von den im Ersten Weltkrieg erlittenen Irritationen und
Depressionen zu befreien, wie das andere an den Wiederaufbauvorhaben
Beteiligte später von sich berichteten.

Es ist zumindest dokumentiert, dass Paul, der frischgebackene Ehemann, sich in den folgenden Jahren zu wenig Berta-Antonia, seiner
blutjungen Ehefrau und Mutter seines drei Jahre nach der Hochzeit
geborenen Sohnes Paul (jun.), zuwandte und häufig unterwegs war. Er
verkehrte in dieser Zeit vor allem in pazifistischen Kreisen Deutschlands.
Zum Befremden seiner konservativen und vornehmlich deutschnational
eingestellten Verwandtschaft und des noch lange dem alten Kaiser Wilhelm nachtrauernden Vaters, trat er gelegentlich als temperamentvoller
und wortgewandter Redner vor versammelte bürgerlich-pazifistische und
proletarische Kreise und prangerte dabei revanchistisches Gedankengut
und eine vorerst noch versteckte Wiederaufrüstungspolitik Deutschlands
an.

Dass sich gerade Paul, ein junger Mann aus »gutem Hause«, im pro-
letarischen Milieu politisch engagierte, traf da und dort in und um die
Großfamilie Schultheiß auf Unverständnis. Pauls Vater reagierte auf
entrüstete oder auch nur irritierte Anfrager etwas mühsam, wenn er
nur scheinbar herablassend und nachsichtig vorgab, in der »Offenheit
des Sohnes für neumodische Zeitgeister, Dichter und Propheten« ein
»jugendliches Ungestüm« oder eine vorübergehende »Jugendeselei«
zu entdecken. So etwa lässt sich zumindest sein Kommentar in einer
noch erhaltenen Korrespondenz deuten, die damals zwischen ihm und
einer bayrischen Verwandtschaft hin und her wechselte und mit der er
vermutlich sein Gesicht zu wahren glaubte.

Es spricht dennoch, wie ich finde, gleichermaßen für den Vater und den
Sohn, dass beide trotz des familiären Konfliktpotenzials umeinander be-

müht blieben und sich über lange Zeiten eine für Außenstehende spürbare Zuneigung füreinander bewahrten – obwohl der väterliche Einfluss nicht ausreichte, Paul auch im reiferen Lebensalter von seinen eigenwilligen Wegen und dem Umgang mit Gleichgesinnten abzubringen.

Ganz sicher stammten auch einige schriftliche Zeugnisse aus der Feder der angeblich »neumodischen Zeitgeister« jener Jahre der Weimarer Republik, die sich viel später einmal in der schmalen Hinterlassenschaft meines Vaters fanden. Darunter war ein Gedichtband von Erich Kästner aus den Zwanzigern mit den mehrfach angestrichenen und mit zustimmenden Randglossen kommentierten Versen, die ich nun las:

> Wenn wir den Krieg gewonnen hätten,
> mit Wogenprall und Sturmgebraus,
> dann wäre Deutschland nicht zu retten
> und gliche einem Irrenhaus.
> [...]
> Wenn wir den Krieg gewonnen hätten,
> dann wären wir ein stolzer Staat.
> Und pressten noch in unsren Betten
> die Hände an die Hosennaht.
> [...]
> Die Grenze wär ein Schützengraben.
> Der Mond wär ein Gefreitenknopf.
> Wir würden einen Kaiser haben
> und einen Helm statt einen Kopf.
> [...]
> Dann läge die Vernunft in Ketten,
> und stünde stündlich vor Gericht.
> Und Kriege gäb's wie Operetten.
> Wenn wir den Krieg gewonnen hätten –
> zum Glück gewannen wir ihn nicht!

Mit dieser Lektüre fielen mir auch die Wintertage 1947 wieder ein, als meine Großmutter aus der zweiten und dritten Reihe des wuchtigen Bücherschrankes Publikationen herausragender Kriegsgegner wieder ins Licht rückte, um uns ausgewählte Texte, die mein Vater einst mit seinen Randbemerkungen versehen hatte, vorzulesen.

Auch an jenem Tag, als ich – die »Malergehilfin« meines Mannes und angehende Diplomandin – ausgerechnet auf die Tagespresse des Jahres

1928 und Autoren stieß, die gegen die deutsche Wiederaufrüstung protestiert und vor einer aufziehenden Kriegsgefahr gewarnt hatten, war ich, ohne mir darüber im Klaren zu sein, gedanklich meinem Vater begegnet! Ich habe mir inzwischen ausgerechnet, dass ich in diesem Moment, der meine berufliche Orientierung (zufällig?) immerhin beeinflusste, etwa genauso jung gewesen war wie mein Vater in seiner engagierten Zeit als »Friedensapostel«.

»Paul konnte sich lange nicht verzeihen«, so erzählte mir einmal meine Großmutter, der sich der Schwiegersohn Paul offenbar anvertraut hatte, »1928 für ein Volksbegehren gegen den damals von der Regierung geplanten Bau eines Kriegsschiffes, des Panzerkreuzers A, geworben zu haben und darüber den längst überfälligen Besuch bei seiner schwer krank daniederliegenden Mutter versäumt zu haben, die dann verstarb.« Er trauerte sehr um sie, zumal sich Mutter und Sohn charakterlich ähnelten.

Lina-Franziska hatte sich bis zuletzt in den »Goldenen Zwanzigern« dem prallen Großstadtleben zugewandt, sicher auch ihren Sohn Paul dafür begeistert und vielleicht mit der ihr eigenen Raffinesse ihn dann und wann von seinen politischen Ambitionen abzuhalten versucht. Das mag ihr teilweise auch gelungen sein. Denn ich erinnere mich an meines Vaters Schwärmerei für das Berliner Temperament und die mit Witz von ihm vorgetragenen Lieder seiner Jugendzeit, mit denen er auch mich als kleines Mädchen beeindruckte und zum Lachen gebracht hatte. Ich vermute, dass ihn als junger Mann der »goldene Hauch der Zeit« gestreift hat, in der die deutsche Wissenschaft Weltgeltung errang, Hugo Eckeners Zeppelin sich das Erdenrund eroberte, Junkers Maschinen erstmals den Atlantik in Ost-West-Richtung überflogen, in Hamburg die größten und schnellsten Passagierdampfer der Welt vom Stapel liefen, die Elektrifizierung der Eisenbahnen begann und Lichtreklamen das abendliche Straßenbild der Großstädte verzauberten. In Berlin und anderswo entstanden Sportplätze und Freibäder, schmucke U-Bahn-Linien wurden in der Reichshauptstadt eingeweiht und luxuriöse Filmpaläste lockten die Besucher. Berlin gehörte zu den attraktivsten Weltzentren des Theater- und Varietélebens. Nacht für Nacht tobte der Amüsierrummel im »Wintergarten« und in zahlreichen anderen Schaustätten. Es liegt nahe, dass sich mein temperamentvoller Vater damals diesem prallen Angebot öffnete. Dabei allerdings eine besonders sensible Wahrnehmung für jene

Denker und Dichter entwickelte, die auch in den »Goldenen Zwanzigern« mit gekonnter Satire, in zündenden Versen, Songs und Liedern gesellschaftliche Widersprüche thematisierten und weiter aufkeimende Kriegsgefahren anprangerten.

Offenbar hatte seine besondere Nähe und Bindung zur Mutter bewirkt, sich loyal zu geben und die Ehe mit Berta-Antonia aufrechtzuerhalten, wenngleich die einstigen Hoffnungen der beiden Ehestifter, die gesammelte Aufmerksamkeit der jungen Leute auf ein zu begründendes Familienglück zu lenken, längst zerstoben waren. Nachdem der Großvater Paul Steinhaus schon Jahre zuvor und nun auch die Mutter verstorben war, trennten sich Berta-Antonia und Paul einvernehmlich voneinander. Sie wurden im Februar 1929, obwohl der gemeinsame zweite Sohn Johannes gerade erst geboren war, von einem Berliner Familiengericht geschieden.

Gerade 28-jährig und im Vollbesitz seiner Kräfte, beteiligte sich Paul nun in den folgenden Jahren der verheerenden Weltwirtschaftskrise, die bis ins Jahr 1933 andauerte und in Deutschland soziales Elend und bittere Not in einem bisher nicht gekannten Ausmaß verursachte, an den verschärften politischen Auseinandersetzungen, die mehr oder weniger gesittet auch in organisierten Versammlungen, auf Kundgebungsplätzen und auf der Straße ausgetragen wurden. Völlig allein und auf sich gestellt, schlug er sich als Elektriker oder auch – wie Millionen Deutsche – zeitweilig arbeitslos durchs Leben. Er ging sogar stempeln und war viel zu stolz, eine Unterstützung des Vaters zu erwarten, der, »deutschnational bis auf die Knochen«, 1932 Hindenburg wählte.

Paul zur Seite agierte seine Schwester Grete, die sich ebenfalls vom Elternhaus gelöst hatte. Wie ihr Bruder korrespondierte sie in den Jahren der Weimarer Republik mit einem internationalen Kreis, der mit pazifistischen Ideen und den über Ländergrenzen hinweg organisierten Hilfsprojekten zur »Unterstützung des Friedensgedankens unter den Völkern« von sich reden machte. Als Hitler zur Macht kam, verlegte sie ihren Wohnsitz von Berlin nach Freiburg im Breisgau. Dort lernte sie den in Montenich/Kreis Metz (Moselle) geborenen Franzosen Marcel Kiefier kennen. Beide heirateten am 1. August 1942. Ob sie bewusst diesen ersten Augusttag für die Begründung ihres deutsch-französischen Ehebündnisses wählten, an dem 1914 der Erste Weltkrieg seinen Anfang genommen und sich die angeblichen »Erzfeinde« ihrer beiden Länder erbitterte Schlachten geliefert hatten, ist nicht zu klären. Eine derartige Geste des Protestes gegen die kriegerischen Weltgeschehnisse möchte ich den beiden, Margarete und Marcel Kiefier, zutrauen. Das Ehepaar übersiedelte nun nach Straßburg, das zu diesem Zeitpunkt Deutsche besetzt hielten. Der junge Ehemann verweigerte sich aber dem alsbald folgenden Gestellungsbefehl der deutschen Wehrmacht, tauchte unter und blieb, so besagen es diverse Unterlagen, während des Krieges und auch danach für die ermittelnden Behörden im Raum Elsass-Lothringen und in Frankreich unauffindbar.

Währenddessen gehörte seine Frau Margarete – als Krankenschwester des Roten Kreuzes getarnt – zu einer Gruppe der französischen Resistance.

Paul engagierte sich ebenfalls im Umfeld pazifistischer Bewegungen und Kriegsgegner. Er sympathisierte bis in das Jahr 1933 mit den deutschen Linken, ohne einer der Arbeiterparteien anzugehören. Zumindest fand sich bei meiner Überprüfung der archivierten Berliner Mitgliederkartei kein Hinweis darauf, obwohl die Zugehörigkeit meines Vaters zur damaligen Kommunistischen Partei Deutschlands (KPD) von Zeitzeugen mehrfach unterstellt wurde – vielleicht, weil er sich wie ein »roter Revoluzzer« mit wilden Gesten und Reden öffentlich gegen die Propaganda der Hitlerpartei aussprach, die den verzweifelten Menschen Heil und Erlösung versprach. In diesem politischen Einsatz gegen die Nazis begegnete ihm das hübsche Arbeitermädchen Anna. Sie war die älteste Tochter einer jüdischen Berliner Familie. Beide verliebten sich ineinander. Im Januar 1931 heirateten sie, vermutlich auch um den bereits einen Monat später geborenen Sohn Franz zu legitimieren. Knapp zwei Jahre später wurde die Ehe wieder geschieden.

Publikationen zur Geschichte Berlins bezeichnen heute jene Wohngegend, in der Anna und Paul nur kurze Jahre miteinander lebten, als ein Ballungszentrum des Widerstandes gegen die Nazis. Viele Straßenzüge des Viertels tragen inzwischen Namen der dort politisch aktiven Gegner des braunen Regimes, dem sie oft nach Hitlers Machtergreifung zum Opfer gefallen sind. Darunter waren auch Freunde der beiden.

Das erklärt, warum Paul 1933, als politischer Gegner des braunen Regimes und als Heißsporn bei Straßenkämpfen hinlänglich bekannt und verfolgt, in Sachsen unterzutauchen suchte. In unterschiedlicher Weise wurde uns drei Mädels später die erste Begegnung unserer Eltern, von Paul und Katharina-Ernestine, geschildert. Nach Großmutters Darstellung hatte sich Paul aus Berlin kommend mit einer Empfehlung seiner pazifistischen Freunde Hilfe suchend direkt an sie gewandt und war dabei der schmucken Tochter des Hauses begegnet.

Mamas Version klang romantischer. Danach war ihr Paul Schultheiß erstmals während der Veranstaltung eines gerade in Radebeul gastierenden Trachtenvereins aus Bayern begegnet, die sie mit Wilhelm von Gadebusch, ihrem damaligen Verlobten und Erben eines ausgedehnten landwirtschaftlichen Anwesens in Süddeutschland, besuchte. Paul hatte ihr von nun an den Hof gemacht. Ich erinnere mich noch heute an kuriose, meist scherzhaft erzählte Geschichten vom »feurigen Paul«, der seine Katharina-Ernestine »sein Kätchen« nannte und anhimmelte, kein Auge mehr von dem »sauberen Dirndl« ließ und seinen Rivalen Willi einfach schachmatt setzte.

Die weitverzweigte Familie des angebeteten »Kätchens« beobachtete diese Entwicklung zunächst argwöhnisch und missbilligend. Man unterstellte Paul, dem »Schwerenöter«, ein leichtfertiges Techtelmechtel statt ernsthafter Absichten gegenüber der heiratsfähigen Tochter des Hauses, vielleicht sogar das berechnende Kalkül eines Habenichts. Gerade weil der Herr des Hauses und Vater von Katharina-Ernestine bereits vier Jahre zuvor verstorben war, fühlte man sich in der Pflicht, die Witwe in der Sorge um die Zukunft der Tochter zu unterstützen, die allerdings gar keine Einmischung wünschte. Nachdem sie von Pauls politischen Motivationen für die Flucht aus Berlin erfahren hatte, gewährte sie ihm zuerst auf einem Gehöft und später in einer ebenfalls im Familienbesitz befindlichen Pension Unterschlupf und suchte mit dieser Hilfsbereitschaft für Verfolgte des Hitlerregimes auch ihre konservative Sippe zu überzeugen und Aversionen gegen Paul, den späteren Schwiegersohn, auszuräumen. Denn die tonangebenden Familienmitglieder hatten sich als ehemalige Monarchisten zu skeptischen Befürwortern der Weimarer Republik gewandt, sie erstrebten einen starken deutschen Nationalstaat, hissten noch 1933/34 trotzig die schwarzweißrote Flagge und sympathisierten durchaus mit Gegnern der »vulgären Nazis«. Sie misstrauten allerdings auch den Kommunisten.

Katharina-Ernestine zeigte selbst keinerlei Interesse an Pauls politischen Ambitionen, eher eine diesbezügliche Unbedarftheit und Abneigung. Aber sie hatte sich inzwischen in den Schwerenöter verliebt.

Paul hatte es dennoch schwer, sich ein Entree zur Familie seiner Frau zu verschaffen. Erst als man sich während des Kriegsgeschehens aufeinander verlassen wollte, gewann gerade der eingeheiratete Paul mit seiner vorausschauenden, zupackenden und praktischen Lebensart an Vertrauen. Man schätzte seine Begabungen und respektierte vor allem sein couragiertes Auftreten, auch seine erwiesene Hilfsbereitschaft. Es war später vielmals auch von einer »heiteren Selbstsicherheit« die Rede, wenn man sich auch nach dem Krieg noch lange an meinen Vater mit kleinen, fast spaßhaft klingenden Episoden erinnerte und sein Ausbleiben bedauerte.

Und dennoch blieb über alle Zeiten eine unterschwellig spürbare, durchaus wohlwollende Distanz zu ihm, wie zu einem gern gesehenen, dennoch nicht blutsverwandten Gast. Es ließen sich im Nachlass der Großfamilie mütterlicher Herkunft keine Fotos finden, auf denen mein Vater zu sehen war und die mir Aufschluss über seine soziale Einbindung in den Clan gestatten würden.

Vielleicht hat es solche Aufnahmen auch einmal gegeben und sie verschwanden wie das gerahmte Bild von der Wand, von dem mir mein Papa Paul unverwechselbar zugelächelt hatte, bevor es dann genauso unauffindbar blieb wie die Taschenuhr mit der schwergoldenen Kette. Auch sie war ja eines Tages aus dem Nachtschrank verschwunden und seither nicht wieder zum Vorschein gekommen. Das alte Erbstück der Familie Schultheiß hatte allerdings auch nicht, wie es sich Pauls Mutter einst nach dem Erlebnis des Ersten Weltkrieges gedacht hatte, dem Sohn nur Friedenszeiten angezeigt.

Sehr vage beginne ich mir den mit sich und seinem Umfeld im Widerstreit lebenden Menschen vorzustellen, dessen Hoffnungen und Pläne beim Aufmarsch der braunen Bataillone und der aufziehenden Kriegsbedrohung zerstoben. Vermutlich nagten das Emporkommen der Nazis und die eigene Machtlosigkeit an ihm. »Wohin im Nazi-Deutschland?«, hatte er sich offenbar gefragt. Konnte sich der junge Mann, der später auch mein Papa Paul war, damals irgendwo und fern des bisherigen Wirkungskreises heimisch fühlen, Wurzeln schlagen und zur Ruhe kommen? Wie standen seine Chancen?

Manchmal glaube ich, dass mir Papa Paul auf seinen Reisen zum »Irrwisch mit den blankgeputzten Augen« ins Land »Irgendwo« ein Fenster zu seiner Seele und zu einem Zufluchtsort öffnete. Er schenkte mir damals in finsteren Zeiten einen Traum, der groß genug für uns beide war. Vielleicht darauf hoffend, eines Tages etwas davon in die Wirklichkeit retten zu können?

Wer steckte in der Uniform?

In einem meiner zahlreichen Tagträume »von unserem Heimkehrer«, die ich mir als Kind mit vielfältigen Details ausdachte, bog Papa Paul mit seiner in Pfeffer und Salz gemusterten Knickerbocker-Hose, fescher Weste und einer frechen Ballonmütze auf seinem wackeligen Fahrrad mit verwegenem Schwung um die Straßenecke, drehte noch übermütig eine Schleife, bevor er dann genau vor seiner Tochter, die auf ihn dort gewartet hatte, stoppte. »Hallo, hier bin ich endlich«, sagte er, hievte mich auf die Fahrradstange und trat erneut kräftig in die Pedale. Hinter dem großen Gartentor am Ende der langen Straße wurden wir beide stürmisch begrüßt. Mama, die Großmutter, die Geschwister und die staunenden Hausbewohner freuten sich über den Ankömmling. Am Ende all meiner Heimkehrergeschichten lagen sich die Eltern in den Armen und der Nachkriegsalltag unserer Familie nahm schicksalhafte, sehr glückliche Wendungen – die niemals eintraten.

Meine Heimkehrerfantasien waren in jeder Hinsicht wirklichkeitsfremd. Denn als deutsche Soldaten aus den vier Himmelsrichtungen ins geschrumpfte Reichsgebiet, auch nach Dresden und in unser Wohnviertel, zurückkehrten, sprachen die Erwachsenen völlig zu Recht von einer vielschichtigen, äußerst schwierigen »Heimkehrerproblematik«. Häufig trafen zum Beispiel gedemütigte Männer, die den Krieg verloren und im Kampf vermeintlich »versagt« hatten, auf ihre Ehefrauen und Mütter der gemeinsamen Kinder, die sich nach schreckhaften Kriegserlebnissen an der sogenannten Heimatfront oder auf der Flucht im existenziellen

Überlebenskampf behauptet hatten und sich nun auch den Herausforderungen im Nachkriegsalltag stellten. Oft schien die dereinst etablierte Familienordnung in solchen Fällen nicht mehr zweckmäßig. Der Krieg hatte vor allem die traditionelle Rolle des männlichen Familienoberhauptes geschwächt. »Wie kann man einfach so weitermachen, nach allem was passiert ist?«, fragten sich damals die Betroffenen und hatten es oft sehr schwer miteinander.

Ich aber hielt an meinen fantastischen Heimkehrergeschichten fest und ließ meinen Papa Paul darin nicht, wie das ringsum zu beobachten war, in einer abgewetzten Uniform oder in zerrissener, verschmutzter, oft jämmerlicher Kleidung, mit Fußlappen und abgelatschtem, schadhaftem Schuhwerk aus dem Krieg zurückkehren, sondern im schmucken Outfit! Er sollte wieder ganz und gar zu uns gehören, seinen gewohnten Platz einnehmen und keinen noch so winzigen Moment bei seiner Rückkehr fremd erscheinen. Denn ich hatte nicht vergessen, wie unnahbar der uniformierte Papa Paul in den allerletzten Tagen unseres Zusammenseins – selbst am Abendbrottisch der Familie und in jeder der kostbaren Minuten mit Frau und Kind zugleich alarm- und einsatzbereit für den Dienst im ruinierten Dresden – auf mich gewirkt hatte! In einer jähen Schrecksekunde war er mir sogar blicklos und verschlossen erschienen. Wahrscheinlich konnten wir beide deshalb auch die Reise zum »Irrwisch mit den blankgeputzten Augen« ins Land »Irgendwo« nicht mehr miteinander antreten.

In voller Montur und bis oben hin zugeknöpft entschwand dann Papa Paul am späten Tag im März 1945 gänzlich unserem Blickfeld. Einem Gestellungsbefehl folgend schritt er davon. Dieses letzte Auseinandergerissenwerden hatte sich mir ganz besonders nachhaltig und bitter eingeprägt.

Und nun zeigten ihn auch die aufbewahrten Fotos aus meiner wieder geöffneten Blechschachtel als »unseren Soldaten«, dessen Uniform deutlich machte, dass in all den finsteren Jahren eine fremde Macht über ihn verfügt hatte. Wie damals erkannte ich meinen Vater darauf an seinem bezwingenden Lächeln, mit dem ich ihn bis auf den heutigen Tag in Erinnerung behalte.

Aber wie realistisch und zuverlässig konnte dieses frühkindliche Bild von der Persönlichkeit des Soldatenvaters überhaupt je gewesen sein?

Soldaten an der Ostfront (1942); Paul in der Mitte

Noch dazu in Zeiten wehender Hakenkreuzbanner und Sieg-Heil-Rufe. Als die Uniform, der Stahlhelm, das Koppelschloss, ein Gewehr zum Vater gehörten – wie dieser Krieg. Als der Vater einem Marschbefehl und einem Kommando folgte und ein Abschiedsgeflüster der Tochter unterging im Getöse der Blechmusik und der hart widerhallenden Soldatenstiefel. In einem Alltag zwischen Verdunklung, Gasmaske, Fliegeralarm und Löschsand. Als immer mehr verstümmelte Kriegsversehrte zum Straßenbild gehörten: der Mann mit dem leeren, durch eine Sicherheitsnadel an der Schulter befestigten Jackenärmel, jener mit dem eingedrückten Schädel, andere mit knarrenden und manchmal auch quietschenden Prothesen, Einbeinige auf Krücken mit hochgeschlagenem Hosenbein. Damals hatte ein kleines Mädchen unter der Bettdecke den Herrgott in schwarzen Nächten voller Angstträume beschworen, er möge seinem Papa Paul ein solches »Heldenschicksal« ersparen. Tags darauf war das Kind der verweinten Witwe ausgewichen, weil sie der Hauch schwelenden Unheils umwehte.

Es war die Zeit, als »unser Landser« nur aus der Ferne oder für kurze Wochen und Tage beim Wechsel seiner militärischen Standorte, während eines Genesungs- und Fronturlaubs daheim, eben nur bis zu den unerbittlich wiederkehrenden Abschiedsszenen ein fürsorglicher Familienvater sein durfte. Als er zur Schuleinführungsfeier seiner Tochter in strammer Uniform erst im letzten Moment aufgetaucht und wieder weggehetzt war, bevor das Fest mit dem Vater der Lernanfängerin in Schwung kam. Und er war in dieser Zeit auch ein letztes Mal wieder befehlsgemäß an die Front »abgerückt« – gerade in einem Moment, in dem er seiner Familie in den ganz großen Katastrophenszenarien als Retter aus aller Not erschien, als Mamas »Kann-alles-Paul«, und in dem wahrscheinlich selbst der Beschützer von Frau und Kind auch viel lieber geblieben wäre.

Aber der Soldat eilte davon! Denn es war die Zeit, als Erwachsene ein Kind belächelten, das sich einen stählernen Panzer vorstellen wollte, der nicht »vorwärts über ein Schlachtfeld brauste«, weil der an die Front kommandierte Fahrer des stählernen Kolosses ein Vater war und daheim blieb – und dieser Gedanke als unsäglich dumm und absurd galt.

Hatte mein Papa Paul wirklich in diesen verhängnisvollen Zeiten einmal, auf einer Gartenbank sitzend, mit schräger Kopfhaltung Mundharmonika gespielt? Eine beschwingte Melodie, die ich heute noch nachsummen möchte und es dann doch nicht kann, weil mir meine wehmütige Sehnsucht den Atem nimmt und sich meine Stimmbänder nicht freiräuspern lassen. Oder hatten sich diese und andere Szenen, Melodien und Gesänge Papa Pauls aus den Schilderungen Mamas und der Großmutter in meinem Gedächtnis mit meiner eigenen Wahrnehmung verwoben? Vielleicht mogelten sich Erinnerungen seiner Freunde, die von ihm geschwärmt hatten, von seinem unverkennbaren Witz erzählten, sein unterhaltsames, geselliges Wesen, seinen Frohsinn vermissten, zu meinem Bild?

Wie viel von seinem tatsächlichen Wesen steckte in meinen fantasiereichen Vorstellungen vom Heimkehrer Papa Paul, die mich im ersten Nachkriegsjahrzehnt begleitet hatten? Worauf begründete ich damals meine kindlichen Erwartungen an den herbeigeträumten »Hüter des Hauses«, der mich unter seine Fittiche nehmen würde? Wie viel von meinen Hoffnungen und der Sehnsucht nach Geborgenheit bei einem starken Papa Paul hatte ich in die Erinnerungen an ihn hineingelegt?

Ist es nicht auch denkbar, dass mein Vater gerade die Momente der besonderen Zweisamkeit mit seinem Kind als eigene Schwäche empfand, während er seiner Tochter besonders stark erschien? Vielleicht erzählte er seine Geschichten aus dem Lande »Irgendwo« gerade in Augenblicken, als ein Schutzwall, den er um sein Herz, um seine Seele oder wo auch immer der Kern seines Gewissens pulsieren mochte, errichtet hatte, wegzubrechen drohte? Als ihn die eigene Angst, sein Entsetzen, die Fassungslosigkeit, Trauer oder Schuldgefühle plagten? Als kleines Mädchen habe ich unser Zusammensein so nicht zu hinterfragen vermocht.

Später ergab sich auch keine Chance, meinem Vater im Jugendalter – in dem sich heranwachsende Töchter und Söhne normalerweise von ihren Eltern lösen – Widerpart zu leisten, mich mit ihm zu reiben und gelegentlich konfrontativ auseinanderzusetzen. Die Ablösung der heranwachsenden Tochter vom Vater, die dem natürlichen Entwicklungsprozess entsprochen hätte, fand nicht statt.

Papa Paul blieb ein Schattenbild ohne Schatten, wie andere im Krieg gefallene oder vermisste Väter für ihre Kinder auch (vgl. Dörr 2007, Bd. 2, S. 108ff.; Lorenz 2005, S. 247ff.; Radebold 2000). So wird mir erst heute der gelegentlich autoritäre Umgang unseres Vaters mit seinen Töchtern bewusst, der offenbar – wie ich inzwischen weiß – traditionellen Erziehungsgrundsätzen seiner Familie entsprach und keine Zimperlichkeiten und Gefühlsduselei der heranwachsenden Kinder zuließ. »Gelobt sei, was hart macht«, war einst, getreu Nietzsches Zarathustra, die Devise seines Elternhauses gewesen. In Hitlerzeiten hieß das »hart wie Krupp-Stahl«. Während die dabei herausgekehrte väterliche Beharrlichkeit meine Schwester Helen eher verschreckte und verwirrte, versuchte ich es dem Familienoberhaupt damals recht zu machen und seine Anerkennung zu finden – schon weil ich meinem Papa Paul nahe sein und gefallen wollte. Nun erst, aus der zeitlichen Distanz von Jahrzehnten, stimmt mich das mahnende Abschiedswort des davonmarschierenden Panzersoldaten an seine Tochter, »Tapfere Mädchen weinen nicht!«, nachdenklich. Diese Worte hatten schon der Siebenjährigen einst kurz angebunden und barsch geklungen, nun erschienen sie mir aus verändertem Blickwinkel meines reifen Lebensalters nicht nur herrisch, sondern beinahe erbarmungslos.

Während ich also mit dem zeitlichen Abstand die aufbewahrten Schnappschüsse vom Soldaten erneut betrachtete, fragte ich mit verändertem Anspruch vor allem nach der Persönlichkeit des Mannes, der in einer Uniform der deutschen Wehrmacht steckte. Der mit der Zigarette im Mundwinkel ins Blitzlicht der Kamera beinahe fröhlich lächelte – in der vereisten russischen Winterlandschaft kurz vor Stalingrad. Oder der sich als Infanterist vor der russischen Holzhütte ablichten ließ, scheinbar übermütig und kokett unter seinem Stahlhelm hervorblinzelnd, und auf die Rückseite des Fotos, das er seiner Frau und den Kindern nach Hause schickte, mit Bleistift kritzelte: »Hier wohnt euer Papa.« Auf anderen Gruppenaufnahmen der Infanteristen und später seiner Panzercrew befand er sich jedes Mal mittendrin. Niemals am Rand des Geschehens! Das erschien mir nun besonders auffällig. Selbst im großen Schlafsaal des Feldlazarettes erfasste ihn die Linse der Kamera im lebhaften Kontakt zu seinen Bettnachbarn zur Rechten und zur Linken.

Als Kind versuchte ich auf den Fotos »aus dem Felde« stets meinen lächelnden Papa Paul zu finden und hatte niemals danach gefragt, was der abgebildete Soldat im fernen Russland oder beim Rückzug in Polen oder auf einem Schlachtfeld auf deutschem Boden eigentlich tat. Mit welchem Selbstverständnis er eben einer von vielen und ständig mittendrin war, einer, von dem die Kameraden später sagten: »Auf den war Verlass«, »Mit dem marschierte man durch dick und dünn« und »Der gehörte zu uns, zum harten Kern der Gruppe, an die man sich damals hielt«.

Überstandene Katastrophenszenarien auf Kriegsschauplätzen waren auf den schnellen Fotos nicht zu sehen. Und eine sechs- oder bald siebenjährige Tochter fragte eben nicht nach dem Fronteinsatz des Vaters. Wollte offenbar gar nicht wissen, in welches Schlachtengetümmel er mitverantwortlich geriet. Wo und wie er pflichtgemäß oder aus eigener Entscheidung agierte. Ob er den Krieg geduldet und zugleich von ihm in Konflikte gestürzt worden war. Was der Krieg mit seinen Soldaten, mit ihm gemacht hatte. Wie er die ihm auferlegte Bürde trug – mit Schuld belastet und zugleich auch Opfer des Krieges.

Sicher befragten auch andere heranwachsende Söhne und Töchter in diesem frühen Kindesalter damals ihre Väter nicht in dieser Weise. Vielfach haben sich die Kriegskinder und Nachkriegskinder, deren Väter das Inferno überlebten, auch später dem Dialog mit dem Heimkehrer eher verweigert und sich die Chance genommen, ihn besser kennenzulernen und damit auch mehr über sich selbst zu erfahren.

Auch mir wurden inzwischen eigene Versäumnisse bewusst, zumal bereits die Rückschau auf Kinder- und Jugendjahre meines Vaters gezeigt hatte, dass der späte Zeitpunkt meiner Recherchen insgesamt nur unvollkommene Ergebnisse versprach.

Aber gerade weil ich als Historikerin im Umgang mit Zeitzeugen immer wieder erfahren habe, dass individuelle Geschichten ins Blickfeld rücken müssen, damit das Ganze wirklichkeitsnah erfasst werden kann und, umgekehrt, dass nur mit Wissen um den zeitgeschichtlichen Hintergrund und konkrete Geschehnisse, in die der Einzelne gestellt wurde, eine Persönlichkeit, in diesem Fall der Soldat Paul Schultheiß an der Ostfront, begreiflicher wird, sollten nun meine Nachforschungen weiter ausholen. Ich wollte zunächst bei meiner Spurensuche nach dem Vater vor allem blinde Flecken mit Ortsnamen und Zeitangaben seines Aufenthaltes und Wirkens aufhellen, seine Einsatzgebiete und militärischen Standorte ermitteln, die geraden und krummen Wegstrecken abstecken und dabei der primären Nachfrage folgen, ob der Panzersoldat den Zweiten Weltkrieg überlebt hatte und wo er geblieben sein könnte. Die wiederentdeckten Fotos aus meiner Blechschachtel machten mich vor allem neugierig auf den Menschen, der im Soldatenkleid eben diesem Pfad gefolgt war und von dem ich über meine Kindheitserinnerungen und Fantasien hinaus kaum etwas aus eigener Erfahrung auszusagen wusste. Zu hinterfragen war also sein Leben in den Jahren der Hitlerdiktatur, sein Verhalten an der Front, wo er verwundet worden war und andere verwundet hatte.

Dabei war mir bewusst, dass der Soldat im Dienstkleid der deutschen Wehrmacht nicht allein deshalb, weil er einem Gestellungsbefehl gefolgt war, auf den Führer Adolf Hitler einen Eid geleistet hatte und mitschuldig am Kriegsgeschehen geworden war, nun mit ungeprüftem Verdacht ins Zwielicht gerückt werden könnte. Es würde allerdings schwierig werden, seine Handlungsweisen als Soldat kritisch zu hinterfragen, um zum Beispiel herauszufinden, ob er an seinem Frontabschnitt überhaupt jemals eine Vorstellung vom gesamten Kriegsgeschehen gewann und Schlüsse zu ziehen vermochte. Ob er oder die Kameraden in seiner Gruppe eigentlich nach einem überstandenen Gefecht über den eigenen Frontabschnitt hinausgehende Einsichten zum Kriegsverlauf besaßen. Ob die ideologische Propaganda, verkündete Halbwahrheiten, Gerüchte und Parolen den eigenen Eindruck verwischten. Es wird nicht mehr geklärt werden können, welche Handlungsmöglichkeiten sich dem Soldaten in dieser oder jener Situation wirklich boten. Ob er eine Wahl hatte, einen mörderischen Befehl auszuführen oder zu verweigern – eigenverantwortlich oder fremdbestimmt zu handeln. Ich würde den Soldaten auf meinem Foto nicht danach befragen können, ob es ihm in diesem oder jenem Moment angebracht erschien, wegzusehen, um sich vor einer quälenden Mitwisserschaft und Mitverantwortung an Unmenschlichkeiten zu bewahren. Oder ob er auch versuchte, couragiert ungehorsam zu reagieren. Diese und noch viele andere Fragen würden offen bleiben. Es gibt ohnehin keine Raster und Messlatten, an denen das Verhalten der ehemaligen Angehörigen der deutschen Wehrmacht niederer Dienstränge mit der Arroganz der Spätergeborenen überprüft und gewertet werden könnte. Ein derartig schematisches Vorgehen war auch zu keiner Zeit meine Absicht und konnte nun auch nicht Anliegen meiner Spurensuche nach dem verschollenen Vater sein, der mir nicht – wie meine interviewten Zeitzeugen – selbst gegenübersitzen würde.

Ich wollte dennoch dem Lebensweg des Mannes auf meinen Soldatenfotos in Gedanken folgen, ihn vielleicht mit anderen Augen neu sehen lernen oder auch wiedererkennen – gerade weil er damals in einer fremd wirkenden Uniform steckte, im Verantwortungsbereich seines militanten Kommandos agierte und zugleich ein Ehemann, Vater, Sohn, Schwiegersohn, Bruder, Schwager, Freund und eben mein Papa Paul gewesen ist.

Ob der Paul ...?

Für einen Moment stockte mir der Atem! Die Welt schien stillzustehen! Ein Brief war eingetroffen und trug schon auf dem Umschlag diese mir unverwechselbar erscheinende Handschrift des Absenders. Vor vielen Jahren hatte ich »unsere Feldpostbriefe« mit eben diesen etwas steilkrakeligen Buchstaben in der meist prall gefüllten Tasche des Postboten ausgespäht, um dann wenig später der Mama zu lauschen, wenn sie uns vorlas, was Papa Paul seinem »liebsten Kätchen und den Mädels« aus der weiten Ferne mitzuteilen hatte.

Aber das war Vergangenheit! Diesen Brief hatte kein Soldat in einer Gefechtspause verfasst. Er kam mehr als sechs Jahrzehnte nach dem Zweiten Weltkrieg aus einem kleinen Ort im Bayerischen Wald, dessen Namen ich vor Kurzem noch nicht einmal gekannt hatte, in dem ich aber inzwischen meinen Halbbruder Paul Schultheiß (jun.) wusste. Mich frappierte nur für Sekunden die Ähnlichkeit mit den Schriftzügen unseres Vaters. Ansonsten war ich auf Auskünfte gespannt, die meine Spurensuche voranbringen konnten.

Der Fährte meines ältesten Bruders aus der ersten Ehe meines Vaters mit Berta-Antonia war ich gefolgt, als mir eines Tages bei meiner familiengeschichtlichen Rückschau einfiel, wie sehr sich meine Eltern miteinander vergeblich einen Sohn, einen männlichen Stammhalter gewünscht hatten! Davon war daheim mal scherzhaft, dann wieder ernsthafter auch vor uns Mädchen die Rede gewesen. Unser »weibliches Manko« kam beispielsweise zur Sprache, wenn die empfindsam reagierende Helen keinerlei sportlichen Ehrgeiz entwickelte oder mit einer Mimik, die ihre körperliche Überforderung theatralisch ausdrückte, einen Einkaufsbeutel nach Hause schleppte und auch sonst nicht jene Härte gegen sich selbst an den Tag zu legen vermochte, die der Familienvater damals von seinem Nachwuchs – selbst wenn er eben »nur« (!) weiblich war – erwartete. Er reagierte auf Helen in solchen Situationen mit stummer Abkehr, sein demonstriertes, vielleicht auch nur gespieltes Desinteresse an der ältesten Tochter war dann nicht zu übersehen und wirkte auf meine Schwester – wie sie mir erst jüngst gestand – »verletzend«, ja fast »vernichtend« und sehr »demütigend«.

Im Gegensatz zu Helen war ich bemüht, mich klaglos auf ausgedehnten Spaziergängen seinen ausholenden Schritten anzupassen, biss die Zähne zusammen und verkniff mir aufsteigende Tränen, wenn ich mir mal die Füße wund lief oder das Knie aufschlug. Ich suchte mich mit allerlei Verrenkungen, Mutproben und Raufereien unter den Spielgefährten zu behaupten, um meinem Papa Paul zu imponieren und von ihm zu hören, dass an mir, »seinem Räbchen, ja nur ein Junge verloren gegangen sei«! Dennoch vermochte auch ich vor ihm wohl niemals den »Makel«, eben doch »nur ein Mädchen« zu sein, gänzlich auszugleichen. Ich spürte das wohl.

Diese durchaus zwiespältigen Erinnerungen ließen mich plötzlich fragen, ob sich der Vater nach dem Krieg vielleicht viel weniger seinem Dresdner »Dreimädelhaus«, sondern eher den Söhnen in Berlin verbunden gefühlt und der männlichen Nachkommenschaft zugewandt hatte? Lag das nicht eigentlich nahe?

Nichts war dann einfacher, als meinen Halbbruder Paul (jun.) zu finden, von dem ich mir Aufklärung versprach. Ich blätterte im Berliner Telefonbuch, entdeckte unter dem dort verzeichneten Familiennamen einen Sohn des Gesuchten, der mir selbstverständlich die aktuelle Adresse seines Vaters in Bayern nannte.

Wenig später telefonierten wir Halbgeschwister erstmals miteinander: Bruder und Schwester, die sich nicht kannten. Kinder desselben Vaters, von Papa Paul! Meine innere Anspannung war groß. Sehr bemüht nichts falsch zu machen, versuchte ich mich ihm behutsam, vielleicht etwas zu umständlich vorzustellen. Aber Paul (jun.) unterbrach mich mit spontaner Herzlichkeit. Seine humorvolle Art und vor allem das unbekümmerte

Lachen kamen mir sehr bekannt vor. Sprühende Funken schienen im folgenden Gespräch zwischen uns hin- und herzuwechseln.

Am Ende unseres ausgedehnten Telefonats wusste ich, dass mein Bruder in der zweiten Ehe seiner Mutter – also mit einem Stiefvater und einer in dieser Familie später geborenen Schwester – wohlbehütet aufgewachsen war. Seinen leiblichen Vater hatte Paul (jun.) als Dreijähriger ein letztes Mal flüchtig gesehen, ihn niemals wirklich vermisst und eigentlich auch keine Vorstellung mehr von ihm. Zumal seine Mutter im täglichen Umgang mit ihrem Sohn den Kindesvater mit keinem Wort auch nur erwähnte. Weder in der großbürgerlichen Familie mütterlicher Herkunft noch in der weitläufigen Verwandtschaft des Stiefvaters war die erste Ehe Berta-Antonias jemals ein Thema. Lange Jahre hatte der heranwachsende Paul (jun.) sogar geglaubt, sein leiblicher Vater sei gestorben, demzufolge sei seine Mutter nach angemessener Trauerzeit als junge Witwe ein zweites Mal verheiratet und dürfe nicht an den vermuteten »schmerzlichen Verlust« erinnert werden. Dem heranwachsenden Paul (jun.) wäre jede rückwärtsgewandte Nachfrage geradezu ungehörig erschienen, zumal er die wohlwollende Zuneigung und Förderung seines Stiefvaters sehr genoss und auch ihn nicht verletzen wollte.

Erst im jugendlichen Alter schöpfte er leisen Verdacht, dass Paul Schultheiß (sen.), dessen Vor- und Nachnamen er trug, eine »peinliche Erinnerung« in der auf ihren guten Ruf und äußeren Schein bedachten Großfamilie sein könnte, der man tunlichst auswich. Das spürte er erstmals, als die Hitlerjugend (HJ) seinen arischen »Sippennachweis« forderte, ihm plötzlich einige Daten und Fakten zur eigenen Herkunft unklar erschienen und weder mit der Mutter noch mit dem Stiefvater ein wirklich aufhellendes Gespräch zustande kam, obwohl er damals darauf gedrängt hatte. Seither wusste er lediglich, dass sein leiblicher Vater noch lebte und arischer Abstammung war.

Als dann der Stiefvater 1944 im Krieg fiel und in den Nachkriegsjahren die Mutter verstarb, fanden sich im elterlichen Nachlass einige Familiendokumente und Schriftstücke, die im Kreis der Hinterbliebenen ihn allein etwas anzugehen schienen. Darunter waren Urkunden und amtliche Schriftstücke, die auf seine Vorfahren hindeuteten, die Paul (jun.) scherzhaft am Telefon einen für ihn undurchsichtigen »Schultheiß-Clan« nannte, mit dem er bisher nichts »am Hut gehabt« hatte. Nur dem

Namen nach kannte er seither aus den ihm vorliegenden Dokumenten unseren Großpapa Friedrich und die Großmama Lina-Franziska. Von der weitverzweigten Sippe, aus der er stammte, oder gar von Schwestern – etwa von uns drei Mädels aus Dresden – hatte Paul (jun.) nie etwas gehört.

Einige behördliche Unterlagen, private Korrespondenzen, Notizen und handschriftliche Aufzeichnungen aus dem Nachlass, Überbleibsel aus der ersten Ehe der Mutter, waren ihm besonders rätselhaft geblieben. Sie schienen auf ein Engagement seines leiblichen Vaters als Kriegsgegner zu deuten und darauf, dass Paul Schultheiß (sen.) »unter Illusionisten, Träumern und Utopisten« in den Jahren der Weimarer Republik agiert habe und offenkundig im Aufwind des Dritten Reiches gescheitert war. Daraus schloss er, seine Mutter habe ihm – als dem Sohn dieses »Fantasten auf verlorenem Posten« nichts davon erzählt, um ihn zu schützen und nicht zu verunsichern. Paul (jun.) erinnerte sich mit dieser Bemerkung am Telefon lachend seiner »braven Familie«, die darauf geachtet hatte, »was die Leute sagten« und eher »unauffällig im Trend der Zeit mitgeschwommen sei«. Er betonte mit gebotenem Respekt vor seiner inzwischen verstorbenen Mutter, »den hinterlassenen Papierkram nach flüchtiger Kenntnisnahme, ohne tieferes Nachsinnen beiseitegepackt« zu haben. Sein Interesse an dem ihm unbekannten »alten Herrn«, unserem Vater, sei dabei nicht »sonderlich erwacht«.

Am Telefon erkundigte sich mein Bruder Paul eher höflich nach »seinen Anverwandten«, nahm mit einigem Gewitzel leichthin von seinen Schwestern Kenntnis und reagierte erst im Verlauf unseres Gesprächs spürbar nachdenklicher.

Er war allerdings schon einmal ins Nachsinnen geraten, als er seinem (unserem) Bruder Johann Schultheiß (genannt Hans) in der Nachkriegszeit auf der Tanzveranstaltung eines Westberliner Lokals zufällig begegnete. Davon erzählte er mir nun. Die beiden jungen Männer mit dem übereinstimmenden Familiennamen – und, wie sich herausstellte, mit den gemeinsamen Eltern Berta-Antonia und Paul – erkannten einander. Sie hatten ihre Adressen ausgetauscht und in den folgenden Jahrzehnten nicht viel mehr als den jeweils aktuellen Aufenthaltsort voneinander gewusst. Paul (jun.) in Westberlin und später in einer südlicher gelegenen Stadt der Bundesrepublik Deutschland, Hans in Ostberlin und in der

Deutschen Demokratischen Republik. Nach der »Wende«, in den 90er Jahren, hatte ihn Hans in Bayern besucht.

Bei unserem ersten und noch einem zweiten Telefonat versprach Paul (jun.), auch mir zu schreiben und mich bald in Berlin zu besuchen. Aber nur wenige Wochen nach einem ersten Brief erhielt ich die traurige Nachricht von seinem überraschend frühzeitigen Tod. Wir konnten uns nie als Geschwister begegnen! Mein Bruder hinterließ mir aber Familiendokumente und Schriftstücke, von denen er gesprochen hatte. Auch einige Fotos von ihm besitze ich inzwischen. Sie zeigen den ältesten meiner Geschwister, Paul (jun.), als Kleinkind, als einen Schuljungen oder in einer Kluft der Hitlerjugend. Er ist auf den Bildern auch als junger Infanterist der deutschen Wehrmacht zu sehen. Sein Geburtsjahrgang 1926 war 1943/44, wie eine unserer Nachbarsfrauen einmal formuliert hatte, »dran gewesen«! Als ich während unseres Telefonats auf diese »Wehrpflicht« verwies, erinnerte sich Paul daran, »durchaus pflichtschuldig« und nicht »widerstrebend, allerdings mit einem mulmigen Gefühl« Soldat geworden zu sein – schon weil »Deutschland doch nicht untergehen durfte« und es »in Ehren zu einem Kriegsende« kommen sollte. Dafür habe er, wie seine Kameraden, »damals vergeblich gekämpft«. Man sei erst »nach der Katastrophe zur Einsicht« gelangt, habe den »ganzen Irrsinn« begriffen.

Im Bundesland Sachsen-Anhalt habe ich bei einer Durchreise im Städtchen Schönhausen einmal Halt gemacht, weil mir mein Bruder kurz vor seinem Tod am Telefon von seinem Einsatz als Gefreiter erzählt und dort das Ende des Krieges erlebt hatte. Er scherzte damals mit einigem Sarkasmus darüber, dass auf einem Wiesenstück seiner geschrumpften Truppe mit leichter Verspätung am 2. Mai 1945 der Tod des Führers Adolf Hitler und die Abschaffung des Hitlergrußes »beigebracht« worden sei. Man habe »offenbar nichts anderes zu tun gehabt, als mitten im Schlamassel der letzten Kriegstage den alten Wehrmachtsgruß wieder einzuführen und zu üben, weil diese makabre symbolische Handlung den Vorgesetzten damals offenbar gefiel«.

Zu unserem weiteren geplanten Gespräch über seine Erlebnisse im Krieg und darüber, wie er auch noch die letzten, äußerst verlustreichen Kämpfe überlebte, ist es leider nicht mehr gekommen. Während ich auf einem Gedenkstein für die in Schönhausen Gefallenen las »Unbekannt ist ihre Zahl/ist oft ihr Name und ihr Grab«, dachte ich daran, wie nahe sich Vater und Sohn gewesen waren. Sie hätten sich in jenen Wäldern, in denen die Einheit des Paul (jun.) tagelang einen »Brückenkopf« zur Nachbardivision bildete, begegnen können. Denn nur wenige Kilometer davon entfernt lieferten Truppen, in denen Paul (sen.) zum Einsatz kam, den Russen erbitterten Widerstand. Zumindest war mir das bei meiner Überprüfung einiger Archivbestände der WASt aufgefallen.

Meinen zweiten Bruder Hans musste ich nicht suchen. Er schrieb mir eines Tages von allein, nachdem ihn Paul (jun.) kurz vor seinem Tod in einem Brief darum gebeten hatte. Hans lebt in Magdeburg und kündigte mir seinen Besuch in Berlin an. Schon nach unseren ersten Telefonaten war klar, dass sich Vater und Sohn – Papa Paul und Hans – niemals kennengelernt hatten. Der Kindesvater war lediglich seiner Unterhaltspflicht regelmäßig nachgekommen.

Neugierig aufeinander verlebten wir Geschwister eine Woche gemeinsam in meinem Haus. Nur selten hat mich eine Lebensgeschichte im Herzen so berührt wie die meines Bruders Hans, die er bisher selbst kaum für sich zusammenhängend reflektiert hatte und mir nun anvertraute.

Seine ersten drei Lebensjahre hatte Hans in einem Berliner Kinderheim verbracht und war dann später in der warmherzigen Atmosphäre einer Pflegefamilie aufgewachsen. In seinem Zuhause ging es eng und sehr bescheiden zu. So wie bei den Familien in angrenzender Nachbarschaft auch. Aber darüber dachte der Dreikäsehoch kaum nach, denn er genoss die häusliche Fürsorge und Zuneigung seiner Pflegeeltern und fand sich zugleich umsorgt und beschützt von dem um 16 Jahre älteren leiblichen Sohn der Familie, von seinem großen Bruder Bertram. Mit ihm bastelte Hans seine ersten Papierflieger und ließ sie über »feindliches Land« kreisen oder versenkte selbstgebastelte »Schiffe« der Tommys. Der große und der kleine Junge ließen Spielzeugsoldaten im Kinderzimmer aufmarschieren und lieferten sich mit den Figuren »spannende Gefechte«. Hans verdankte Bertram auch die »körperliche Ertüchtigung« durch eine vielseitige sportliche Freizeitgestaltung und konnte später in der Schule mit herausragenden Leistungen glänzen.

Als dann einige Jahre später der Pflegevater und der erwachsene Sohn Bertram ihre vermeintliche »Pflicht an der Front« erfüllten, nahm die Pflegemutter Hans besonders unter ihre Fittiche und kümmerte sich weiter liebevoll um ihn, auch als die Sirenen immer häufiger heulten und die Geschwader in der Luft keinesfalls, wie in seinem kindlichen Spiel, aus Papier waren!

Wie andere Kinder der Reichshauptstadt Berlin lebte Hans von nun an »mit der Bombe« in einer sich fortwährend verändernden Stadt, zu der immer riesigere Trümmerberge, geisterhafte Ruinen, Krater und Bombentrichter gehörten, in der die Jungs seines Alters nach den Luftangriffen Granatsplitter aufsammelten, mit ihren spektakulärsten Funden prahlten und wetteiferten.

Als Pimpf und später als Mitglied der Hitlerjugend (HJ) war er im »Dienst« mit Schanzarbeiten beschäftigt und lernte, schnell auf die Alarmsignale zu reagieren. In Sekundengeschwindigkeit schlüpfte er nachts geschwind bei dem lang anhaltenden, durchdringenden Ton des Voralarms in seine Hose, den Pullover, die Jacke und derbes Schuhwerk und nahm mit der Mutter seinen bereits reservierten Platz unter den übrigen Hausbewohnern im Luftschutzraum (LSR) ein. Hans erinnerte sich an die monoton vor sich hin murmelnde alte Nachbarsfrau, die in ihrer Not immer wieder nur vier Worte hervorgebracht hatte: »Wir kommen hier raus! Wir kommen hier raus! Wir ...« Alle im LSR Versammelten schienen geschockt und verwirrt, wenn Explosionen das Haus in seinen Grundfesten erschütterte oder die feindlichen Flieger Stabbrand- und Flammenstrahlbomben vom Himmel schickten und damit ähnlich wie mit den Phosphorbomben Brandflüssigkeiten in die Atmosphäre und in die Häuser schleuderten, die mit Wasser schwer oder gar nicht zu löschen waren.

Hans glaubte im Rückblick, dass ihn die deutlich spürbare Furcht der Erwachsenen damals oft mehr beunruhigte als der draußen wütende Feuerteufel oder die fortwährenden Detonationen. Angestrengt hatte er meist auf das »knatternde Geräusch der deutschen Flakstellungen« gelauscht. Die Handhabung der von den Krupp-Werken entwickelten Flugabwehrkanonen, der sogenannten Acht-acht – gemeint war die 8,8-cm-Kanone – hatte man ihm im »Dienst« der HJ schon erklärt!

Aber dann kam jene Nacht im Dezember 1943! So grauenvoll war es nie zuvor gewesen! Hans muss mir das nicht ausdrücklich betonen. Ich spüre es plötzlich selbst, während er spricht und sich unsere Blicke begegnen: Von seiner Erzählung mitgerissen, drängele ich mich plötzlich mit ihm auf der steilen Kellertreppe abwärts. Es jault ja bereits auf- und abschwellender Vollalarm! Draußen kreisen die Geschwader mit ohrenbetäubendem Lärm. Die Royal Air Force klinkt ihre Bombenlast massenhaft gerade über den Dächern des Wohnviertels aus. Die schweren Bombenkaliber haben ohrenbetäubende Detonationen zur Folge. Ein flackerndes Deckenlicht verwischt die Konturen der furchtsam aneinanderkauernden Menschen im Halbdunkel des Kellergewölbes. Hans erkennt im versteinerten Gesicht der Pflegemutter die Panik, die auch ihn lähmt! Und plötzlich spürt er diese winzige warme Hand eines kleinen, schluchzenden Mädchens aus der Nachbarschaft in der seinen. Da knallt es! Noch einmal! Und noch einmal! Diese Wohnblockknacker haben aufgrund ihrer hohen Druckwellen enorme zerstörerische Wirkung. Der 14-jährige Hans weiß das.

Mich aber befällt plötzlich an dieser Stelle seiner Schilderung die entsetzliche Gewissheit, dass hier kein Papa Paul vor der Haustür Wache hält und ein »Retter in der Not« sein kann.

Wie sich Hans und alle übrigen Familien aus dem stickigen Keller des niedergebombten Hauses mit den Händen und nach Luft japsend herausbuddeln, erzählt er mir erst tags darauf. Vorerst holen uns beide – allein gelassen in der Einsamkeit einer langen, schlaflosen und wortlosen Nacht – wie von selbst Kindheitserinnerungen ein: In stummem Entsetzen sehe ich plötzlich meterhohe Brandsäulen emporschießen, Flammen züngeln aus Fenstern und Türen des Hauses. Der Feuerteufel tanzt! Dachziegel fallen herab. Kalkstaub vermengt sich mit den Rauchschwaden. Die Luft ist verpestet, das Atmen fällt schwer. Der Druck auf der Brust wird sekündlich stärker.

Bilder haben uns – Hans ebenso wie mich, zwei Kinder des Krieges – in dieser Nacht eingeholt und lassen uns ruhelos sein.

Das unausgesprochene Grauen saß uns noch am nächsten Morgen in den Gliedern, als Hans eine Schreckenslandschaft beschrieb, in der »glimmende Teilchen des wirbelnden Feuerregens« und »Rußflocken im sengenden Wind« niedergingen und den Ausgebombten entgegenschlugen. Eine ganze Häuserflanke barst, rutschte in sich zusammen. Aber die mit letzter Kraft aus dem Schutt hervorkriechenden Menschen waren, wie er selbst auch, gerade mit dem Leben davongekommen!

Die Pflegemutter hielt es fortan für ihre Fürsorgepflicht, Hans die

Teilnahme an einer sogenannten staatlichen Rettungsaktion zu erlauben. Vorausgegangen war eine »Anordnung des Führers«, die auf Staatskosten eine entsprechende, als »Kinderlandverschickung« getarnte Maßnahme vorsah. Die ersten Züge voller Kinder aus Berlin waren bereits vor Monaten in Begleitung weniger Lehrer und Lagermannschaftsführer der Hitlerjugend abgefahren. Insgesamt beteiligten sich in Kriegszeiten etwa 850.000 Kinder im Alter zwischen 10 und 14 Jahren an der Aktion. Nach und nach wurden sie aus den von beständigen Luftangriffen der Alliierten bedrohten Großstädten in vermeintlich sichere ländliche Regionen verschickt und in einem der schätzungsweise etwa 9.000 Lager (KLV-Lager) in Deutschland, Österreich und in okkupierten Landstrichen untergebracht. Der Aufenthalt sollte auf sechs Monate begrenzt sein. In der Praxis konnten daraus mehrere Jahre werden (vgl. Kock 1997; Dörr 2007, Bd. 2, S. 210ff.).

Hans gehörte also zu den Kindern, die sich eines Tages mit sperrigen Pappkoffern und Rucksäcken auf einem Berliner Bahnhof versammelten und von ihren Angehörigen Abschied nahmen, um einen Zug nach Posen (heute Poznan in Polen) zu besteigen. Posen hielt die Wehrmacht seit dem 10. September 1939 besetzt, die Stadt gehörte damals zum neugeschaffenen »Reichsgau Wartheland«. Um den Hals trug Hans ein Pappschild, einer Paketkarte ähnlich – so, wie sie damals Hunderttausende Mädchen und Jungen der Kinderlandverschickungs-Aktion trugen. Darauf waren der Name und Vorname des Kindes, die Schule, die Nummer des Zuges und die persönliche Kennnummer, die jedem der Jungen und Mädchen zugeordnet wurde, verzeichnet. Auch Hans war eine Nummer in diesem großen »Programm« der Nazis. Tausende Sonderzüge brausten bei zunehmender Bombengefahr meist zu später Stunde und im Schutz der Dunkelheit, oft ohne Beleuchtung in den Waggons, mit ihrer Kinderfracht davon. Die Kinder traten oft – wie Hans auch – ihre erste lange Reise an, lebten fortan getrennt vom Elternhaus und der gewohnten Umgebung, herausgerissen aus alltäglichen Gewohnheiten, vielfach auf sich selbst und ihre HJ-Führer angewiesen und mit ihren Ängsten auch um die Daheimgebliebenen oder um den an der Front kämpfenden Vater oder Bruder alleingelassen. Viele Kinder erhielten im KLV-Lager die bedrückende Nachricht von der zu Hause inzwischen ausgebombten Familie, die entweder mit dem Leben davongekommen war oder auch unter Trümmern begraben wurde. Auch Nachrichten von dem an der Front gefallenen Vater oder Bruder trafen während der KLV-Zeit immer wieder ein. Kinder wurden zu Halb- oder Vollwaisen und konnten mitunter nicht mehr in ihr altes Leben zurückkehren. Hans erinnerte sich an seelisches Leid seiner Kameraden und einen sehr bemühten, aber überforderten Lehrer, der sie zu trösten versuchte.

Hans gehörte im Lager nicht zu den heimwehkranken Jungen, die nachts ins Bett nässten oder in ihre Kissen schluchzten. Er kam auch mit den mehr als bescheidenen sanitären Gegebenheiten und einem durchorganisierten Tagesrhythmus gut zurande. Er lebte anerkannt in der Kameradschaft der aus unterschiedlichen sozialen Verhältnissen stammenden Jungen. Alle waren gleichermaßen entwurzelt.

Hans verblieb dennoch nur sehr kurze Zeit im Lager, kehrte aber nicht in seine Pflegefamilie zurück. Als besonders leistungsstarker Schüler wurde er im Februar 1944 auf Vorschlag seines Lehrers vom Schulamt für eine Internatsschule, eine der Nationalpolitischen Erziehungsanstalten (Napola), mit Standort in Rostock-Warnemünde ausgewählt, die er bis 1945 besuchte. Erst im Rückblick konnte Hans genauer einschätzen, dass sich das Hitlerregime damals mit diesen staatlichen Eliteschulen eine zuverlässige, allein der NS-Ideologie verpflichtete und dem Führer bedingungslos gehorchende Führungsschicht und nach einem Erlass vom 7. Dezember 1944 auch den aktiven Offiziersnachwuchs heranziehen wollte. Er hatte sich willig auch in seinem neuen schulischen Umfeld eingefügt, wie seine Kameraden in der Hitlerjugend seinen »Dienst« versehen und auch »ganz selbstverständlich funktioniert«.

So genau wie an diese eine besondere Bombennacht erinnerte sich Hans auch an die Rückkehr der Napola-Schüler nach Berlin. Auf offenen Lastwagen wurden die Jungs zu nächtlicher Stunde Ende April 1945 zwischen den Linien der grollenden Front, unter Tieffliegerbeschuss und bei nasskaltem Wetter, bis an den Stadtrand Berlins gekarrt und in all dem Wirrwarr und angesichts lauernder Gefahren in der gerade heiß umkämpften Reichshauptstadt sich selbst überlassen. Hans erzählte rückblickend:

»Wir sind völlig durchnässt, sitzen ab. Gehen unter feindlichem Beschuss in Deckung und sehen gleich darauf unseren Lkw in Flammen aufgehen. Wir irren durch die Trümmer, finden nur mühsam die alten Straßen, viele Häuser stehen nicht mehr. Ich sehe, wie sich

MP-Schützen aufrecht gehend an einer Mauer vorwärts tasten. Sie umgehen eine Panzersperre. Das Feuer wird stärker. Ich arbeite mich durch Kellerdurchbrüche weiter vor. Treffe auf verängstigte Leute, die wollen mich dabehalten. Reden mir gut zu. Ich will aber weiter, zu meiner Pflegefamilie.«

Der gerade 16-jährige Hans fand dann aber in der beengten Notunterkunft der Pflegemutter keine Zuflucht. Die nun folgende Geschichte des auf sich allein gestellten, hungernden und frierenden Jungen in der zerfledderten Schuluniform, der dann doch noch zwischen den Trümmern Berlins überlebte, ist von einmaliger Dramatik! Bis Hans endlich in der Nachkriegszeit als Lehrling eines Bäckers unterkam, sich später als Malergehilfe verdingte, sich danach als Tagelöhner im Landkreis Brandenburg durchschlug, dann wieder zur Schule ging und Jahre darauf nach einem Studium als Landvermesser beruflich geschätzt und mit gesichertem Einkommen seine eigene Familie gründete.

Zum ersten Mal in seinem Leben kam Hans während unseres rückschauenden Gespräches der Gedanke an eine versäumte Fürsorgepflicht seiner leiblichen Eltern, die er – so ließ er mich fast etwas trotzig wissen – »eigentlich niemals vermisst« habe. Während ich mir gerade vorstellte, wie Papa Paul wohl auf den vom System des Dritten Reiches indoktrinierten Napola-Eliteschüler Hans, seinen Sohn, reagiert hätte. Der Lastkraftwagen, auf dem sich der Junge befand, war nicht nur den feindlichen Stellungen der Roten Armee ausgewichen, sondern musste, aus dem Ostseeraum kommend, auch unweigerlich Linien der Heeresgruppe Weichsel unter Generaloberst Gotthard Heinrici und der Heeresgruppe Mitte unter Generalfeldmarschall Ferdinand Schörner durchquert haben, die mit ihren Truppen den Verteidigungsgürtel um die Reichshauptstadt gebildet hatten und bereits in verzweifelte Schlachten verwickelt waren. Mittendrin hatte auch der Panzerfahrer Paul Schultheiß gesteckt!
Der Vater hätte Hans oder Paul im Getümmel letzter Schlachten zufällig begegnen können. Vielleicht waren Vater und Söhne tatsächlich aneinander vorbeigehastet und hatten sich nicht erkannt. Gesucht hat der Vater die Nähe zu seinen beiden Jungen kaum. Auch zu früherer Zeit nicht, als sie in HJ-Uniformen gesteckt hatten und mit den Kommandos ihrer Fähnlein durch Berliner Straßen marschiert waren, während er zeitgleich

nach seinem Lazarettaufenthalt in Stendal einer Genesendenkompanie angehörte und in der Reichshauptstadt seinen Dienst versah.

Mir schien das auch deshalb zunehmend unbegreiflich, weil ich an Paul (jun.) und nun auch bei Hans Ähnlichkeiten mit dem Vater zu erkennen meinte. Hans ahnte allerdings nicht, wie sehr er ihm mit seiner hochgewachsenen, schlanken Statur glich. Oder dass mich sein Klavierspiel und der selbstverständliche Griff zur Gitarre an Papa Paul erinnerten. Vielleicht trug sogar sein Sohn Lucas, der sich schon in früher Kindheit für Elektrotechnik interessiert hatte und vor allem mit seinem überschäumenden Temperament aus der Art geschlagen schien, großväterliche Gene in sich? Manches sah nun auch Hans in einem neuen Licht. Fragen nach der Persönlichkeit des Vaters und den eigenen Wurzeln wurden ihm plötzlich wichtig.

Wir späten Geschwister blätterten in einer Bilddokumentation, die Soldaten der deutschen Wehrmacht zeigte. Ungewohnte Gedanken durchzuckten mich dabei! »Der da sieht unserem Vater ähnlich«, dachte ich. »Oder der da.« Ein beklommenes Gefühl überkam mich plötzlich bei dem Gedanken, ihn in bewegten und oft brutalen Szenen, vielleicht sogar in arroganter Pose auf russischer Erde entdecken zu können. Ich war erleichtert, dass die unscharfen Schnappschüsse ein »Wiedersehen« mit dem Vater ohnehin verhindert hätten.

Eine in der Dokumentation abgedruckte Landkarte zeigte den Verlauf der Ostfront und die Einsatzgebiete, in denen sich auch »unser Soldat« aufgehalten hatte. Mit dem Finger tippte ich darauf und verfolgte mit Hans die militärische Karriere unseres Vaters nach den Angaben des Archivs der WASt, wo noch heute die Personalkartei von 18 Millionen Angehörigen der deutschen Wehrmacht lagert. Alle darin verzeichneten Männer bildeten zusammen eine auf den Führer eingeschworene Armee. Mit dem Wissen um die gesamten Verbrechen des Naziregimes und den kriegerischen Einsatz der Bataillone fallen differenzierte Sichtweisen schwer. Und dennoch kann die Verantwortung des Einzelnen nicht mit jener der deutschen Wehrmacht als Ganzes gleichgesetzt werden. Jedes Blatt der archivierten Personalkartei trägt den Namen eines einzigen, freiwillig oder unfreiwillig in das Kriegsgeschehen involvierten Wehrmachtsangehörigen, der damals militärischen Befehlen gehorchte, aber auch vor sich selbst für das, was er tat oder unterließ, geradestehen musste.

Eine der Karteikarten trägt den Namen unseres Vaters, dazu Daten seines Kriegseinsatzes, mit dem wir uns als Kinder verantwortlich auseinanderzusetzen haben, auch wenn er nicht zu seinen Angehörigen heimkehrte und uns seine Sicht auf die Geschehnisse schuldig blieb. Wir konnten ihn nicht nach seinen Verstrickungen in das Kriegsgeschehen befragen, aber annehmen, dass er dabei eigene Haltungen und Handlungen nicht bis ins Letzte selbst zu entscheiden vermochte.

Andere Väter waren nach dem Krieg mit ihren Kindern oder der Ehefrau unterwegs zu »ihrem Frontabschnitt« gewesen und hatten dabei gelegentlich auf »ihren Einsatzort« bei Kalatsch am Don oder auf Orte zwischen Marinowka und Gorodischtsche oder auf Gumrak verwiesen, wo auch unser Vater gewesen war und sich das Kameradengrab befand. Sie fuhren dorthin, weil sie die Bilder der gefallenen Kameraden und auch der getöteten Feinde nicht vergessen hatten. Sie erinnerten sich dann an diesen einen Tag, den sie selbst überlebt hatten und der seither in ihren Albträumen herumgeisterte. Es ist gut möglich, dass ich unseren Vater auf einer solchen Reise, die bis in unsere Tage von deutschen Gesellschaften, Organisationen und Vereinen organisiert werden, begleitet hätte.

»Wir sollten froh sein, dass uns das erspart geblieben ist«, meinte Hans. Ich glaubte ihn zu verstehen. Die kollektive Verantwortung der Deutschen für dieses finstere Kapitel der Geschichte des 20. Jahrhunderts wiegt durch persönliche Betroffenheit schwerer.

Gerade dieses Empfinden hatte mich vermutlich als Historikerin leichter nach dem Selbstverständnis mir unbekannter deutscher Soldaten während des Krieges fragen lassen, die nach den brutalen Erlebnissen an der Front am Ende verändert in ein ebenso verändertes Nachkriegsdeutschland zurückgekehrt waren und, wie Wolfgang Borchert in seinem Stück *Draußen vor der Tür* beschreibt, »nach Hause« kamen und »dann doch nicht nach Hause« kamen, die Heimkehrer mit der »Aura von allerletztem Leid«. Die Gekränkten und die Kranken. Ich hatte unbewusst und ohne Vorsatz eine erträgliche Form gesucht und gefunden, den Spuren unseres Vaters zu folgen. Davon erzählte ich Hans nun auch. Von meiner Zeitzeugenbefragung, bei der ich mit jeder mir anvertrauten Darstellung eines Einzelschicksals allerdings nie sicher sein durfte, welche der Geschehnisse ausgeblendet oder aus dem Gedächtnis verdrängt wurden, also unerwähnt blieben. In welchem Moment sich mein Gegenüber während des Interviews, vielleicht aus einem Bedürfnis der Selbstachtung oder der eigenen Rehabilitation, eine Opferrolle »erschlich« und ich gerade dann sensibilisiert den Zwischentönen lauschen musste.

Ich hatte immer wieder ehemaligen Soldaten zugehört, die gleich nach Kriegsende oder nach Jahren der Gefangenschaft nur scheinbar unverletzt heimkehrten, das erneuerte oder »andere« Deutschland mitprägten, längst in der Gesellschaft angekommen waren, aber ihre individuell erlebten Kriegsgeschichten bis in unsere Tage mit sich herumschleppen. Viele von ihnen plagen sich, angesichts der Toten, die sie einst auf Schlachtfeldern zurückließen, noch immer mit einer Überlebensschuld.

Ich werde beispielsweise das Gespräch mit einem alten Mann nicht vergessen, der nach dem Krieg ein gefragter Chemiker und ein liebevoller Familienvater geworden war. Er hatte förmlich auf das Interview mit der Historikerin gedrängt, um endlich »nach so langer Zeit über diese Nacht in der russischen Steppe am Dnepr reden zu können«. Von ihm sprach ich nun zu Hans, auch weil sich sein Erlebnis an einem Frontabschnitt zugetragen hatte, an dem zeitgleich unser Vater zum Einsatz gekommen war. Der zur Jahreswende 1942/43 eben gerade 20-jährige Infanterist hatte sich in unserer protokollierten Unterhaltung an diesen »markerschütternden Schrei, der nach einem Gefecht die Nacht zerriss«, erinnert: »Es war ein nackter, wimmernder, dann wieder schriller Schrei, der meine Kameraden und mich beinahe um den Verstand brachte! Dabei konnte keiner in der Finsternis wissen, ob er aus dem Mund eines Deutschen oder eines Russen drang. Der Schrei verselbstständigte sich, klagte die Welt an!«, erinnerte sich damals mein Gegenüber. »Wir hielten uns die Ohren zu, aber der Klageton erfüllte Raum und Zeit. Man entkam ihm nicht. […] Der Sterbende verröchelte im Morgengrauen.« Am Ende des Interviews hatte ich gewusst, dass Zeitzeugen, die damals diesseits und jenseits dieser Frontlinie gelegen hatten und den Todgeweihten aus dem offenen Schussfeld nicht herausbringen konnten, nun mit diesem Schrei weiterleben mussten.

Ebenfalls an der Ostfront und kurz vor Moskau hatte sich ein ehemaliger Soldat befunden, der ähnlich dramatische Szenen erinnerte. Im zivilen Leben war er Kirchenmusiker und saß mir eines Tages als alter Mann mit schlohweißem Haar gegenüber. Offensichtlich war er darin geübt, sich hinter einer Selbstironie zu verbergen, und gab zu Protokoll, als »Muschkote« vom Kriegsgeschehen nicht mehr gewusst zu haben als das, was »eben in der eigenen Gruppe ablief«. Bis er mir erst nach einer langen Gesprächspause eingestand, »vielleicht geahnt zu haben, was drei oder vier Kilometer rechts und links von den eigenen Leuten passierte«, und dann von der Erschießung russischer Partisanen berichtete und eine Szene wieder vor Augen hatte, an deren Last er noch immer schwer trug.

Der Meister eines erfolgreichen Bäckereibetriebes aus Dresden – einstmals »der Gefreite vom dritten Geschütz« – bestätigte im Interview, dass »scheußliche Gerüchte« vom Einsatz der Ordnungspolizisten und Sicherheitsdienstleute gegen Partisanen und die Zivilbevölkerung im Umlauf waren: »Die kursierten, als wir gerade eine Mauer oder einen Stacheldraht verteidigten und mit dem eigenen Überleben beschäftigt waren. Vielleicht noch anderntags, als wir den toten Kameraden ins dürftige Grab betteten und ich in dessen Stiefel schlüpfte. Solche Szenen haften im Gedächtnis, diese Bilder bleiben, können nachts im Traum erscheinen.« Darüber, was in seiner Gruppe am eigenen Frontabschnitt passierte, wollte er aussagen, denn »mehr habe man damals auch nicht gewusst.«

Ein inzwischen bereits pensionierter Mathematiklehrer und ehemaliger Soldat an der Ostfront hatte als Hitlerjunge und junger Soldat an die »Heilswirkung des Nationalsozialismus, an eine Art Sendungsgedanken geglaubt«, an eine »historische Aufgabe seines Volkes«. Erst als er mit seiner Einheit ernüchtert in diese »völlig verzweifelte Lage« geraten war, in der man sich »ohne ausreichende Nahrung und Schutz vor dem lausigen Frost« damals »von denen da oben im Stich gelassen sah« und das eigene »Überleben« nicht nur höchst zweifelhaft, sondern auch mit der Gewissheit verbunden schien, einem russischen Gefangenenlager nicht entkommen zu können, zerbrachen alle Ideale – und zwar »restlos«. Er vermochte mir im Interview dieses »unheimliche Gefühl, umzingelt zu sein« einfach nicht zu beschreiben. Auf dem noch erhaltenen »Foto für die Familie daheim« war ihm dann »nicht einmal ein leichtes Frösteln« anzumerken, weil man ja »damals alles übertünchte«.

Ich erinnerte mich im Gespräch mit Hans auch eines Glasermeisters aus Berlin, der als Gefreiter eines Infanterieregiments an der Ostfront gewesen war und dort angeblich Seite an Seite mit so »einem Kerl« marschierte, der »aufkommende Herzbeklemmungen mit einer Melodie wegsummte« und »die eigene Angst und die der Kameraden mit der Mundharmonika übertönte«. Ich hatte dann aber nicht nach dem Namen dieses »Kerls« gefragt.

Im vertrauten Moment erzählte ich Hans auch die Geschichte eines Panzerfahrers, der unser Vater und »eigentlich mein Papa Paul« gewesen war und ein einziges Mal im heiser-brüchigen Tonfall über eine »beklemmende Dunkelheit« gesprochen hatte, in der er dann »nach dem Gemetzel Schutz zu finden hoffte. Nach dem Gefecht. In der Mulde, als das Herz raste.« Seine Worte hatten sich der siebenjährigen Tochter eingeprägt, sie fielen mir nun wieder ein. Kurz bevor mein Bruder seinen Zug heimwärts Richtung Magdeburg bestieg. Vielleicht etwas nachdenklicher, als er gekommen war.

Nachdem ich nun wusste, dass sich unser Vater nicht um seine Söhne Paul (jun.) und Hans aus erster Ehe gekümmert und keinen Einfluss auf sie genommen hatte, musste ich damit rechnen, dass er sich auch am Werden und Wachsen seines dritten Sohnes Franz Schultheiß aus zweiter Ehe nicht interessierter gezeigt haben würde. Aber auch dieser Geschichte wollte ich unbedingt nachgehen.

Mit dem heutigen Wissen um das düsterste Kapitel in der Herrschaftsgeschichte des Nationalsozialismus und der damit verbundenen Zerstörung der Menschenwürde und des Lebens von behinderten und kranken, sozial und »rassisch« unerwünschten Menschen und dem Massenmord an der jüdischen Bevölkerung in Deutschland und in Europa fiel es mir allerdings besonders schwer, seinen Lebensweg zu erkunden.

Franz war – wie ich wusste – als Zweijähriger allein bei seiner jüdischen Mutter im Jahr 1933 in Berlin zurückgeblieben. Mit meinen Gedanken an diesen kleinen Jungen verblassten plötzlich Erinnerungen an meine »Glückstage« mit Papa Paul nicht nur, sie verwirrten und bedrückten mich, wenn ich mir nicht auszudenken vermochte, was vielleicht gerade in diesen Momenten eben auch diesem einen Kind – diesem Sohn meines Vaters und meinem Bruder – geschehen sein mochte! Als kleines Mädchen hatte ich so gut wie nichts von Franz gewusst oder gar davon, dass er zu jenen Kindern gehört haben könnte, die »unsere Schulen nicht besuchen durften« und wahrscheinlich – so schlussfolgerte ich im Stillen – zur »Judenschule« gehen mussten, von der Erwachsene sagten, dass es dort »drunter und drüber ginge«. So etwa hatte mir eines Tages unser

Kindermädchen, im Maidenkleid mit der besonderen Brosche neben mir forsch ausschreitend, nur sehr beiläufig das traurige Gesicht des Jungen mit dem gelben Stern erklärt, dem wir auf einem Spaziergang begegnet waren. Bei dieser dürftigen Bemerkung und Mamas Ermahnung, »niemals mit dem Finger auf fremde Menschen und schon gar nicht auf Sternträger zu zeigen«, blieb es.

Wieso, fragte ich nun, hatte mir Papa Paul nicht von Franz erzählt? Hatte er sich nur im Stillen oder gar nicht um seinen Sohn gesorgt? Hatte unser Vater seinen kleinen Sohn Franz einfach im Stich gelassen, ihn in lebensbedrohlicher Lage nicht beschützt?

Übermütige Gesänge, das beschwingte Mundharmonikaspiel, das helle Papa-Paul-Lachen verschmolzen mit solchen Überlegungen zur Dissonanz, zu Misslauten! Selbst das Lächeln des Papa Paul, das mir im Gedächtnis geblieben war, verkam zu einem schrecklichen Grinsen. Ein mögliches schuldhaftes Versagen meines Vaters bedrückte mich als Tochter wie ein eigenes …

Ich entsann mich plötzlich an Frau Dölling aus dem Erdgeschoss unseres Hauses, die bei Kriegsende in die schweigende Runde der Mitbewohner fragte: »Haben Sie etwa geahnt, dass man die umbringt?« Sie hatte, energisch den Kopf schüttelnd, dann jede geringste Mitwisserschaft am Holocaust bestritten. Als Kind war mir dabei unbehaglich zumute. Daran dachte ich nun auch.

Aber ich bezweifelte bei meiner Rückschau keinen Augenblick, dass der politisch wachsame Papa Paul damals davon erfahren hatte, dass die Transporte der Menschen jüdischer Herkunft in die Vernichtungslager des Ostens führten. Dass diese Männer, Frauen und Kinder – und vielleicht sein eigener Sohn! – im Nazireich zum Tode verurteilt waren! Inständig hoffte ich gegen die Hochrechnungen des Verbrechens, gegen alle Statistiken des Grauens, dass gerade dieser eine Junge verschont geblieben sei! Meine bevorzugte Lektüre in diesen Tagen waren Berichte über deutsch-jüdische Emigrantenkinder, die in jenen Jahren mit oder auch zu Tausenden ohne ihre Eltern in England, Holland, Schweden, Amerika und anderswo Aufnahme fanden und den braunen Schergen gerade noch entkommen konnten. Diese Vorstellung tröstete mich aber nur kurz.

Es verstrich einige Zeit, bis ich endlich die nötige Courage für gezielte

Nachforschungen aufbrachte, um Gewissheit zu erlangen. Und dann ging alles ganz schnell.

Eine simple Anfrage beim Einwohnermeldeamt genügte, um zu erfahren, dass mein dritter Bruder Franz bis in unsere Tage in Berlin lebte! Ich vermag meinen Gefühlswirrwarr bei unserer ersten Umarmung nicht zu beschreiben! Nur, dass mein erleichtertes Glücksempfinden überwog.

Seither besuchen wir uns immer mal wieder und spüren dabei, dass wir nicht als Geschwister heranwuchsen und uns vertraute gemeinsame Erinnerungen fehlen. Allein das Wissen um die Abstammung von einem gemeinsamen Vater kann die Beziehung zwischen Bruder und Schwester natürlich nicht dauerhaft tragen. Aber die spontane Herzlichkeit zwischen uns kann Nähe wachsen lassen. Die Wärme und Offenheit, mit der ich von Franz und dessen ganzer Familie aufgenommen wurde, gibt uns diese Chance.

Vor allem verbindet mich mit diesem Bruder eine Neugier auf unseren Vater. Auch er möchte mehr über dessen Persönlichkeit herausfinden, sich in ihr selbst wiederfinden oder auch von ihr abgrenzen. Franz hat in dem Berliner Umfeld während seiner Kindheit und bis in die heutige Zeit Erinnerungsfetzen früherer Freunde und »Kampfgefährten« von unserem Vater aus Tagen der Weimarer Republik aufgeschnappt. Er hörte vom »Paul, dem verwegenen Haudegen« mit der »großen Klappe« und dem »draufgängerischen Temperament«, der »junge Mädchen verführte« und »in der Eckkneipe vor den Kumpels prahlte«. Der einst im wilden Gemenge den »Nazis die Meinung geigte« und im Schicksalsjahr 1933 den SS-Schergen »gerade noch rechtzeitig entkommen konnte«. Paul hatte damals, wie viele seiner Freunde, gehofft »dass der braune Spuk bald schon vorbei sei«. Alle zusammen hatten an ein baldiges Wiedersehen geglaubt. »Im Grunde mochte man den Paul«, schloss Franz und beschrieb mir sein Vaterbild, das er sich daraus zusammenkonstruierte – gerade weil er als Kind mit einem Stiefvater und den später in der zweiten Ehe seiner Mutter geborenen Geschwistern zusammen aufwuchs, aber immer den »anderen Nachnamen« trug, in der »neuen Familie« zwar heimisch war und dennoch »irgendwie eine Sonderstellung« einnahm.

Mutter und Sohn waren mit dem »arischen Familiennamen« – anders als zahlreiche Verwandte mütterlicher Herkunft – von den Nazis »unbehelligt« geblieben. Mehr will Franz aus seiner Kriegskindheit nicht erzählen. Nur in winzigen Minuten stehen ihm Angst und Schrecken, Kummer und Trauer im Gesicht, als wir die Seiten meines Geschichtsbuches aufschlagen, auf denen vom »Battle of Berlin« und den 363 Luftangriffen die Rede ist. Von der Bombenlast, die über die dicht besiedelten Wohnviertel niederging, in der damals die Familie lebte. Man war in »letzter Sekunde durch das rettende Loch in der Wand zum Nachbarhaus gekrochen«. Aber schon im nächsten Moment bagatellisiert Franz sein Entsetzen und will »auf keinen Fall Erinnerungen an offenbar lebensbedrohliche Situationen während und unmittelbar am Ende des Krieges aufkommen lassen«.

Franz hatte nach Kriegsende die kurzen Hosen abgelegt, war früh erwachsen geworden und der Mutter eine Stütze gewesen. Das verdrängte Grauen nicht heraufzubeschwören, nach vorne zu schauen und zu funktionieren, wurde zur Überlebensmaxime. So war er schließlich in den Wirtschaftswunderzeiten ein Schneidermeister in Westberlin mit der eigenen Werkstatt geworden, hatte seiner Auserwählten ein Brautkleid genäht und mit ihr seine eigene Familie gegründet.

Warum sollte er nun ausgerechnet mir, seiner spät auftauchenden Schwester, aus seiner Kriegskindheit etwas erzählen, das er vielleicht gar seiner Ehefrau, seinem eigenen Sohn Roland und den Enkelkindern verschwiegen hatte? Nicht alle Vertreter der Kriegskindergeneration brachen im letzten Jahrzehnt ihr langes Schweigen, wehrten sich dagegen, eine »vergessene Generation« (vgl. Bode 2004) zu sein, und stellten sich ihren eigenen Erinnerungen an dunkle Zeiten. Andere wollten offenbar wie Franz »keine unnötigen Worte« über die eigenen Erlebnisse in Kriegszeiten verlieren und weiter im Schutzmantel des Vergessens den eigenen inneren Frieden konservieren. Ich respektierte selbstverständlich diese Haltung. Aber ich stellte mit Franz wieder und wieder Vermutungen zum möglichen Verbleib unseres Vaters nach dem Krieg an.

Ein weitläufiger Verwandter seiner mütterlichen Linie – ein Überlebender des Holocaust, der unserem Vater in seinem politischen Engagement und »vor dem Sturz ins Dritte Reich« nahegestanden hatte, behauptete, ihm in Berlin-Weißensee 1946 begegnet zu sein! Das stimmte uns beide nachdenklich.

Ein anderer Zeitzeuge erinnerte sich, unseren Vater noch als Soldat im April 1945 in den brandenburgischen Wäldern gesehen zu haben.

359

Er selbst hatte damals mit den Kameraden seiner Truppe Gewehre und Stahlhelme auf einen Haufen geworfen und war dann doch dem Martyrium der russischen Gefangenschaft nicht entkommen. Aber andere hatten es damals noch »rechtzeitig« geschafft, sich abzusetzen. Später hatte auch er sich immer wieder gefragt: »Ob der Paul ...?«

Der Name einer Stadt

Der Feldwebel und ein Gefreiter des Panzerregiments zogen den neun-
zehnjährigen Soldaten Gerhard Fabian einfach an den Füßen aus dem
Wrack und einen Hang abwärts, als Granatsplitter die Ketten des Panzers
zerstört hatten, der stählerne Koloss unbeweglich blieb und die Besatzung in letzter Minute ausbooten musste. Unmittelbar danach landete
die Panzerabwehrkanone (Pak) einen weiteren Treffer! Während die
beiden erfahrenen Frontsoldaten mit ihrem »Uniformkind« vor dem
Artilleriefeuer aller Kaliber und vor den Bombern und Tieffliegern Deckung bezogen, hasteten Landser der Infanterie im Laufschritt seitlich
an ihnen vorbei, die steile Böschung aufwärts, weil doch der Offizier
befohlen hatte: »Dieser Abschnitt muss unbedingt verteidigt werden!«
Obwohl es gar nichts mehr zu verteidigen gab! Ein Rest an Munition war
geblieben und kaum noch Waffen, mit denen man auf die Russen Eindruck schinden konnte. Und die Soldaten waren physisch auch am Ende.
Aber sie folgten dem Befehl des Führers! »Sie rannten in ihr Verderben«,
meinte Gerhard Fabian, heute emeritierter Professor der Rechtsmedizin,
rückblickend. Nach einer Pause fügt er hinzu:

>»Eigentlich kämpfte kaum einer der Soldaten in diesem Moment
um den propagierten ›Endsieg‹ oder hatte gar einen Lageplan im
Kopf und wollte feindlichen Truppen den Weg zur nahen Reichshauptstadt Berlin versperren. Ich glaube, man sah sich kaum als
Verteidiger der Heimat und der Familie zu Hause. Es ging in jeder
dieser Schrecksekunden nur noch ums eigene Leben. Wenn sich

der Feind bewegte, drückte man ab! Der Überlebenswille ist dann stärker als jeder Befehl, auch als jede Moral!«

Gerhard Fabian sieht sich plötzlich in jenen Apriltagen 1945, von der Panzertruppenschule kommend, im Einsatz. Erinnert sich der klaustrophobischen Atmosphäre im Panzer. Als die Einstiegsklappe hinter ihm zufiel, war sein erster Gedanke: Raus! Nur wieder raus! Er hatte Mühe, seinen Fluchtreflex zu unterdrücken und sich als Teil der fünfköpfigen Panzerbesatzung zu fühlen, die sich mit kargen Worten verstand, miteinander stritt und sogar scherzte, aber nicht miteinander in diesem schwerfällig und zerstörerisch über das Gelände rumpelnden stählernen Koloss sterben wollte. Rings um den Panzer pfiffen die feindlichen MG-Garben. Während Paul, der Fahrer, das rasselnde Ungetüm scheinbar ruhig und gelegentlich mit sarkastischen Bemerkungen steuerte. »Irgendwie half mir seine Art«, meint Gerhard Fabian. »Bis es eben dann schepperte und rumpelte. Das feindliche Geschoss traf unseren Panzer mit dumpfer Gewalt.«

Noch wenige Minuten vor diesem Interview mit Gerhard Fabian war mir schwer vorstellbar, dass dieser würdige, sehr galante Mann von Welt und international angesehene Mediziner einmal als Neunzehnjähriger in der schwarzen Kluft des Panzersoldaten und in dieser – wie er nun selbst formulierte – »äußerst fatalen, sehr prekären Lage« gesteckt hatte, die er sich als »Hitlerjunge« und auch als angehender Soldat nicht wirklich vorzustellen vermocht hatte. »Wir waren mit einem unglaublichen Überheblichkeitsgefühl den Russen gegenüber aufgewachsen! Dass man mal vor den Iwans davonrennen würde und die uns sogar besiegen könnten ...« Mein Interviewpartner vollendet seinen Satz nicht. Er schaut ins Leere. Braucht mit dieser Überlegung erneut Zeit, sich zu erinnern.

Bei der Durchsicht spezieller Bestände des Militärarchivs zum Einsatz des Panzerregiments, zu dem auch mein Vater gehört hatte, war ich auf seinen Namen gestoßen. Der Professor hatte sich dann bei meiner telefonischen Anfrage sofort »als der Junge auf dem Panzer« geoutet und mich – noch bevor ich darum gebeten hatte – zum Gespräch eingeladen. Mehr als 600 Kilometer war ich von Berlin in südwestliche Richtung unterwegs gewesen, sehr ungewiss, ob sich der weite Weg auch lohnen werde. Immerhin war eine Verwechslung oder Namensgleichheit nicht auszuschließen! Und außerdem erschien mir fraglich, ob sich der junge Panzersoldat von damals, der in diese erbitterte Schlacht, den befohlenen »Kampf bis zum Letzten«, geraten war, sich heute noch ausgerechnet an meinen Vater erinnern würde!

Aber nun verfliegen mit jedem seiner Worte selbst leiseste Zweifel. Die Geschichte von dem »jungen Spund«, wie er sich selbst erinnernd nennt, steht plötzlich authentisch im Raum. Fast glaube ich, diesen »Jungen vom Panzer« vor mir zu sehen, der an den »Endsieg« glauben will: »Weil unsere fabelhafte deutsche Armee einfach niemals untergehen würde. Das dachte ich noch, als es längst keinen Grund mehr dafür gab!«

Als es den Panzer dann erwischte, hatte Gerhard Fabian in einer ersten Schrecksekunde »irgendwie neben sich gestanden« und gemeint, er sei im Kino und als Zuschauer irrtümlich ins Szenarium eines dramatischen Kriegsfilmes geraten, von denen er als Hitlerjunge so viele gesehen hatte – er sei also »nur versehentlich mittendrin.« Bis er dann sehr schnell wusste, dass die Russen zweifellos nicht auf Leinwandhelden, sondern tatsächlich auf ihn und seine Kameraden feuerten.

Geduckt hockte er auf diesem zerrissenen Stück Erde und begann sich zu fragen, »was eigentlich eine Panzereinheit ohne Panzer in diesem Höllenschlund noch ausrichten könne« und ob sein »letztes Stündlein gerade geschlagen habe. Ob es das nun gewesen sei!« Aber Gerhard Fabian hatte nur »beinahe mit dem Leben abgeschlossen«, als es »weit und breit ums Verrecken ging«.

Schon im nächsten Moment zog er wie seine beiden Kameraden instinktiv den Kopf ein, spannte alle Muskeln an. Sein Körper reagierte wie von selbst. »Denn Flieger setzten uns nun auch noch von oben zu!«, erinnerte sich Gerhard Fabian. Über der Wolkendecke klinkte eine Maschine die Bombe aus. Es pfiff und surrte. Die Besatzung des Flugzeuges hatte Kilometer hoch über ihnen entschieden, ob sie unten ein paar Meter weiter rechts oder links auftreffen würde. Wer in der nächsten Sekunde weiterleben dürfe. Wer sterben musste. Gerhard, Richard und Paul hatten auch diese Hundertstelsekunde Glück! »Herbert hatte es nicht«, erinnert sich Gerhard an den Kumpel aus der Panzertruppenschule. »Er ging nur 50 Meter entfernt von uns in seinem Panzer mit der Bombe hoch.« Herbert und Gerhard hatten sich lange gekannt, waren vor der militärischen Ausbildung Schulfreunde gewesen. Auf dem Wohnzimmertisch der Fabians liegt nun ein Erinnerungsfoto der Gymnasiasten. Vom Bild schauen Pennälergesichter. Etwas zu ernst blickt Herbert. »Er wollte einmal Lehrer werden«, erinnert sich Gerhard Fabian.

Damals, inmitten des Schlamassels, dachte aber keiner über das Schicksal der Gefallenen lange nach. Die drei von der Panzerbesatzung versuchten einzig und allein, wie sich Gerhard Fabian im derben Jargon des damaligen Landsers ausdrückte, »als Frontschweine in vorderster Linie dem Tod ein Schnippchen zu schlagen«, gerade als »Iwans die Kompanie, oder das, was von ihr noch übrig war, aufs Korn nahmen, sich einschossen und trafen, trafen, immer wieder trafen«.

Gerhard Fabian bewegte sich an der Seite seiner Kameraden. Ohne Anschluss an Paul und Richard hätte ihn der Mut verlassen. Er wäre den Russen, die sich ringsum in Löchern tarnten, nicht entkommen. »Man konnte gar nicht erkennen: Waren da nun die Iwans oder dort? Waren sie vor uns oder direkt zwischen uns? Nein! Ich wäre allein nicht weitergekrochen. Nicht ohne die beiden!« Er kroch also und kroch im gelbfeurigen Flammenschein der Geschosse, stolperte über Baumstümpfe und verharrte dann still neben Paul in der Mulde, als immer wieder Salven der russischen Artillerie über ihre Köpfe fegten. Bis es endlich dunkel war, man sich rühren konnte und Paul zu ihm sagte: »Immerhin, Junge, du lebst!«

Eiskalt packte damals Gerhard Fabian das Grauen. Es war eine Art »Schockreife«, die ihn heute noch sagen lässt: »Mein Einsatz als Panzersoldat dauerte nur drei Wochen, aber beschäftigt mich ein Leben lang!« Denn das Geschehen hatte ihn auch später in der Nachkriegszeit immer wieder eingeholt. Tief im Gedächtnis sitzt auch der Moment, als ihn im nächsten Morgengrauen der Splitter einer unweit explodierenden Granate im Rücken traf und er dann doch noch laufen konnte – einfach »über die hinweg, über die Verwundeten, die Röchelnden, die Halbtoten und Toten«. Er war später dann gerobbt und gerobbt und mit einem Satz in dem Trichter gelandet, wieder neben Paul und Richard.

Erinnerungsfetzen manifestierten sich später in seinen Albträumen, über die er bisher zu keiner Menschenseele gesprochen hatte. Wieder und wieder rumorte dann der Panzer, ächzte bei jeder Drehung der Geschützturm, vernahm er das Schreien der von den Granaten, die sein Panzer abfeuerte, getroffenen und zerfetzten Menschen!

Die neben ihm sitzende Ehefrau zuckt mit den Schultern und schaut, wie sie mir später gesteht, während unseres Interviews erstmals und unvermittelt in seelische Untiefen ihres Mannes, mit dem sie schon fast fünfzig Jahre verheiratet ist!

Gerhard Fabian schilderte weiter die vom Entsetzen gepeitschte Flucht der drei Panzersoldaten. Ohne zu überlegen bewegte er sich damals mechanisch an der Seite Pauls vorwärts. Seine Rückenverletzung schmerzte. Er fieberte. In der bewaldeten Schlucht hatte er dann sein »Stoßgebet zum Himmel geschickt«, obwohl man der Gefahrenzone noch nicht entkommen war. Das Lied eines Feldgeistlichen war ihm nicht aus dem Sinn gegangen: »Harre, meine Seele, harre des Herrn! Alles ihm befehle, hilft er doch so gern«, hatte er gemurmelt. »Ein Held war ich nicht«, sagt Gerhard Fabian nun. »Wir drei haben funktioniert und getan, was unbedingt sein musste. Nur, um da rauszukommen. Mehr nicht. Und geschlottert haben wir auch dabei. Und zwar alle drei.«

Die panische Furcht vor den Einschlägen und dem Pfeifen der Geschosse ringsum oder auch davor, den Russen lebendig in die Hände zu fallen, trieb sie voran. »Die Angst vor den russischen Untermenschen wurde ja damals von allen Seiten geschürt«, erinnert sich Gerhard Fabian. »Die machen keine Gefangenen, das sind Barbaren, hieß es. Aber die waren eigentlich genauso arme Schweine wie wir. Unbarmherzig ging es auf beiden Seiten zu. Der Schnellere siegte im winzigsten Moment gegenseitiger Wahrnehmung!«

Und dann war ja auch noch die Heidenangst vor den Schnellgerichten der Wehrmacht oder der SS! Denn die drei Panzersoldaten bewegten sich im allgemeinen Chaos fortan abseits versprengter Trosse und Kolonnen, möglichst unbemerkt, ohne exakte Kenntnis des Frontverlaufs, in nordwestliche Richtung, seitlich der Rollbahn Berlin-Hamburg, Richtung Schleswig-Holstein.

»Nach einigen Tagen hatten wir es bis hierhin geschafft.« Gerhard Fabian war gut auf unser Gespräch vorbereitet. In einer vor uns liegenden Landkarte hatte er verschlungene Pfade, Waldungen, Plätze, mäandernde Flussläufe und versteckte Winkel im Landkreis Brandenburg und Mecklenburg, durch die ihr Weg seinerzeit geführt hatte, mit einem Farbstift eingezeichnet. Mit dem Finger fuhr er nun zwischen den markierten Kreisen hin und her, wies mal hierhin, mal dahin. Wir entzifferten die winzige Schrift, Namen der nahe gelegenen Orte: Garlitz, Gapel, Lübtheen. Mein Interviewpartner erzählte weiter:

»Dort etwa beschwatzte Paul eine beleibte Bauersfrau. Ich sah nur von Weitem deren aufgelösten schwarzen Haarschopf. Mit einem mir unverständlichen Wortschwall sprach sie auf Paul ein, gestikulierte. Später berichtete Paul scherzhaft von der ›wilden Hilde‹, die er erst zur Herausgabe dieser fadenscheinigen Kledasche, der Zivilkleidung, überreden musste.

Zu nächtlicher Stunde warfen wir, innerlich zerrissen, Uniformen und Waffen hinter ein baufälliges Gemäuer. Ich brauchte Mut, mich von der Waffe – der ›Braut des Soldaten‹ – zu trennen. In meinem Hirn geisterte beständig die Vorstellung, dass sich im nächsten Moment ein Offizier der deutschen Wehrmacht vor uns drei Spottfiguren in viel zu weiten, herumbaumelnden Hosen und Jacken aufbauen könnte. Wir hätten dann als erbärmliche Deserteure gegolten. Feigheit vor dem Feind hieß das! Darauf stand die Todesstrafe!«

Nach einigem Nachdenken ist er sich nicht sicher, ob Paul und Richard, die damals »stark und entschlossen« auf ihn gewirkt hatten, im Stillen auch »das Gewissen geschlagen« habe.

Wieder hing Gerhard Fabian seinen Gedanken nach, schweigend. Bis er mit seiner Schilderung zum Ende kam: »Als man sich selbst kaum noch ertrug, spöttelte Paul über die Soldaten, die auszogen, das Fürchten zu lernen, und eben der ›wilden Hilde‹ begegneten. Unser leises Gekicher vertrieb für den Augenblick die schwelende innere Not, dieses Zittern und Beben.«

Die Erinnerung an diesen Galgenhumor hatte Gerhard Fabian noch geholfen, als die beiden Kriegskameraden ohne ihn zur kleinen Stadt Ratzeburg im holsteinischen Landkreis, wo Richards Familie lebte, weitergezogen waren, während er bis zum offiziell erklärten Kriegsende und noch einige Zeit danach bei der Bäuerin auf dem Hof unterkam, um seine Rückenverletzung auszukurieren. »Ich hätte vorerst keinen einzigen Schritt mehr weiter gekonnt«, meinte er. Von seinen beiden Schicksalsgenossen hatte er später nichts mehr gehört. Aber er war nun erleichtert, der Tochter Pauls, dem er seiner Meinung nach »viel zu verdanken hatte«, von diesen schlimmen Tagen im April 1945 erzählen zu können.

Auf meinem Rückweg nach Berlin bedachte ich noch einmal jedes einzelne seiner Worte. Daheim angelangt, spulte ich das tontechnisch protokollierte Interview immer wieder ab und stellte mir die drei Soldaten vor, die sich im April 1945 dem Befehl einer Obrigkeit widersetzt hatten. Sie waren nicht nur aus einem kampfunfähigen Panzer, sondern aus dem Kriegsgeschehen »ausgestiegen« und hatten jenseits der später in Geschichtsbüchern festgehaltenen Daten für das Ende des Krieges ihr eigenes Datum gesetzt. Eine »Verzweiflungstat« nannte das Gerhard Fabian am Ende des Interviews und »keine Heldengeschichte«. Auf diese Einschätzung legte er Wert. Die drei Männer waren auf abseitigen Pfaden dem Grauen des totalen Krieges entflohen.

Großmutters Geschichte »vom umsichtigen und findigen Schwiegersohn«, der nur widerwillig »beim Barras« gewesen sei und »ganz sicher« vor dem offiziellen Kriegsende den »geeigneten Moment« und die »passende Gelegenheit« erfasst habe um »unterzutauchen«, fiel mir wieder ein. Sie hatte sich allerdings, wollte ich Gerhard Fabians Bericht glauben, nur zum Teil bewahrheitet. Mein Vater hatte offenbar den Krieg, so wie es Großmutter vermutete, überlebt, aber er war nicht zu seiner Familie – zu Frau und Kindern – heimgekehrt.

Unvermittelt tauchte mir aus dem Gedächtnis plötzlich auch die Gestalt eines Infanteristen wieder auf, der sich im heißen Mai 1945 in vergleichbarer Situation wie diese drei Panzersoldaten abgesetzt hatte, dann vor unserer Haustür in Dresden zusammensackte und aus dem tags darauf, angetan mit Papa Pauls Sommeranzug, der Holzschnitzer Klaus Löffler wurde, den Großmutter einen »abgemagerten Hänfling« nannte. Klaus Löffler hatte den Heimweg nach Annaberg im Erzgebirge angetreten und war dort auch – wie wir später erfuhren – nahezu unbehelligt angekommen.

In wessen Kleider war mein Vater geschlüpft und wohin hatte sein Weg geführt? Was hatte es mit dieser norddeutschen Stadt Ratzeburg in Schleswig-Holstein auf sich, an die sich Gerhard Fabian – scheinbar nebensächlich – erinnerte? Mein Lexikon erwähnt, dass die kleine, auf einer Insel im Ratzeburger See und im Grenzland zu Vorpommern gelegene Stadt während des Zweiten Weltkrieges unzerstört blieb und englische Truppen sie im Frühjahr 1945 nahezu ungehindert eingenommen hatten. Nach den Luftangriffen der RAF sollten besonders Lübecker und Hamburger in Ratzeburg Zuflucht gesucht und gefunden haben. Ratzeburg musste also nach dieser Beschreibung überbevölkert, aber sonst im Vergleich zu den niedergebombten und zerstörten deutschen Städten in Norddeutschland im April 1945 geradezu eine Oase gewesen sein. Vielleicht auch ein Zufluchtsort für einige mit dem Leben davongekommene deutsche Soldaten – wie für meinen Vater.

Ratzeburg. Ratzeburg. Ratzeburg. Wann und wo hatte ich diesen Namen einer Stadt früher schon einmal gehört ...

Plötzlich wusste ich es und pendelte mit meinen Gedanken zurück in den Sommer 1958. Es war in meinem ersten Berliner Studienjahr, als ich der Einladung einer alten Frau – nach einer zufälligen Begegnung im Pankower Bürgerpark – in die winzige Wohnung eines nach dem Krieg notdürftig instand gesetzten Hauses gefolgt war. Ich kannte sie als Groß-papa Friedrichs frühere Haushälterin und spätere zweite Ehefrau. Papa Paul hatte mir seinerzeit allerdings strikt untersagt, diese »angeheiratete Fremde« als »meine Oma« anzuerkennen, obwohl sie das offensichtlich sein wollte. Ich war als kleines Ding selbstverständlich meinem Papa Paul folgsam, obwohl mir die Gründe seiner Ablehnung damals unverständlich gewesen sein mussten.

Kurz vor meinem Abschied aus Dresden und Hainsberg ins Berliner Studentenleben hatte mich auch Mama vor einem immerhin möglichen Zusammentreffen mit dieser »redseligen alten Frau« gewarnt, die sich »in die Familie Schultheiß eingeschlichen habe« und der mit »gebotener Distanz« und »gesundem Misstrauen« zu begegnen sei.

Das väterliche Verbot und den mütterlichen Rat ignorierend, nippte ich also eines Tages zu nachmittäglicher Stunde an meinem Kaffee, knabberte am köstlichen Gebäck, schaute meiner Gastgeberin in das von weißen Ringellöckchen umrahmte, etwas faltige Gesicht und beruhigte mein schlechtes Gewissen mit dem festen Vorsatz, kein einziges Wort der »Nicht-Oma« zu glauben, wenn sie – wie Mama befürchtet hatte – mir »dreiste Hirngespinste zu meinem Papa Paul offerieren« würde! »Nie wieder ein nachfragendes Wort zu dem vermissten Papa Paul!«, hatte ich Mama geschworen, und auch ich selbst hatte mir ja mit meinem Start in ein neues Leben in Berlin gerade erst vorgenommen, nicht länger zwischen der Hoffnung auf den Heimkehrer und der schmerzhaften Ernüchterung über sein Ausbleiben hin- und herzupendeln, sondern mich künftig einem derartigen Gefühlschaos nicht mehr auszusetzen. Erinnerungen an Papa Paul hatte ich mit meiner Blechschachtel »weggeschlossen«.

Die Legende, die mir meine »Nicht-Oma« an diesem Tag unbedingt erzählen musste, obwohl ich sie keineswegs darum bat, hatte mit mir – so redete ich mir ein – also wirklich nichts, aber auch gar nichts zu tun! Alle Spitzfindigkeiten und Anspielungen wollte ich überhören! Ich versperrte meine Ohren und verbarrikadierte mich – und konnte offenbar doch nicht verhindern, dass sich ihre »schlimmen Worte« irgendwo in der Tiefe meines Unterbewusstseins festsetzten und mir nun, nach dem Gespräch mit Gerhard Fabian, wieder einfielen: Die Geschichte vom Paul, ihrem Stiefsohn, der im Januar 1947 – aus Ratzeburg kommend – bei seinem Vater, meinem Großpapa Friedrich, aufgetaucht sein sollte! Aus Ratzeburg kommend! Allein der Name dieser Stadt ließ diese »Papa-Paul-Geschichte« der »Nicht-Oma«, gegen die ich mich damals gesträubt hatte, aus einem unbestimmten dunklen Winkel meines Unterbewusstseins auftauchen.

Und nun sah ich sie in Gedanken wieder vor mir, diese etwas geschwätzige alte Frau. Mit ihrem durchdringenden Blick, vor dem ich mich schon als kleines Mädel gegruselt hatte, fixierte sie mich damals beim Kaffeeklatsch in ihrer Wohnung – so, als wolle sie sich der Wirkung ihrer Worte versichern.

Sie beschrieb mir zunächst den Gram und Kummer Großpapa Friedrichs um all seine Kinder. Denn er hatte ja in den Nachkriegsmonaten nicht nur den plötzlich verschollenen ältesten Sohn Paul vermisst und mit unserer Familie in Dresden Tag für Tag auf dessen Heimkehr inständig gehofft. Auch von der Tochter Margarete (Grete) war in der Nachkriegszeit nur bekannt, dass sie als französische Staatsbürgerin mit ihrer Familie in Straßburg lebte. Sonst herrschte Stillschweigen und alle Kontaktversuche nach Frankreich blieben zum Leidwesen des Vaters unbeantwortet. Während des Krieges war die Verwandtschaft in Berlin allerdings wegen der Wehrdienstverweigerung des Schwiegersohnes Marcel sogar in den Focus der Gestapo geraten und hochnotpeinlichen Verhören ausgesetzt gewesen. Bei meiner späteren Familienrecherche hatte auch ich entsprechende Aktenvermerke (selbst in den Dokumenten des Standesamtes) entdeckt.

Noch dramatischer war die kurze Lebensgeschichte des Sohnes Vallenthin verlaufen, des dritten Kindes meines Großpapa Friedrich. Ihn hatte der Vater nach dem Tod seiner Frau Lina-Franziska 1930 mit einem Nervenleiden in einer Fachklinik untergebracht, die ihre Kranken unter dem Hitlerregime in »Anstalten« überführen ließ und nach dem Euthanasie-Programm in der »Aktion T4« tötete. Dem Vater war durch die Anstalt in Bernburg/Anhalt ein »plötzliches Ableben des Sohnes in Folge einer Infektionserkrankung« mitgeteilt und die bereits erfolgte Urnenbeisetzung mit einer »drohenden Seuchengefahr« begründet worden. Erst nach dem Krieg wurden diese Vergehen der Nazis an den Erkrankten im Einzelnen bekannt. Der Vater trug schwer daran.

Der jüngste Sohn Eugen blieb an der Ostfront seit 1942/43 vermisst, während die lebensfrohe und kinderlose Gattin, Schwiegertochter Else, zu Kriegsende und unmittelbar danach bereits in einer neuen partnerschaftlichen Beziehung lebte und jede Hoffnung auf die Heimkehr ihres Mannes Eugen aufgab.

Und nun hielt der Vater Schultheiß knapp zwei Jahre nach Kriegsende an jenem Januartag seinen erstgeborenen Sohn Paul tatsächlich im Arm! Aber die Wiedersehensfreude des Vaters schlug – so erzählte die »Nicht-Oma« an jenem Wochenende – in eine herbe Enttäuschung um, als Paul ihm eine Frau aus Ratzeburg, seine »Künftige«, und das Baby Karin auf deren Arm als seine Tochter vorstellte, obwohl er nach dem Gesetz noch mit seiner Ehefrau Ernestine-Katharina in Dresden verheiratet war. Der empörte Vater verlangte von seinem Sohn Paul ein »Mindestmaß an Anstand« und ein zu erwartendes »Pflichtgefühl« der Familie in Dresden gegenüber – zumal ihm gerade die Schwiegertochter Ernestine-Katharina und seine Enkelinnen ans Herz gewachsen und die weitverzweigte patriarchalische Sippe aus dem Sachsenland ganz nach seinem Geschmack waren. Denn nach Pauls »Irrungen und Wirrungen« hatte er darauf vertraut, dass er, vor diesem stabilen familiären Hintergrund »charakterlich gefestigt«, längst zu »Wertvorstellungen«, die auch ihm vorschwebten, zurückgefunden habe. Das schloss aus seiner Sicht ganz selbstverständlich, gerade nach allem Kriegsgeschehen und bei allen Unsicherheiten im Nachkriegsdeutschland, sein verantwortliches Verhalten als Ehemann und Vater seiner drei Töchter ein.

So etwa sollte mein Großpapa Friedrich vor meinem Papa Paul damals argumentiert haben, erzählte mir die »Nicht-Oma«. Die Auseinandersetzungen der beiden Männer waren danach zu einem bitteren Zerwürfnis eskaliert. Kein einziges der heftigen Worte schien der »Nicht-Oma« entgangen zu sein. Sie beschrieb mir damals mit unverblümten Details Pauls »schändliches Gebaren« und den vor »Schmerz bebenden Vater«. Zornentbrannt hatten sich beide unversöhnlich gegenübergestanden.

Noch bevor die Schwiegertochter Ernestine-Katharina telegrafisch aus Dresden herbeigerufen werden konnte, verschwand Paul mit seiner Begleitung auf Nimmerwiedersehen. Mein Großpapa Friedrich aber erlag nur zwei Tage danach, am 28. Januar 1947, seinem Herzleiden und verstarb.

Dem vermeintlich »verwirrten Tratsch« der »spitzzüngigen Nicht-Oma« hatte ich nach unserer Begegnung an einem Sommertag im Jahre 1958 allerdings weiter keine Beachtung geschenkt – oder eben nicht schenken wollen – und darin nur die »böswillige Mär einer Stiefmutter« gesehen, die den angeheirateten Sohn offenbar zu keiner Zeit »verknusen« konnte. Alles, was sie mir aufgetischt hatte, suchte ich fortan zu vergessen und einen dicken Strich darunter zu ziehen. Ich sperrte mich mit ganzer Kraft gegen die »absurde Vorstellung« von einem Papa Paul, der sich angeblich »aus eigener Entscheidung« von seiner Familie in Dresden distanziert haben sollte. Meine Resistenz ließ anderes nicht zu und schützte mich …

Nun aber wunderte ich mich allerdings sehr, dass ein Wort des Interviewpartners Gerhard Fabian plötzlich ausreichte, um Erinnerungen an den Nachmittag bei der »Nicht-Oma« aufleben zu lassen. War der nun abermals aufgetauchte Hinweis auf die Stadt Ratzeburg tatsächlich ein Indiz dafür, dass »etwas dran« sein musste an dem »Geschwätz« von »anno dunnemals«? Deutete diese faktische Mehrfachnennung vielleicht darauf hin, dass mein Vater den Krieg tatsächlich überlebt hatte, aber nicht nach Hause zurückgekehrt war?

Dabei fiel mir noch eine weitere Episode am Rande des Geschehens ein, die unvermutet und urplötzlich bedeutsam erschien. Mir war an einem Markttag am Berliner Gesundbrunnen – wahrscheinlich ebenfalls 1958 oder auch 1959 – Tante Else über den Weg gelaufen. An ihrer Stimme erkannte ich sie wieder, weniger an ihrem Äußeren. Zuletzt hatte ich sie in der Uniform einer Helferin des Reichsluftschutzbundes und besorgt um das Wohl und Wehe des ausgebombten Großpapa Friedrich erlebt. Und das war bei unserem unvermuteten Wiedersehen schon 15 Jahre her!

Tante Else entdeckte mich in der Menge, riss die »Tochter Pauls«, die angeblich ihrem »Vater wie aus dem Gesicht geschnitten« sei, freudig, fast überschwänglich in die Arme und erkundigte sich wenig später, in einem Kaffeehaus nach einem »Lebenszeichen« Papa Pauls aus Ratzeburg! Ja, auch sie hatte den Namen der Stadt genannt, aber mich damit keineswegs nachdenklich gestimmt. Ich antwortete ihr damals wie jedem, der sich nach meinem Vater erkundigte, mit meinem Standardsatz: »Mein Vater ist als Soldat vermisst.« Dazu hatte ich mir ein leichtes Achselzucken angewöhnt, das meinem Umfeld, vielleicht gar mir selbst, eine gewisse Gleichgültigkeit signalisieren sollte. So, als sei mit der Vermisstmeldung alles geregelt. Ebenso spröde reagierte ich auch auf Tante Elses Fragen nach meiner Mama.

So erzählte ich ihr gewiss nichts von jenem Januartag 1947, als der Postbote vor unserem Gartentor gestoppt, sein Fahrrad mit gekonntem Schwung abgestellt hatte und Mama, die eilige Nachricht schweigend zur Kenntnis nehmend, gleich darauf nach Berlin abgereist war. Um dann nach Tagen müde und erschöpft bei klirrendem Frost heimzukehren – gerade so, als sei ihr Herz in der Winterkälte erstarrt.

Die Erinnerungen des Gerhard Fabian an den spöttelnden Kameraden, der in einer »fadenscheinigen Kledasche« seinen Weg nicht nach Dresden, sondern nach Ratzeburg antrat, hatten unvermutet die Geschichte der »Nicht-Oma« und die Frage der Tante nach dem Verbleib meines Vaters wiederbelebt. Alle Einzelheiten schoben sich plötzlich wie Teile eines Puzzles ineinander. Nach Jahrzehnten glaubte ich nun auch zu wissen, warum Mama damals so eilig und wahrscheinlich hoffnungsvoll nach Berlin aufgebrochen war, und ahnte zugleich, weshalb sie den Fragen ihrer Kinder bei der Rückkehr auswich und mich weiter meine Papa-Paul-Geschichten träumen ließ.

Das andere Leben

Alles hat seine Zeit. Auch meine Suche nach Papa Paul schien mit dem Hinweis auf sein »anderes«, mir bisher unbekanntes Leben nach Kriegsende an einem Dreh- und Wendepunkt angelangt zu sein. Noch einmal versuchte ich mir vorzustellen, wie Paul, Richard und Gerhard sich aus der Gefahrenzone kriechend, hangelnd, laufend, vorwärts stolpernd und hastend in den nächsten und dann wieder in den nächsten und übernächsten Tag gerettet hatten. Immer weiter, der Nase nach. Raus aus der Schusslinie, weg von den Russen!

Während der verwundete Gerhard Fabian dann bei einer Bauersfrau zurückgeblieben war, hatten sich Paul und Richard als Zivilisten in einem Flüchtlingstreck weiter nordwestlich gehalten, um in das schleswig-holsteinische Ratzeburg zu gelangen – dabei die Russen im Nacken, denn die Rote Armee suchte aus dem mecklenburgischen Raum auch in diese Richtung vorzustoßen, wurde allerdings zeitweilig, wie den damaligen Wehrmachtsberichten zu entnehmen ist, auf der Linie Oranienburg–Neustrelitz–Anklam von deutschen Truppenverbänden aufgehalten.

Aus der Regionalpresse vom April 1945 und in Gesprächen, die ich nun mit Schleswig-Holsteinern führte, war allerdings zu erfahren, das dort zu diesem Zeitpunkt vor allem das Vordringen der Engländer Land und Leute anhaltend beschäftigte. Alteingesessene erinnerten sich noch sehr detailliert: Am 19. April 1945 operierten Panzerspitzen der 2. englischen Armee bereits im südlich von Lauenburg gelegenen Dorf Echem und waren in den folgenden Tagen darum bemüht, das zahlenmäßig unterlegene Aufgebot der deutschen Wehrmacht mit Geschützen leichter und schwerer Artillerie, Genesungskompanien und Volkssturm zurückzuweisen. Zeitzeugenberichten ist zu entnehmen, dass in jenem Raum, in dem nach meiner Schätzung Paul und Richard inzwischen angelangt sein konnten, zahlreiche britische Jagdflugzeuge mit »ihren Waffen Land und Leute bepflasterten«. Am 26. April erfolgte beispielsweise ein schwerer Fliegerangriff mit etwa 300 Spreng-, Phosphor- und Brandbomben auf den Bahnhof Büchen, der verheerende Verwüstungen anrichtete; mehr als 100 Menschen starben dabei. In der Nähe von Basthorst versuchten Feindflugzeuge mehrfach, den Eisenbahnverkehr auf der Strecke Schwarzenbek-Oldesloe durch Bombenabwürfe zu unterbinden. Ringsum rissen Bomben tiefe Löcher ins Erdreich. Am 28./29. April war das Trommelfeuer der zu Lande vorrückenden englischen Armee auch dort nicht mehr zu überhören gewesen. Der letzte Widerstand deutscher Soldaten schien gebrochen.

Im Wehrmachtsbericht wird die am 1. Mai 1945 entstandene Lage in der Region so geschildert: »Der Feind stößt über Schwarzenbek in Richtung Trittau vor. Geesthacht und Worth sind in Feindeshand. Unter dem Schutz von Nebel und starken Feuerglocken hat der Gegner 3 Kriegsbrücken gebaut, über die er Infanterie und Panzer nachführt. Sein Brückenkopf reicht jetzt von Krümmel bis zum Elbe-Trave-Kanal.«

Trotz der schwierigen Situation ging, nach mündlicher Überlieferung, ein »Seufzer der Erleichterung« durch die einheimische Bevölkerung und vermutlich auch durch den übermüdeten Menschenstrom der Trecks. Das offensichtlich nahende Ende des Krieges konnte zwar kaum für die Deutschen – wie es Nazipropagandisten im Rundfunk und in der gleichgeschalteten Presse selbst zu diesem Zeitpunkt noch behaupteten – siegreich sein. Aber zumindest war für Ortsansässige und Flüchtlinge erkennbar, dass Schleswig-Holstein nicht von der Roten Armee besetzt, sondern in die Hand der Engländer fallen müsste. Auch Soldaten der deutschen Wehrmacht, die sich wie Paul und Richard von den Kameraden ihrer Einheiten losgesagt und ihrer Waffen und Panzerfäuste entledigt hatten, suchten sich nun in der Region Schleswig-Holstein »zu verkrümeln« oder hielten eine Gefangennahme durch die Engländer für unvermeidlich, waren aber zumindest froh darüber, den Russen entkommen zu sein.

Das alles geschah in den Tagen, als Mama und Großmutter im Arbeitszimmer Papa Pauls am quietschenden Radiogerät Loewe-Opta den gewünschten deutschsprachigen Sender »heranholten«, um sich »ein möglichst unverfälschtes Bild der Lage« zu verschaffen und den Standort »unseres Panzerfahrers« zu mutmaßen. Ihre Vorstellungskraft konnte dann ganz bestimmt nicht ausgereicht haben, um auch nur zu ahnen, was auf Kriegsschauplätzen in den Brandenburger Wäldern oder im Mecklenburger Raum geschah, wo sie irrtümlich den Ehemann und Schwiegersohn vermuteten. Währenddessen verkündigte die »Goebbels-Schnauze« in unserer Küche den »baldigen Endsieg« und beflügelte meine Kleinmädchenfantasien! Nicht oft genug konnte ich mir dabei ausmalen, wie sich Papa Paul dann schnurstracks zu uns nach Dresden auf den Weg machen würde.

Erst jetzt – nachdem mir Gerhard Fabian, der »Junge vom Panzer«, die beklemmende Enge im stählernen Koloss plastisch geschildert hatte – begann ich die Situation des Fahrers, hinter dem sich damals die Einstiegsluke geschlossen hatte, undeutlich zu ahnen. Nach Gerhard Fabians Beschreibung hatte es für die Besatzung »weder eine Vergangenheit noch eine Zukunft geben können, nur noch das durch ein Zielfernrohr eingeschränkt wahrgenommene Schlachtfeld« und nur die »Option: Entweder man tötet und sucht auch die Kameraden da draußen vor feindlichen Kugeln zu schützen, oder man wird getötet«.

Mit dem flauen Gefühl, mir die lebensbedrohliche Lage der Panzerbesatzung auch mit diesem Wissen niemals wirklich vorstellen zu können und die lauernden Gefahren und Nöte des Moments, als der Panzer hochgegangen war, zu unterschätzen, wollte ich nicht anmaßend sein und fragte dann doch leise zweifelnd: Ob sich mein Vater nach der Wucht einer Explosion, die ihn aus dem »rollenden Panzersarg« geschleudert hatte, überhaupt bewusst machte, dass der danach von ihm eingeschlagene Pfad nicht zu seiner Familie in südöstliche Richtung nach Dresden, sondern in eine andere Himmelsrichtung und somit von ihr wegführte? Konnte er das bei der Flucht von einem Granatloch zum anderen überhaupt bedacht haben?

Was mochte ihm durch den Kopf gegangen sein, als er sich hinter dem alten Stallgebäude des Gehöftes der »wilden Hilde« das Schmieröl vom Panzer aus dem Gesicht wischte, die Kleider wechselte und vielleicht in aller Hektik mit seiner Uniform auch das Familienfoto in der Brusttasche, die zusammengefaltete »Papa-Paul-Schönschriftübung«, die Locke seines Räbchens zurückließ. Hatte er fröstelnd, als ihm ein nächtlicher Wind durch die »fadenscheinige Kledasche« fegte, in einer schnellen Sekunde an seine Ehefrau gedacht, die ihm den wollenen Schal in den Tornister gestopft und ihn ermahnt hatte: »Zieh dich warm an.« Ob sich mein Vater bereits zu diesem Zeitpunkt entschloss, nicht in das vertraute Umfeld der Menschen, die ihn zurückerwarteten, heimzukehren? Entledigte er sich bereits auf dem Weg nach Ratzeburg nicht nur seiner Soldatenuniform? War er wirklich, noch bevor das Kriegsende offiziell erklärt war, nicht nur in fremde Zivilsachen, sondern in eine »andere Haut« geschlüpft, in ein anderes Leben, ganz ohne seine Familie?

Oder war nicht viel eher anzunehmen, dass er sich weiterreichendem perspektivischem Denken mit aller Tragweite und Konsequenz erst später zu stellen vermochte?

Sicher weiß ich nur, dass gerade in jenen Apriltagen 1945, als mein Vater wahrscheinlich bereits mit dem Mut der Verzweiflung unterwegs ins Schleswig-Holsteinische war, in Dresden sein letzter bleistiftgekritzelter Feldpostbrief »ans liebste Kätchen«, an sein »Dreimädelhaus« mit »Grüßen an die schwiegermütterliche Katharina« eintraf und wir hofften, dass sich »die Nachricht aus dem Pappschachtel-Radio« sehr bald erfüllte und es ein »Wiedersehen mit ihm im Frieden« geben würde. Mama las uns seinen Brief damals vor und konnte nicht ahnen, dass er in eben diesem Moment mit schlotternden Kleidern an der Seite Richards in Ratzeburg anlangte und vermutlich froh war, ein schützendes Dach über dem Kopf zu spüren, sich endlich waschen zu können, seinen ersten Hunger zu stillen, eine erste Nacht wieder zu schlafen.

Vielleicht kniff er sich am nächsten Morgen selbst in den Arm, weil er nicht wusste, ob er wachte oder träumte. Ob er wirklich dem Höllenszenarium entronnen war! Künftig nicht mehr auf ein scharfes Kommando reagieren müsste, zumindest vor Einschlägen und dem Pfeifen der russischen Pak, vor dem T-34 und den Stalinorgeln sicher war.

Dennoch lauerten auch jetzt noch Gefahren und Nöte vor Ort. Zunächst mussten Paul und Richard heilfroh sein, in Ratzeburg eine Bleibe zu haben, denn die Einwohnerzahl der Stadt hatte sich inzwischen – so ist aus den Akten des Stadtarchivs zu erfahren – von 6.133 Menschen zu

Beginn des Krieges durch zugewanderte Flüchtlinge und Ausgebombte 1945 nahezu verdoppelt. Es herrschte große Wohnungsnot, als nun noch versprengte Gruppen oder auch einzelne Soldaten der sich da und dort bereits auflösenden deutschen Wehrmacht Einlass begehrten. Auch die Versorgungslage war insgesamt katastrophal und unübersichtlich die Gesamtsituation. Denn noch immer gab es »an der Heimatfront« braune Fanatiker, die einen »Kampf bis zum Letzten« forderten und »Soldaten auf der Flucht« gnadenlos verfolgten. Entsprechende »Vorkommnisse« erlebten wir ja zeitgleich auch in Dresden, als beispielsweise SS und Feldgendarmerie an dem »Jungelchen« Christian Doerfel, der sich aus Angst vor den Stalinorgeln rückwärts gewandt hatte, das Todesurteil vollstreckten, seine Mutter in unserem Hause bittere Tränen vergoss und Großmutters Trostworte wie zersprungenes Glas geklungen hatten.

Zeitzeugen aus der Region Ratzeburg erinnern sich aber auch daran, dass »Beknackte, die andernorts noch in letzter Minute ihre Panzersperren hochzogen und vielleicht noch vorgaben, das Reich zurückerobern zu wollen, in ihrer Stadt immer weniger oder bald gar nichts mehr zu sagen hatten!« Und dass die »ausgemergelten Volkssturm-Opis auf ihren klapprigen Fahrrädern einfach wieder umkehrten und sich nicht mehr von rotznäsigen Hitlerjungen kommandieren ließen«. Man wusste auch von »Burschen, die tatsächlich noch mit Karabinern ausgerüstet und mit Panzerfäusten behängt da und dort aufgetaucht waren« und die man »zu Muttern nach Hause schickte!«

Am 2. Mai 1945 kapitulierte in Hamburg der Gauleiter Kaufmann kampflos, das flache Land zog nach. Ebenfalls am 2. Mai 1945 rollten Berichten zufolge die englischen Panzer aus bestem britischem Stahl in die Stadt Ratzeburg. Die Inselstadt und das benachbarte St. Georgsberg gingen an die englischen Truppen. Man erzählt sich heute, dass damals weiße Begrüßungslaken aus den Fenstern wehten und Sirenen der Stadt am Ende des Krieges Entwarnung heulten. Von einer Stunde zur anderen erfolgte die kampflose Aufgabe der Stadt. Nach einem letzten »Heil Hitler« riefen sich die alteingesessenen und die zugezogenen Ratzeburger tags darauf ein erstes »Guten Morgen« zu.

Am 9. Mai 1945 gab der Nachrichtensprecher des Senders Flensburg im getragenen Tonfall bekannt: »Die deutsche Wehrmacht ist am Ende einer gewaltigen Übermacht ehrenvoll erlegen.« Einheimische wissen noch, wie pathetisch und verlogen diese Worte damals auf sie gewirkt hatten.

Zeitgleich erlebten wir in Dresden den Einmarsch der Roten Armee, Plünderungen, Übergriffe und Ausschreitungen. Unsere Zuflucht in den »Untergrund«, in das alte Restaurantgewölbe, war mir nur schemenhaft im Gedächtnis haften geblieben. Aber an meinen inständigen Wunsch, Papa Paul möge in diesen Tagen weit weg von den Russen und in Sicherheit sein, erinnere ich mich noch ebenso genau wie an meine kindlichen Gebete, die ich zum Himmel schickte. Denn das wutverzerrte Gesicht des Rotarmisten, der auf dem Foto des deutschen Panzerfahrers herumgetrampelt war, stand mir vor Augen! Und niemand konnte anscheinend den Fremden, die unsere Sprache nicht verstanden, erklären, dass es sich bei dem Mann in der finsteren Montur mit einem Totenkopf am Revers um keinen »Faschiiisten« handelte, sondern um meinen Papa Paul, der den Frieden herbeisehnte!

Als dann Deutsche in alliierten Kriegsgefangenenlagern festsaßen und ich mit schreckgeweitetem Blick den Elendszug ehemaliger Wehrmachtssoldaten verfolgte, die wie Schatten ihrer selbst durch die Dresdner Bodenbacher Straße zum provisorischen Lager auf der Pferderennbahn schlurften, hatte ich der Großmutter glauben wollen, die überzeugt schien, ihrem »findigen« Schwiegersohn und meinem Papa Paul bliebe auch dieses Schicksal erspart. Angesichts einer inzwischen vorliegenden Statistik der Kriegsgefangenenlager wird deutlich, wie gewagt auch diese Hoffnung eigentlich war.

Ratzeburger erinnern sich an versprengte Gruppen deutscher Ex-Soldaten, die in ihrer Stadt immer zahlreicher auftauchten und versuchten, einer Festnahme durch britisches Militär zu entkommen. Sie wechselten eiligst ihre Kleider oder entfernten zumindest die Kennzeichen der deutschen Wehrmacht von ihren Uniformhemden und -jacken und entledigten sich der Rangabzeichen, Orden und Ehrenspangen. »Nur ihre Stiefel behielten sie oft an«, erzählte mir ein Einwohner dieser Stadt, der damals, gerade 14-jährig, alles »ganz genau« beobachtet hatte. Ich stellte mir bei seiner Schilderung die »gebrochenen Krieger« vor, die Jahre oder Monate zuvor mit ihrem derben Schuhwerk im Stechschritt oder im Parademarsch an einer Obrigkeit vorbeidefiliert und in einem Exerzierreglement auf der Stelle getreten waren. Gestiefelt und gespornt waren sie im Eiltempo über fremde oder heimatliche Felder marschiert, bestanden die eine oder andere brenzlige Situation in der Schlacht und hatten dann zu denen gehört, die von der Kompanie noch übrig geblieben waren. Wie Paul und Richard, die sich damals vermutlich auch mit ihren Militärstiefeln in geduckter Haltung oder auch in aufrechter Gangart unter die Stadtbevölkerung mischten und der britischen Besatzungsmacht auszuweichen suchten. Zumindest konnte ich mir das so etwa vorstellen, nachdem sich Zeitzeugen in der Unterhaltung mit mir der »verwirrenden ersten Nachkriegstage in Ratzeburg« erinnert hatten und daran, dass die Engländer nun in Haft nahmen, was zufällig als »dicker Dienstrang« in ihren Listen stand oder auch sonst verdächtig erschien, sich nicht als »harmloser Mitbürger« legitimieren konnte. »Nach einer damaligen Anordnung des neuen Stadtkommandanten hatte sich jeder Einwohner auf der Behörde registrieren zu lassen und einen vorläufigen Ausweis in Empfang zu nehmen. In allen Häusern war eine jedermann zugängliche Namensliste der dort augenblicklich wohnenden Personen zu befestigen. Und dennoch blieb alles unübersichtlich«, erklärte mir eine ehemalige Volksschullehrerin, die damals aus ihrer winzigen Dachwohnung das Treiben in der Stadt beobachtete.

Weitere Zeitzeugen aus der Region erinnern sich an diese »Momente zwischen Krieg und Frieden« und das »brodelnde Gewirr«, in dem Menschen nach Irgendwo unterwegs schienen, in dem Eltern ihre Kinder und Kinder ihre Eltern vermissten und sich Männer sonstwo, aber nicht bei ihren Familien aufhielten (vgl. Heimatbund und Geschichtsverein Herzogtum Lauenburg 2010).

Wie erging es in all diesem Wirrwarr dem ehemaligen Panzerfahrer Paul Schultheiß? Plagten ihn, wie so viele seiner einstigen Kriegskameraden, psychische Folgeerscheinungen der überstandenen Strapazen? Litt auch er unter Müdigkeit, Schlaflosigkeit, Verfolgungs- oder auch Todesängsten? Die deutschen Mediziner fanden in der Nachkriegszeit für diese und andere, massenhaft zu diagnostizierenden Erscheinungen einen Namen. Man sprach von der psychischen Dystrophie. Verfolgten auch Paul, den zugewanderten Ratzeburger, nachfolgende Kriegstraumata und warfen ihn aus der Bahn? Verspürte er, vielleicht auch nur unterschwellig, die Last einer Mitschuld jedes einzelnen Frontsoldaten in Situationen, in denen auch er selbst im Widerspruch zum eigenen

Empfinden und Wollen agiert hatte – agieren und funktionieren musste? Unter Bedingungen, die objektiv begrenzt schienen und doch subjektive Handlungsspielräume ermöglicht hatten? Hielt er vielleicht Ausschau nach einem bescheidenen Refugium, das ihm vor den Abgründen eigener Erinnerungen an den Krieg Schutz und wohltuendes Vergessen versprach? Schien ihm dafür die Silhouette des zertrümmerten Dresden denkbar ungeeignet? Erhoffte er im radikalen Ende einen Anfang, weil er doch sonst einfach nicht mehr weiter wusste, wenn er in schlaflosen Nächten auf der Flucht vor den Dämonen in seinem Kopf war. »Ich dachte manchmal, ich verliere den Verstand.« Mit diesen Worten hatte sich Gerhard Fabian seiner Albträume erinnert.

Ich versuchte mir die Befindlichkeit meines Vaters in jenen ersten Tagen, Wochen und Monaten nach dem Krieg vorzustellen und pendelte in Gedanken noch weiter zurück. Weitere Fragen drängten sich auf: Was war eigentlich in einem Menschen vorgegangen, der wie einst mein Papa Paul als Frontsoldat seinem Gewissen nicht zu folgen vermochte, aber es auch nicht abschütteln konnte? Der wusste, dass der Richtschütze seines Panzers, den Feind im Visier, abdrücken würde. Wer vernahm zu Kriegszeiten das Schluchzen in seinen Soldatenliedern und den schrecklichen Schrei »Heidihussassa tirallalla«?

Das »Uniformkind« Gerhard Fabian hatte sich an Pauls Spötteleien erinnert, die damals für den Augenblick die ärgste Not, das Zittern und Beben vertrieben. Aber wer erlauschte in Pauls Singsang und Gewitzel die schmerzhaften oder zynischen Zwischentöne?

Hatte ich nicht selbst als Kind die innere Not meines Papa Pauls gespürt, als er in Großmutters Radebeuler »Hospiz für Gestrandete« den Verzweifelten Mut zusprach? Musste er sich nicht angesichts der wüsten Stadt Dresden auch überfordert fühlen? Wir hatten nach den Bombennächten zu unserem Familienoberhaupt, zu Mamas »Kann-alles Paul« aufgeschaut und Geborgenheit bei ihm gesucht. Aber wer sah seinen leeren Blick über die Trümmerwüste Dresdens gleiten – über die ungezählten Toten?

Überspielte der 44-Jährige mit seinen schmachtenden Liedern und seinem übermütigen Gehabe in der Geburtstagsrunde am 23. Februar 1945 nur seine Hoffnungslosigkeit? Seine eigene Trostlosigkeit? Das Zerwürfnis in sich? Versteckte er hinter einem letzten barschen Abschiedswort an seine Tochter Helga am Ende nur sein eigenes großes, graues, heulendes Elend? Seine Niedergeschlagenheit, ein Traurigsein, die innere Zerrissenheit auf dem Weg zu seiner Truppe, zum letzten Gefecht?

Meine bisherige Spurensuche nach dem Vater besagte, dass er irgendwann in Ratzeburg beschlossen haben musste, nicht mehr zurück, sondern nur noch nach vorn zu schauen. Vielleicht begann er sich neu zu orientieren, als Kontrolleure des britischen Militärs die Häuser in Ratzeburg nach verdächtigen Personen »ohne ausreichende Legitimation« durchkämmten. Möglich, dass er genau in diesem Moment mit Schutzbehauptungen aufwartete und eine glaubhaft wirkende Legende auszuspinnen begann, die ihn anfangs vor der Kriegsgefangenschaft bewahren sollte, dann aber nützlich erschien, als er Vergangenes hinter sich lassen, abschütteln wollte. Als er sich fern von den Menschen daheim, denen er wichtig war, die ihn mochten und die auch ihm in seinem bisherigen Leben bedeutsam gewesen waren, sein weiteres Dasein vorzustellen begann – getrennt von allem, was ihn zuvor ausgemacht hatte. Die Art, wie er sich aus dem Leben der anderen und seinem eigenen davonstahl, wirkte auf mich vor dem Hintergrund des überstandenen Kriegsgeschehens wie eine Verzweiflungstat, fast einem Selbstmord gleich. Als habe er einen Schlusspunkt gesetzt und sich anscheinend in ein Schattenreich des Vergessens geflüchtet, um in einem anderen Leben wieder auftauchen zu können. So etwa sah ich das inzwischen.

Plötzlich erinnerte ich mich erster Nachkriegsjahre und meiner kindlichen Ängste, das Bild Papa Pauls könne mir aus dem Gedächtnis gänzlich entschwinden. Ich entsann mich der wieder- und wiederkehrenden Albträume, in denen Papa Paul seine Hände vors Gesicht presste, das auch dann leer, grau und unscharf geblieben war, als er die Arme in meinem Traum irgendwann sinken ließ. Darüber war ich entsetzt erwacht und sehr bemüht, meinen Papa Paul »auf Inseln der Erinnerung« wiederzufinden. Damals half das.

Spürte ich etwa als Kind, dass mein Papa Paul eben dabei war, sich neu zu »erschaffen«, seine Identität zu wechseln und nicht mehr zu unserer Familie in Dresden gehören wollte? Und durfte ich ihm in dieses andere Leben, von dem ich nun wusste, mit weiteren Nachforschungen überhaupt folgen?

Nicht nur diese Fragen verursachten mir Kopfzerbrechen und zwiespältige Emotionen in vielen nun folgenden Tagen und schlaflosen Nächten! Auch das Verhalten meiner Mama erschien mir in verändertem Licht. Denn offenbar hatte sie von der Abkehr ihres Mannes gewusst. Mindestens seit jenem Tag im Januar 1947, als sie ein Telegramm Großpapa Friedrichs nach Berlin rief und sie offensichtlich durch ihn davon in Kenntnis gesetzt wurde.

Mama hatte wider besseres Wissen das Familiendrama um den verlorenen Ehemann und Vater vor ihren Kindern bis an ihr Lebensende verschwiegen. Sie hatte zum Schein – ob aus verletztem Stolz oder aus Scham, vielleicht auch um sich schützend vor ihre Kinder zu stellen und Kummer von ihnen fern zu halten oder mit dem Kalkül auf eine Halbwaisenrente für ihre Töchter – noch eine Weile die Legende vom unklaren Schicksal des vermissten Soldaten aufrechterhalten, um ihn schließlich von den Behörden für tot erklären zu lassen. Sie besorgte sich vom Standesamt eine Sterbeurkunde für Paul Karl Johann Schultheiß. Er war für sie gestorben und aus ihrem Leben verschwunden, ohne tatsächlich tot zu sein. In ihrem gesellschaftlichen Umfeld – unter Bekannten und Freunden der Familie, selbst in der nahen Verwandtschaft – wurde sie als Kriegerwitwe wahrgenommen, die damit ihren Teil am kollektiven Schicksal zu tragen hatte. Nur ich, die Tochter des angeblich im Krieg Gefallenen, hatte instinktiv gespürt, dass Papa Paul irgendwo auf dieser Welt noch lebte, daraus keinen Hehl gemacht und als Unruhegeist wahrscheinlich meine Mama ungewollt schmerzhaft an Tatsachen erinnert.

Meine Überlegung, ob der offene Umgang Mamas mit dem tatsächlichen Geschehen und die wahrhaftige Aufklärung ihrer Kinder sinnvoller und eigentlich ihre Pflicht gewesen wäre, blieb ohnehin aus heutiger Sicht sehr hypothetisch. Vielmehr erinnerte ich mich ihrer heimlichen Tränen und wusste um den Gram und Harm, den sie vor uns verbarg. Ich dachte an die »Kraft der Schwachen«, an die Leistung der Dresdner Trümmerfrauen und Mütter, die in harten Zeiten für das Überleben ihrer Kinder sorgten und von denen meine Mama eine gewesen ist. Aus ihrer Sicht hatte der Ehemann nicht mehr zu ihrem Leben und zu dem ihrer Kinder gehört. Mit diesem Standpunkt verbannte sie emotionale Erinnerungen, bunkerte sie regelrecht ein. Mama suchte sich, wie sie selbst sagte, »nicht unterkriegen zu lassen« und niemals die Contenance zu verlieren. Sie behauptete demonstrativ ihr Selbstwertgefühl mit einem betont sicheren

Auftreten vor der Außenwelt. Wahrscheinlich versuchte sie auf diese Weise auch ihren Seelenfrieden wiederzuerlangen. Ob ihr das jemals wirklich gelang, schien mir im Rückblick zweifelhaft. Dennoch erwog nun auch ich, Mamas Schlussstrich unter das geheime Familiendrama zu akzeptieren und mich danach zu richten.

Zumindest schien es mir verlockend zu sein, meine weitere Spurensuche nach Papa Paul einzustellen und diese Entscheidung mit dem Respekt vor den Lebenslügen meiner Eltern zu begründen. Ich versuchte mir auch einzureden, dass Papa Pauls Räbchen im »anderen Leben« nicht gewollt war, darin eigentlich nichts zu suchen habe. Mein Ausstieg aus der Geschichte hätte mich immerhin vor Risiken weiterer unbequemer Wahrheiten schützen können. Denn schon die bisherigen Offenbarungen hatten mich immer wieder sehr berührt und aufgewühlt. Meine Enttäuschungen wechselten in Zorn und Trotz, Zweifel packten mich, Kleinmut, Ratlosigkeit, Feigheit. Dann wieder dominierte eine aufkeimende Hoffnung, mein Papa Paul sei auch im anderen Leben wiederzuerkennen und ich müsse genau das herausfinden! Oft wähnte ich mich am Rande meiner Möglichkeiten.

Wieder einmal kam mir in einem entscheidenden Moment ein Zufall zur Hilfe: Ein Brief aus Russland traf ein, mit dem ich kaum noch gerechnet hatte. Denn mein Antrag an das Staatsarchiv in Moskau zur Genehmigung meiner Akteneinsicht hatte zwei Jahre Bearbeitungsfrist benötigt. Nun aber erreichte mich ein positiver Bescheid, den ich wahrscheinlich der Fürsprache einiger Berufskollegen an der Russischen Akademie der Wissenschaften verdankte. Es wurde mir tatsächlich gestattet, Archivbestände zu den Lagern deutscher Kriegsgefangener einzusehen. Noch zwei Jahre zuvor wollte ich dabei aufklären, ob sich mein Vater jemals in einem dieser Lager aufgehalten hatte und in einem der Massengräber von Namenlosen in russischer Erde zu vermuten war. Darauf war ich damals gefasst. Nun wusste ich es anders und empfand darüber keine Erleichterung! Hätte ich tatsächlich mit der entsetzlichen Gewissheit, die Reste Papa Pauls in fremder Erde zu wissen, unbeschwerter umgehen können als mit der Geschichte des Panzerfahrers, der in »fadenscheiniger Kledasche« allem Kriegsgrauen entfliehen konnte und seine Schritte nach Ratzeburg lenkte? Würde ich lieber Blumen an ein fernes Grab legen als den zivilen Lebensweg des »Nicht-Heimkehrers« nach dem Krieg weiter zu verfolgen?

Diese Fragen brachten mich zu der Einsicht, dass ich nicht länger vor möglichen Resultaten meiner Nachforschungen zurückschrecken musste, wenn ich meine Erwartungshaltung korrigierte. Meine bisherigen Ermittlungen hatten zwar nicht zu meinen Kleinmädchenfantasien und pubertären Träumen gepasst, auch nicht zu dem Bild des Vaters, wie es mir noch an jenem Sommertag in Lübars vor der Hochzeitskirche vorgeschwebt hatte, als ich meine Spurensuche begann. Aber mein Vater hatte das Recht, anders und nicht vorausschaubar zu sein. Nicht die Lebensentscheidungen meines Vaters hatten mich zweifeln und zögerlich abwarten lassen, sondern mein Schock über die nicht erwartete und nicht gewollte »andere Wahrheit« war das Problem.

Ich musste künftig davon ausgehen, dass die weiter zu ermittelnden Daten und Fakten ganz und gar nicht auf eine besondere Nähe von Papa Paul zu seiner Tochter deuten und dass wieder aufbrechende emotionale Wunden eines Kriegskindes schmerzen würden. Aber die Informationen zu seiner letzten Wegstrecke würden unverzichtbar zu dem Bild meines Vaters gehören.

Meine weitere Spurensuche gestaltete sich aufwendiger und komplizierter als je zuvor. Zuallererst hatte ich mich an das Einwohnermeldeamt in Ratzeburg gewandt, aber von dort einen abschlägigen Bescheid erhalten. Nicht einmal ein zeitweiliger Aufenthalt meines Vaters in dieser Stadt konnte bestätigt werden. Es folgte eine wilde Telefonaktion, mit der ich das Ratzeburger Umfeld ins Visier nahm. Dabei bezog ich mich auf eine Aussage der »Nicht-Oma«, die – so glaubte ich plötzlich zu wissen – von der »Tochter eines Försters aus Ratzeburg« gesprochen hatte, die an der Seite meines Vaters mit ihrem Baby bei Großpapa Friedrich »aufgetaucht« war. Tagelang telefonierte ich nun mit den Forstämtern in und um Ratzeburg, ermittelte pensionierte Beamte und Angestellte und fand dabei betagte und auskunftsbereite Zeitzeugen, die mir nach einer Beschreibung der Sachlage hilfsbereit und glaubhaft versicherten, dass keine der Töchter eines ehemaligen Mitarbeiters der Forstwirtschaft im zuständigen Landkreis als Lebensgefährtin meines Vaters infrage käme. Man kannte sich schließlich.

Nach diesem Fehlschlag verfiel ich in einen wahren Aktionismus und verschickte Suchanträge in alle Himmelsrichtungen. Ich beschäftigte seither diverse Einwohnermeldeämter, Polizeidienststellen, Sicherheitsdienste, Sozialämter und andere Behörden, Fürsorgeeinrichtungen, Rentenversicherungsstellen, nationale und internationale Suchdienste, das Deutsche Rote Kreuz, die Technischen Hilfsdienste (als Nachfolge der TENO), private und gemeinnützige Vereine, die Deutsche Kriegsgräberfürsorge, unterschiedliche Parteiorganisationen und Gewerkschaften, private Nachlassverwaltungen und öffentliche Archive. Meine Suchanträge gelangten an diese und alle nur denkbaren anderen Instanzen, von denen ich mir einen nützlichen Hinweis auf Paul Karl Johann Schultheiß, der den Krieg überlebt hatte und nicht nach Hause kam, versprach.

Bald trudelten die ersten Antwortschreiben unterschiedlichster Dienststellen auf meine Gesuche ein. Darunter viele Zwischenbescheide, die mich auf den erheblichen Aufwand bei der Suche nach dem Verschollenen aufmerksam machten und eine längere Bearbeitungsfrist ankündigten. Ich wurde um Geduld gebeten. In einem Brief hieß es: »Im Laufe der letzten Jahre wurden unsere Vorstellungen über einen zeitlich begrenzten Ablauf bei der Datenbeschaffung durch zunehmende Kenntnis der Archiv- und Verwaltungsstrukturen gründlich widerlegt. Dies ist für weitere Klärungen sicherlich positiv zu bewerten, erlöst Sie jedoch derzeit nicht von der Ungewissheit über das Schicksal Ihres Verschollenen.«

Eine andere Behörde bestätigte: »Ihr Schreiben ist hier eingegangen. Zur weiteren Bearbeitung wurde es unter der oben angegebenen Tagebuchnummer registriert.«

Ein weiteres Amt bedauerte, mir vorerst nicht weiterhelfen zu können, versprach aber, »die Angelegenheit« im Auge zu behalten: »Der Suchdienst wird Ihren Suchantrag nach Paul Karl Johann Schultheiß weiter verfolgen und mit den eingehenden Informationen vergleichen, wobei sämtliche nur denkbaren Namensvarianten geprüft werden, bis alle erreichbaren Möglichkeiten erschöpft sind. In jedem Fall erhalten Sie eine Nachricht bzw. eine abschließende Mitteilung.«

Eine Behörde verwies hoffnungsvoll auf die noch ausstehende Erschließung eines neuen Archivbestandes und schrieb: »Anfang der 90er Jahre begannen wir Archivbestände und Registraturen in der ehemaligen Sowjetunion auszuwerten. Seither konnten wir mehr als 400.000 Informationen bearbeiten und auswerten. Jährlich werden nahezu 20.000 Verschollenenschicksale aufgeklärt.« Wiederum wurde mir eine abschlie-

ßende Antwort zu einem nicht exakt vorausschaubaren Zeitpunkt angekündigt.

Meistens fanden sich aber in meiner Post Negativbescheide, die so
oder ähnlich begannen: »Zu unserem Bedauern müssen wir Ihnen leider
mitteilen …« oder »Die Überprüfung unserer Akten erbrachte keine
Hinweise auf …« oder »Leider können wir Ihnen bei der Suche nicht
weiterhelfen«.

Manchmal spürte ich sogar Anteilnahme und Mitgefühl der Beamten
und Angestellten, die dann ihre Absage mit einem herzlichen Gruß an
mich unterschrieben. In der Absage des Deutschen Rentenversiche-
rungsbundes hieß es:« Trotz aller Bemühungen konnten hier leider keine
Unterlagen von Ihrem Vater ermittelt werden. Weiterhin wünsche ich
Ihnen diesbezüglich viel Erfolg. Viel Glück und alles Gute, mit freundlichen Grüßen.«

Darüber waren abermals etliche Monate ins Land gegangen, als ein
Absagebrief des Deutschen Roten Kreuzes (DRK) aus München eintraf,
der sich – oberflächlich betrachtet – nicht sonderlich von der anderen
Post unterschied. Wie gehabt bedauerte auch der Suchdienst des DRK,
»vorerst nicht weiterhelfen zu können«. Aber in dem Brief hieß es auch:
»Paul Karl Johann Schultheiß ist hier seit vielen Jahren als Verschollener
des II. Weltkrieges bekannt. Umfangreiche Nachforschungen wurden
seither, leider ergebnislos, angestellt.«

Wer hatte zu einem früheren Zeitpunkt das Deutsche Rote Kreuz
schon einmal gebeten, nach meinem Vater zu suchen? Das fragte ich
zurück und erfuhr nach Einsicht in die umfängliche V-Akte 3126578,
dass eine mir völlig unbekannte Regina Schultheiß aus Saint-Pol-sur-
Mer in Nordfrankreich im Jahre 1962 eine entsprechende Vermisstenmeldung abgegeben und Hilfe bei der Suche nach ihm erbeten hatte.
Die Antragstellerin forschte allerdings nicht nur nach Paul Karl Johann
Schultheiß, der nach ihrer Angabe zu Kriegsende dem 5. Panzerregiment
der deutschen Wehrmacht angehört hatte, sondern auch nach dessen
Familie in Dresden, die nach dem Bombenangriff angeblich vermisst
sei. Dieses Schriftstück mit der ungelenken Handschrift einer mir unbekannten Regina Schultheiß aus Frankreich in den Händen haltend, kam
mir blitzartig der Gedanke, dass mein Vater bei Kriegsende vielleicht
einem Weg gefolgt war, von dem er sich zumindest für den Augenblick

Abstand vom erlebten Grauen versprach, und hoffen wollte, sich selbst dabei wiederfinden zu können, dann aber den Punkt überschritt, an dem ihm die Heimkehr noch ohne Erklärungsnotstand möglich erschienen wäre. Vielleicht hatte er sich den Rückweg irgendwann gewünscht, aber nicht mehr gewagt?

Der Suchdienst des DRK war allerdings in der Folge weniger mit Auskünften zur Familie in Dresden beschäftigt, die leicht zu erbringen gewesen wären, sondern hatte mehrere Monate die Einwohnermeldeämter in allen möglichen westdeutschen Bundesländern nach dem vermissten Panzersoldaten befragt. Man war zu dem Schluss gelangt, dass der Gesuchte nach dem Krieg und bis zum Dezember 1946 in Ratzeburg wohnhaft gewesen sei. Eine genaue Wohnanschrift wurde mitgeteilt. Danach schien der Verschollene allerdings unauffindbar.

Also doch! Mein Vater war bis 1946 tatsächlich in dieser norddeutschen Stadt gemeldet. Mit dieser Information wandte ich mich dieses Mal an den hilfsbereiten und findigen Stadtarchivar von Ratzeburg. Es stellte sich heraus, dass der kurzzeitige Aufenthalt meines Vaters in der Ablage des Einwohnermeldeamtes belegt war. Danach kam er im Juni 1945 einer Aufforderung der britischen Besatzungsbehörde und seiner »Meldepflicht« nach, erlangte als angeblicher »Obdachloser des zerstörten Dresdens« die Hilfe und Unterstützung der Stadt und wurde als »Bürger Ratzeburgs« registriert. Zugleich war aus den Akten ersichtlich, dass es sich bei Regina Schultheiß um die Frau an seiner Seite gehandelt hatte, mit der er vermutlich auch vor meinem Großpapa Friedrich in Berlin aufgetreten war. Regina war nicht die Tochter eines Forstbeamten, sondern das Kind eines evangelischen Pfarrers, der 1938 schwer erkrankte und 1939 verstarb. In diesem Punkt hatten mich meine Erinnerungen an die Geschichte der »Nicht-Oma« also getäuscht. Es war darin nicht von einer Försterstochter, sondern einer Pfarrerstochter die Rede gewesen!

Das Stadtarchiv Ratzeburg verwahrte zudem auch eine standesamtliche Eintragung über die Eheschließung von Paul und Regina Schultheiß im November 1945. Ich fand allerdings schnell heraus, dass die Angaben zur Person meines Vaters in der Heiratsurkunde fingiert waren. Abgesehen davon, dass der erschienene Bräutigam rechtskräftig in Dresden verheiratet war und das vor dem Beamten verschwiegen hatte, fehlten in den Papieren zwei seiner Vornamen; auch sein Geburtsort und das

Geburtsjahr waren in den Dokumenten nicht korrekt vermerkt. Das erklärte, warum das Einwohnermeldeamt bei meiner ersten Nachfrage auf der Grundlage präziser Angaben zur Person meines Vaters keine übereinstimmenden Hinweise finden konnte.

Auch weitere Angaben der Eheleute vor den städtischen Behörden blieben lückenhaft. Nach den archivierten Unterlagen der Meldestelle von Ratzeburg war das Paar ohne Angaben eines Zieles im Januar 1947 auf Nimmerwiedersehen verschwunden, die übliche Austragung im Einwohnerregister fehlte. Das im Oktober 1946 in Ratzeburg geborene Baby, das kleine Mädchen Karin, hatten die Eltern bei der Pfarrerswitwe, der Großmutter des Kindes, zurückgelassen. Dort lebten außerdem zwei weitere Kinder der Mutter aus einer ersten Ehe mit einem im Zweiten Weltkrieg gefallenen Offizier. Es handelte sich um den neunjährigen Jungen Helmut Wiese und das fünfjährige Mädchen Inge Wiese. Daraus wurde ein »Vorgang« für das zuständige Jugendamt, das zusammen mit der Großmutter für den »Fall der drei elternlosen Kinder« Verantwortung übernahm. Das ergaben die für mich greifbaren, aber unvollständigen Aufzeichnungen der Behörde.

Ein alteingesessener Bewohner von Ratzeburg, den ich bald darauf sprach, erinnerte sich an die Begegnung des Neubürgers Paul Schultheiß mit der dort länger ansässigen jungen Kriegerwitwe Regina Wiese im Sommer 1945. Nach ihrer Heirat bewohnten beide mit den Kindern eine gemeinsame Wohnung. Mein Zeitzeuge erzählte von einem ungewöhnlich regen Publikumsverkehr bei den frischgebackenen Eheleuten Regina und Paul Schultheiß. Die meist in der Stadt unbekannten Besucher gaben sich bei dem jungen Paar die »Klinke in die Hand« und den Klatschmäulern ringsum Rätsel auf. Das Geschwätz verflüchtigte sich allmählich, als dann das Ehepaar Schultheiß aus Ratzeburg verschwand.

Die Aussage deckte sich später mit Angaben des bei seiner Großmutter in Ratzeburg aufgewachsenen Helmut Wiese. Er bestätigte die beständige Anwesenheit seiner Mutter daheim bis zu dem Zeitpunkt ihrer ersten Begegnung mit Paul Schultheiß im Sommer 1945. Es ist nachvollziehbar, dass der damals Halbwüchsige keine guten Erinnerungen an den neuen Ehemann hatte, der allein mit seiner Mutter eines Tages das Weite suchte und sich später, das wusste er nur vom Hörensagen, nicht mehr Schultheiß, sondern Schultze genannt haben sollte.

Mit den neuen Daten und Fakten fütterte ich nun abermals Ämter und Instanzen, von denen ich mir weiterführende Hinweise auf Regina und Paul Schultheiß alias Schultze versprach. Ein neues Kapitel im »Papa-Paul-Projekt« – so nannte ich inzwischen ganz sachlich meine Recherche – war aufgeschlagen. Darüber vergingen Tage und Wochen, Monat um Monat. Fast ein ganzes Jahr verstrich, in dem ich vergeblich weitere Anhaltspunkte erhoffte, um geradlinigen oder verwinkelten, steilen, schwer zugänglichen oder leicht erreichbaren Lebenspfaden der Verschollenen folgen zu können. So oder so, ich war dazu bereit. Aber die weiterführenden Nachrichten blieben aus. Fast schien es, als habe das Paar ein Stoppschild hinterlassen, auf dem stand: »Bis Ratzeburg und nicht weiter!«

Meinem Ruf nach Papa Paul folgte nur immer wieder mein eigenes Echo. Und doch vertraute ich auf die Gewissheit der rechten Stunde, mit der ich Papa Paul in seinem anderen Leben finden wollte.

Die Verwandlung

»Als Irrwisch und die Bewohner des Landes Irgendwo ihr Tagwerk vollbracht hatten, begaben sie sich zur Ruhe, beschützt und getragen von der Hoffnung auf einen neuen Tag!« In der Stille hatte Papa Paul dem kleinen Mädchen, das er sein »Räbchen« nannte, diese Worte einst ins Ohr geflüstert und stets einen fantasievollen Ausflug damit beendet. So, wie andere Erzähler ihre Märchen und Gutenachtgeschichten mit der wiederkehrenden Bemerkung ausklingen lassen: »Und wenn sie nicht gestorben sind, leben sie noch heute.«

Als halbwüchsiges Ding hatte ich den Hauch seiner wispernden Stimme, einen Klang im Ohr verspürt. Seine Formulierung empfand ich damals hingegen eher als eine Floskel, die kostbare Augenblicke – in denen wir beide zwischen Traum und Wachen unterwegs und uns besonders nahe gewesen waren – beendete. Als ein Ritual.

Anders als zu jener Zeit meiner frühen Kindertage, sann ich nun über den Inhalt seines Geflüsters nach, suchte darin etwas vom Wesen Papa Pauls zu erhaschen, ihn zu erkennen. Ich überdachte nicht nur sein Gewisper. Auch manche laut und bestimmt formulierten Worte fielen mir ein – auch jene, die wehgetan hatten und die ich nicht vergessen würde! Weil Nähe auch schmerzhaft sein kann.

Bei allem war mir nun aber sehr bewusst, dass die von mir erhofften Einsichten in ein »anderes Leben« des Vaters, das dem Aufenthalt in Ratzeburg gefolgt war, vor allem seine deutliche Distanz zur Familie in Dresden manifestierten! Darauf wollte und musste ich künftig gefasst und ausreichend dafür gewappnet sein!

Mit diesem Vorsatz wälzte ich tagein, tagaus Akten des Berliner Landesarchivs, durchforstete die umfängliche Ablage der Behörden zur Flüchtlings- und Umsiedlerproblematik aus dem Jahre 1946/47 und folgte dabei dem vagen Verdacht, dass sich aus der überlieferten Geschichte der »Nicht-Oma« vom Stiefsohn Paul abermals ein Detail bestätigen könnte. Sie hatte darin behauptet, er und seine Begleitung seien nach dem dramatischen »Zerwürfnis mit dem Vater« und dem »Rausschmiss aus der elterlichen Wohnung« in einem Durchgangslager für Flüchtlinge im ausgedehnten Gebäudekomplex des Pankower Stiftswegs »untergetaucht«. Dort sei »das Paar mit Kind« allerdings für Großpapa Friedrich und meine eilig aus Dresden herbeigerufene Mama wenige Tage später nicht mehr »greifbar« gewesen.

Meine Nachforschungen gestalteten sich ausgesprochen mühsam. Der hilfsbereite Archivar schleppte Berge verstaubter Akten aus abgelegenen Magazinen herbei, die großteils seit ihrer Ablage durch Behörden und einer flüchtigen Erschließung für Lesesaalbenutzer keine Menschenseele wieder zur Hand genommen hatte. In dieses Schriftgut vertiefte ich mich. Die für Flüchtlinge zuständigen Instanzen hatten darin nicht nur nackte Daten und Fakten zum »Woher« und »Wohin« der entwurzelten, meist erschöpften und an Leib und Seele kaputten Menschen festgehalten, die in Berliner Durchgangslagern nur kurz verblieben und deren möglichst unverzügliche Weiterreise in zumeist ländliche Regionen der Besatzungszonen des deutschen Reiches von der Verwaltung organisiert und finanziert wurde. Die Ordner und Mappen enthielten auch protokollierte Aussagen und detaillierte schriftliche Aufzeichnungen über misshandelte und gedemütigte Frauen, Männer und Kinder. Sie dokumentierten Schrecknisse und menschliches Leid, sodass ich mitunter tief berührt und aufgewühlt mein eigentliches Anliegen darüber fast vergaß. Es erschien mir zudem immer abwegiger, ja geradezu absurd, ausgerechnet in diesen Unterlagen einen Hinweis auf Regina und Paul Schultheiß zu vermuten. Einigermaßen perplex stieß ich dann aber tatsächlich in der Registratur eines Sammellagers auf ihre Namen. Danach war das angebliche »Ehepaar« (ein Baby war nicht vermerkt!) nach dreitägigem Aufenthalt in die amerikanische Besatzungszone Süddeutschlands »weitergeleitet« worden.

Für nächste Recherchen erlangte ich die Benutzergenehmigung der Landes- und Staatsarchive Bayerns und Akteneinsicht zu 1.381 Sammel-

und Durchgangslagern in dieser Region. Seit dem 19. Februar 1947 war für die dort lebenden Menschen ein bayerisches Gesetz wirksam, das »Zugewanderten« oder »überstellten Flüchtlingen und Vertriebenen« staatliche Hilfe versprach. Anspruchsberechtigt waren Männer, Frauen und Kinder deutscher Staats- und Volkszugehörigkeit, die bis zum 1. Januar 1945 ihren Wohnsitz außerhalb des deutschen Reiches von 1938 hatten, und alle, die bis zum 1. Januar 1945 in deutschen Ostprovinzen östlich von Oder und Neiße heimisch gewesen waren.

Eine Aktennotiz besagte, dass am 20. Mai 1947 im Landkreis Rosenheim ein angeblich aus Stolp in Pommern stammendes, kinderloses Ehepaar Paul und Regina Schultze eingetroffen war, dessen vorgetragene Legende geradezu klassisch zur allgemeinen Flüchtlingsproblematik passte. Es handelte sich scheinbar um zwei »Habenichtse«, die angeblich nur noch besaßen, was sie auf dem Leibe trugen. Beide erklärten überzeugend, dass ihnen bei der Vertreibung aus der Heimat, dem überstürzten Aufbruch und vielgestaltigen Widrigkeiten auf der ungewissen Reise selbst das Handgepäck mit den darin verwahrten Familiendokumenten und Personalausweisen verloren ging. Das war kein Einzelschicksal. Im allgemeinen Wirrwarr registrierten die Ämter oftmals die eben noch mit dem Leben davongekommenen Flüchtlinge auf Treu und Glauben und erstellten Ausweispapiere nach den Angaben der Betroffenen. So auch in diesem Fall. Paul Schultze erhielt als Ehemann am 26. Juni 1947 seinen Flüchtlingsausweis B 370007. Die Kennkarte B 558732 nahm Frau Regina Schultze am 7. Juli 1947 in Empfang. Unentdeckt blieben manipulierte Geburtsdaten, veränderte Familien- und Geburtsnamen, ein gefälschtes Hochzeitsdatum – ein ganzes großes Lügengebilde …

Offenbar genoss aber gerade Paul Schultze alsbald schon das besondere Vertrauen der Flüchtlingsfamilien, die in den veränderten Verhältnissen ankamen, sich im Landkreis Rosenheim zurechtfinden mussten und sich seinem ermunternden Zuspruch öffneten.

Aber auch unter der vom Kriegs- und Nachkriegsgeschehen gebeutelten einheimischen Bevölkerung gewannen Paul Schultze und dessen freundliche Gemahlin Sympathien. Man schätzte, dass beide – im Unterschied zu anderen Flüchtlingen – ihre »Leidensgeschichte« für sich behielten, denn man legte damals keinen besonderen Wert auf das »Lamento« der Ankömmlinge.

Da und dort – so ist den Unterlagen zu entnehmen – vermittelte der offenbar findige Paul Schultze im konfliktreichen Umgang der Alteinge-sessenen und Zugezogenen, sprach scheinbar ein rechtes Wort zur rechten Zeit und war mit Rat und Tat zur Stelle. Er wurde im Herbst 1947 im Landkreis Rosenheim als »Flüchtlingsobmann« gewählt und erlangte damit selbst vor den Behörden Sitz und Mitspracherechte.

Kein Wunder, dass sich in jenem bayerischen Dorf, in dem das Ehe-paar Schultze gemäß den Eintragungen des Gemeindeamtes gewohnt hatte, noch eine betagte Zeitzeugin fand, die mir bereitwillig über die »sympathischen Leute« Auskunft versprach. Ich hatte mich ihr als His-torikerin vorgestellt, verwies auf meine Forschungsarbeiten zum Zweiten Weltkrieg, zeigte mich für die Umsiedler- und Flüchtlingsproblematik besonders interessiert, aber auch für Einzelschicksale Betroffener im Landkreis Rosenheim und insbesondere für den Flüchtlingsobmann Paul Schultze, der nach den einschlägigen Unterlagen im Stadtarchiv und des Gemeindeamtes 1947/48 offenbar von sich Reden gemacht hatte.

Wie sich herausstellte, handelte es sich bei meiner Zeitzeugin um eine damals blutjunge Bäuerin und Kriegerwitwe, die dem Ehepaar Schultze in der ausgedienten Kutscherwohnung ihres Hofes Unterschlupf gewährt und sich von dem Paar tatkräftige Unterstützung im Stall und auf dem Ackerland versprochen hatte. So kam es dann auch. Meine Zeitzeugin erinnerte sich wohlgefällig an die »umsichtigen, geschickten Leute«, die sich bei der Arbeit »für nichts zu schade gewesen waren«.

An den langen Winterabenden 1947/48 hatte sie Frau Regina am war-men Ofen die »berührende Lebensgeschichte« der beiden »entlockt«, die nach ihrer Auffassung »so typisch für das dramatische Schicksal der 14 Millionen aus ihrer Heimat vertriebenen Deutschen gewesen sei« und die sie mir gerade deshalb nun erzählen wollte.

Nach Lage der Dinge war ich auf eine »fantasiereiche Fabelwelt« gefasst, als wir es uns auf der Ofenbank – auf der vermutlich auch Paul und Regina mit der Bäuerin vor Jahrzehnten gesessen hatten – bequem machten. Meine Gastgeberin nickte befriedigt, als ich gespannt an ihren Lippen hing, und begann also an ihrem Faden zu spinnen:

>»Einst begegneten sich ein schlankes und rankes Mädchen von der deutschen Waterkant und ein dunkelblond gelockter, fescher Jüng-ling aus Berlin. Sie verliebten sich bis über beide Ohren ineinander.

Und bald darauf – an einem Tag im Wonnemonat Mai des Jahres 1937 – feierten sie Hochzeit und gaben sich das ›Ja-Wort‹ vor dem Altar des Herrgotts. Regina und Paul Schultze lebten miteinander in der deutschen Reichshauptstadt. Der junge Ehemann war hier zu Hause und fühlte sich in dem quirligen Berlin wohl. Aber seine Frau quälte das Heimweh. Sie dachte sehnsüchtig an weite Wiesen, wogende Kornfelder und vor allem an das rauschende Meer. Es schnitt dem jungen Ehemann ins Herz, wenn er Regina traurig sah.

Ein Jahr nach ihrer Hochzeit bewarb sich Paul als Elektroingenieur und Nachrichtentechniker erfolgreich in einer Rundfunksendestation, die gerade an einer vom Meer umspielten Küstenregion eingerichtet wurde. Fast auf den Tag genau, an jenem 1. September 1939, als der Zweite Weltkrieg mit der Nachricht vom angeblichen Überfall auf den Sender Gleiwitz und mit dem Einmarsch der deutschen Bataillone in Polen begann, machten sich Regina und Paul Schultze dahin auf den Weg – in das kleine mittelalterliche Städtchen Stolp im Pommernland.

Das junge Ehepaar lebte in den folgenden Jahren einträchtig in dem etwas verschlafen wirkenden Städtchen an der Grenze zu Polen, mit dem imponierenden Marktplatz, den winkeligen Gassen, schiefen Dächern und romantischen Winkeln. Regina und Paul schauten übers Meer, winkten am Hafen den Schiffen zu, die zwischen Stettin und Danzig hin- und herpendelten und gerade bei ihnen vorbeikamen. Aber die Nachrichten von den Kriegsschauplätzen, die Paul auf der Sendestation in Stolp empfing, beunruhigten beide.«

Während meine Fabulantin an dieser Stelle ihren Redefluss unterbrach und, wie mir schien, mit dem Abstand der inzwischen verflossenen Jahre vergeblich darüber nachsann, ob Regina und Paul damals bei ihren schwärmerischen Erzählungen von einer zeitlos schönen Landschaft und einer heimeligen alten Stadt geblieben waren und es bei Andeutungen eines Kriegsalltags belassen hatten, dachte ich an Geschehnisse jener finsteren Tage, die sich gerade in dieser Grenzregion und noch mehr im polnischen Nachbarland oder im »Generalgouvernement«, wie es im nationalsozialistischen Sprachgebrauch hieß, ereignet haben mussten. Als

Polen, besonders Einwohner jüdischer Herkunft, damals die alltägliche Nazibarbarei erlebten oder überlebten, vermutlich jedes bedrohliche Zeichen und tödliche Gefahren immer wieder neu zu deuten suchten – bis zu dem Tag, als der Transport in das Lager begann.

Schweigend hing ich noch weitere Gedanken zu der im Grenzland vielfach belasteten, äußerst schwierigen Situation der Stolper Einwohner in jenen Jahren nach – darum wissend, dass sich seinerzeit das Paar aus der Kutscherwohnung vor der jungen Hofbäuerin ohnehin nicht aus eigenem Erleben dazu geäußert haben konnte –, als meine Erzählerin bereits in ihren Erinnerungen fortfuhr und es offenbar nicht absonderlich, eher normal fand, dass Flüchtlinge aus dem Osten sich vornehmlich ihrer heilen Welt, der herrlichen Landschaft und der Folklore erinnerten und weniger an Konflikte – an Unrecht, vor allem dann, wenn es gegen Deutsche gerichtet war. Das bezeugte nun scheinbar auch die Geschichte von Regina und Paul, der ich weiter atemlos lauschte: »Es fiel den beiden schwer, still abwartend die eigene Existenz nicht zu gefährden und nur darauf zu hoffen, dass der »Hitlerspuk« und der Krieg bald vorbei seien. Seit 1944/1945 näherte sich die Kriegsfront unüberhörbar auch ihrer Stadt. Am 8. März 1945 besetzte die Rote Armee Stolp im Pommerland. Die Innenstadt brannte lichterloh. Bereits im Juli 1945 wurde Stolp in polnische Verwaltung übergeben und in Slupsk umbenannt. Voller Entsetzen floh ein Teil der deutschen Bevölkerung. Man fürchtete sich nun, da sich das Blatt gewendet hatte, vor Racheakten der Polen, aber vor allem vor den »russischen Bestien«, von denen die Medien jahraus, jahrein Grauenhaftes berichteten und Abscheuliches von den Leuten erzählt wurde. Dennoch blieben Paul und Regina Schultze vorerst in der Stadt. Sie hofften, Gefahren ausweichen zu können und nach dem Krieg vor Ort ein Auskommen zu haben. Aber weit gefehlt! Alle Deutschen wurden über Nacht von den Polen ausgewiesen, gejagt und vertrieben. Die beiden sprachen später kaum über das erfahrene Leid im Treck der plötzlich Heimatlosen, konzentrierten sich auf das Alltagsgeschehen im bayerischen Dorf, schmiedeten Pläne für eine kommende Zeit und erwarteten ihr erstes Kind!

Bald stand in der alten Kutscherwohnung eine buntbemalte alte Holzwiege. Die Hebamme Maria Jeletzschka war rechtzeitig zur Stelle, als die junge Frau Regina am 7. April 1948 einen gesunden Jungen zur Welt brachte. Im Sommer wurde der Junge in der Dorfkirche auf den Namen Hans Georg getauft.

Ein knappes Jahr war seither verstrichen, als die junge Bäuerin eines Morgens sehr überrascht in der leeren Kutscherwohnung stand. Die Familie Schultze, vor allem der redegewandte Flüchtlingsobmann, wurde im Dorf und auch im Landkreis Rosenheim vermisst. Niemand wusste, wohin sich das Ehepaar mit seinem Sohn ohne ein Wort des Abschieds gewandt hatte.

Sie verschwanden und haben hoffentlich ihr Glück gemacht«, schloss meine Fabulantin und beteuerte einmal mehr die Wahrhaftigkeit ihrer Geschichte! Schließlich habe sich ihr Frau Regina vor vielen, vielen Jahren damit anvertraut. Und teilweise kannte sie die Begebenheiten ja auch aus eigenem Erleben!

Die betagte Bäuerin war den handelnden Personen dereinst ja tatsächlich leibhaftig begegnet und hatte sich ihre Geschichte nicht ausgedacht, wie das doch sonst eigentlich Märchenerzählerinnen aus »Utopia« tun. Nur ahnte sie nicht, dass sich Regina und Paul Schultze alias Schultheiß damals selbst neu erfanden.

Übrigens vermerkte das Rosenheimer Standesamt auch auf der Geburtsurkunde von Hans Georg Schultze die unvollständigen Vornamen und veränderten Geburtsdaten der Eltern und handschriftlich am Rand des Dokuments deren angebliche Herkunft aus Stolp in Pommern, wo sie seit dem 1. September 1939 gelebt haben wollten. Immerhin hatte ja die ganze »Luftnummer« einen realen Anlass vor dem Standesamt. Man konnte wahrheitsgemäß eine Aussage der Hebamme Maria Jeletzschka protokollieren, die von der »Person bekannt […] erklärt [hatte], bei der Geburt zugegen gewesen zu sein«. Und nun, Jahrzehnte später, erinnerte sich auch die Bäuerin an den »strammen kleinen Burschen«, den sie selbst gewiegt hatte.

Eigentlich wollte ich mich dieser Zeitzeugin nicht nur als Historikerin, sondern spätestens im Verlauf unseres Zusammentreffens auch mit der vordergründig privaten Motivation meiner Nachforschungen als betroffene Tochter offenbaren, brachte es dann aber bis zum Ende unserer »Märchenstunde« nicht übers Herz, ihren Eindruck von den »tüchtigen jungen Leuten, die in der ehemaligen Kutscherwohnung mit ihrem Zutun nach allen Schrecknissen endlich aufgeatmet hatten«, zu zerstören und zu erklären, dass sie einer Münchhausiade auf den Leim gegangen war. So behielt sie ihre hohe Meinung von Regina und Paul Schultze, die angeblich »an ihrem tragischen Kriegsschicksal trugen, aber sich nicht unterkriegen ließen!«

Ich habe mich an diesem Tag vor dieser redlichen Bauersfrau, die offenbar hilfsbereiter und aufgeschlossener als manch anderer Dorfbewohner damals den Menschen in Not begegnete, für Paul Schultze geschämt und mich auch selbst in meiner angeblichen beruflichen Distanz zur »Fallstudie Flüchtlingsobmann Schultze aus dem Landkreis Rosenheim« unwohl gefühlt.

Wenn ich also bei meinem Besuch im bayerischen Bauerngehöft mit keinem Sterbenswort über die von mir mühsam zusammengepuzzelte Schwindelei herausrückte, musste ich selbst schonungslos mit der schnöden Wahrheit umgehen und meine Emotionen aushalten. Mit einer Hartnäckigkeit und Akribie, die all meine bisher im Dienste der Geschichtswissenschaften unternommenen, oft herausfordernden Nachforschungen in den Schatten stellten und wahrscheinlich einem gewieften Detektiv zur Ehre gereicht hätten, kam ich Regina und Paul Schultze alias Schultheiß Schritt für Schritt weiter auf die Schliche. Obwohl die beiden mit erstaunlicher Raffinesse und krimineller Energie alles darangesetzt hatten, unauffindbar zu bleiben. Sie hatten sich offenbar an eine Hochstaplerregel gehalten, die da lautet: Lüge dicht an der Wahrheit entlang und verdrehe nur, was unbedingt nötig ist.

Das Rosenheimer Ammenmärchen hatte seine Fortsetzung in Nordfrankreich. Ich stieß auf diese Fährte durch ein Protokoll des für Fürsorgefälle in Ratzeburg zuständigen Jugendamtes, das ich einsah. Danach war die Mutter des Kindes Karin Schultheiß am 4. Januar 1952 unangekündigt und wie aus dem Nichts in Ratzeburg aufgetaucht, hatte die eben Sechsjährige der großmütterlichen Obhut regelrecht »entrissen« und sie angeblich nach Malo-les-Bains bei Dunkerque (Dünkirchen), Blockhaus 2 in Frankreich gebracht. Die Großmutter, vor der Behörde in Erklärungsnöte geraten, gab das Geschehnis zu Protokoll und betonte, damit selbst »überrascht« worden zu sein. Ihre Tochter Regina habe sich offenbar nur kurze Stunden in der Stadt aufgehalten und den Kontakt zum Jugendamt nicht gesucht. So weit der protokollierte Aktenvermerk zum Hergang einer »Kindesentführung«.

In einem Gespräch bestätigte mir inzwischen auch Helmut Wiese, der damals, gerade dreizehnjährig, ebenfalls bei der Großmutter lebte, diesen »Blitzbesuch«. Er erinnerte sich an die »wohlbehütete häusliche Atmosphäre«, in der er aufwachsen durfte, und daran, »wie gut die alte Dame ihre Sache mit den Enkelkindern gemacht habe«. An jenem Januartag 1952 war seine Mutter plötzlich aufgetaucht, hatte im Türrahmen der Wohnung verharrt, ohne die beiden älteren Geschwisterkinder aus ihrer ersten Ehe zu begrüßen, und die völlig verblüffte kleine Karin wortlos mit sich »weggezogen«.

Meine weiteren Kenntnisse vom Leben der Schultzes in Frankreich stützen sich auf recht karge Auskünfte französischer Behörden, auf wenige vergilbte Fetzen einer Korrespondenz, einige Personaldokumente und auf mündliche Aussagen der inzwischen erwachsenen Kinder des Ehepaares. Der Zugang zu einem »Dossier«, das die französische Behörde in der Regel für alle Einwanderer anlegt, in dem »Verhaltensweisen, berufliches Engagement und soziale Verhältnisse« notiert werden und das zum vorliegenden Fall vermutlich in Douai/Nord-Pas-de-Calais verwahrt wird, konnte mir bei der gesetzlich festgeschriebenen 60-jährigen Sperrfrist für eine öffentliche Benutzung der Akten bisher nicht ermöglicht werden, obwohl mich die französische Botschaft in Berlin bei meinen Nachforschungen unterstützte.

Zumindest scheint geklärt, dass mein Vater an seine alten Verbindungen zu einem Personenkreis aus dem »Internationalen freiwilligen Hilfsdienst« anknüpfte und mit der Schwester Margarete (Grete) in Straßburg korrespondierte. Ein erneutes Zusammentreffen der Geschwister Paul und Grete nach dem Krieg ist durch nichts nachgewiesen, aber anzunehmen.

Belegt ist, dass die Familie Schultze seit 1949 und bis ins Jahr 1955 zunächst in Malo-les-Bains einen ehemals an der Küste von der deutschen Wehrmacht errichteten Bunker bewohnte, Blockhaus genannt. In ihrer unmittelbaren Nachbarschaft und zumeist ebenfalls in sogenannten Blockhäusern, lebte ein Personenkreis unterschiedlicher nationaler Herkunft, der sich initiativreich und privat organisiert an der Beseitigung erheblicher Kriegsschäden zur Wiederherstellung des Hafenbetriebes beteiligte. Vermutlich knüpften die Initiatoren dabei an Ideen des »Internationalen freiwilligen Hilfsdienstes« an. Paul Schultze übernahm als Elektroingenieur Verantwortung und gehörte nachweislich nicht zur Belegschaft des französischen Staatsunternehmens, das ebenfalls mit dem Wiederaufbau des Hafens von Dünkirchen beschäftigt war und seine Arbeitsschritte offenbar mit dem privaten Unternehmen koordinierte. 1955 erlitt Paul Schultze im Umgang mit einer Starkstromleitung einen Unfall und überlebte mit allem Einsatz der medizinischen Kunst und einer gehörigen Portion Glück. In den Unterlagen heißt es dazu, dass er »bei andauernder Minderung der Erwerbsfähigkeit« ferner nicht mehr in seinem Beruf arbeiten könne. Eine Berufsgenossenschaft, deren Mitglied er offensichtlich war, zahlte ihm bis an sein Lebensende eine bescheidene Rente.

Fast zeitgleich übersiedelte die Familie Schultze in ein kleines Haus unweit von Malo-les-Bains, nach Saint-Pol-sur-Mer/Dünkirchen, das der internationale Kollegenkreis dem invaliden Familienvater, dessen Frau und Kindern vermittelte. Vorliegende Identitätskarten vom 16. Oktober 1956 dokumentieren, dass Paul und Regina mit dem urdeutschen Nachnamen Schultze und mit ihnen der im deutschen Rosenheim geborene Sohn Hans-Georg zu diesem Zeitpunkt die französische Staatsbürgerschaft erhielten. Es schien, als habe das Paar eine neue Chance.

Gerade wollte ich mir schönreden, dass sich für Paul und Regina, von Schicksalsmächten offenbar beschirmt, eine ans Herz gehende romantische Liebe erfüllte, die sie damals in Ratzeburg wie ein Blitz aus heiterem Himmel getroffen haben mochte und die im Leben nur wenigen Menschen wirklich begegnet. Eine Liebe, die zwei Menschen keine andere Wahl lässt, als in guten wie in schlechten Tagen beieinanderzubleiben! Ich malte mir das glückliche Leben des Paares im Haus am Meer aus, sah in meiner Fantasie die im Garten spielenden, gemeinsamen und vor allem gesunden, hübschen Kinder herumtollen. Ein einträchtiges Leben in Harmonie, das mir zumindest einen romantischen Hintergrund für das unkonventionelle, risikofreudige und gelegentlich gegen allen Anstand und jede Moral verstoßende und ungesetzliche Verhalten des Paares geliefert hätte und mit dem ich meinem Vater nachsehen wollte, dass er darüber sein »angeschmachtetes Kätchen« und seine Kinder in Berlin und Dresden vergaß! Zumindest wollte ich angesichts einer innigen Verbindung von Regina und Paul nicht darüber urteilen, ob die beiden miteinander ein richtiges Leben im falschen oder ein falsches Leben im richtigen führten.

Aber da wurde ich aus meinem Fantasiegebilde erneut unsanft auf den Boden nüchterner Tatsachen geholt. Dieses Mal durch die Erzählung meiner Halbschwester Karin, die ich inzwischen nach aufwendiger Suche mithilfe einer Mitarbeiterin der WASt und moralisch unterstützt von der deutsch-französischen Organisation »Herzen ohne Grenzen«[41] ausfindig gemacht und kennengelernt hatte. Karin beschrieb mir ihre Reise aus dem deutschen Ratzeburg nach Nordfrankreich als ein »einziges Schockerlebnis«. Das kleine Mädchen hatte sich unterwegs vergeblich nach einem »liebevollen Wort« dieser »Fremden«, die vorgab, seine Mutter zu sein, gesehnt. Sie sprach von »dieser Frau«, die auch später »kein Gespür für die simpelsten Bedürfnisse ihrer Tochter« aufbrachte und die sie schließlich nach Abschluss der Volksschule gerade 12-jährig als Haushaltshilfe einer französischen Großfamilie überließ.

Karin erinnert sich aber auch der konfliktreichen Begegnung mit einem »reservierten und egozentrischen Vater« im »unheimlichen, finsteren Bunker von Malo« und an eine insgesamt »düstere Familienatmosphäre«. Ungläubig reagierte sie auf meine Erinnerungen an einen fürsorglichen, übermütigen und lebenslustigen »Papa Paul« und erfuhr dabei, dass es eine Familie Schultheiß in Dresden gegeben hatte, während ich begriff, wie viele Gesichter und differenzierte Facetten in meinem Papa Paul geschlummert haben mochten. In Karins Erzählungen begegnete mir ein Fremder, der in seinem Wesen kaum eine Ähnlichkeit mit meinem Papa Paul zu haben schien und mit dessen Reserviertheit und Egoismus im französischen Umfeld kein familiäres Vertrauensverhältnis wachsen mochte, sondern eher eine Kluft entstand.

Karin war dereinst bei ihrer Ankunft in Malo ihrem Bruder Hans-Georg und dem inzwischen in Frankreich geborenen André begegnet. 1954 kam als jüngstes Kind der Familie Marcel zur Welt. Die beiden Jüngsten besaßen als gebürtige Franzosen staatsbürgerliche Rechte.

Aber die Eltern konnten sich offenbar über die gemeinsame gesunde Kinderschar nicht freuen. Zerwürfnisse der Eltern, die oft temperamentvoll, lauthals und rücksichtslos auch vor den Kindern ausgetragen wurden, überschatteten das Leben. 1956 trennten sie sich. Während die Mutter mit den Kindern das erste Stockwerk des Hauses bewohnte, hielt sich der oft Wochen und Monate abwesende Vater bei seinen Kurzbesuchen im Erdgeschoss auf. »Man ging sich aus dem Weg«, erinnert sich auch Marcel, dem ich inzwischen begegnet bin. Er bestätigt damit die Darstellung seiner Schwester. Auch er erlebte keinen fröhlich ausgelassenen Vater, kennt keines seiner Lieder und hat, wie er sagt, eigentlich keine eigene Erinnerung und rechte Vorstellung von seiner Persönlichkeit: »Ich weiß nicht einmal, wie mein Vater aussah. Es gab in den Unterlagen der Mutter kein einziges Foto von ihm«.

Das ganze Lügengebilde, in dem sich Regina und Paul Schultze verstrickt hatten, lässt mich ahnen, wie schwierig es für die beiden gewesen sein musste, nun ein Leben getrennt voneinander zu organisieren und sogar die Rückkehr nach Deutschland, die offenbar jeder für sich anstrebte, zu bewerkstelligen. Dafür setzten sie erneut ihre gesamte Findigkeit, Energie und eine ganz erhebliche Portion Rücksichtslosigkeit auch ihrem Nachwuchs gegenüber ein, um ihre Scheinlegalität aufrechterhalten zu können und sich vor den Behörden nicht zu verraten.

1962 hatte Regina Schultheiß alias Schultze ihren lange Zeit abwesenden Mann – unter dem Namen Paul Schultheiß allerdings ohne Erfolg – durch den Internationalen Suchdienst des Deutschen Roten Kreuzes ausfindig zu machen versucht und ihn offenbar, das lässt der Wortlaut ihres damaligen Suchantrages erkennen, bei seiner Ehefrau in Dresden vermutet. Genau dieses archivierte Schriftstück hatte Jahrzehnte später meine Spurensuche ein gutes Stück vorangebracht. Für Regina Schultheiß war die Antwort des Internationalen Suchdienstes aus München damals höchst unbefriedigend ausgefallen, denn der Hinweis auf Ratzeburg deutete lediglich auf den Ausgangspunkt ihrer Beziehung zu dem Mann hin, der ihr nun offenbar entkommen war.

Tatsächlich war der französische Staatsbürger Paul Schultze zu diesem Zeitpunkt bereits zur Untermiete in Berlin-Schöneberg eingetragen und wenig später mit einer Aufenthaltsbewilligung vom 29. Juli 1963 in Berlin gemeldet, der am 20. September 1967 eine zweite Bewilligung folgte. Als Geschäftsführer eines florierenden Restaurants umgab sich der angeblich alleinstehende Mann ohne familiären Anhang inzwischen mit einem neuen Freundeskreis.

Es bedurfte noch einiger Vorkehrungen, bevor auch Regina, nun für immer von ihrem Mann und dem Vater ihrer Kinder getrennt, die Heimkehr nach Deutschland wagte. Im Jahre 1965 schien auch für sie als namentliche Kriegerwitwe des gefallenen Offiziers Wiese ein passender

Weg gefunden. Sie fand bei einer entfernten Verwandten ihrer Mutter in einem idyllischen Kurort Oberbayerns Unterschlupf, bezog eine Kriegerwitwenrente und verschaffte sich darüber hinaus mit eigener Hände Arbeit ein bescheidenes Einkommen.

Die Söhne Hans Georg und der in Dünkirchen geborene André nannten sich weiter Schultze und blieben französische Staatsbürger. Beide Jugendliche pendelten laut Unterlagen des bayerischen Einwohnermeldeamtes noch eine Weile zwischen Frankreich und Deutschland hin und her und waren danach ebenfalls in Oberbayern, aber nicht in der Wohnung der Mutter, polizeilich gemeldet. 1972 und 1974 kamen die beiden Jungen bei Autounfällen ums Leben. Nach den polizeilichen Ermittlungen verunglückten sie jeweils unter nie gänzlich aufgeklärten Umständen, vermutlich durch »eigenes Verschulden« und fast an der gleichen Stelle der etwas ausholenden Straßenbiegung eines Kurortes. Der Polizei schien nicht bekannt oder zumindest in den Akten nicht erwähnenswert, dass es sich dabei um Brüder handelte, die mit dem Abstand von zwei Jahren in unmittelbarer Nähe der Wohnung ihrer Mutter ums Leben kamen. Die Presse berichtete zum Unfall im Februar 1972: »Tragisch endete für den 21-jährigen Automechaniker Andre Sch. eine Ausflugsfahrt. Auf der langen Geraden geriet er bei der Heimfahrt aus bisher ungeklärter Ursache ins Schleudern, stürzte über den Bahndamm und wurde tot neben seinem Fahrzeug gefunden.« Zwei Jahre später schrieb die Presse zum Unfall des 26-jährigen Hans-Georg: »Ein schwerer Verkehrsunfall ereignete sich am Samstag. Das Auto brach plötzlich nach links aus, schleuderte über den Gehsteig und prallte gegen einen Baum. Ursächlich für den Unfall könnte ein epileptischer Anfall des Fahrers gewesen sein.«

Marcel erinnert sich nur unklar an diese tragischen Ereignisse, die damals in seiner Wohngegend passierten. Die Grabstätten seiner Brüder kannte er nicht. Marcel verlebte seine Kindheit auch nach 1965 in Deutschland bei der Mutter und genoss deren Zuwendung. Kontakt zu Paul Schultze in Berlin bestand weder von der Mutter noch von ihm, dem jüngsten Spross einer Familie, die nun in alle Winde verstreut blieb. Irgendwann hatte er seine Mutter einmal eindringlich nach dem Vater befragt, um eigene Wurzeln zu erkunden, aber war damit ins Leere gelaufen. Hochbetagt war seine Mutter verstorben.

Bei seinen Besuchen in Berlin erzählte ich ihm von meinen Kindheits-

erinnerungen, auch von meinen Papa-Paul-Recherchen, und beantwor-
tete ihm, so gut ich das vermochte, auch Fragen nach der in Frankreich
verbliebenen Karin, deren genauer Aufenthaltsort ihm bis dahin völlig
unbekannt geblieben war.

Der dramatische Lebensverlauf seiner Schwester, den ich ihm darzu-
stellen wusste, berührte ihn und war auch mir sehr zu Herzen gegangen:
Karin konnte sich zu keiner Zeit in Frankreich als Familienmitglied der
»Schultzes« legitimieren und erhielt 1956 auch nicht zusammen mit
den Eltern und Brüdern eine französische Staatsbürgerschaft. Sie blieb
Deutsche, vermochte sich aber nicht auszuweisen, besaß keine Perso-
naldokumente. Bei einer Einreise in Deutschland hätte sie als Karin
Schultheiß aus Ratzeburg vermutlich Aufsehen erregt, da das 1952 in
Schleswig-Holstein »entführte« Kind vor den Behörden inzwischen bun-
desweit als »vermisst« galt. So gesehen stellte die Tochter für die Eltern
bei ihrer Rückkehr nach Deutschland ein unkalkulierbares Risiko dar.
Das ohnehin wackelige Lügengebilde drohte mit allen zu befürchtenden
Konsequenzen einzustürzen!

Die »Schultzes« hatten Karin also in Frankreich ahnungslos zurückgelassen, denn sie kannte das »Geheimnis« ihrer Eltern keinesfalls! Als zuerst
der Vater, später die Mutter mit den drei Brüdern ohne Vorankündigung
und ohne ein aufklärendes Abschiedswort nach Deutschland spurlos verschwanden, blieb sie mit einer unklaren Angst, die dunkle Bilder malte,
und dem Gefühl, von ihren Angehörigen nicht gewollt und verstoßen
zu sein, allein in Dünkirchen. Gerade 19-jährig, erlernte Karin in einem
französischen Sanatorium den Beruf einer Krankenschwester. 1972 wurde
sie mit ihrer Heirat Französin. Sie hat mit dem Ehemann vier gemeinsame
Kinder großgezogen. Eines davon ist früh verstorben. Die anderen drei
leben inzwischen in ihren eigenen Beziehungen. Zu dieser französischen
Großfamilie, in der Enkelkinder heranwachsen, gehört Karin heute. Sie
selbst wohnt noch immer nahe dem Hafengelände in Malo-les-Bains, das
inzwischen ein Stadtteil von Dünkirchen geworden ist.

Davon erzählte ich Marcel. Inzwischen hat er seine große Schwester
aus Frankreich in meinem Berliner Haus wiedergesehen. Ich empfand
besonders die nun möglichen Begegnungen mit meinen Geschwistern,
in denen ich auch unseren Vater zu entdecken glaubte, als eine Berei-
cherung.

Aber dann gab es wieder Momente, in denen mir die Fülle der schockierenden Informationen den Atem nahm und mir die Spurensuche nach Papa Paul über den Kopf zu wachsen schien. Manchmal wusste ich nicht mehr so genau, wie es damit weitergehen sollte, oder ob ich ihr noch gewachsen sei, wenn ich nun seiner Lebensspur in Berlin weiter nachging.

Dann versuchte ich wie die Einwohner aus dem Lande »Irgendwo«, in dem ich einst mit Papa Paul gewesen war, meine Ruhe zu finden, »beschützt und getragen von der Hoffnung auf einen neuen Tag!« Trotz alledem!

Licht hinter den Wolken

Besondere Ereignisse geschehen oft in den stillsten Momenten. Ich stand unter einer hohen Tanne, die ihre knorrigen Wurzeln nach allen Seiten in das Erdreich schob. Ein Windhauch strich leise über die Wiese. Lautlos zerriss die Wolkendecke. Durch die Verzweigungen und tiefgrünen Verästelungen des Wipfels blitzte Sonnenlicht.

Das glitzernde Gefunkel verursachte mir nicht wie sonst Übelkeit! Ich blickte mit angewinkeltem Kopf hinauf und verspürte weder den üblichen Schmerz im Nacken, noch erstarrten meine Glieder! Dabei lieferte mir der Arzt doch erst vor Kurzem für mein »peinliches Handicap«, das ich unter Freunden und in der Familie an Sommerfesten, zu Silvesterfeiern und bei anderen Gelegenheiten, die mit einem Freudenfeuerwerk begangen wurden, schamhaft zu verbergen gesucht hatte, endlich eine gesellschaftsfähige Diagnose: »Bandscheibenvorfall im Halswirbelbereich«. Jedermann tolerierte seither verständnisvoll und ohne weitere Nachfrage, dass ich mich bei einem kunstvollen Feuerregen am Himmel, den andere mit begeisterten »Aaahs« und »Ooohs« bestaunten, zurückzog und einigelte.

An diesem Sommertag schaute ich plötzlich frei von Beschwerden hinauf, obwohl Georg, mein Ehemann, seinen Arm nicht mehr schützend um mich legen konnte. Denn nach seinem Tod war ich auch in lähmenden Momenten des »Unwohlseins«, in dem mir die Luft zum Atmen plötzlich zu fehlen schien, auf mich selbst gestellt. Er hatte in allen Jahren unserer Ehe als ehemaliges Berliner Kriegskind ohne lange Erklärungen geahnt, dass blinkende Leuchtstäbe oder auch nur ein harmloses Himmelsgefunkel, ein kleines Wetterleuchten oder ein Lichtblitz Erinnerungen an Grauen heraufbeschwören konnten – so, als herrsche Sauerstoffmangel, wie damals im Luftschutzraum, als ich unter dem festen Griff Papa Pauls erstarrte, mit dem er mich wie ein kleines, willenloses Bündel am Genick gepackt hatte.

Aber nun blinzelte ich in die glitzernden Strahlenbündel, die durch die Verästelungen des Baumes auf mich niederfielen, schlenkerte mit Armen und Beinen und war mir selbst genug. Und plötzlich erinnerte ich mich – wie ich das in meiner Kindheit und in früher Jugendzeit so oft getan hatte – an einen meiner Glücksmomente mit Papa Paul: an einen Sonntag im hellen Licht des Lebens. Wie in diesem Augenblick hatte auch damals die Sonne am Himmel gestanden. Sie funkelte über einem Reiterhof, als er mich auf sein Pferd hob und mit mir durch einen hohen Nadelwald davongaloppierte, sodass mein Herz vergnügt raste! Später hatten wir in einem Gartenrestaurant Spiegelei auf Röstbrot gegessen, unbeschwert in den blauen Himmel geschaut und den kräftigen Duft der hohen Tannen ringsum eingesogen. Es hatte damals genauso gerochen wie eben jetzt.

Diese kleine Episode war eine »Insel der Erinnerung«, mit der ich meinem Papa Paul plötzlich wieder nahe sein konnte – hier, unter dem Tannenbaum, auf dem Tempelhofer Parkfriedhof in Berlin. Nach meiner aufwendigen Sucherei stand ich nun vor seinem Grab.

Wenige Stunden zuvor hatte ich unweit von hier ein Ende des 19. Jahrhunderts erbautes Mietshaus aufgesucht, wo er bis an sein Lebensende gewohnt hatte – im Stadtteil Berlin-Schöneberg, in dem sich damals der Sitz einer Westberliner Obrigkeit befand. Einen Moment im verschnörkelten Hausflur verharrend, war mir dabei eingefallen, dass ich im September 1989 als Gastreferentin und Vertreterin der Akademie der Wissenschaften aus der »Noch-DDR« im überfüllten Schöneberger Rathaussaal zum 50. Jahrestag des Ausbruchs des Zweiten Weltkrieges gesprochen hatte.

Ich hing diesen Gedanken nicht länger nach, als mich im zweiten Stockwerk eine alteingesessene Bewohnerin zum vereinbarten Gespräch über diesen »schlanken Mann« empfing, der – wie sie noch ganz genau wusste – dereinst morgens mit seinem Hund im nahen Park unterwegs gewesen und tags zur Arbeit gegangen war. »Am späten Abend besuchte ihn häufig eine Frau mit strohblondem Haar!« Bei dieser letzten Bemerkung verzog die vornehme alte Dame missbilligend ihre Mundwinkel und betonte, mit ihrer Bemerkung nicht »indiskret sein zu wollen!« Ich schüttelte zum unsittlichen Besuch der Strohblonden, noch dazu zu später Stunde, ganz so, wie sie es von mir offensichtlich erwartete, den Kopf! Viel mehr konnte sie mir allerdings nicht sagen, »denn der Herr mit dem Hund aus der ersten Etage war ja auch selten zu Hause, nicht einmal sonntags!« Ich stellte mir plötzlich eine selbst noch blutjunge Hausbewohnerin vor, der hinter ihrer Gardine aber auch gar nichts entging! Vielleicht hatte sie dieser Herr aus der ersten Etage auf ihrem Beobachterposten bemerkt und in sich hineingeschmunzelt.

Es hatte mir einige Mühe gemacht, den Wohnsitz meines Vaters während seiner letzten Berliner Jahre zu ermitteln. Anfragen nach Paul Karl Johann Schultheiß liefen jedenfalls beim Berliner Einwohnermeldeamt ins Leere. Erst als ich nach einem acht Jahre jüngeren Franzosen Paul Schultze fahndete, konnte ich seine Spur in Berlin wieder aufnehmen und bei den zuständigen Ämtern Unterstützung finden.

Dabei wurde ich häufig befragt, warum ich erst Jahrzehnte nach Kriegsende mit offensichtlicher Hartnäckigkeit den Verbleib des Vaters nach dem Krieg aufkläre. Zumal nun davon auszugehen war, dass der Gesuchte nicht mehr lebte. Sicher schwang darin auch Verwunderung mit, dass sich eine erwachsene Frau in fortgeschrittenem Lebensalter auf die Suche nach dem eigenen Vater begibt. Auf manche Leute mochte das unverständlich wirken! Zumal sich auch naturgemäß nur noch wenige auskunftsfähige Zeitzeugen, deren Wege sich irgendwann mit denen meines Vaters berührten, zum Gespräch finden ließen, oder Mitarbeiter von Behörden umständlich in verstaubten Kellergewölben nach Akten kramen mussten, um Bescheid geben und hilfreich sein zu können.

Der Archivar des St. Elisabeth-Krankenhauses Berlin, den ich um Einsicht in die »Patientenakte Paul Schultze« aus dem Jahr 1969 gebeten hatte, zuckte sehr erstaunt mit den Achseln, da doch die vorgegebene 30-jährige Aufbewahrungsfrist dafür längst abgelaufen und entsprechende Unterlagen dem Reißwolf übergeben worden seien. Ich verdankte es dann eigentlich nur einem Zufall, dass sich noch ermitteln ließ, dass der Patient

Paul Schultze gleich nach seiner Einlieferung durch den medizinischen Notdienst am 9. Mai 1969 an einem »rechten Herzversagen« verstorben war. Andere mich interessierende Zeugnisse zum letzten Lebensjahrzehnt meines Vaters in Berlin waren auf Ämtern und in Archiven der Behörden kaum noch zu haben.

Die oft erstaunt vorgebrachte Frage der dort Beschäftigten zum fortgeschrittenen Zeitpunkt meiner Nachforschungen war also nachvollziehbar. Ich fand dennoch begründete Antworten. Nur am Rande sei an dieser Stelle vermerkt, dass mir aus der DDR die erforderliche Recherche kaum möglich gewesen wäre und mich auch ein bindendes Versprechen zu Lebzeiten gegenüber meiner Mama zur Rücksichtnahme und Loyalität verpflichtete. Inzwischen hatte ich allerdings herausgefunden, dass ich mich hinter diesem auferlegten Schweigegelübde zum Verbleib des Familienvaters eigentlich mit meinen eigenen Ängsten und Hemmnissen verbarg. Denn ich hatte gerade in den 50er Jahren in meinem Umfeld eine Heimkehrerproblematik beobachtet, die Historiker im Rückblick als eine »massenhaft auftretende Desintegration des privaten Zusammenhalts der Familien« bezeichnen. Eine damit verbundene latente Verunsicherung hatte also mein Zögern möglicherweise mitverursacht. Zwar war mir als Kind die Beziehung meiner Eltern sehr harmonisch erschienen. Aber woher sollte ich wissen, ob sie stabil genug war, die kriegsbedingten Alltagsprobleme auszuhalten, oder ob – wie in meinem Umfeld bei anderen Familien – ein Entfremdungsprozess eskalieren würde, weil Vater und Mutter nicht über die Kriegserlebnisse miteinander sprechen konnten, sich plötzlich nichts mehr zu sagen hatten und auseinanderliefen. Kinder verloren dann ihre Väter auf besonders schmerzvolle Weise! Man hörte immer wieder davon! Die Scheidungsrate schnellte rasant in die Höhe, Familien zerfielen. Ich wusste durch meine Freunde auch um Konflikte, die nach der Heimkehr der Ehemänner und Väter selbst in äußerlich intakten Familien auftraten, in denen nur noch der äußere Schein gewahrt wurde.

Auch die Sozialwissenschaftlerin Margarete Dörr dokumentiert mit ihren Untersuchungen das angespannte, konfliktgeladene Verhältnis heimkehrender Väter zu ihren Kindern. Es heißt dort: »Was der Krieg mit den Männern gemacht hat, kommt kaum irgendwo beklemmender zum Ausdruck, als in den Erzählungen der Kinder«. Die Autorin beschreibt einen Entfremdungsprozess und fragt weiter: »Gab es denn nicht [...] auch ein glückliches Zusammenfinden nach dem Krieg? [...] Auch das gab es, aber eher selten« (Dörr 2007, Bd. 2, S. 142f.).

Einen fremden Heimkehrer, der nicht in meine kindliche Erwartungshaltung und in meine guten Erinnerungen an Papa Paul passte, wollte ich mir damals vermutlich nicht vorstellen. Einer herben Enttäuschung, wie ich sie in anderen Familien ringsum beobachtete, fühlte ich mich wahrscheinlich nicht gewachsen.

Aus meiner heutigen Sicht möchte ich nicht einmal ausschließen, dass sich elf Jahre nach Kriegsende auf dem Dresdner Bahnhof in meine Erwartung auf die endlich aus sowjetischem Gewahrsam freigekommenen letzten deutschen Kriegsgefangenen und in meine Enttäuschung über das Ausbleiben meines Vaters vielleicht unbewusst eine Erleichterung mischte, dass er nicht unter den kranken, ausgemergelten Gestalten wie ein fremdes Wesen auf mich zukam, gealtert, verkrüppelt, mit Fußlappen und einem armseligen Holzköfferchen. Denn mit meinem Erinnerungsbild im Herzen und fantasievollen Träumen ließ sich am Ende leichter leben als mit solch einem »anderen Vater«, mit dem nach langjähriger Kriegsgefangenschaft in Sibirien aber gerechnet werden musste. So arrangierte ich mich in den Folgejahren mit dem Vaterdefizit und der durch nichts auszufüllenden Lücke, so wie andere Kriegskinder, die nach dem Zweiten Weltkrieg ohne Vater aufwuchsen, auch (vgl. ebd., S. 108, 150; Lorenz 2005, S. 248). Kriegsbedingte Halbwaisen hatten mit ihrer Vaterlosigkeit, möglicherweise auch mit Onkelehen oder Ersatzvätern, weitergelebt und vielleicht wie ich Verlustängste und allen Trennungsschmerz verdrängt. Erst Jahrzehnte später begriff ich nun, dass die Frage nach dem Verbleib und der Persönlichkeit des Vaters zu meinem eigenen »Coming-out« gehörte und ich ihr zwingend nachgehen musste, wollte ich nicht weiter einem bedeutsamen Teil meiner eigenen Geschichte und damit mir selbst weiter »davonlaufen«.

Sicher hat aber der vorgerückte Zeitpunkt meiner Spurensuche auch damit zu tun, dass ich zur Generation der »Kriegskinder ohne Väter« gehöre, die gerade jetzt, mit der nun erst anstehenden eigenen Lebensbilanz, vielfach von alten Sehnsüchten und ungeklärten Positionen in der eigenen Biografie ungewollt eingeholt werden. Es gibt, wie ich feststelle, so etwas wie eine normative biografische Zäsur im Leben der Menschen, vermutlich am Ende des Berufslebens. In dieser Zeit können verdrängte traumatische Erlebnisse wieder gegenwärtig sein und überwunden geglaubter Schmerz aufbrechen. »Kriegskinder ohne Väter« bedürfen dann offenbar der Antworten zur eigenen Herkunft und zur väterlichen Abstammung – der Klärung einer von Fall zu Fall oft schwierig aufzuhellenden Identitätsproblematik. Mir scheint, ich hatte keine andere Wahl. Die Frage stand plötzlich im Raum. Ich musste ihr nachgehen und dafür dankbar sein, dass mir gerade jetzt das veränderte Tempo meiner Tage gestattete, mich endlich der aufwendigen Spurensuche nach dem Vater zu stellen.

Aber vor allem wurde mir zum späten Zeitpunkt meiner Nachforschungen eines klar: Ich habe bis zu diesem Augenblick gebraucht, um mit der Gelassenheit meiner eigenen Jahre die großen und wichtigen Dinge im Leben klarer zu sehen. Meine Waage ist zuverlässiger und gerechter als zu früheren Zeiten. Meine Rückschau milder, wenn ich nun auch davon ausgehe, dass es einem Kind ohnehin nicht möglich ist, die Wesensart des Vaters gänzlich zu durchschauen und um das in ihm steckende Potenzial zu wissen, das er in seinem Leben zu nutzen vermochte oder nicht. Ich bin heute weit davon entfernt, mir ein Urteil darüber anzumaßen.

Wenn es so etwas wie einen persönlichen Schutzengel in diesem Leben geben sollte, so hat er gute Arbeit geleistet und mich in früheren Jahren vor Nachforschungen nach meinem Vater bewahrt. Nicht auszudenken, wie ich in ungestümer Jugendzeit oder auch als junge Erwachsene mit den Ergebnissen meiner Recherche umgegangen wäre! Jenes mich erschütternde Erlebnis einer Hochzeit in Lübars hätte nicht früher sein dürfen.

Gerade in diesen nachdenklichen Momenten bin ich immer wieder froh darüber, meinen Vater nicht als Halbwüchsige am Frühstückstisch zur Rede gestellt und ihm aufmüpfig »den Prozess« gemacht zu haben. Ich erinnerte mich sehr wohl, dass andere junge Leute aus meinem Umfeld in den 50er/60er Jahren mit dem berechtigten Anspruch, alles besser machen zu wollen, bei ihren Heimkehrervätern rebellisch nach persönlichen Verstrickungen ins nationalsozialistische System bohrten und betretenes Schweigen als Schuldeingeständnis werteten, ohne wirklich ins Gespräch zu kommen und das Unrecht, das auch dem einzelnen

Soldaten geschah, zu thematisieren. Mir fehlte zu dieser konfrontativen Begegnung mit dem Vater damals einfach die Gelegenheit. Und das finde ich heute gut so.

Nach allem, was ich von meinem Vater inzwischen weiß, ist anzunehmen, dass er in dem Gefühl lebte, seine Biografie sei nicht die aus freien Stücken gewesen. Dann bedenke ich auch Worte von Bertolt Brecht »An die Nachgeborenen«:

> »Ihr, die ihr auftauchen werdet aus der Flut
> In der wir untergegangen sind
> Gedenkt
> Wenn ihr von unseren Schwächen sprecht
> Auch der finsteren Zeit
> Der ihr entronnen seid.«

Ich betrachte nun mit der Reife meiner Jahre die jähen Wendungen in der Biografie meines Vaters und unterschiedliche Lebenssituationen, in die er fremd- oder selbstbestimmt geriet, immer auch vor dem Hintergrund turbulenter zeithistorischer Geschehnisse während des Ersten und Zweiten Weltkrieges und im übergreifenden Zusammenhang mit den gesellschaftlichen Bedingungen in der ersten Hälfte des 20. Jahrhunderts.

Fundierte sozialwissenschaftliche Untersuchungen erbrachten den Nachweis dafür, dass sich Persönlichkeitsstrukturen oder auch individuelle Lebensverläufe vielfach so erklären lassen. Zumindest ist die Bindungsunfähigkeit vieler Soldaten, die die Weltkriege überlebten, ein weitverbreitetes Phänomen und wird von Gesine Schwan in ihrem Buch *Politik und Schuld* beschrieben: »Menschen die von Schuldgefühlen, Wertlosigkeits- und Vergeblichkeitsempfindungen geprägt oder ›unterminiert‹ sind, leben [...] in Distanz zu anderen. [...] [S]ie empfinden keine Wärme und können sie auch nicht ausstrahlen, haben Schwierigkeiten mit Intimität, halten alles an der Oberfläche, leben eigentlich isoliert und innerlich einsam. Äußerliche Betriebsamkeit braucht dem nicht entgegenzustehen, denn dabei handelt es sich weder um echte persönliche Kommunikation, noch um echte politische Partizipation« (Schwan 1997, S. 214).

Für unseren Vater möchte ich hinzufügen: Er schien nach erlebten Schrecknissen des Krieges einer partnerschaftlichen Beziehung und einem

Familienleben nicht gewachsen und gestand sich wahrscheinlich nicht einmal selbst ein – und schon gar nicht den Menschen, die nur gelegentlich seinen Weg kreuzten –, wie verlassen und verloren er ohne tiefere soziale Bindung war. Dafür verstand er es mit den Jahren wahrscheinlich immer perfekter, sein Wesen hinter einer lärmenden und aufgesetzten Fröhlichkeit zu tarnen, sodass seine Berliner Weggefährten, zumindest jene, die ich als Zeitzeugen noch sprechen konnte, den temperamentvollen und zu Scherzen aufgelegten Franzosen Paul Schultze, den »Charmeur«, den »sympathischen Schlawiner«, dieses »Schlitzohr« als Freund zu kennen glaubten. Keinem aus diesem Kreis war die Idee gekommen, Paul habe sich redselig den Fragen seiner Zuhörer entzogen. In ihren Traueranzeigen schrieben sie: »Wir verlieren einen liebenswerten Freund. Er gehörte zu uns und wird uns nun sehr fehlen.«

Einen Eindruck von jenem späten Berliner Freundeskreis meines Vaters gewann ich bei der Durchsicht von Unterlagen, die mir nach Vorlage der Sterbeurkunde des Paul Schultze, ausgestellt vom Standesamt Berlin-Schöneberg, bei Gericht als Tochter zugänglich wurden. Es handelte sich um eine dort verwahrte Nachlassakte. Die Bundesrepublik Deutschland und die zuständige Landesbehörde hatten für den Verstorbenen französischer Staatszugehörigkeit, der nach den vorliegenden Personalunterlagen unverheiratet, kinderlos und ohne einen Angehörigen allein in Berlin gelebt hatte, einen Nachlasspfleger bestellt, der im Kontakt zu hinterbliebenen Freunden des »Erblassers« die Beerdigung veranlasste, den Haushalt auflöste, eine Pflege für den Hund organisierte, eine bestellte Weinlieferung aus Frankreich quittierte, aus den hinterlassenen Bankkonten anstehende Verbindlichkeiten erledigte, mit einer Genossenschaft, die an Paul Schultze eine Rente gezahlt hatte, korrespondierte usw. Alles war exakt protokolliert und ermöglichte mir nun einen Einblick in die offenbar wohlgeordneten, durchaus bescheidenen Lebensumstände meines Vaters im Westberlin der 60er Jahre.

Am lebendigsten reflektierten allerdings Unterlagen mehrerer Gerichtsverhandlungen die Verhältnisse: Mein Vater hatte offenbar zu Lebzeiten zwei seiner Berliner Freunde ein bescheidenes Darlehen gewährt, das nun der Nachlasspfleger anhand der aufgefundenen Schuldscheine in Vertretung des Verstorbenen und für den französischen Staat als Erben vor Gericht beanspruchte. Die beiden »Angeklagten« behaupteten jedoch, die Summe bereits beglichen zu haben, und wurden dabei aus dem Bekannten- und Freundeskreis und wahrscheinlich ganz im Sinne des Verstorbenen lebhaft mit ausführlichen Schilderungen zum geselligen Beisammensein und einigen Gepflogenheiten unterstützt. Mehrfach hatte nach diesen Aussagen »der Paul« alle mit seinem Gesang und Klavierspiel unterhalten, die Kumpels mit einem alten Auto, das sie »Vehikel« nannten, nach Hause kutschiert oder sich auf diese oder jene Weise hilfreich erwiesen, ohne in jedem Fall eine Gegenleistung zu erwarten. Man hielt offenbar zueinander, hatte miteinander gefeiert, gezecht und unbeschwert noch wenige Wochen vor dem plötzlichen Tod Paul Schultzes Fasching gefeiert.

Namentliche Angaben aus den Akten verhalfen mir zu weiteren Gesprächen mit Menschen, die Paul Schultze in seinen letzten Berliner Jahren gekannt hatten, sich auch noch an ihn erinnerten. Danach hinterließ er in seinem letzten Lebensjahrzehnt keineswegs von sich den deprimierenden Eindruck, den meine französischen Geschwister beschrieben. Allerdings waren die Interviewten höchst erstaunt, mit mir einer leibhaftigen Tochter des ehemaligen Freundes zu begegnen. Mir selbst kam dabei in den Sinn, dass ich zu Lebzeiten meines Vaters nur wenige S-Bahn-Stationen und einige Straßenzüge von ihm entfernt, allerdings hinter einer nahezu unüberwindlich erscheinenden Mauer – Staatsgrenze der DDR genannt –, gerade mein Studium abschloss, eine Familie gründete und seine Enkelkinder zur Welt brachte … Jeder war für sich geblieben. Vater und Tochter hatten einander ein für alle Mal verfehlt.

Davon erzählte ich meinen Geschwistern, als sie sich nach unserem Vater erkundigten. Ich weiß inzwischen, dass auch sie früher oder später, jeder für sich allein, mehr oder weniger intensiv über ihre väterliche Herkunft nachgedacht haben und dabei letztlich in Vermutungen stecken geblieben sind.

Wenn mich also meine Geschwister immer häufiger fragen, wer eigentlich unser Vater war, dann antworte ich in jedem Fall: »Ein bisschen so wie du«, weil ich vermute, dass wir als seine Nachhut ihm da und dort gleichen. Jeder auf seine Weise.

In Hans sehe ich äußerliche Ähnlichkeiten und vergleiche ihn im Stillen mit den Papa-Paul-Fotos aus meiner Blechbüchse, auf dem der

Soldat mit der Zigarette in der Hand den Kopf seitlich anwinkelt und dieses besondere Grübchen in der Wange zu sehen ist.

Franz hatte sich als Schneidermeister – so erzählte er mir – auf elegante Herrengarderobe verstanden. Dabei wurde ich an den gelegentlich auch in Zivil und dann stets modisch gekleideten Papa Paul erinnert und daran, dass unsere Mama in harter Nachkriegszeit aus einem prall gefüllten Kleiderschrank Herrenjacken, Westen und Hosen gegen Brot und Kohle tauschte, damit wir überlebten.

Wenn ich mich an Papa Pauls Kochkünste erinnere und an fantasievolle Gerichte, die er meist mit großer Hingabe für seine Familie kreierte, dann fällt mir neuerdings Marcel ein. Die Steaks in seinem Restaurant, das er in Süddeutschland unterhält, sollen nach einer Bewertung der Gäste im Internet »weit und breit die leckersten und besten sein«!

Wir drei Schultheiß-Mädels aus Dresden haben ganz bestimmt Papas Musikalität im Blut, trällern manchmal heute noch seine Lieder oder klimpern gelegentlich auf dem einen, mal auf dem anderen Instrument.

Und Karin, unsere kleine Französin, ist eine Kämpferin, sonst hätte sie sich in schwierigsten Situationen nicht behauptet. Sie selbst ist überzeugt, vom Vater das Durchsetzungsvermögen geerbt zu haben.

Mein Sohn Mirko hat erst in letzter Zeit entdeckt, dass in seiner Biografie eine Stelle unbesetzt ist, und bemerkte: »Ich gehöre zur Generation der Kriegsenkelkinder ohne Großväter.« Er versucht – so wie sein Großpapa Paul –, etwas kokett seine dichten Locken zu bändigen, und hat ein früh ausgeprägtes Interesse für Elektrizitätslehre und Elektronik von ihm geerbt. Nur weiß er das nicht und konnte sich diese Neigung im eher geistes- und sozialwissenschaftlich interessierten Elternhaus kaum erklären. Er hätte den »alten Herrn«, den er dann vielleicht Großpapa Paul genannt hätte, gern kennengelernt und vielleicht mit ihm all das getan, was eben andere Großväter mit ihren Enkelsöhnen so anstellen.

Vielleicht sind wir Kinder und Kindeskinder die eigentliche Hinterlassenschaft des Paul Karl Johann Schultheiß. Mit dieser Einsicht müsste meine Spurensuche eigentlich noch einmal von vorn beginnen, auch wenn ich mich nun am Ende der Wegstrecke wähnte, an Papa Pauls Grab auf dem Friedhof. Noch Minuten zuvor hatte ich mit einer Karteikarte der Registratur, die sich endlich im Bestand Hunderter Berliner Friedhofsverwaltungen finden ließ, etwas unsicher am Eingang des großen Friedhofsgeländes verweilt, war dann dem freundlichen Leiter des Büros gefolgt, der mir in »meinem besonderen Fall« zu helfen versprach. Denn die ausgedehnte Fläche dieses Friedhofes sollte künftig zu einer städtischen Parkanlage umfunktioniert werden, sodass dort nur noch besonders gekennzeichnete Grabzeilen bis zum Ablauf einer vereinbarten Frist von den Angehörigen der Verstorbenen gepflegt wurden, während in einem weiteren Teil des Geländes die Reihen bereits aufgelöst waren. Allein mit der Flurkarte war es den Angestellten der Friedhofsverwaltung möglich, entsprechend der exakt vermerkten Abmessungen jede vormals eingezeichnete Grabstätte unter der sich inzwischen ausbreitenden Wiese verlässlich auszumachen.

Dennoch schaute ich zunächst ungläubig, als der ausschreitende Leiter des Büros vor der hohen Tanne stehen blieb, bis ich begriff, dass Freunde meinem Vater vor nunmehr 40 Jahren einen kleinen Setzling auf das Grab gepflanzt hatten und mir der Gedanke gefiel, dass »sein ausgewachsener, hoher Baum«, dessen Wipfel die Wolken kitzelte und in dem Sonnenstrahlen spielten, später in einem großen weiten Park stehen könnte, in dem Kinder umherspringen und mit ihren Vätern – wie einst Papa Paul mit seiner Tochter, dem »Räbchen«, an den Elbauen – selbst in einem kalten Winter an »starren Zweigen knospende Spitzen«, die »hoffnungsvollen Zeichen keimenden Lebens«, entdecken würden. Und es würde dann kein Krieg sein …

Der hilfsbereite Leiter des Büros der Tempelhofer Friedhofsverwaltung hatte sich inzwischen verabschiedet und mich auf der weiten Wiese unter dem sich kräftig aufwärts reckenden Baum zurückgelassen. Allein mit Papa Paul, den ich mir alle Jahre immer nur wie auf dem sorgsam gerahmten Foto vorzustellen vermocht hatte, das in unserem Wohnzimmer hing und urplötzlich verschwand. Alle Familienmitglieder waren mit den Jahren gealtert und hatten sich mir auch so eingeprägt. Mama – sein umschwärmtes Kätchen – trugen wir als betagte alte Frau zu Grabe. Seine »schwiegermütterliche Katharina« hatte ein biblisches Lebensalter erreicht. Fast hundertjährig war Tante Elisabeth gestorben. Ich selbst trage, wie meine Geschwister auch, die Falten meines fortgeschrittenen Alters im Gesicht. Aber mein Papa Paul blieb mir im Gedächtnis als der schlanke, hochgewachsene Mann mit dichten Locken, elegant gekleidet. Etwas lässig, von sich überzeugt, mit lachenden Augen. Niemand hat das Lächeln eines anderen. Darin ist jeder einmalig.

Wenn ich manchmal unsicher bin, ob meinen Kindheitserinnerungen an ihn zu trauen ist oder ob sich mit den Jahren Träume und Fantasien dazwischenmogelten, so ist immerhin gewiss, dass in winzigen Momenten der besonderen Nähe dieses unverwechselbare Papa-Paul-Lächeln ganz allein mir gehörte, bevor sich dann seine Schritte in der Ferne verloren …

Paul Karl Johann Schultheiß verfolgte seine Spur, so wie wir als seine Kinder und Kindeskinder jeweils unseren eigenen Wegmarkierungen – vorbestimmt oder aus individueller Entscheidung – folgen und vor uns selbst verantwortlich sind. Und zugleich weiß ich, dass die Wirklichkeit niemals die volle Wahrheit sein kann. Und Träume sind niemals nur Träume.

Ermattet vom langen Schweigen begann ich endlich an seinem Grab einen Dialog. Mit meinem Papa Paul, der mich wie kein anderer Mensch als »eine unsichtbare Bezugsperson« ein Leben lang begleitet hatte, ob mir das nun bewusst war oder zeitweilig auch nicht. Von dem ich mich nie richtig verabschiedet hatte, den ich nicht betrauern konnte. Schon weil das Leben ja weitergegangen war …

Und plötzlich stelle ich mir vor, es hätte keinen Krieg gegeben! Keine fremde militante Macht hätte den Zusammenhalt der Familien zu etwas Interimistischem degradiert. Väter wären nicht als Soldaten in einer Uniform zur Front einberufen, eingezogen, abkommandiert, für kurze Zeit beurlaubt und wieder an die Front beordert worden. Sie wären keiner Befehlsgewalt gefolgt, vor der die Anhänglichkeit und Liebe eines Kindes zu seinem Papa Paul nicht zählte. Das Zusammensein von Vater und Tochter hätte nicht nur zwischen herzzerreißenden Abschieden stattgefunden. Am Himmel über Dresden hätten keine in Präzisionsvernichtung geschulten Experten als Bomber Group Nr. 5 nach dem Einsatzplan zur »Aktion Donnerschlag« funktioniert, und ein Vater hätte sein Kind nicht aus einem einsturzgefährdeten Luftschutzraum gezerrt, weil es ans Leben ging …

Im Frieden hätten Väter ihren Kindern Fortsetzungsgeschichten zu Ende erzählt. Papa Paul hätte mit seinem Räbchen in einen lautlosen Himmel geschaut und dabei die Geschichten vom »Irrwisch mit den blankgeputzten Augen« weitergesponnen. Die Träume der beiden wären vielleicht ein Stück zu groß ausgefallen, aber sie hätten miteinander hineinwachsen können.

»Papa Paul! Ich glaube, mit uns beiden ist eine Menge sehr schiefgelaufen! Es hätte auch ganz anders kommen können.«

Die Stille des Moments schien für dieses Zwiegespräch der angemessene Ton. Der leise Windhauch strich über die weite Wiese und Tannenduft stieg mir in die Nase. Eben wie damals …

> Mir aber ist dein Gesicht
> so lebendig wie Erde.
> So sehr
> sind Gesichter es selten.
> *Heinz Kahlau*
> Der Fluß der Dinge, Gedichte

Dank

Von ganzem Herzen bin ich all jenen Menschen dankbar, die mir nahe waren, geblieben sind und an die ich mich erinnert habe.

Den noch lebenden Zeitzeugen danke ich für ihr Vertrauen und die große Offenheit, mit der sie meine Recherchen unterstützten. Dass ich ihre Namen verschwieg oder veränderte, macht ihre Aussage nicht weniger glaubhaft.

Meinem Sohn Mirko Gotschlich und seiner Frau Heike danke ich für das Interesse an meiner Reise in die Vergangenheit und für nachdenkliche Gespräche. Beide ließen mich auch nicht davonkommen, als ich mitunter glaubte, aus persönlicher Betroffenheit meinen Erinnerungen an das Allerweltsschicksal eines »Kriegskindes ohne Vater« nicht mehr gewachsen zu sein.

Ich bedanke mich bei Frau Dr. Sibylle Hübner-Funk und Herrn Professor Dr. Michael Rauhut, die mir als meine Freunde und Erstleser des Manuskriptes zur Publikation rieten und mich mit dem Buchprojekt fördernd begleiteten.

Mein Dank gilt auch Herrn Professor Dr. Wolfgang Benz, Frau Dr. Katharina Lange, Frau Dr. Ulrike Schuster und einem weiteren sozial- und geisteswissenschaftlichen Kollegenkreis für praktikable Ratschläge und ermunternden Zuspruch.

Inge und Wolfgang Buth übernahmen eine schreibtechnische Durchsicht des Textes und waren mir gelegentlich zur Seite. Auch dafür danke ich sehr herzlich.

Vom ersten Moment meines Kontaktes zum Psychosozial-Verlag fühlte ich mich mit meinem Anliegen verstanden und aufgehoben. Mein Dank gilt Herrn Christian T. Flierl und Frau Grit Sündermann.

Helga Gotschlich

Historiografische Anmerkungen

1 Die *Operation Gomorrha* startete am 25. Juli 1943 in Hamburg zur nächtlichen Stunde mit 791 RAF-Bombern. Wenige Tage später, am 28. Juli 1943, entfachten in Hamburg abermals zu später Uhrzeit rund 700 englische Bomber einen Feuersturm, bei dem über 18.000 Menschen umkamen. Der Historiker Jörg Friedrich schreibt dazu:

> »[I]n Hamburg [war es] so heiß und trocken wie alle zehn Jahre einmal. In der schwülen Hochsommernacht auf den 28. Juli (1943) stand die Temperatur zwischen 20 und 30 Grad. Im Zusammentreffen von Klima, Brandmischung, Verteidigungskollaps und Blockbaustruktur trat ein, was Harris' Codewort ›Gomorrah‹ der Operation unterlegte [...].
>
> Die engen Hinterhöfe werden zu glühenden Verliesen, die dort Gefangenen finden keinen Ausweg mehr und erwarten den Tod. Im Zenit des Feuersturms lässt die pure Hitzestrahlung Häuser sich auf einen Schlag vom Dach bis zum Erdgeschoss wie eine Stichflamme entzünden. Die Sturmböen ziehen den Häuserkellern Sauerstoff heraus wie eine gigantische Pumpe. [...] Die Bergungsdienste, die später Überreste der an Sauerstoffmangel Erstickten oder in Strahlhitze Eingeäscherten einsammeln, lassen die Trümmermassen zehn Tage abkühlen« (Friedrich 2007, S. 111).

2 Die schicksalhaften *Schlachten um Stalingrad* begannen Ende August 1942 und tobten bis in den Februar 1943. Nach Hitlers Plan sollte der deutsche Vorstoß im Kaukasusgebiet vom Sommer 1942 durch die Besetzung der Landbrücke zwischen Don und Wolga abgesichert und Stalingrad als Rüstungs- und Verkehrszentrum der Russen ausgeschaltet werden. Bis Mitte November hatten deutsche Wehrmachtsverbände neun Zehntel der Stadt eingenommen, als am 19./20. November die Gegenoffensive der Roten Armee begann und die Deutschen bis zum November 1942 bei Kalatsch am Don einschloss. In angespannter Lage entwickelten führende deutsche Militärs unterschiedliche Vorstellungen zur Wiedererlangung der strategischen Initiative. Ausschlaggebend wurden Vertreter des Oberkommandos der Wehrmacht (OKW),

die mit Hitler die Armeeführung einer besonders gewagten Operationsführung verpflichteten und die Generale mit anderen Auffassungen »zur Räson« brachten. Der Befehl für die 6. Armee lautete, sich einzuigeln, auf Entsatz von außen zu warten. Ein Vorstoß der 4. Panzerarmee von außen scheiterte im Dezember 1942. Am 31. Januar 1943 kapitulierte ein Großteil der deutschen Truppen.

Angaben der Historiografie zu den auf deutscher Seite erlittenen Verlusten weichen voneinander ab. Gesichert erscheint, dass sich etwa 250.000 Mann im Kessel befanden (20 deutsche und 2 russische Divisionen). Bis Ende Januar 1943 konnten knapp 34.000 deutsche Verwundete ausgeflogen werden. Nach russischen Angaben gelangten etwa 110.000 Wehrmachtssoldaten, vermutlich waren es mehr, in Gefangenschaft. Die Zahl der Gefallenen kann nur geschätzt werden.

Äußerst verlustreich kämpften deutsche Soldaten im Januar/Februar 1943 auch an anderen Abschnitten der Ostfront, deren Einheiten unter dem Eindruck der Geschehnisse um Stalingrad mit allen Mitteln und mit jedem verfügbaren Mann den durchbrechenden russischen Verbänden entgegengeworfen werden sollten.

3   Dumdumgeschosse waren mit einer Splittermunition versehen, die anfänglich im englischen Arsenal in Dumdum bei Kalkutta gefertigt wurden. Sie hatten schwer heilbare Muskelverletzungen zur Folge und wurden später durch die Haager Konvention verboten.

4   Vom März bis zum Juli 1943 erfolgten schwere Luftangriffe der Briten gegen das Ruhrgebiet, *Battle of the Ruhr* genannt. Seit Juni 1943 griffen die Amerikaner mit Bombardierungen am Tage ein. Die Geschwader der Alliierten wurden von der deutschen Flakabwehr bekämpft. Es kam zu großen Verlusten auf beiden Seiten. Hauptziele des Bombardements der Alliierten waren Industriestädte wie Dortmund, Duisburg, Düsseldorf, Gelsenkirchen und Essen. Auf Essen wurden in diesen vier Monaten sechs Großangriffe mit bis zu 700 Flugzeugen gestartet. Auch in der Folgezeit blieb das Ruhrgebiet Luftangriffsziel der Alliierten.

5   Allein vom 18. November 1943 bis zum 31. März 1944 wurden 105 anglo-amerikanische Luftangriffe auf die Hauptstadt gezählt. Die Alliierten nannten es *Battle of Berlin*, die Schlacht um Berlin. Die Bomber entluden dabei in unregelmäßigen Intervallen ihre Todesfracht, bis zum Kriegsende war die Hauptstadt 363 Mal Angriffsziel.

50.000 Tote und eine ungewisse Zahl vermisster Menschen wurden Opfer des Luftterrors auf Berlin. Engländer und Amerikaner beabsichtigten mit den Luftangriffen, die Überlebenden der Feuerhölle zum Widerstand gegen das Nazi-Regime zu motivieren. Eine Zielstellung, die so unerreicht blieb. Nach Zeitzeugenberichten reagierten Davongekommene eher abgestumpft und verzweifelt, unmittelbar aufs eigene nackte Überleben bedacht.

6   Das vermeintlich sichere Sachsen war damals das größte Auffanggebiet für obdachlose Bombenopfer aus anderen Regionen und Großstädten. In Dresden suchten Obdachlose beispielsweise aus dem Raum Köln-Aachen, dem West-Ems-Land, auch aus dem Ruhrgebiet, aus Bremen, Hamburg und Berlin unterzukommen. Im Dezember 1944 erklärten die überforderten Behörden Dresden als Zuzugssperrgebiet. Dennoch befanden sich beständig, so wird vermutet, Zehntausende obdachlose Bombenopfer aus anderen Städten unkontrolliert in der Stadt Dresden.

7 Im Herbst 1944 erreichten die ersten erschöpften ostpreußischen Flüchtlinge die sächsischen Grenzen. Erst kurz danach begann die in ihren Ausmaßen viel größere Flucht-
bewegung aus Schlesien nach oder über Sachsen, die Hunderttausende oder Millionen
Menschen mit sich führte.

Seit im letzten Kriegsjahr staatliche und kommunale Behörden Flüchtlingstrans-
porte organisierten, waren die *Nationalsozialistische Volkswohlfahrt*, die *Nationalsozialistische Frauenwacht* und Mitglieder der verschiedenen Hitlerjugendorganisati-
onen entlang der Treckstraßen, auf Bahnhöfen und in den Sammelstützpunkten im
Einsatz.

Die Flüchtlinge aus dem Osten wurden unterwegs mitunter von der Front überrollt oder gerieten zwischen feindliche Linien.

8 Seit Sommer 1944 plante das britische Bomber Command einen besonders schweren Vernichtungsschlag, *thunderclap*, um den Durchhaltewillen der Deutschen endgültig zu brechen.

Auf der Konferenz von Jalta vom 4. bis 11. Februar 1945 vereinbarten die Alliierten
mit ausdrücklicher Zustimmung der Sowjetunion weitere westliche Fliegerangriffe,
darunter auch die auf Dresden.

9 Viermotorige Lancaster der 5. Bomberflotte und eine große Zahl zweimotoriger
Mosquitos waren in zwei Wellen am späten Nachmittag von den britischen Flug-
plätzen nach Dresden gestartet. Weitere Maschinen nahmen Kurs auf andere Ziele.
Sie unternahmen Störangriffe und Täuschungsmanöver mit Stanniolstreifen – eine
längst erprobte Taktik, mit der sie die deutsche Radar- und Luftabwehr zu irritieren
suchten und ihr eigentliches Hauptziel verschleierten.

10 13. Februar 1945 in Dresden: Sehr spät, erst 22.06 Uhr, schaltete sich die örtliche Luft-
schutzleitung über Drahtfunk in die Radioprogramme ein und mahnte die Dresdner zur Eile. Der genaue Wortlaut des Funkspruches lautete: »Achtung, Achtung,
Achtung! Die Spitzen der großen feindlichen Bomberverbände haben ihren Kurs
geändert und befinden sich jetzt im Anflug auf das Stadtgebiet. Es ist mit Bomben-
abwürfen zu rechnen. Die Bevölkerung wird aufgefordert, sich sofort in die Schutzräume zu begeben« (Bergander 1994, S. 126).

11 Maurice Smith hieß der *Master of ceremonies*, der wichtigste Mann der ersten
Angriffswelle. Aus 1.000 Meter Höhe dirigierte er die Operation *Donnerschlag*. Als
er sah, dass keine Gegenwehr der Deutschen, also kein Beschuss einer Flakabwehr
vom Boden drohte, befahl er den Bombern ihre Höhe von 6700 auf 3000 Meter
zu reduzieren. Er wies zudem die Erstmarkierer und Beleuchter, Viermotorige mit
Leuchtkörpern an Bord, ein. Ihre Fallschirme mit weißen Magnesiumflammen, die
Christbäume, glühten auf.

Neun Mosquitos, die *Pfadfinder*, versahen danach auf Anweisung Smiths ihren
Job und setzten mit ihren Leuchtkörpern Richtpunkte für die herandröhnenden
Bomber.

12 880 Tonnen Spreng- und Brandbomben entluden sich in der ersten Angriffswelle
über der Stadt, darunter 172 schwere Luftminen, die Wohnblock-Knacker, von den
Deutschen wegen ihrer zylindrischen Form auch *Badeofen* genannt. Luftminen,
die Dächer und Zwischendecken der Gebäude durchschlugen, Türen und Fenster
aushöhlten und selbst in den nicht unmittelbar getroffenen Gebäuden durch den

immensen Explosionspilz und durch Druckwellen Schäden anrichteten. Damit war eine besondere Wirkung für die nachfolgenden Brandbomben möglich, deren Feuer sich schneller ausbreiten konnte.

Als der letzte Bomber um 22.28 Uhr mit einer weiten Südkurve zurück zu seinem Horst abschwenkte, war das Zentrum Dresdens ein tosendes Flammenmeer – ein Moloch der Vernichtung.

13 Um 1.28 Uhr befindet sich Peter de Wesselow im Masterbomber über Dresden im Einsatz und dirigiert den Zweitschlag. Seine Entscheidung zur Ausbreitung des Zielgebietes lässt den Luftangriff auf Dresden zu einem der größten und zerstörerischsten Flächenbombardements des Zweiten Weltkrieges werden.

14 Geschichtswissenschaftliche Darstellungen enthalten unterschiedliche Betrachtungen zur Strategie und Taktik der für den Luftangriff auf Dresden zuständigen alliierten Politiker und Militärs.

Sie haben sich beispielsweise zu fragen, ob auch nur eines der vielfach vorgetragenen Argumente zur Begründung der Flächenbombardements angesichts der geschätzten 70.000 oder 80.000 Kinder, die während der Luftangriffe auf deutsche Städte starben, standhalten könnte. Vorausberechnete Opferzahlen der Alliierten für den Einsatz ihrer Geschwader in jener Februarnacht 1945 über Dresden sind unbekannt. Damit bleibt unbeantwortet, wie viele tote deutsche Kinder den Alliierten zu diesem Zeitpunkt ein angeblich zu beschleunigender Sieg über Hitlerdeutschland durch die Zerstörung der Stadt Dresden wert war. Es ist auch nicht bekannt, wie viele Kinder in jener Februarnacht tatsächlich ums Leben gekommen sind. Für die Mädchen und Jungen war es ohnehin unerheblich, ob die alliierten Mächte ihre Städte mehr oder weniger kriegsbedeutsam einstuften.

15 Widerspruchsvoll sind die Zahlenangaben zu den Todesopfern des Bombenangriffs am 13./14. Februar 1945. Sie klaffen ungewöhnlich stark auseinander. Frühe Sachstandsmeldungen der Wehrmacht, der NSDAP und der SS, der Behörden, aber auch der Medien- und Erlebnisberichte brachten sechsstellige Opferzahlen in Umlauf. Später wurden die Zahlenangaben stark reduziert, in den Nachkriegsjahrzehnten bis auf 35.000 oder 25.000 Tote. Im Jahr 2004 beauftragte die Stadt Dresden ein Expertenteam aus Historikern und Archivaren mit der Recherche zu diesbezüglichen Daten und Fakten. Das im Jahr 2008/09 publizierte Zwischenresultat und ein Endbericht dieser Anstrengungen aus dem Jahr 2010 – es werden darin 18.000 Todesopfer als Mindestzahl und 25.000 Todesopfer als Höchstzahl angenommen – beendet die Debatten nicht.

16 Das im Auftrag der Stadt Dresden wirksame Expertenteam aus Historikern und Archivaren zur Ermittlung der tatsächlichen Opferzahlen des Luftangriffs vom 13./14. Februar 1945 erklärte am 1. Oktober 2008: »Für die Zahl der Dresdner Luftkriegstoten sind Darstellungen, dass zusätzlich zu den Bombardierungen auch alliierte Tiefflieger unter den aus der brennenden Stadt fliehenden Menschen ein Blutbad angerichtet hätten, von eher peripherer Bedeutung [...].« Weiter heißt es, dass weder der im Jahre 2007 beauftragte sächsische Kampfmittelräumdienst den Bordwaffenbeschuss während der Luftangriffe vom 13. zum 14. Februar 1945 belegen konnte, noch die Analyse von Archivdokumenten Hinweise darauf erbrachten.

Augenzeugenberichte und andere Geschichtsdarstellungen bestätigen im Widerspruch dazu den Tieffliegerbeschuss.

17 Zum Zeitpunkt des großen Angriffs im Februar 1945 gab es weder Luftschutzbunker für die Bevölkerung, noch stand eine einsatzfähige Flakabwehr zur Verfügung. Die alliierten Bomberstaffeln konnten ohne Gegenwehr ihre tödliche Last abwerfen. Das erhärtet die Auffassung, dass weder von offizieller deutscher Seite noch von der Dresdner Bevölkerung mit einem derartigen Vernichtungsschlag gerechnet wurde.

Als ein Hinweis dafür, dass die Behörden angeblich doch mit alliierten Luftangriffen auf Dresden rechneten, wird in jüngsten Publikationen das Zitat aus einem Presseartikel des Gauleiters Mutschmann vom 13. Oktober 1944 angeführt, in dem es heißt: »Niemand sollte in der Illusion leben, gerade sein Ort, seine Stadt, würden nicht angegriffen. [...] Es gibt keine friedlichen Inseln in Deutschland.«

18 Die Stadtverwaltung Dresden blieb Tage und Wochen nach dem großen Angriff arbeitsunfähig. Die Gebäude der Behörden waren völlig oder teilweise zerstört. Die Beamten und Angestellten zählten entweder zu den Todesopfern oder waren ausgebombt und mit dem eigenen Überleben beschäftigt. Beamte aus dem sächsischen Landkreis leisteten vor Ort Amtshilfe, aber das Überleben der Menschen in der Dresdner Trümmerwüste war behördlich schwer zu regeln.

Verwaltungskräfte versuchten sich im Chaos einen Überblick zu verschaffen, erstellten unterstützt von Militärdienststellen eine erste Übersicht der Sachschäden. Sie organisierten Hauruckaktionen der Dresdner Einwohner, um wichtigste Straßen und Plätze von Trümmern und Geröll zu befreien, entwurzelte Baumriesen und Steinblöcke beiseite zu wuchten, Leitungsdrähte zu entwirren. Immer wieder wurden dabei auch Tote entdeckt und mussten geborgen werden.

19 In Dresden herrschte nach den Luftangriffen Hungersnot. Die *Nationalsozialistische Volkswohlfahrt* speiste anfangs die Ausgebombten in Gemeinschaftsküchen und konnte auf noch vorhandene sächsische Lebensmitteldepots zurückgreifen. Im April waren die Lager geleert und Nachschub nicht in Sicht. Die Gemeinschaftsverpflegung wurde am 10. April 1945 eingestellt. Man verwies die Notleidenden und Hungernden auf die zur allgemeinen Nutzung eingerichteten Kochstellen.

20 Im Frühjahr 1945 verliefen die Fronten im Zentrum Deutschlands. Der Krieg war längst entschieden, aber die Deutschen gaben nicht auf. Ihr verzweifelt geführter *Kampf bis zum Letzten* war nicht nur einem fanatischen Führerbefehl oder einer auf Hochtouren laufenden Nazipropaganda geschuldet, sondern reflektierte auch eine wachsende Furcht vor Racheakten der Roten Armee und zugleich die am Ende des Krieges aufkeimende, aber trügerische Hoffnung auf einen Zusammenschluss mit der USA gegen die Sowjets.

21 In Dresden wurden die Befestigungen unter dem verantwortlichen General der Infanterie Werner von und zu Gilsa seit März 1945 vorangetrieben, Maßnahmen zum Bau von Stellungssystemen wurden ergriffen. Schwerpunkt bildete die Anlage von Panzersperren, Panzergräben, Verteidigungs- und Schutzanlagen.

Dresden sollte nach allen Seiten hin gehalten werden. Die Verteidigungsschwerpunkte lagen jedoch hauptsächlich im Norden und Nordosten, in Richtungen, aus denen der russische Vorstoß erwartet wurde (vgl. Niedersen 2008).

22 Am 30. April 1945 beging Adolf Hitler in Berlin Selbstmord. Zwei Tage später hatten die Truppen der Roten Armee in Berlin gesiegt. Vier Tage später, am 6. Mai 1945, unternahmen die Truppen Marschall Konjews von Norden aus ihre Offensive in Richtung Dresden und Prag. Generalfeldmarschall Ferdinand Schörner befahl der Dresdner Garnison, die Stadt nicht zu verteidigen und sich als Kampfgruppe Gilsa ins Erzgebirge abzusetzen. Dennoch kam es in den Vororten der Stadt und auch innerhalb Dresdens zu heftigsten Gefechten zwischen Truppen der Roten Armee und deutschen Truppenverbänden.

Am 8. Mai 1945, dem *Tag der deutschen Kapitulation*, gab das Oberkommando der Roten Armee bekannt: »Die Kämpfer der 1. Ukrainischen Front haben nach zweitägigen schweren Kämpfen den Widerstand des Feindes gebrochen und heute [...] die Stadt Dresden genommen, einen mächtigen Verteidigungsknoten der Faschisten in Sachsen« (Bergander 2006, S. 282).

23 1944/45 waren Menschenmassen in Deutschland unterwegs wie niemals zuvor. Flüchtlinge aus dem Osten hatten sich in panischer Angst vor dem Einmarsch der Roten Armee auf den Weg gemacht. Im September 1944 flohen Volksdeutsche aus dem rumänischen Siebenbürgen und dem Banat, aus Ungarn und aus Jugoslawien. Dieser ersten Flüchtlingswelle folgten Deutsche aus dem Baltikum und den deutschen Ostprovinzen, vor allem aus Ostpreußen, Ostpommern, Ostbrandenburg und Schlesien. Seit dem späten Frühjahr 1945 bis 1948/49 kamen Menschen aus dem Osten, die in ihrer Mehrheit nicht freiwillig unterwegs waren, sondern aus ihrer Heimat vertrieben oder nach den Vereinbarungen der Siegermächte *umgesiedelt* wurden.

Insgesamt waren fast 14 Millionen Flüchtlinge und Vertriebene unterwegs in die vier Besatzungszonen des geschrumpften Deutschlands. Sie stellten bis 1949 etwa 18% der deutschen Gesamtbevölkerung dar.

Außerdem befanden sich 11 Millionen deutsche Kriegsheimkehrer auf den Landstraßen. Etwa 10 Millionen nach Deutschland verschleppte ehemalige Zwangsarbeiter, die *Displaced Persons*, waren ebenfalls unterwegs und wollten wieder in ihre Heimatländer zurückkehren. Ebenso ehemalige Kriegsgefangene der Deutschen. Auch Insassen der aufgelösten Konzentrationslager oder Verfolgte des Naziregimes, die in Zuchthäusern oder Gefängnissen Hitlerdeutschlands inhaftiert gewesen und endlich frei waren, suchten den Weg nach Hause.

Dazwischen strebten auch Familien und Kinder, die während des Krieges aus den von Luftangriffen bedrohten Großstädten in ländlichen Gegenden Schutz gesucht hatten, wieder heimwärts.

24 Allererste Maßnahmen und *Befehle der SMAD* in den ersten Nachkriegstagen und -wochen waren in der SBZ angesichts des allgemeinen Elends von notwendigen Erfordernissen diktiert, die das Überleben der deutschen Bevölkerung sichern sollten. Sie konzentrierten sich auf die Versorgung der Deutschen mit Nahrungsmitteln (teilweise aus Armee-Beständen), auf die notdürftige Instandsetzung der Infrastruktur (Räumung und Säuberung der Straßen, Schnellreparaturen an Brücken und Übergängen) und auf die Bekämpfung der um sich greifenden Seuchengefahr.

Die Prioritäten der SMAD in der SBZ, die in einer politisch-ideologischen Zielsetzung weiterer Befehle und Bestimmungen Ausdruck fanden, änderten sich später entsprechend der sowjetischen Außenpolitik.

25 Die vom *Alliierten Kontrollrat* in Berlin 1945/46 erlassenen *Direktiven zu einem Entnazifizierungsprozess* galten für alle Besatzungszonen, wurden jedoch unterschiedlich umgesetzt.

Für die sowjetische Besatzungsmacht schien klar: Faschismus ist als Ausgeburt des Imperialismus zu sehen und nur durch die Abkehr vom kapitalistischen System dauerhaft zu besiegen. Darum wurde in der SBZ der Entnazifizierungsprozess mit einer entschädigungslosen Enteignung der Großindustriellen und der Großgrundbesitzer, die nach Auffassung der SMAD »Säulen und Nutznießer des NS-Regimes« gewesen waren, verbunden. »Sozialismus statt Krieg und Ausbeutung« lautete das alternativ in der SBZ und später in der DDR angestrebte und immer stärker propagierte Ziel.

Entsprechende Bestimmungen zur *Enteignung der Kapitalisten und Junker* wurden in den ersten Nachkriegsjahren 1945/46 und später sehr schematisch und sehr rigoros, ohne individuelle Prüfung, realisiert.

Die weitere *Säuberungsaktion* im Entnazifizierungsprozess konzentrierte sich in der SBZ vor allem auf die Entfernung ehemaliger NSDAP-Angehöriger aus öffentlichen Ämtern und Berufen. Die zwischen Januar bis Juli 1945 noch unsystematisch getroffenen Entscheidungen oblagen *Antifaschistischen Ausschüssen* unter maßgeblichem Einfluss der Kommunisten. Seit Juli 1945 galten in der SBZ für die Überprüfung der einstmaligen Pgs und Nazi-Funktionäre Landesgesetze und entsprechende Richtlinien. In der Folge kam es zu Massenentlassungen. Vornehmlich Nazis mit hohem Dienstrang verloren ihre Arbeit, während man das einfache Mitglied der NSDAP nicht von einer Mitschuld an den Verbrechen des Nazistaates freisprach, aber ihm Gelegenheit bot, sich am Wiederaufbau des Landes zu beteiligen.

Formal war 1948 der Entnazifizierungsprozess abgeschlossen.

26 Die *Bodenreform* wurde mit der Losung *Junkerland in Bauernhand* in der SBZ propagandistisch wirksam begleitet. 7000 Großgrundbesitzer wurden entschädigungslos enteignet, ihr Besitz gelangte in die Hände von 500.000 Neubauern – zumeist waren das Flüchtlinge oder Umsiedler aus den Ostgebieten und besitzlose Landarbeiter aus der Region. Bei der schematischen Handhabung des Gesetzes blieb ungeprüft, ob es sich bei dem einzelnen Großgrundbesitzer um einen Förderer oder einen Gegner des NS-Regimes gehandelt hatte.

In der Verordnung der Provinz Sachsen zur Bodenreform vom 3. September 1945 heißt es:

»Die demokratische Bodenreform ist eine unaufschiebbare, nationale, wirtschaftliche und soziale Notwendigkeit. Die Bodenreform muss [...] der Herrschaft der Junker und Großgrundbesitzer im Dorf ein Ende bereiten, weil diese Herrschaft immer eine Bastion der Reaktion und des Faschismus in unserem Lande darstellte. [...] Durch die Bodenreform soll der jahrhundertealte Traum der landlosen und landarmen Bauern von der Übergabe des Großgrundbesitzes in ihre Hände erfüllt werden. Somit ist die Bodenreform die wichtigste Voraussetzung der demokratischen Umgestaltung und des wirtschaftlichen Aufstiegs unseres Landes« (zit. nach Reichardt/Zierenberg 2008).

Die Volkszeitung veröffentlichte wiederholt im September 1945 Auszüge aus der Verordnung und kommentierte sie.

27 Als *Reeducation* wurde die von den Alliierten durchgeführte demokratische Bildungsarbeit im Nachkriegsdeutschland bezeichnet; der Begriff wurde zunächst nur in der US-amerikanischen Besatzungszone gebraucht. In den drei weiteren Besatzungszonen wurden auch eigene Bezeichnungen verwendet: *reconstruction* (britische Zone), *mission civilisatrice* (französische Zone) und *antifaschistisch-demokratische Umgestaltung* (sowjetische Zone).

Hinter dieser Bildungsarbeit stand die Absicht, den Deutschen eine Chance zu geben, sich nach dem militärischen Sieg der Alliierten in eine friedliche und demokratische Gesellschaft zu entwickeln. So gesehen erhielt die Bildungspolitik einen besonderen Stellenwert in allen vier Besatzungszonen.

28 Seit 25. August 1945 galt in der SBZ ein SMAD-Befehl Nr. 40. Danach waren alle ehemaligen Parteimitglieder der NSDAP aus dem Schuldienst zu entlassen. Das betraf etwa 72% der Lehrer. Um die Wiedereröffnung des Schulbetriebes im Oktober 1945 nicht zu gefährden, erfolgte die *Säuberungsaktion* an den Schulen schrittweise, aber in Sachsen besonders zügig und konsequent.

Der Schuldienst sollte mit Neulehrern gewährleistet werden. Das waren in Schnellkursen außerhalb eines Studiums ausgebildete Lehrkräfte vornehmlich aus werktätigen Bevölkerungsschichten. In der SBZ kamen bis 1947 etwa 40.000 Neulehrer, die einen der vier bis acht Monate laufenden Kurse besucht hatten, zum Einsatz.

Daneben wurden Pädagogikstudenten an Fach- und Hochschulen für den Schuldienst in der SBZ/DDR mit regulärer Studienzeit qualifiziert.

An wichtige Schaltstellen der für die Volksbildung zuständigen Verwaltungen gelangten in der Nachkriegszeit zunehmend Mitglieder der KPD/SED, die ihre politisch mit einer NS-Vergangenheit belasteten Vorgänger ersetzten.

29 Am 19. Oktober 1945 starteten sozial engagierte Kreise in Sachsen mit der Losung *Volkssolidarität gegen Wintersnot* eine Initiative, die zur Linderung der Nachkriegsnöte gedacht war und insbesondere für Kinder, Umsiedler und heimkehrende Kriegsgefangene ein Hilfsangebot sein sollte. Ähnliche Solidaritätsaktionen gab es auch in anderen Regionen der SBZ. Der moralische Appell richtete sich an die gesamte Bevölkerung als »Schicksalsgemeinschaft«. Daraus entstand im Frühjahr 1946 in der gesamten SBZ eine freie Vereinigung der *Volkssolidarität* mit Vollmachten einer öffentlich-rechtlichen Körperschaft, sie wurde aber in der Folgezeit von Parteien, gesellschaftlichen Organisationen und den Kirchen getragen. Mit öffentlichen Geld- und Sachwertsammlungen konnten Heime und Tagesstätten, Volksküchen und Werkstätten finanziert werden.

Mit der Überwindung der Nachkriegsnot veränderten sich die Aufgaben und die Struktur der *Volkssolidarität*. 1959 wurde daraus eine Massenorganisation mit eingetragenen Mitgliedern, die nach den Prinzipien des Zentralismus aufgebaut war. Ihr Wirken konzentrierte sich zunehmend auf die Belange älterer Bürger der DDR.

30 Der Biologe Iwan Wladimirowitsch Mitschurin lebte vom 15. Oktober 1855 bis zum 7. Juni 1935. Er züchtete neue Obstsorten. Mit seinen Methoden gelang es, selbst bei tiefen Wintertemperaturen im Norden Russlands Obst anzubauen.

Mitschurin widersprach jedoch irrtümlich Mendelschen Regeln für die Vererbung einfacher Merkmale und wurde später theoretisch widerlegt. Der Obst- und Gemüseanbau erfolgte allerdings über Jahrzehnte in der Sowjetunion und nach dem

Zweiten Weltkrieg auch in den Ostblockländern nach Mitschurins Hypothesen und darauf aufbauenden Vorgaben. Die Folge waren Missernten und Mangelwirtschaft.

31 Der Schwarzmarkt war für die Menschen eine verstörend-bittere Realität – ein illegales Überlebensinstrument. Diese Schattenwirtschaft bildete eine soziale Schieflage der neuen Wirtschaftsordnung ab. Wenige bereicherten sich auf Kosten der Notleidenden. Viele wurden betrogen.

Schwarzmarktgeschäfte waren von den Behörden untersagt, Zuwiderhandelnde wurden oft hart bestraft. In Dresden konzentrierten sich Schwarzmarktgeschäfte besonders auf der Hellerstraße, unweit des Albertplatzes, im Umfeld des Neustädter Bahnhofes und auf der Hüblerstraße in Dresden-Blasewitz.

Die Schwarzmärkte verschwanden in der SBZ 1948 mit der Einrichtung von HO-Läden (»Handelsorganisation«), in denen markenfreie Lebensmittel verkauft wurden.

32 Zahl der deutschen Kriegsgefangenen in Gewahrsam des jeweiligen Landes und die Quoten der dabei Verstorbenen:

Land des Gewahrsams	Anzahl der Gefangenen	Verlustzahl (absolut)	Verlust (in Prozent)
UdSSR	3.060.000	1.094.250	35,8
Großbritannien	3.635.000	1.254	0,03
USA	3.097.000	5.802	0,2
Frankreich	937.000	24.178	2,6
Ost-/Südeuropa	289.000	93.028	32,2
Sonstige Länder	76.000	675	0,9

Zahlenangaben: Overmans 2008 u. 1995

Nach den Angaben der Suchdienste des Deutschen Roten Kreuzes ist das Schicksal von weiteren 1.300.000 deutschen Militärangehörigen ungeklärt, sie gelten als vermisst.

33 Unmittelbar nach Kriegsende begannen die Alliierten mit Entlassungen der Deutschen aus der Kriegsgefangenschaft. Im März/April 1947 beschlossen die Alliierten während einer Konferenz in Moskau alle deutschen Gefangenen bis zum 31. Dezember 1948 freizugeben und in die Heimat zu entlassen. Zu diesem Zeitpunkt befanden sich in Großbritannien noch 435.295, in Frankreich noch 641.483 und in den USA noch 14.000 Kriegsgefangene. Für deutsche Kriegsgefangene in Frankreich bestand die Möglichkeit, für ein Jahr als freier Zivilarbeiter weiterzuarbeiten, z. B. in der Landwirtschaft.

34 Am 7. Oktober 1949 entstand auf dem Gebiet der Sowjetischen Besatzungszone die *Deutsche Demokratische Republik* (DDR). Der 3. Deutsche Volkskongress konstituierte sich zur Volkskammer der DDR, setzte die Verfassung in Kraft und beauftragte Otto Grotewohl mit der Regierungsbildung.

Die *Sowjetische Militäradministration Deutschlands* (SMAD) trat die Verwaltungsrechte an die staatlichen Organe der DDR ab. Am 11. Oktober 1949 wurde Wilhelm Pieck als Präsident des neuen Staates gewählt.

Die Gründungsverfassung war zunächst, entsprechend der außenpolitischen Zielsetzung der Sowjetunion, gesamtdeutsch konzipiert und wies noch parlamentarisch-demokratische Züge auf.

Mit der Eskalation des Kalten Krieges wurde in der DDR durch die SED die Diktatur nach sowjetischem Muster schrittweise ausgebaut.

35 Aus der Verfassung der DDR:

»Artikel 3
(1) Alle Staatsgewalt geht vom Volke aus.[...]
Artikel 37
(1) Die Schule erzieht die Jugend im Geiste der Verfassung zu selbständig denkenden, verantwortungsbewusst handelnden Menschen, die fähig und bereit sind, sich in das Leben der Gemeinschaft einzuordnen. Die Schule hat die Aufgabe, die Jugend im Geiste des friedlichen und freundschaftlichen Zusammenlebens der Völker und einer echten Demokratie zu wahrer Humanität zu erziehen.«

Seit 1968 galt in der DDR eine neue sozialistische Verfassung der DDR, die 1974 nochmals überarbeitet wurde.

36 In der SBZ räumte die SMAD den Kirchen Zugeständnisse ein und förderte insbesondere deren soziales Engagement im Zusammenwirken mit anderen gesellschaftlichen Kräften, z. B. mit der *Volkssolidarität*. Zunehmend wurden die Kirchen später in der DDR staatlich instrumentalisiert. Dagegen verwahrten sich immer häufiger Kirchenvertreter, Gegensätze eskalierten. Die SED schlug 1953 einen härteren Kurs gegen die Kirchen ein. Die *Junge Gemeinde* und Studentengemeinden gerieten dabei besonders ins Blickfeld, Mitglieder wurden von Bildungseinrichtungen verwiesen und deren berufliches Fortkommen verhindert.

1954/55 revidierte die SED zunächst den eingeschlagenen Kurs und gab sich scheinbar offener. Das Verhältnis zwischen Staat und Kirche blieb jedoch angespannt.

37 1953 stand in den Zeitungen, die Evangelische Jugend sei eine *illegale Organisation*. Diakone, Katechetinnen und Pfarrer wurden verhaftet und Schüler genötigt, aus der *Jungen Gemeinde* auszutreten oder die Schule zu verlassen. Die Evangelische Studentengemeinde, so hieß es in der Presse, sei vom amerikanischen Geheimdienst gelenkt. Studenten, die das bestritten, drohte die Exmatrikulation.

Auch in den Folgejahren brachten scheinbare Verständigungsangebote der SED und Gespräche zwischen Kirchenvertretern und FDJ-Leitungen keine grundsätzliche politische Klärung.

38 Die *Junge Welt* erschien zunächst ab 12. Februar 1947 als Wochenzeitschrift und seit 1. März 1952 als Tageszeitung mit hoher Auflage.

39 Auf die immer deutlicher werdende Überlegenheit der Entente-Staaten an Soldaten und Kriegsmaterial reagierte die Ende August 1916 neu gebildete Oberste Heeresleitung (OHL) unter Paul von Hindenburg und Erich Ludendorff mit einem Programm zur Erhöhung der eigenen Rekrutierungszahlen und zur massiven Ausweitung der deutschen Rüstungsproduktion.

Am 5. Dezember 1916 trat schließlich das *Gesetz zum vaterländischen Hilfsdienst* in Kraft. Im §1 heißt es:

»Jeder männliche Deutsche vom vollendeten siebzehnten bis zum vollendeten sechzigsten Lebensjahr ist, soweit er nicht zum Dienst in der bewaffneten Macht einberufen ist, zum vaterländischen Hilfsdienst während des Krieges verpflichtet. [...]

§3 Die Leitung des vaterländischen Hilfsdienstes liegt dem beim Königlich Preußischen Kriegsministerium errichteten Kriegsamt ob. [...]

§5 Jeder Ausschuss besteht aus einem Offizier als Vorsitzenden, zwei höheren Staatsbeamten, [...] sowie aus je zwei Vertretern der Arbeitgeber und der Arbeitnehmer. [...]

§7 Die [...] Hilfsdienstpflichtigen können jederzeit zum vaterländischen Hilfsdienst herangezogen werden. Der Heranziehung erfolgt in der Regel zunächst durch eine Aufforderung zur freiwilligen Meldung, die das Kriegsamt oder eine durch Vermittlung der Landeszentralbehörde zu bestimmende Stelle erlässt« (Reichsgesetzblatt 1916, S.1333–1339).

40 Eine historiografische Aufarbeitung und zusammenfassende Darstellung der Initiativen des *Internationalen freiwilligen Hilfsdienstes* steht noch aus. Bestände der »Archives of Service Civil International«, Unterlagen aus privater Hand und aufgezeichnete Zeitzeugenberichte ergeben ein vorläufiges Bild.

Der *Internationale freiwillige Hilfsdienst* verstand sich nicht als Organisation, sondern als eine Vereinigung, ein *Versöhnungsbund*, der 1922 seine Arbeit begann. Der beteiligte Personenkreis, vornehmlich aus der Schweiz, aus Österreich, Frankreich, England, Deutschland und weiteren Ländern Europas, blieb zahlenmäßig klein. Als ein führender Kopf der Hilfsdienstvereinigung gilt der Deutsche Otto Weis. Am 16. November 1932 wurde in Berlin ein deutscher Zweig der Hilfsdienstvereinigung gegründet. Als Leiter wird in den Unterlagen Erich Mohr aus Guben erwähnt.

41 Im Ergebnis einer Konferenz deutscher und französischer Vertreter der Kriegskindergeneration des Zweiten Weltkrieges, die am 11. April 2005 unter der Schirmherrschaft des französischen Ministeriums für Kultur und Kommunikation erfolgreich in Berlin stattfand, entstand der Verein »Herzen ohne Grenzen«, der, wie es in den Dokumenten heißt, »für die deutsch-französische Zusammenarbeit den Weg in die Zukunft Europas weist.«

Literatur

Beer, Mathias (2011): Flucht und Vertreibung der Deutschen. Voraussetzungen, Verlauf, Folgen. München.

Benz, Ute und Wolfgang Benz (1992): Sozialisation und Traumatisierung. Kinder in der Zeit des Nationalsozialismus. Frankfurt a.M.

Benz, Wolfgang (Hg.) (1999): Deutschland unter alliierter Besatzung. 1945–1949/55. Berlin.

Bergander, Götz (1994): Dresden im Luftkrieg. Vorgeschichte, Zerstörung, Folgen. Böhlau.

Bode, Sabine (2004): Die vergessene Generation. Die Kriegskinder brechen ihr Schweigen. Stuttgart.

Böhringer-Bruns, Ingeborg (1991): Als Vater aus dem Krieg heimkehrte. Töchter erinnern sich. Frankfurt a.M.

Böll, Heinrich (1954): Haus ohne Hüter. Köln.

Borchert, Wolfgang (1996): Liebe blaue graue Nacht. Erzählungen. Hamburg.

Brecht, Bertolt (1939): An die Nachgeborenen. In: Brecht, Bertold (1987): Hundert Gedichte, 1918–1950. Berlin, S. 320.

Bredow, Ilse von (1990): Glückskinder. Roman. München.

Broszat, Martin & Weber, Hermann (Hg.) (1993): SBZ-Handbuch. München.

Bruhns, Annette (2010): SPIEGEL-Gespräch mit Hartmut Radebold. DER SPIEGEL Geschichte. Der Krieg. 1939–1945: Als die Welt in Flammen stand. 3/2010, S. 128.

Bruhns, Wibke (2004): Meines Vaters Land. Geschichte einer deutschen Familie. München.

Brunswig, Hans (1983): Feuersturm über Hamburg. Stuttgart.

Burgdorff, Stephan & Habbe, Christian (Hg.) (2005): Als Feuer vom Himmel fiel. Der Bombenkrieg in Deutschland. München.

Burgdorff, Stephan & Wiegrefe, Klaus (Hg.) (2008): Der Erste Weltkrieg. Die Ur-Katastrophe des 20. Jahrhunderts. München.

Casdorff, Claus Hinrich (Hg.) (2009): Weihnachten 1945. Ein Buch der Erinnerungen. München.

Czechowski, Heinz (1987): Ich und die Folgen. In: Deckert, Renatus (2005): Die wüste Stadt. Sieben Dichter über Dresden. Frankfurt a. M., S. 41.

Dörr, Margarete (2007): Der Krieg hat uns geprägt. Wie Kinder den Zweiten Weltkrieg erlebten. 2 Bände. Frankfurt a. M./New York.

Drolshagen, Ebba D. (2005): Wehrmachtskinder. Auf der Suche nach dem nie gekannten Vater. München.

Drolshagen, Ebba D. (2009): Der freundliche Feind. Wehrmachtssoldaten im besetzten Europa. München.

Fest, Joachim (2004): Hitler. Eine Biographie. Berlin.

Friedrich, Jörg (2007): Der Brand. Deutschland im Bombenkrieg 1940–1945. Hamburg.

Gelfand, Wladimir (2005): Deutschland-Tagebuch 1945–1946. Aufzeichnungen eines Rotarmisten. Berlin.

Gotschlich, Helga (1986): Als die Faschisten an die Macht kamen. Berlin.

Gotschlich, Helga (1990): Reifezeugnis für den Krieg. Abiturienten des Jahrgangs '39 erinnern sich. Berlin.

Gotschlich, Helga (1999): Und der eignen Kraft vertrauend. Aufbruch in die DDR – 50 Jahre danach. Berlin.

Grass, Günter (1999): Mein Jahrhundert. Göttingen.

Groehler, Olaf (1975): Geschichte des Luftkrieges. 1910 bis 1970. Berlin.

Groehler, Olaf (1990): Der Bombenkrieg gegen Deutschland. Berlin.

Hampe, Erich (1963): Ziviler Luftschutz im Zweiten Weltkrieg. Frankfurt a. M.

Härtling, Peter (2011): Nachgetragene Liebe. München.

Häusser, Alexander & Maugg, Gordian (2009): Hungerwinter. Deutschlands humanitäre Katastrophe 1946/47. Berlin.

Heidenreich, Gisela (2004): Das endlose Jahr. Die langsame Entdeckung der eigenen Biographie – ein Lebensborn-Schicksal. Frankfurt a. M.

Heimatbund und Geschichtsverein Herzogtum Lauenburg (Hg.) (2010): Zeitzeugen. Lauenburgische Heimat 184. Kriegsende, Flucht und Vertreibung. Ratzeburg.

Heinl, Peter (2001): »Maikäfer flieg, dein Vater ist im Krieg ...« Seelische Wunden aus der Kriegskindheit. München.

Hillgruber, Andreas & Hümmelchen, Gerhard (Hg.) (1966): Chronik des Zweiten Weltkrieges. Frankfurt a. M.

Hirschfeld, Gerhard & Renz, Irina (Hg.) (2005): »Vormittags die ersten Amerikaner«. Stimmen und Bilder vom Kriegsende. Stuttgart.

Hübner-Funk, Sibylle (2005): Hitlers Garanten der Zukunft. Biographische Brüche und historische Lektionen. Potsdam.

Irving, David (1963): Und Deutschlands Städte starben nicht. Zürich.

Irving, David (2006): Der Untergang Dresdens. Feuersturm 1945. Kiel.

Kästner, Erich (1929): Die andere Möglichkeit. In: Kästner, Erich (2008): Ein Mann gibt Auskunft. München, S. 12.

Kahlau, Heinz (1964): Der Fluß der Dinge. Gedichte. Berlin.

Kempowski, Walter (2001): Der Rote Hahn. Dresden im Februar 1945. München.

Kleindienst, Jürgen (Hg.) (1998): Nachkriegs-Kinder. Kindheit in Deutschland 1945–1950. Berlin.

Kleindienst, Jürgen (Hg.) (2005): Lebertran und Chewing Gum. Kindheit in Deutschland 1945–1950. Berlin.

Klemperer, Victor (1995): Das Tagebuch 1933–1945. Berlin.

Kleßmann, Christoph (1991): Die doppelte Staatsgründung. Deutsche Geschichte 1945–1955. Göttingen.

Kock, Gerhard (1997): Der Führer sorgt für unsere Kinder. Die Kinderlandverschickung im Zweiten Weltkrieg. Schöningh.

Koop, Volker (2008): Besetzt. Sowjetische Besatzungspolitik in Deutschland. Berlin.

Lange, Herta & Burkard, Benedikt (Hg.) (2000): Abends wenn wir essen fehlt uns immer einer. Kinder schreiben an die Väter. 1939–1945. Hamburg.

Larass, Claus (1983): Der Zug der Kinder. KLV, die Evakuierung 5 Millionen deutscher Kinder im 2. Weltkrieg. München.

Löffler, Fritz (1955): Das alte Dresden. Dresden.

Lorenz, Hilke (2005): Kriegskinder. Das Schicksal einer Generation. Berlin.

Lorenz, Hilke (2009): Heimat aus dem Koffer. Vom Leben nach Flucht und Vertreibung. Berlin.

Lück, Eugen (1987): Dresden – Schönheit und Tragödie. Berlin.

Mitscherlich, Alexander & Mitscherlich, Margarete (1977): Die Unfähigkeit zu trauern. Grundlagen kollektiven Verhaltens. München.

Mittermaier, Hans (2002): Vermisst wird ... Die Arbeit des deutschen Suchdienstes. Berlin.

Modrow, Hans (Hg.) (1996): Unser Zeichen ist die Sonne. Berlin.

Müller, Klaus (2005): Nachkriegskindheit in Dresden. Dresden.

Müller, Rolf-Dieter (2004): Der Bombenkrieg. Berlin.

Musial, Bogdan (2011): Stalins Beutezug. Die Plünderung Deutschlands und der Aufstieg der Sowjetunion zur Weltmacht. Berlin.

Naumann, Klaus (Hg.) (2001): Nachkrieg in Deutschland. Hamburg.

Neutzner, Matthias (Hg.) (1991): Lebenszeichen. Dresden im Luftkrieg 1944/45. Dresden.

Neutzner, Matthias (2000): Flughafen Dresden. Dresden.

Niedersen, Uwe (2008): Soldaten an der Elbe. US-Armee, Wehrmacht, Rote Armee und Zivilisten am Ende des Zweiten Weltkrieges. Dresden/Torgau.

Overmans, Rüdiger (2008): Das Schicksal der Deutschen Kriegsgefangenen des Zweiten Weltkrieges. In: Militärgeschichtliches Forschungsamt (Hg.): Der Zusammenbruch des Deutschen Reiches, Bd. 10/2. München.

Overmans, Rüdiger (2002): Soldaten hinter Stacheldraht. Deutsche Kriegsgefangene des Zweiten Weltkrieges. o. O.

Overmans, Rüdiger (1995): Ein untergeordneter Eintrag im Leidensbuch der jüngeren Geschichte? Die Rheinwiesenlager 1945. In: Volkmann, Hans-Erich (Hg.): Ende des Dritten Reiches – Ende des Zweiten Weltkrieges. Eine perspektivische Rückschau. München.

Paul, Wolfgang (1964): Zum Beispiel Dresden – Schicksal einer Stadt. Frankfurt a. M.

Paul, Wolfgang (1989): Dresden. Gegenwart und Erinnerung. Frankfurt a. M./Berlin.

Peter, Richard (1949): Dresden. Eine Kamera klagt an. Dresden.

Picaper, Jean-Paul & Norz, Ludwig (2005): Die Kinder der Schande. Das tragische Schicksal deutscher Besatzungskinder in Frankreich. München/Zürich.

Plato, Alexander von & Leh, Almut (1997): Ein unglaublicher Frühling. Erfahrene Geschichte im Nachkriegsdeutschland 1945–1948. Bonn.

Probert-Wright, Bärbel (2006): An der Hand meiner Schwester. Zwei Mädchen im kriegszerstörten Deutschland. Augsburg.

Radebold, Hartmut (2000): Abwesende Väter. Folgen der Kriegskindheit in Psychoanalysen. Göttingen.

Radebold, Hartmut (2004): Abwesende Väter und Kriegskindheiten. Fortbestehende Folgen in Psychoanalysen. Göttingen.

Reichardt, Sven & Zierenberg, Malte (Hg.) (2008): Damals nach dem Krieg. Eine Geschichte Deutschlands. 1945 bis 1949. München.

Reinhard, Oliver; Neutzner, Matthias & Hesse, Wolfgang (Hg.) (2005): Das rote Leuchten. Dresden und der Bombenkrieg. Dresden.

Robert, Ulla (1994): Starke Frauen – ferne Väter. Töchter reflektieren ihre Kindheit im Nationalsozialismus und in der Nachkriegszeit. Frankfurt a.M.

Ruge, Wolfgang (1969): Weimar – Republik auf Zeit. Berlin.

Ruge, Wolfgang (1983): Das Ende von Weimar. Monopolkapital und Hitler. Berlin.

Sächsische Landeszentrale für politische Bildung (Hg.) (2009): 13. Februar 1945. Dresden.

Scheel, Klaus (Hg.) (1985): Die Befreiung Berlins 1945. Berlin.

Scheub, Ute (2007): Das falsche Leben. Eine Vatersuche. München/Zürich.

Schieferdecker, Uwe (2006): Weißt du noch? Trümmereinsätze, Tauschgeschäfte ... und Tanz in der »Kaskade«. Dresden. Alltagsgeschichten aus der Nachkriegszeit. Kassel.

Schmidbauer, Wolfgang (1998): Ich wusste nicht, was mit Vater ist. Das Trauma des Krieges. Hamburg.

Schmitz-Köster, Dorothee (2004): Der Krieg meines Vaters. Als deutscher Soldat in Norwegen. Berlin.

Schnatz, Helmut (2000): Tiefflieger über Dresden? Legenden und Wirklichkeit. Köln.

Schramm, Percy E. (Hg.) (2006/07): Kriegstagebuch des Oberkommandos der Wehrmacht (Wehrmachtsführungsstab) 1939–1945. Bd. 1–4. Zusammengestellt und erläutert von Hans-Adolf Jacobsen. Augsburg.

Schüddekopf, Carl (2002): Im Kessel. Erzählen von Stalingrad. Augsburg.

Schulz, Hermann; Radebold, Hartmut & Reulecke, Jürgen (2004): Söhne ohne Väter. Berlin.

Schumann, Wolfgang & Hass, Gerhard (1974): Deutschland im Zweiten Weltkrieg. Bd. 1–5. Berlin.

Schumann, Wolfgang & Nestler, Ludwig (Hg.) (1975): Weltherrschaft im Visier, Dokumentation zu den Europa- und Weltherrschaftsplänen des deutschen Imperialismus von der Jahrhundertwende bis Mai 1945. Berlin.

Schuster, Ulrike (1997): Wissen ist Macht. FDJ, Studenten und die Zeitung Forum in der SBZ/DDR. Eine Dokumentation. Berlin.

Schwan, Gesine (1997): Politik und Schuld. Die zerstörerische Macht des Schweigens. Frankfurt a.M.

Seegers, Lu & Reulecke, Jürgen (2009): Die Generation der Kriegskinder. Historische Hintergründe und Deutungen. Gießen.

Senfft, Alexandra (2009): Schweigen tut weh. Eine deutsche Familiengeschichte. Berlin.

Spurny, Matje (2008): Flucht und Vertreibung. Das Ende des Zweiten Weltkrieges in Niederschlesien, Sachsen und Nordböhmen. Dresden.

Stambolis, Barbara (2012): Töchter ohne Väter. Frauen der Kriegskindergeneration und ihre lebenslange Sehnsucht. Stuttgart.

Süßmilch, Waltraud (2004): Im Bunker. Eine Überlebende berichtet vom Bombenkrieg in Berlin. Berlin.

Taylor, Frederick (2004): Dresden, Dienstag, 13. Februar 1945. Militärische Logik oder blanker Terror? München.

Timm, Uwe (2011): Am Beispiel meines Bruders. München.

Tobien, Hubertus von (2001): Feuersturm über Dresden. Frage nach der Verantwortung für das sinnlose Morden im Krieg. Berlin.

Toller, Ernst (2010): Eine Jugend in Deutschland. Köln.

Treu, Gabriele (2003): »Heil Hitler, für fünf Pfennig Senf!« Jugend im Dritten Reich. Zur Psychologie nazistischer Sozialisation. Gießen.

Vollnhals, Clemens (Hg.) (2002): Sachsen in der NS-Zeit. Leipzig.

Vonnegut, Kurt (2010): Schlachthof fünf oder Der Kinderkreuzzug. Hamburg.

Wagner, Andreas (2004): Machtergreifung in Sachsen. NSDAP und staatliche Verwaltung 1930–1935. Köln.

Weidauer, Walter (1966): Inferno Dresden. Berlin.

Welz, Helmut (1972): Die Stadt, die sterben sollte. Berlin.

Westernhagen, Dörte von (1987): Die Kinder der Täter. München.

Wette, Wolfram & Ueberschär, Gerd R. (Hg.) (2001): Kriegsverbrechen im 20. Jahrhundert. Darmstadt.

White, Osmar (2005): Die Straße des Siegers. Eine Reportage aus Deutschland 1945. München/Zürich.

Wolf, Christa (1987): Kindheitsmuster. Darmstadt/Neuwied.

🔲 Psychosozial-Verlag

Jan Lohl

Gefühlserbschaft und Rechtsextremismus

Wolfgang Hegener (Hg.)

Das unmögliche Erbe

Antisemitismus – Judentum – Psychoanalyse

2010 · 488 Seiten · Broschur
ISBN 978-3-8379-2059-8

2006 · 200 Seiten · Broschur
ISBN 978-3-89806-502-3

Folgewirkungen des Nationalsozialismus auf der Täterseite wurden bisher nur lückenhaft untersucht. Jan Lohl schließt diese Lücken in seiner umfassenden Analyse. Ausgehend von einer konzeptuellen Erweiterung der »Unfähigkeit zu trauern« (A. & M. Mitscherlich) werden die Spuren einer affektiven Integration in die NS-Volksgemeinschaft über drei Generationen hinweg systematisch nachgezeichnet. Auf dieser Basis gelingt der Nachweis, dass NS-Gefühlserbschaften in der Enkelgeneration eine Andockstelle für jene paranoiden Ideologien darstellen, die in rechtsextremen Gruppen vermittelt werden. Dieses intergenerationelle Verhältnis ist nicht nur zu erklären, sondern ist selbst ein Erklärungsfaktor für die Entwicklung nationalistischer und antisemitischer Handlungsmuster.

Der Antisemitismus hat besonders unter dem Vorzeichen des islamistischen Fundamentalismus eine neue Aktualität erhalten – es wird gar von einem »Neuen Antisemitismus« gesprochen. Zugleich aber sind die antisemitischen Muster sehr alt, sie haben eine lange Geschichte und bilden die wohl älteste Kulturpathologie überhaupt. Spätestens seit den 30er Jahren haben auch psychoanalytische Autoren sich intensiv mit dem Antisemitismus in dem Spannungsfeld von (Religions-) Geschichte und aktueller (Massen-)Bewegung auseinander gesetzt. Die hier versammelten Beiträge von Autoren aus unterschiedlichen Disziplinen setzen an dieser Tradition an und behandeln die Hintergründe des grassierenden Antisemitismus.

Walltorstr. 10 · 35390 Gießen · Tel. 06 41-96 99 78-18 · Fax 06 41-96 99 78-19
bestellung@psychosozial-verlag.de · www.psychosozial-verlag.de